本書榮獲國立政治大學教學發展中心及文學院第二屆仲尼獎獲獎人
陳芳明講座教授推動「研究→教學→出版專書」學思歷程發展計畫之獎助

量表編製與發展

Rasch 測量模型的應用

余民寧　著

目錄

本書附有範例檔，請上心理出版社網站下載

https://reurl.cc/5geM1G

解壓縮密碼：9789861919010

作者簡介

余民寧

學歷：國立政治大學教育學士

國立政治大學教育碩士

美國伊利諾大學（香檳校區）哲學博士（主修心理計量學）

現職：國立政治大學教育學系特聘教授

著作：《心理與教育統計學》（三民）（1995）

《有意義的學習：概念構圖之研究》（商鼎）（1997）

《教育測驗與評量：成就測驗與教學評量》（心理）（1997）

《教育測驗與評量：成就測驗與教學評量》（第二版）（心理）（2002）

《心理與教育統計學》（增訂二版）（三民）（2005）

《潛在變項模式：SIMPLIS 的應用》（高等教育）（2006）

《試題反應理論（IRT）及其應用》（心理）（2009）

《教育測驗與評量：成就測驗與教學評量》（第三版）（心理）（2011）

《心理與教育統計學》（增訂三版）（三民）（2012）

《縱貫性資料分析：LGM 的應用》（心理）（2013）

《幸福心理學：從幽谷邁向巔峰之路》（心理）（2015）

《量表編製與發展：Rasch 測量模型的應用》（心理）（2020）

相關學術論文百餘篇

個人網頁：http://www3.nccu.edu.tw/~mnyu/

自序

自從比奈測驗（Binet Test）於 1905 年發展以來，也是正式宣告心理計量學（psychometrics）誕生的時刻。心理計量學這門談論測驗（量）理論、測量工具（測驗及量表）、實徵研究（empirical study）方法（研究設計、統計分析及電腦程式應用），以用來描述個體個別差異行為的心理學支派，隨著電腦及數位科技的跳躍式進展，實徵研究方法的不斷推陳出新，近 40 年來，它已經應用到各個社會及行為科學研究的子領域，並且邁向一個蓬勃發展的新紀元。

綜觀 40 年來的發展，試題反應理論（item response theory, IRT）的誕生與成長茁壯，是心理計量學中最明顯進步的學說。它的進展，不光只是提出創新見解的理論學說而已，更是全面翻新傳統的古典測驗理論（classical test theory, CTT）說法，甚至全面取而代之。過去，社會及行為科學的研究不被自然科學界的學者視為是一種科學研究，乃因為它的測量精準度實在差太多了，也就是說「測量誤差」（measurement errors）過於龐大，不容易被視為是精確的科學研究。固然社會及行為科學界的研究標的物，通常都屬不易清楚定義的「潛在變項」（latent variables, LV）概念，即使研究者盡力去定義清楚了，但對它的測量仍然未必符合「客觀測量」（objective measurement）的假設，甚至也不滿足所適用統計分析模型的基本要求條件。但是隨著 IRT 理論的誕生，一群熱心學者的推廣，再加上方便易學的軟體程式不斷更新改版，已逐漸讓社會及行為科學研究的學者與從業人員們，不再那麼害怕難以親近、不易理解與未知其應用價值的 IRT 理論，轉而逐漸將它發揚光大，落實應用在各個研究子領域裡。因為追求客觀測量與採用嚴謹科學的實徵研究方法，是社會及行為科學界人員的共同研究信念。然而，要推廣此研究信念到所

有子領域的研究從業人員身上，卻有賴於他們在研究所教育養成階段裡，即接受過類似方法學課程的訓練，具有嚴謹科學研究的認知與態度，才能讓他們在未來的研究生涯中，持續不斷秉持客觀測量的信念，採用科學嚴謹的實徵研究方法，改善測量的精準度，精進研究結果與結論，才能讓社會及行為科學研究也能媲美自然科學，都是一種「科學性的研究」（scientific research）。

因此，本書的撰寫動機即是秉持如此的研究信念，企圖為深奧難懂的 IRT 理論，及其如何在實務研究中落實客觀測量的認知與方法，建立起一座聯繫雙方的橋樑，為促進社會及行為科學研究也是一種「科學性的研究」而努力。

本書分成十二章，分別介紹社會及行為科學領域中常使用的測量工具——量表（scale），該如何編製與發展的方法，進而說明該如何應用 IRT 的 Rasch 測量模型（Rasch measurement models）於該等工具蒐集資料的分析上，並以 ConQuest 軟體程式為例，列舉實例演練說明該程式的用法，同時也歸納文獻說明國內 Rasch 測量模型於發展測量工具上的應用情形（本書所附程式範例的連線網址為 https://reurl.cc/5geM1G，解壓縮密碼為 9789861919010）。展望此客觀測量研究信念的推廣與實徵方法學的未來發展趨勢，筆者企圖朝此方向做持續努力，並為促進其成為「科學性的研究」目標，貢獻一己綿薄的力量。

本書的完成，筆者首先要感謝國立政治大學教學發展中心及文學院，為推廣第二屆仲尼獎獲獎人陳芳明講座教授的教學理念，推動「研究→教學→出版專書」的學思歷程發展計畫，所酌予局部經費的補助。筆者於政大任教近三十年來的學思歷程，不約而同的與陳芳明講座教授的理念相似。本書的誕生，也是筆者先進行研究二十多年後，再累積每年的授課資料與研究心得，並於因緣成熟時，得以聚集出版成專書。

其次，筆者要感謝心理出版社總編輯林敬堯先生的慨允出版，以及全體心理出版社幕後編輯團隊的辛勞付出與精湛的排版技巧；同時，也要感謝筆者當期的研究助理群——政大教育系熊師瑤、許雅涵、翁雅芸等人的團隊合作與協助校稿；最後，更要感恩內子沈恂如，她默默在背後給予無限的關懷、支持與鼓勵，使得筆者在漫長的撰稿期間，得以心無旁騖一氣呵成，讓本書得以如期出版。

筆者才疏學淺，著述立論經驗尚待增長磨練。本書雖經校對再三，如仍有疏漏之處，筆者當負全部責任，並懇請學界各方先進，不吝給予指正。

2019 年 9 月 13 日中秋節於政大教育學院井塘樓研究室

余民寧　謹誌

第一章

導論

研究者觀察周遭事物，進而將所觀察到的物件或事件做有系統的記錄，並用數據來表示它們數量的多寡、類別的異同、質地的優劣等特性，然後再運用四則運算，甚至進行統計分析，以獲得數據之間的現況描述、關係強弱、差異比較、分類分群或資料精簡等訊息，並作為研究結果的推論依據，這些做法就是實徵研究（empirical study）的歷程。

在這個歷程中，針對研究目標（變項）進行操作型定義，接著再加以測量，是其中的兩個必要步驟；緊接著的，才是進行統計分析。因此，當我們針對此統計分析結果進行解釋時，即表示我們認可先前所獲得變項的測量品質是良好的、理想的、無庸置疑的。但是此測量背後的假設條件，是否都能獲得滿足、支持？所用來分析資料的統計模型或測量模型（measurement model），是否都正確無誤？卻是影響我們最後獲得研究結果是否真實的關鍵因素所在。當測量問題出錯時，研究結論的真實性也就不足採信了！

因此，本章的目的，即在釐清當前實徵研究裡的基本概念，我們的測量理念是否用對了地方？所選用的測量模型是否都適當、正確？以免我們忙碌了老半天，卻獲得不正確的研究結果，而飽受「垃圾進，垃圾出」（garbage in, garbage out, GIGO）（余民寧，1992a）的嚴厲批評。同時，本章亦點出在實徵研究裡，應用新式測量模型的重要性與價值性，並且提供學習此測量模型的相關訊息，以供讀者能夠持續進行自主學習的參考。

第一節　當代的測量到底什麼地方錯了

　　當今,在社會科學領域各學門(尤其是心理學門、社會學門)的研究裡,大多數研究者都是依據Stevens(1946)的理念,認為測量(measurement)即是根據某種規則來分派數值(assignment of numbers)到觀察類別(categories of observations)的歷程(Michell, 1997; Wilson, 2005)。但是,這個理念和想法卻忽略了一項事實,那就是凡是可以被測量的某個潛在特質(latent traits),其背後都必須具有可加性結構(additive structure)的測量屬性(Michell, 1999)。這種對測量的錯誤看法,不僅導致學者們漠視這些可計量特質背後的可加性結構,連帶也採用了錯誤的測量方法;舉例來說,常被社會科學領域各學門廣泛使用的李克特氏量尺(Likert scale)工具,即是一例。傳統上的做法,學者們常將李克特氏量尺工具中的個別題目得分(item scores)加總成為一個總分(total scores),並認為該總分即是針對某個潛在特質或研究變項的一個測量。其實,這種對測量的認知和做法是錯誤的。底下所述,即為筆者的說明,為何這種對測量的認知和做法是錯誤的(Wright & Linacre, 1989),甚至被批評為根本是「方法思維錯亂」(methodological thought disorder)(Michell, 1997)。

　　Stevens(1946)根據測量的精確程度和屬性,將一般研究者所欲測量的變項屬性分成四類:名義的(nominal)、次序的(ordinal)、等距的(interval)與比率的(ratio)。但是,在社會科學領域中常使用的李克特氏量尺題目裡,受試者在任何一個題目上的作答反應,本身即被歸屬於或被視為是「次序變項屬性資料」(ordinal-level data)。但一般學者將李克特氏量尺中所有題目得分加總後,獲得一個總分,即拿來當作後續進行統計分析的依據,這種做法卻是將該總分當作「等距變項屬性資料」(interval-level data)來看待。於是,這種將次序變項轉變成等距變項背後的理論假設或測量基礎,多年來,卻沒有獲得或經過任何證據檢定的支持,平白的就將它拿來作為統計分析的變項,並視為是理所當然的。其實,這種認知與做法是漠視與誤解該等資料屬性的特色,同時也誤用了統計方法。

　　筆者在《心理與教育統計學》（2012）一書裡，即歸納整理 Stevens 所提出來的變項測量屬性一覽表，如表 1-1 所示。

　　其中，同質性（identity）是指被分類到同一個類別中的資料屬性都是同性質的，僅能以計次（counts）方式核算其數量的多寡；不等性（inequality）是指各類別間的資料屬性具有不相等的差異特性，除了可以分類外，彼此之間還可以比較出高低、大小與優劣的差異；可加性（additivity）是指各類別間的資料屬性具有可以相互加減的特性，除了可以分類及比較大小或優劣外，還可以使用加法或減法來表示類別間差異量的多寡；可乘性（multiplicativity）是指各類別間的資料屬性具有可以相互乘除的特性，除了可以分類、比較大小或優劣、表示差異量的多寡外，還具有絕對零點，可以當作被除數（divisors）的分母，以進行算術四則運算。在心理與教育研究（甚至整個廣泛的社會科學）領域中所蒐集到的測量資料，幾乎都屬於這四類變項之一。

　　根據表 1-1 所示可知，資料必須具有等距變項或比率變項測量屬性以上者，方具有可加性及可乘性的特質，才可以進行加減及乘除等四則運算。而在李克特氏量尺上單一題目的作答得分，係屬於次序變項屬性資料，僅具有同質性和不等性屬性，無法進行加減及乘除等四則運算。但後來的學者，卻將該李克特氏量尺上所有題目的作答得分加總，獲得一總分，並將其當作等距變項使用。其實，這種測量轉換（即從次序變項轉變成等距變項）的背後（為何可以這樣做？），卻是不具任何學理基礎的。學者們為何可以如此作為？都沒有人

變項種類	變項屬性				變項舉例
	同質性	不等性	可加性	可乘性	
名義變項	*				性別、學號
次序變項	*	*			名次、等第
等距變項	*	*	*		溫度、智力
比率變項	*	*	*	*	長度、重量

註：「*」表示具有此種特性。

表1-1

四類變項資料的測量屬性與特色

提出可以說服人的學術理由與數學實徵證據。因此，持這種測量理念與認知的作為，其實都是缺乏學理支持的主觀行徑，雖未必全錯，但卻錯得滿大一部分，其造成的測量結果，不僅是不精確、測量誤差大、估計標準誤高，就連研究結果的涵義也不容易合理詮釋，卻也是不爭的事實。

　　其次，李克特氏量尺的基本假設之一，係假設每一個選項之間的差距是相等的。假設某學者採用一個四點計分的李克特氏量尺設計，亦即，它具有四個作答選項：「非常不同意」、「不同意」、「同意」和「非常同意」四個等第。此時，某受試者選擇「非常不同意」而非選擇「不同意」、選擇「不同意」而非選擇「同意」、選擇「同意」而非選擇「非常同意」，其判斷每個選項之間的差距或異同時，在語意理解和認知上都是相等的；換句話說，當每個選項間的差值都是相等時，若受試者選擇「非常不同意」選項時計為 1 分，那麼，他選擇「非常同意」的強度便是其選擇「非常不同意」時的四倍分數，即計為 4 分；同理，選擇「同意」計為 3 分，選擇「不同意」則計為 2 分。但事實上，當李克特氏量尺應用到社會科學領域的研究議題〔如：使用問卷（questionnaires）、調查表（surveys）、心理量表（psychological scales）、態度測量（attitude scales）、成就測驗（achievement tests）等當研究工具〕時，學者們可以普遍發現一個事實，就是受試者對每個設計題目內每個選項的差異程度感知是不同的；也就是說，在某個題目中，受試者感知到「不同意」的選項，其強度可能只是相當於另外一個題目的「非常不同意」程度而已。因此，這個「每個選項間的差距是相等」的假設，便與事實不符，不容易在現實的研究情境中成立。此外，如果李克特氏量尺的單一題目計分，是屬於次序變項屬性資料的話，那麼次序變項資料僅具「不等性」測量屬性特質，選項類別之間僅能表示其「大小差異」，並無法進行四則運算。因此，受試者勾選「非常同意」者，其計分未必是勾選「非常不同意」者的四倍數量，有可能只是兩倍或八倍或其他倍數的強度數量。所以，「每個選項間的差距是相等」的假設，更是與事實不符，未必適合真實的研究情境中。

　　第三，傳統上學者們的「加總」做法，是基於另一個假設：每道題目的得分對總分的加總貢獻是「等值的」（equal weights）。也就是說，傳統的「加

總」做法，是假設每道題目得分對總分貢獻的「權重」（weights）都被視為相同的，一般都假設為 1；因此，加總時，每一道題目得分對總分的貢獻程度，都是等值的，沒有任何一道題目對總分有特別的貢獻或特別的沒貢獻。但此項假設，要落實在現實的研究議題上，也真的是頗難以達成的。因為學者們所設計出的任何一道題目（items），用來測量受試者的某種潛在特質〔或稱作建構（constructs）、因素（factors）、向度（dimensions）等別稱〕，未必都能達到或發揮相等的測量價值或貢獻；也就是說，如何設計出每一道題目都具有對總分有等價的貢獻程度，是未知的、不確定的、不易達成的一種挑戰。難免有時候，某些設計出來的題目會比其他題目來得有貢獻、有價值，而又有時候，每道設計出來的題目對總分的貢獻又大致相當；因此研究者並沒有十分肯定與把握，讓每一次研究時，針對測量題目的設計，都能事前做到均等的貢獻或具有等價的價值。設計題目（design items），尤其是設計出一道優良的測量題目，是一件高難度的挑戰工作。

　　第四，受到古典測驗理論（CTT）的影響，學者們對李克特氏量尺的「加總」做法，是漠視或不承認受試者作答反應組型（response patterns）的差異，以及對測量涵義（what is measurement）具有不同的價值性和重要性的事實。舉例來說，假設某份心理量表係由三題四點計分的李克特氏量尺題目所組成；當有三位受試者的單題得分加總後的總分都是 9 分時，會被研究者認為這三位受試者的潛在特質都是一樣的，他們會被歸類到同一個能力組別裡。但事實上，這三位受試者的作答組型可能為：「3,3,3」、「1,4,4」、「4,4,1」不等；若是如此，第一個作答組型顯示該受試者對這三題題目的內容都表示一樣程度的「同意」；第二個作答組型顯示該受試者對這三題題目的內容表示出「非常不同意，非常同意，非常同意」等意見；而第三個作答組型則顯示該受試者對這三題題目的內容表示出「非常同意，非常同意，非常不同意」等意見。尤其是當每道題目所詢問的內涵意義、價值判斷、意見反應強弱不同時，顯然，作答反應組型不同即表示其具有的測量涵義不同。由此可見，總分相同的一群受試者，若其作答反應組型不同，即顯示出這些受試者的潛在特質仍然是不同的；但在古典測驗理論的影響下，漠視此作答反應組型間的差異，而仍將這些

受試者視為是潛在特質相同的看法或做法，則顯然是錯誤的。因此，對李克特氏量尺進行「加總」的做法，不僅是違反測量的學理基礎和假設，更是漠視作答反應組型差異對測量真實性的價值貢獻與重要性。

　　上述針對李克特氏量尺進行「加總」做法的評論，已顯示當今社會科學領域所常用的實徵研究方法對「測量涵義」有誤解之處，不僅造成研究結果不精確，對研究結果的詮釋亦不正確或者有誤，連帶的也造成我們所挑選使用的統計分析技術和方法是否有誤，也飽受質疑。當測量不真實，統計分析也有誤用之嫌時，我們不正是在做「垃圾進，垃圾出」的工作嗎（余民寧，1992a）！筆者相信，這是每一位研究者想極力避免的事！因此，Bond 與 Fox（2007, p. 2）即大力呼籲計量研究的學者們，應該「停止再拿原始資料（raw data）或計次資料（counts）當作分析的資料了，而應該改用分析真實測量分數的時候了」。對此，深入探索較適切的測量方法為何、挑選較適切的統計分析模型，以企圖回答研究者的待答問題，便成為本書所要介紹與強調的重點所在。

第二節　為什麼需要使用 Rasch 測量模型

　　社會科學領域的研究，如果也想達到類似自然科學領域（如物理學、化學、生物學、地球科學等）研究那般精確、具體、低誤差的科學研究結果的話，至少必須先做到所收集的資料測量屬性，都具有等距變項測量屬性以上的連續變項（continuous variables）特質才行，或者至少能夠將次序變項資料屬性轉換成等距變項資料屬性以上的資料才行。前者，研究議題所擬收集的變項資料如果本來就是等距變項以上的測量資料，那就沒問題，研究結果可如自然科學般的精確；但若非如此時，則採用後者的方法就變得很重要，至少是很基本的要求做法——那就是，將所蒐集的變項資料（假設使用李克特氏量尺工具蒐集的資料），從次序變項屬性轉換成等距變項屬性以上的測量特質，以使後續所擬進行的統計分析方法能夠真實發揮效用，獲得真實的分析結果。對此，能夠滿足這項方法學上的測量屬性要求者，則非採用 Rasch 測量模型（Rasch measurement models）莫屬（Andrich, 1988b; Bond & Fox, 2007; Wilson, 2005;

Wright & Linacre, 1989; Wright & Masters, 1982; Wright & Stone, 1979; Wu, Tam, & Jen, 2016）。

　　Rasch 測量模型係由丹麥的數學家 Georg Rasch（1980）所提出用來評估智力與成就（尤其針對閱讀理解能力研究）的測量模型。他假設受試者答對任何一題成就測驗（測量閱讀能力）上的題目，記錄為 P_i，答錯則記錄為 Q_i，且 $P_i + Q_i = 1$，因此 $P_i = 1 - Q_i$。對此，Rasch 的測量模型即採用「勝算」（odds）的概念（即指答對該試題機率相對於答錯該試題機率的比值），作為測量的定義，並把受試者本身的能力參數（ability parameter）（即 θ'_n）與試題本身的難度參數（difficulty parameter）（即 b'_i）定義在一個相同的量尺單位上，如下所示：

$$\text{odds} \equiv \frac{P_i}{Q_i} = \frac{\theta'_n}{b'_i} \tag{1-1}$$

　　因此，若有 A 與 B 兩名學生各自作答相同的試題 i，則這兩人答對該試題的勝算比值（odds ratio）即可定義為：

$$\frac{odds_{A_i}}{odds_{B_i}} = \frac{\theta'_A / b'_i}{\theta'_B / b'_i} = \frac{\theta'_A}{\theta'_B} \tag{1-2}$$

　　若有同一名 A 學生分別作答試題 1 與試題 2，則該 A 生答對這兩題試題的勝算比值即可定義為：

$$\frac{odds_{A_1}}{odds_{A_2}} = \frac{\theta'_A / b'_1}{\theta'_A / b'_2} = \frac{b'_2}{b'_1} \tag{1-3}$$

　　從公式 1-2 和公式 1-3 所示，可以看出一個現象，那就是當我們在比較 A、B 兩人答對試題 i 的勝算比值時，只使用到他們兩人能力參數的比值而已，與他們作答哪一個試題無關，這種測量方式十分符合「測驗獨立」（test independent 或 test free）的假設需求；同樣的，當我們在比較同是 A 生在兩題試題上答對的勝算比值時，也只使用到這兩個試題的難度參數的比值而已，與誰來作答該兩個試題無關，這種測量方式亦十分符合「樣本獨立」（sample independent 或 sample free）的假設需求。由於同時能夠滿足「測驗獨立」和「樣本獨立」兩種假設，因此，Rasch 的測量模型被稱作「客觀測量」（objective measurement）。

當我們將公式 1-1 的式子取自然對數（log），即成為對數勝算比（log odds ratio），可以表示如下：

$$\text{logit}_{ni} \equiv \log(\text{odds}_{ni}) = \log\left(\frac{\theta'_n}{b'_i}\right) = \log(\theta'_n) - \log(b'_i) \equiv \theta_n - b_i \qquad (1\text{-}4)$$

其中，$\theta_n \equiv \log(\theta'_n)$，且 $b_i \equiv \log(b'_i)$。所以，公式 1-2 即可順理被表示如下：

$$\log\left(\frac{odds_{A_i}}{odds_{B_i}}\right) = \text{logit}_{A_i} - \text{logit}_{B_i} = (\theta_A - b_i) - (\theta_B - b_i) = \theta_A - \theta_B \qquad (1\text{-}5)$$

公式 1-3 也可以順理被表示如下：

$$\log\left(\frac{odds_{A_1}}{odds_{A_2}}\right) = \text{logit}_{A_1} - \text{logit}_{A_2} = (\theta_A - b_1) - (\theta_A - b_2) = b_2 - b_1 \qquad (1\text{-}6)$$

換句話說，當我們在比較兩人作答同一試題的勝算比值時或比較同一人作答兩題試題的勝算比值時，都不需要考慮係作答哪一試題或由誰來作答，這種測量特色即是所謂的「客觀測量」。

因此，我們將測量的基本概念定義為是一種成功相對於失敗的比值，即「勝算」的概念，並將它取自然對數後，如公式 1-5 和 1-6 所示，此做法即是將原本是類別變項或次序變項的資料，轉變成為等距變項或比率變項的資料，它不僅具有等距與比率變項的特性——即「可加性」和「可乘性」，更具有客觀測量的兩大特性——即「測驗獨立」和「樣本獨立」，所以它是一種十分真實的測量結果。如此一來，前一節所評述使用李克特氏量尺總分做法的不當，在此已獲得 Rasch 測量模型的解決。所以筆者在此要呼籲一聲：「該是到了需要使用 Rasch 測量模型，來取代傳統李克特氏量尺總分的時刻了！」

關於各種 Rasch 測量模型的內涵，本書將在第七章裡有詳細的介紹。

第三節　Rasch 測量模型的特色

在所有的 Rasch 測量模型裡，筆者歸納許多文獻的描述（Alagumalai, Curtis, & Hungi, 2005; Andrich, 1988b; Bond & Fox, 2007; Linacre, 1989a; Masters, 1982; Masters & Wright, 1984; Ostini & Nering, 2006; Rasch, 1980; Wilson, 2005; Wright & Linacre, 1989; Wright & Masters, 1982; Wright & Stone, 1979; Wu, Tam, & Jen, 2016），整理出下列幾點特色，這是傳統古典測驗理論所沒有的。

首先，即是將測量的概念定義成一個成功事件相對於失敗事件的比值，即所謂「勝算」的概念。這種做法，即活生生的將原本是名義變項〔如：將受試者的作答反應分成答對與答錯、成功與失敗、通過與不通過、精熟與不精熟等二元計分（binary scoring）的資料〕或次序變項〔如：將受試者的作答反應分成優良可劣等級、甲乙丙丁等第、從非常不同意到非常同意選項、李克特氏量尺工具等多元計分（polytomous scoring）的資料〕，轉換成等距變項或比率變項，因而使得它具有 Stevens（1946）所定義的測量屬性——即「可加性」和「可乘性」。這種測量的定義，使得我們所蒐集到的變項資料，具有類似於物理學門領域的精確測量特質，不僅可以進行實質的加減計算，還可以進行乘除的四則運算，落實了「基礎測量」（fundamental measurement）的本質（Bond & Fox, 2007）。

其次，即是將受試者的能力參數和試題的難度參數，界定在一個共同的量尺單位上。如此一來，受試者的能力估計值和試題的難度估計值，便可以繪製在同一張圖形表徵裡，特稱作「試題—個人圖」（item-person map）（Linacre, 2005; Linacre & Wright, 2000）。這張「試題—個人圖」，可以如圖 1-1 所示。

從圖 1-1 所示可知，圓圈（circles）代表試題的難度估計值，方形（squares）代表受試者個人的能力估計值，測量單位都是建立在一個共同的對數值量尺（logit scale）上，具有等距量尺（interval scale）的特性，計量單位都是同值的。因此直接閱讀該圖，即可一目了然受試者個人能力值與試題難度值所處的相對位置。正的數值愈大，標示在圖的愈上方，負的數值愈大，標示在圖的愈下方；同時，標示在愈上方的受試者，即表示他的能力（或潛在特

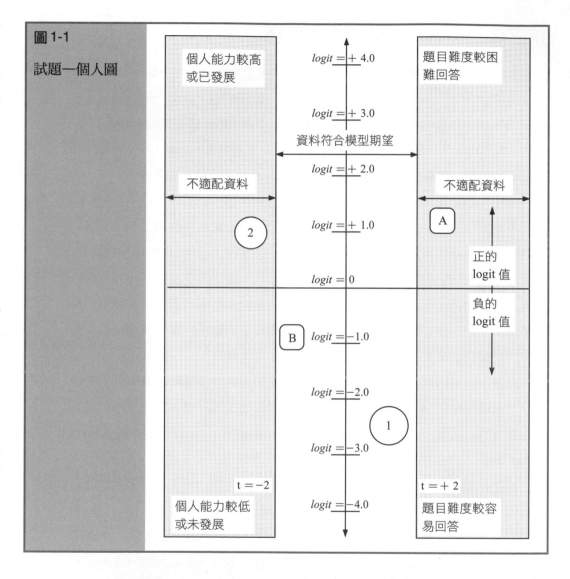

圖 1-1

試題一個人圖

質）愈強、愈有能力、愈容易答對或通過任何試題，而標示在愈上方的試題，
即表示它的作答困難度愈高、閾（門檻）值愈大、愈難被受試者答對或通過。
另外，試題與受試者的圖形大小（size），即表示其參數估計值的「測量誤
差」大小，圖形大小標示得愈大，即表示該估計值具有愈大的測量誤差；反
之，則愈小。除此之外，我們也可以一眼即看出每一位受試者和每一道試題的
參數估計值是否達到適配程度（fit the model），凡達到適配程度的參數估計

值，均座落在該圖形的中央白色區域，而不適配者，則分別座落在兩旁灰色區域。至於判斷是否適配的方法，主要是依據參數估計值除以其估計標準誤後所計算出來的 t 值大小來判斷，可被接受的參數估計值所具有的 t 值區間是介於±2.0 之間，凡超出此範圍者，即表示該參數估計值是不適配（misfit）所使用的 Rasch 測量模型。

第三，在所有的 Rasch 測量模型裡，不同模型之間的差異關鍵點，在於針對試題難度參數的定義方式不同。從最陽春的 Rasch 測量模型說起，它原先只是將受試者的能力參數與試題的難度參數定義在同一個量尺上而已，稱作「Rasch 二元計分模型」（Rasch dichotomous model，又稱為 one-parameter logistic model, 1PL）（Rasch, 1980）。後來，隨著不同學者的參與研究與擴充，逐漸延伸應用到多元計分的各種 Rasch 測量模型，例如：澳洲伯斯（Perth）的 David Andrich（1978a, 1978b, 1978c, 1978d, 1979, 1982, 1988a, 1988b），即針對李克特氏量尺資料使用者提出一種適用的資料分析模型——即「評定量尺模型」（rating scale model, RSM）；以及澳洲墨爾本（Melbourne）的 Geoff Masters 即針對 RSM 模型加以擴充，並歸納整理出可以涵蓋許多 Rasch 家族測量模型（Rasch family models of measurement）的通用代表模型—即「部份計分模型」（partial credit model, PCM）（Masters, 1982; Masters & Wright, 1984）；另外，還有在美國芝加哥的 Mike Linacre 提出加入評分者效應（rater's effect）等第三方以外因素考量的「多面向模型」（many-facets model, MFM）（Linacre, 1989a）。最後，從以上所述原本僅適合應用在單向度（unidimensionality）假設滿足下的 Rasch 測量模型，也開始延伸應用到可以適用於在多向度（multidimensionality）假設滿足下的 Rasch 測量模型，即「多向度隨機係數多項式對數模型」（multidimensional random coefficients multinomial logit model, MRCMLM）（Adams, Wilson, & Wang, 1997; Wilson, 2005）。這些模型都只是較為常用、常被提及的 Rasch 測量模型而已，尚有許多罕見及特殊用途的 Rasch 測量模型存在，有興趣的讀者可以進一步閱讀由 Alagumalai 等人（2005）所蒐集彙編有關 Rasch 測量模型的專書。

從這麼眾多、複雜的 Rasch 家族測量模型中，可以看見其間的主要差異，

僅在於針對試題難度參數的定義和能力參數向度操作上的不同而已,當然也需要配合可以適用的實徵資料的存在,不然功能再漂亮或再華麗的模型,也是巧婦難為無米之炊!由於 Rasch 測量模型十分眾多,無法一一詳盡敘述,本書僅在第七章列舉說明幾個比較可以適用於目前社會科學領域的測量模型。另外,隨著 Rasch 測量模型的未來發展走向,亦有逐漸趨向與結構方程式模型(structural equation modeling, SEM)方法學整合的趨勢。因此,SEM 統計模型的學習和使用,也逐漸在量表編製與發展議題研究上,扮演另一種主流地位的角色。

第四,當研究者欲應用這些客觀測量的各種 Rasch 測量模型來分析所收集的資料時,絕非使用傳統、大眾熟悉的 SPSS 或 SAS 等統計套裝程式可以勝任。讀者必須學習與熟悉專用的套裝程式,諸如:Winsteps、ConQuest、RUMM 等。這些程式的售價均不便宜,且使用手冊均為厚厚的一本,光是學習如何操作,即需要很長的一段時間才能達到熟練的程度。因此,本書考量各種程式的實用性與操作的方便性,擬在第八章裡,僅介紹 CONQUEST 程式的操作為主,因為它是國際大型評比測驗〔如:國際成就評比計畫(Programe for International Student Assessment, PISA)、國際數字與科學成就評比(International Mathematics and Science Study, TIMSS)等〕資料庫所慣用的指定程式。至於對其他程式的使用與學習感興趣的讀者,可以參考下一節的資訊,自行自主學習。筆者的自學經驗可以提供參考:先購得程式,再參考使用手冊說明,瞭解資料結構與程式指令的用途,再依範例操作說明,自己演練一次,等手邊拿到實際的資料後,再套用學過的模型與程式指令,依樣畫葫蘆演練一次,即可逐漸學會各種模型指令的操作。一回生,兩回熟,再多練習幾次,即可達到熟能生巧的地步。

第四節　Rasch 測量模型的相關學習資訊

由於 Rasch 測量模型的相關文獻已經累積到了汗牛充棟的地步,自成一個學派,逐漸成為一種顯學,各式各樣的新理論與實務問題的新應用和新解決方

法，亦層出不窮的被提出，已到了沒有任何一本專書或教科書可以全部、詳細的介紹完畢。因此底下所匯集的資訊，即是依據筆者的閱讀心得及參考一些文獻記載後，提供讀者一些自主學習的資訊，以便能夠在家自我學習或進一步深入探究 Rasch 測量模型。以下茲分成幾個不同單元來做介紹。

一、經典專書著作

有關 Rasch 測量模型的最經典著作，當然是首推 Georg Rasch 於 1960 年在丹麥出版的原始著作，後來被美國芝加哥大學買下版權重印。這本書即是 Rasch 測量模型的濫觴，裡頭介紹測量的理論、簡單的應用、數學的基礎，連同勾勒出當今發展出來的各種 Rasch 模型的問題與原理原則。這本書如下：

Rasch, G. (1980). *Probability models for some intelligence and attainment tests* (Expanded ed.). Chicago: The University of Chicago Press. (Original edition was published in 1960 by The Danish Institute for Educational Research, Copenhagen)

其次，專門介紹二元計分 Rasch 測量模型的最佳經典著作，則是非底下的這本書莫屬。有關最陽春的二元計分 Rasch 測量模型的其他相關書籍，都是來自這本書的介紹：

Wright, B. D., & Stone, M. H. (1979). *Best test design*. Chicago: MESA Press.

再其次，應用到多元計分 Rasch 測量模型的最佳經典著作，則是底下的這本書，它還介紹 Rasch 家族測量模型，包括：波氏計次模型（Poisson counts model）、二項式模型（binomial model）、白氏嘗試模型（Bernoulli trials model）、評定量尺模型（RSM）、部份計分模型（PCM），其中部份計分模型被證實是 Rasch 家族測量模型的通式：

Wright, B. D., & Masters, G. N. (1982). *Rating scale analysis*. Chicago:

MESA Press.

緊接著要介紹的書，是探討多面向模型，即是將二元計分Rasch測量模型延伸應用到考慮第三方以外會影響受試者作答反應機率的因素，這些因素包括：評審的嚴苛程度、作業型態、測量時間點、測量情境中可能會被認為是影響受試者表現的其他因素等，這種測量模型即取名為「多面向模型」該書為：

Linacre, J. M. (1989a). *Many-facet Rasch measurement*. Chicago: MESA Press.

此外，David Andrich 彙編整理出一本簡潔介紹 Rasch 測量模型的小書，並且在推廣通俗計量方法學的 Sage 出版社出版，是介紹 Rasch 測量模型的入門讀物：

Andrich, D. (1988b). *Rasch models for measurement*. Newbury Park, CA: Sage.

2019 年，David Andrich 與 Ida Marais（2019）合作重寫一本新書，深入淺出的系統介紹 Rasch 測量模型的理論與實務應用，該書為：

Andrich, D., & Marais, I. (2019). *A course in Rasch measurement theory: Measuring in the educational, social and health Sciences*. New York: Springer.

其他諸如介紹Rasch測量方法學及測量建構概念的專書，以及新近在試題反應理論（IRT）工作坊上集結上課材料出版介紹測量模型的新書，都是導論性深入瞭解 Rasch 測量模型的專門著作，如下所示：

Ingebo, G. S. (1997). *Probability in the measurement of achievement*. Chicago: MESA Press.

McNamara, T. F. (1996). *Measuring second language performance*. New York: Longman.

Michell, J. (1999). *Measurement in psychology: Critical history of a methodological concept*. New York: Cambridge University Press.

Wilson, M. R. (2005). *Constructing measures: An item response modeling approach*. Mahwah, NJ: Lawrence Erlbaum Associates.

Wu, M. L., Tam, H. P., & Jen, T. H. (2016). *Educational measurement for applied researchers*. Singapore: Springer Nature Singapore.

二、其他應用性的專題彙編著作及資訊

除了上述的經典作品外，根據每年召開的國際客觀測量工作坊（International Objective Measurement Workshops, IOMW）的精彩應用報告或論文，也都會大約每隔兩年左右即出版一本彙編的應用性論文集如下，也頗值得讀者深入閱讀：

Wilson, M. (1992). *Objective measurement: Theory into practice* (Vol. 1). Norwood, NJ: Ablex.

Wilson, M. (1994). Objective measurement: Theory into practice (Vol. 2). Norwood, NJ: Ablex.

Engelhard, G., & Wilson, M. (1996). *Objective measurement: Theory into practice* (Vol. 3). Norwood, NJ: Ablex.

Wilson, M., Engelhard, G., & Draney, K. (Eds.) (1997). *Objective measurement: Theory into practice* (Vol. 4). Norwood, NJ: Ablex.

Wilson, M., Engelhard, G. (Eds.) (2000). *Objective measurement: Theory into practice* (Vol. 5). Stamford, CT: Ablex.

至於其他已絕版的重要演講稿論文或彙編刊物，也都分別被收錄在下列的網頁資訊裡，諸如：

Reese, T. (1943). *Physicist Norman Campbell's Theory of Fundamental Measurement as described for psychologists*. Retrieved from http://

www.rasch.org/rm8.htm.

Wright, B. (1967). *Sample-free test calibration and person measurement*. Retrieved from http://www.rasch.org/memo1.htm.

Linacre, Heinemann, Wright, Granger, Hamilton (1994). *The structure and stability of the functional independence measure (FIM)^TM*. Retrieved from http://www.rasch.org/memo50.htm.

Wright, B. (1997). *A history of social science measurement*. Retrieved from http://www.rasch.org/memo62.htm.

Rasch Measurement Transactions 是美國教育研究學會（American Educational Research Association, AERA）的 Rasch 測量特殊興趣小組（Rasch Measurement Special Interest Group）所出版的通俗性論文季刊，特別將已過期的刊物文章都收錄於 http://www.rasch.org/rmt.

MESA Research Memoranda 是由 Ben Wright 所主編出版的論文集，過期且核心的文章都已收錄於 http://www.rasch.org/memos.htm.

三、相關的網站資訊

關於 Rasch 測量的組織機構、出版品、實務工作者團體、維基百科網站等網站資訊如下：

http://www.rasch.org.
http://www.rasch.org/rtm/index.htm#Listsery.
http://www.ACER.edu.au/Rasch/email.html.
http://www.jcu.edu.au/～edtgb.
http://en.wikipedia.org/wiki/Rasch_model.

四、相關的電腦程式

　　由於Rasch家族測量模型所需進行的參數估計和適配程序背後所使用的演算法（algorithms）還算簡單，因此市面上專門適用於執行 Rasch 分析的電腦程式，也種類繁多，雖然各具有一些設計上的優勢，但也都有一些限制，無法十全十美。除了Rasch測量模型的專用程式外，市場上還有一些使用不同演算法所發展出來的試題反應理論（IRT）相關程式，例如：知名的 SSI 公司即發展有 BILOG-MG、MULTILOG、PARSCALE、TESTFACT 等程式，也都有執行 Rasch 分析的局部功能。

　　一般專門設計應用於 Rasch 分析的電腦程式演算法，計有下列幾種：

> CMLE：Conditional Maximum Likelihood Estimation
>
> JMLE：Joint Maximum Likelihood Estimation（又稱 UCON）
>
> MMLE：Marginal Maximum Likelihood Estimation
>
> PMLE：Pairwise Maximum Likelihood Estimation
>
> PROX：Normal Approximation
>
> WMLE：Warm's Mean Likelihood Estimation

　　底下所介紹的程式，都分別使用上述之一的演算法作為其程式設計的主要依據。茲依據程式出版時間的先後，陳述如下。

(一) Winsteps（Linacre & Wright, 2000）

　　本程式是由美國芝加哥大學 MESA 實驗室所開發設計，早期稱作 Bical，後改稱Bigsteps，2000 年後正式取名為現在的名稱。Winsteps程式使用聯合最大近似值估計法（Joint Maximum Likelihood Estimation, JMLE）演算法，作為程式設計的主要依據。該程式可適用於容納一百萬名受試者、一萬題試題、每題最多含 255 個類別的作答資料，資料可以是二元計分、單選題計分、評定量尺計分、及部份計分的格式。一般執行傳統古典測驗理論的試題分析功能、各種 Rasch 測量模型分析的參數估計及適配度檢定（test of fit）、試題—個人圖（item-person map）、及其他報表的呈現等，都可以使用 Winsteps 程式來完

成。有關 Winsteps 程式的免費學生試用版（僅侷限在 100 名受試者、25 題試題的資料），其他更新資訊或購買資訊，請見：https://www.winsteps.com/winsteps.htm。

(二) Facets（Linacre, 1989b, 2003）

本程式亦由美國芝加哥大學 MESA 實驗室所開發設計，專門用來處理較複雜的單向度 Rasch 測量模型的應用問題，以及延伸應用處理多面向 Rasch 測量模型的資料，一次可處理高達一百萬名受試者及 255 個反應類料，仍然是使用聯合最大近似值估計法演算法，作為程式設計的主要依據。有關此程式的最新資訊或購買消息，亦請見：https://www.winsteps.com/facets.htm。

(三) ConQuest（Adams, Wu, & Wilson, 1998, 2015）

本程式的前身是 Quest（Adams & Khoo, 1993），原是一個互動式程式，後來擴充既有功能，加入可以處理多向度試題反應模型資料、單向度及多向度潛在回歸模型（如：多層次模型）、設計矩陣方法，還有可協助使用者產生可能值（plausible values）的功能，可說是一個功能十分強大的 Rasch 測量模型分析程式，非常適合初學者及有實務經驗的專業人士使用。本程式使用邊緣最大近似值估計法（Marginal Maximum Likelihood Estimation, MMLE）演算法，作為程式設計的主要依據，至少可適用於容納一萬名受試者、400 題試題、每題最多含 10 個類別的作答資料，同時亦可處理遺漏值（missing data）資料，以及最多 10 個次組別與次量表的組合資料格式。有關此程式的最新資訊或購買消息，請見：https://www.acer.edu.au/conquest，而關於示範版說明及支援材料，可參見：ftp://www.ACER.edu.au/Rasch。

(四) RUMM（澳洲 RUMM 實驗室）

本程式是由澳洲伯斯大學 RUMM 實驗室所開發設計的一種互動程式，使用配對最大近似值估計法（Pairwise Maximum Likelihood Estimation, PMLE）演算法，作為程式設計的主要依據。該程式可適用於容納 5,000 題試題、記憶

體容量內的受試者（至少 64MB 的 RAM）、允許有 9 個誘答選項的選擇題、64 個閾值的多元計分題、至多 9 個人口變項因素（如：性別、年級、年齡組別等）的組別比較、差異試題功能檢測等功能。有關此程式的最新資訊或購買消息，請見：http://www.rummlab.com.au/。

五、Rasch 測量的研究組織

國際間有許多對 Rasch 測量有興趣的組織，無論是官方的或私人的機構都有，且每年或定期的舉辦各種學術研討會、實務工作坊，或出版通訊及期刊。底下所列舉的是其中幾個較富盛名的組織，讀者可連上其官網，以追蹤其最新公布的訊息。

(一) 客觀測量研究所

客觀測量研究所（Institute for Objective Measurement）是一間非營利、免稅的私人機構，但它視自己是一間公家單位，其創立的宗旨係在發展、教學、推廣，以落實客觀測量的實務工作，並透過教育及推廣客觀測量方式來協助客戶問題解決作為其營運謀生之道。該機構的組織成員為遍布全世界各國的學者、學生、專業人士，常會不定期舉行「國際成果測量研討會」（International Outcomes Measurement Conference, IOMC）、「國際客觀測量工作坊」，及其他中小型的地區性研討會與工作坊。該機構有定期出版 *Popular Measurement* 和 *Newsletter of the IOM* 季刊，正式的官網為：http://www.Rasch.org/。

(二) AERA Rasch 特殊興趣小組

美國教育研究學會（American Educational Research Association, AERA）是一個組織十分龐大的教育學術研究團體，每年均會在美國東西南北四大城市輪流舉辦年度性的學術研討會。其中，有一群熱衷推動 Rasch 測量模型的人士，從中另組一個 Rasch 測量特殊興趣小組（The Rasch Measurement Special Interest Group），它是一個國際性論壇組織，讓全球對 Rasch 測量研究感興趣的學者們，有一個定期探討測量的理論與實務問題、分享研究心得、交換研究成果

（如：測驗產品、電腦程式、施測裝置等）的專業論壇場所，每年隨著AERA
年會附帶舉行。它每年主持幾場 AERA 的學術性論壇、線上討論會 Listserv、
並出版 *Rasch Measurement Transactions* 季刊通訊，內含摘要、評論，以及 Ras-
ch 測量的理論與實務問題的簡評等資訊。它的正式官網亦為：http://www.rasch.
org/，許多過期的 *RMT* 文章，亦收錄在該官網上。

六、以 Rasch 測量為本的專業會議

　　底下所列舉的是幾個較富盛名的專業會議，常會不定期舉行國際性的學術
研討會，以提供對Rasch測量的相關理論與實務問題有興趣的學者與實務工作
者，互相切磋、學習與交流的機會。

(一) 國際客觀測量工作坊

　　這個工作坊創始於 1981 年，為了紀念 Georg Rasch 對客觀測量的貢獻，
由一群曾與 Rasch 密切工作（如：Ben Wright 等人）的夥伴所發起，維繫至
今。現已併入 AERA 年會，每兩年舉行一次，提供相關的 Rasch 測量理論與
實務交流機會，分享研究成果、分析技術、產品開發、新的實務研究議題，也
會挑選一些精彩的文章，約每隔兩、三年即集結成冊出版一次。

(二) 國際成果測量研討會

　　這是另一個不定期舉行的國際研討會，多半都由客觀測量研究所、美國芝
加哥大學、Rasch 測量知名學者 Ben Wright 等人，所負責籌劃召開，以分享
Rasch 測量模型應用到實務測量問題上的議題解決為主。

七、以 Rasch 為本的研究與發展企業

　　底下介紹幾個大型的以Rasch為本的研究與發展企業或組織，它們都是頗
富盛名以 Rasch 測量為基礎的私人企業或公益團體。

(一) 澳洲教育研究委員會

澳洲教育研究委員會（The Australian Council for Educational Research, ACER）是率先應用 Rasch 測量模型於執行大型教育測驗評量計畫的官方研究機構，包括：澳洲境內的 Basic Skills Testing Program—NSW（1989），及世界知名的學生學習成就評比測驗，如：TIMSS（1994 至今）和 PISA（1998 至今）。該機構有一點類似臺灣的國家教育研究院（National Academy for Educational Research, NAER），主要職能是負責檢測、推廣與評估澳洲學生在閱讀、寫作、拼字、算數方面的學習成就，並建立起全國性的量尺分數與常模，底下兩篇文獻是其重要的成果報告：

Masters et al. (1990). *Profiles of learning—The Basic Skills Testing Program in New South Wales 1989*. Melbourne: ACER.

Masters, G., & Forster, M. (1997). *Mapping literacy achievement—Results of the 1996 National School English Literacy Survey*. Canberra, Australia: Department of Employment, Education, Training and Youth Affairs.

(二) 國際數學與科學成就評比（TIMSS）

TIMSS 是每四年舉行一次的國際知名跨國學生學習成就評比測驗，主要在探究各國學生在數學及科學領域學習成就的評比。它是使用 Rasch 測量模型為基礎的跨國學習成就評比，至今參與的國家或地區超過 45 個，接受測試的學生數超過 50 萬人次，每四年評比一次，各國成績表現、評量架構及技術報告，都收錄在官網上：http://ustimms.msu.edu/。臺灣從 1999 年起開始參加評比，歷屆以來的成績，均常名列前茅。

(三) 國際學生成就評比計畫（PISA）

這是另一個知名的國際學生成就評比測驗，每三年舉行一次，主要是評估 15 歲青少年學生在閱讀、科學及數學的素養能力。這個評比係由 ACER 主導，

引進Rasch測量模型為架構,加拿大統計局負責計分和成績報告,各國成績表現、評量架構及技術報告,都收錄在官網上:http://www.PISA.oecd.org/。臺灣從 2003 年起開始參加,歷屆以來的成績,除閱讀成績表現較不理想也較不穩定外,其他如數學和科學的表現,都常名列前茅。

(四) 美國西北評鑑協會 (Northwest Evaluation Association)

本評鑑協會是知名的專業評鑑機構,是一所架構在以Rasch測量模型為基礎的教育成就評估機構。它發展出有關閱讀、數學、語言使用、科學等領域,數以千計跨年級間的試題及量尺分數。它同時也提供學習診斷分析、協助各學區學校、各地方政府機構進行教育成就的評估工作,以期透過Rasch測量來促進教育成就的改變。詳情請參見其官網:http://www.nwea.org/。

(五) 電腦適性科技公司 (Computer Adaptive Technologies, Inc.)

這是一家專門提供線上命題及施測的測驗服務與問題解決策略的軟體公司,創立於 1984 年,後來於 1988 年被併入 Houghton Mifflin Company。該公司是第一家推行電腦化適性測驗的科技公司,其核心技術即是依據Rasch測量模型而來,提供全球客戶量身訂做的電腦化施測、測驗發展、其他心理計量學服務,可透過其全球測驗網路 (CATGlobal Testing Network)、公家或私人的測試站、家裡或公司的電腦來進行施測及提供服務。詳情請參見其官網:http://www.catinc.com/。

(六) 辭典閱讀架構 (The Lexile Reading Framework)

這是一家依據Rasch測量模型為技術,所建立起辭典閱讀理解架構的評估公司,以用來檢測個人的閱讀字彙量及任何文本的閱讀困難度。它將圖書館大多數的藏書字彙量及閱讀困難度,畫在一個Lexile圖 (Lexile map) 的尺度上,以量化所有個人閱讀時所具有的字彙量多寡,以協助做成某種決定。例如:一般的英語為第二外語測驗 (1400L)、GMAT 測驗 (1400L)、〈華爾街日報〉 (1,400L) 等在Lexile圖上的刻度都一樣,而一般大學預科生的字彙量約

在 1,400L 和 1,600L 之間，約可理解含有 1,400L 字彙量的文章或書籍的 75%
到 90%的內容。詳情請參見其官網：http://www.lexile.com/。

(七) 調查學網（SurveyMetrics）

　　這是一種專門提供醫療服務研究及滿意度調查的電腦化系統，架構在 Rasch 測量模型和互動式介面的電腦科技基礎上，以收集病患接受醫療服務的滿意度調查系統。病患只要在該儀器的電腦螢幕上，點擊螢幕畫面中的問題選項，該系統即可立即評估出病患接受服務後覺得的重要性和滿意程度，這對促進醫療院所的服務品質提升有重大的幫助。詳情請參見其官網：http://www.surveymetrics.net/。

第二章

測量概念與測量建構

測量（measurement）係指一種使用工具去衡量標的物的某種特質，並給予該特質某種量化數據的過程。談到測量及其工具的使用，在自然科學領域中，由於測量標的物的特質通常都十分具體、明確，所以研究者多半會使用現成的測量儀器或自製的測量工具去測量，由於該等測量工具通常都具有公正的、客觀的、可靠的特性，所以不同研究者衡量同一個標的物的某種特質時，所獲得的測量結果之間，大致是一致的，測量誤差會很小。但是在社會科學與行為科學領域裡，由於測量標的物的特質通常都十分抽象、不具體、不明確，研究者只能靠自行研發工具去測量，當所研發的測量工具不盡理想時，不同研究者衡量同一個標的物的某種特質所獲得的結果之間，便會十分不一致，測量誤差將會很大。所以瞭解測量的基本概念，進而協助研究者去研發出一份較精準的測量工具，對從事社會科學與行為科學研究的學者專家而言，便是一件相當重要的事。

　　本章的目的，即是針對此測量的基本概念進行討論，以奠定將來發展一份優良測量工具的方法學基礎。

第一節　潛在變項的概念

　　在社會科學與行為科學研究領域中，研究者所關心的研究變項往往都是看不見、無法直接測量到，且為抽象或模稜兩可的模糊概念，稱作「潛在變項」（latent variable, LV）。凡是潛在變項，都會具有兩個特徵：(1)它是潛在的（latent）、非明顯的；(2)它是變數（variable），不是常數（constant）。例如，「智力」（intelligent quotient, IQ）是教育研究

學者所關注的變項,因為它反應出一個現象,那就是「智力愈高者,學業(或考試)成績愈高」。但是家長們或教育研究學者們卻無法從任何外觀上,看到任何一名學生或孩子的智力,不過卻可以明顯觀察到有些學生或孩子的學業(或考試)成績確實是比別人高的現象。因此為了研究此現象,研究者必須先假設每位學生都具有一個稱作「智力」的東西存在,雖然看不見它,但我們可以想辦法研發工具去測量它,並且以某種數學函數來描述該測量所獲得的結果(或分數)與它之間的存在關係,再利用此數學函數間接去推論「它」到底是什麼,最後形成研究的結論。在此,「智力」是看不見、潛在的概念,並非是明顯可觀察到、可直接測量得到的東西;並且它會隨著不同的學生而不同,並不是固定不變的一項常數(如:圓周率為 $\pi = 3.14$,即是一個常數,無論圓的大小為何,它的圓周率都一致是 3.14),因為我們可以觀察到每位學生的學業(或考試)成績都不相同,所以它是一個變數,會隨著觀察對象的不同而不同。因為符合上述這些特徵要件,所以「智力」可被稱作是一個「潛在變項」。

　　為了測量這個「潛在變項」,社會科學與行為科學研究者所擬研發的工具,通常即被稱作「測驗」(test)、「量表」(scale)、「問卷」(questionnaire)或「調查表」(investigation form)(王文科、王智弘,2014;郭生玉,2012;Colton & Covert, 2007; DeVellis, 2017; Furr, 2011)。這些工具的名稱雖然不同,適用的情境也不盡相同,但其編製與發展的歷程卻大同小異,都同屬心理計量學(psychometrics)領域的研究範疇。本書的重點,即放在「量表」工具的發展上;而本章即是以此類工具為對象,開始說起。

　　「量表」這種測量工具,係由一道題目(single item)或一組題目(a set of items)所組成;因此,我們會有單一題目的量表或多個題目的量表。在社會學、經濟學、行政學研究領域裡,學者們有可能使用「單一題目的量表」作為測量工具,但在心理學、教育學、諮商輔導領域裡,研究者們多半都會使用「多個題目的量表」作為測量工具。但無論是「單題」或「多題」的量表工具,都是我們企圖用來測量所關心的「潛在變項」——在前例中即為「智力」——的工具。說到此,古典測驗理論的基本假設即可派上用場:

$$x = t + e\ (\text{觀察分數＝真實分數＋誤差分數})\qquad\qquad（2\text{-}1）$$

其中，我們使用的量表所測得的結果即為「x」的部分，稱作「觀察分數」（observed score），它是一項明顯觀察得到、測量得到、且可以量化的變數，我們可用具體的數據來表示它；但是研究者真正關心的部分，卻是「t」的部分，稱作「真實分數」（true score），它是一項看不見、觀察不到、無法直接測量得到的「潛在變項」，正是研究者所擬去獲取的真正測量目標所在；所以研究者採用了一條數學直線方程式（linear equation），來企圖表示明顯的測量分數與所擬獲得的潛在變項之間的關係，該數學函數關係如公式 2-1 所示，該方程式說明了「觀察分數」中即包含了「真實分數」在內，與「真實分數」以外的部分即統稱為「誤差分數」（error score），即「e」的部分，它也是一項看不見、觀察不到、無法直接測量得到的潛在變項，卻是研究者想企圖去排除、控制、或避免的部分。

因此，從公式 2-1 所示的數學涵義來看，潛在變項被假設為是造成題目測量分數（即觀察分數）變動的「因」（cause），也就是說，潛在變項的強度多寡或數量大小，會決定某個測量題目（如：單題量表）或一組測量題目（如：多題量表）落於某個數值分數上。換句話說，每一個測量題目都是潛在變項的明顯測量指標（indicators），而在每個題目上的得分，都是在某些特定時空測量條件下，受到該潛在變項的強度多寡或數量大小所決定的。所以，潛在變項和測量分數之間的因果關係（causal relationship），隱含了某種數學的函數關係，這種函數關係可用某些數學方程式來表達出來。古典測驗理論中的「真實分數模式」（true score model）（即公式 2-1 所示）即為其中最基礎、最簡單的一例，至於其他較複雜、較艱深的函數關係，如：因素分析模型（factor analysis models）、結構方程式模型（structural equation models）、推論力理論模型（generalizability theory models）、試題反應模型（item response models），則又是另一例。這些數學函數關係，無論深淺，都是本書所要討論與說明的重點所在。

所以，測量係指研究者針對某一個潛在變項（如：智力），拿一份測量工

具（如：智力測驗或心理量表）去衡量它，並分派數據到它的衡量結果上（即予以量化），以作為測得該潛在變項強度多寡的一種量化過程（quantified process）。所以在計量方法學（quantitative methodologies）上，研究者所真正關心的部分是 t（真實分數），除了稱作「潛在變項」外，在量表發展的方法學中也被稱作「構念」或「建構」（construct）、「因素」（factor）、「向度」（dimension），而非題目（item）或量表（scale）本身。因為「構念」是無法被直接測量到的，只能用外顯的測量分數（即觀察分數）來間接推論它的存在。所以我們研發一份測量工具（如：量表）的目的，即是希望測量分數能夠盡量反應出所欲測得的「構念」或「潛在變項」部分，而我們該如何彰顯出這兩者間的數學函數關係，便是本書所要討論的重點所在。

第二節　路徑關係圖的應用

為了能夠進一步說明潛在變項與測量之間的關係，視覺化圖示（visual presentation）通常是必要的工具與手段，因為它最能加深讀者的理解與記憶。而在眾多的視覺化圖示中，最適合用來表徵量表發展中的構念與測量間的關係者，筆者認為非結構方程式模型方法學中的「路徑關係圖」（path diagrams）莫屬（余民寧，2006）。因此，結構方程式模型方法學的誕生、發展與應用情形，對促進近代量表編製方法論的發展，有莫大的幫助與貢獻，它也被視為是學習量表編製方法的相關知識。

「路徑關係圖」的使用，是延續早期統計學中用來探索兩個明顯變項（manifest variables, MV）間「因果關係」的「路徑分析」（path analysis）方法（Loehlin, 2004）。在路徑分析方法學裡，下列特殊符號與名詞稱謂，是學界所共同認可與承認的共通表達方式。即使是後來的結構方程式模型方法學仍然沿用其表徵方式，也只是額外增加各類變項的圖示及潛在變項的定義內涵而已。茲說明並解釋這些公認符號與名詞定義的涵義如下：

因變項（cause variables）：在路徑分析模型中，由理論建構出來的自變項

（independent variables），它是被假設成影響其餘自變項或因變項的原始來源。

果變項（effect variables）：在路徑分析模型中，由理論建構出來的依變項（dependent variables）或自變項，它是被假設成受到其他自變項影響的最終變項。

中介變項（mediated variables）：在路徑分析模型中，由理論建構出來的自變項，它同時扮演某些「果」變項的「因」，也同時扮演某些「因」變項的「果」的角色者，屬於一種介於「因」變項和「果」變項之間的變項。

───────▶：單箭號（single-head arrow）表示因果關係的影響路徑，被箭頭所指的一端稱為「果」（effects），而箭頭起點的一端稱為「因」（causes）。

◀───────▶：雙箭號（double-head arrow）表示相關或互為因果的關聯路徑或影響路徑，箭頭所指的兩端（或其中一端）可能是因，也可能是果，也有可能都不是因或果，只是表示兩者之間有所關聯而已。

ρ_{ij}：表示路徑係數（path coefficient），其中的足標 i 代表「果」變項，足標 j 代表「因」變項。在路徑分析模型中，路徑係數是表示「因」變項對「果」變項的影響力程度，其涵義即是標準化迴歸係數（standardized regression coefficients），值域介於 ±1 之間。

直接效果（direct effects）：表示「因」變項對「果」變項的直接影響力，通常都是以路徑係數來表示其強度。

間接效果（indirect effects）：表示「因」變項透過某些中介變項，再對「果」變項的影響力，這種影響路徑是間接的，故，通常都是以所經過路徑之路徑係數相乘積來表示其強度。

總效果（total effects）：表示「因」變項對「果」變項的全部影響力，通常都是以直接效果與間接效果的總和來表示。

後來，結構方程式模型方法學出現後，增加了下列符號及其定義。茲補充說明如下：

　　變項種類：變項可分成明顯變項（MV）與潛在變項（LV）兩類。明顯變項是指研究者可以直接測量且看得到的變項，又稱測量變項（measurement variables）、觀察變項（observed variables）或指標變項（indictor variables），常以英文小寫字母 x 來表示自變項或預測變項（predictor variables），而以 y 表示依變項或效標變項（criterion variables）；而潛在變項是指研究者無法直接測量且看不見的變項，也稱作構念、建構、因素、向度或潛在特質，又可分成扮演自變項角色的獨立潛在變項（independent latent variables），與扮演依變項角色的相依潛在變項（dependent latent variables）。

　　圖形表徵：在研究者所擬建構的因果模型圖（或路徑關係圖）中，長方形（rectangle）或正方形（square）的圖形是用來表示觀察變項或明顯變項，而橢圓形（ellipses）或圓形（circles）的圖形則是用來表示潛在變項。

　　外衍變項（exogenous variables）：表示一直扮演影響其他潛在變項的「因」（cause）角色之獨立潛在變項，常以希臘字母小寫符號 ξ 來表示外衍變項。

　　內衍變項（endogenous variables）：表示扮演被其他潛在變項影響的「果」（effect）角色之獨立潛在變項或相依潛在變項，常以希臘字母小寫符號 η 來表示內衍變項。

　　測量誤差（measurement errors）：表示測量變項無法被潛在變項所預測得到或解釋得到的部分，簡稱為「誤差」，並常以希臘字母小寫符號 δ 來表示自變項或預測變項的測量誤差，而以希臘字母小寫符號 ε 來表示依變項或效標變項的測量誤差。

　　殘差（residuals 或 disturbance）：表示內衍變項中無法被外衍變項所預測得到的部分，或是回歸方程式中無法被預測到或解釋到的部分，也可稱作「預測誤差」（errors of prediction）或「方程式誤差」（equation errors），常以希臘字母小寫符號 ζ 來表示殘差。

　　各種測量關係（measurement relationships）：係指測量模型中用來表達直接的因果關係之意，常以單箭頭的直線（straight lines）來表示，它代表著：

(1)表達潛在變項之間彼此關係的結構係數（structural coefficients），(2)表達潛在變項與觀察變項之間關係的因素負荷量（factor loadings），(3)表達測量誤差與觀察變項之間的關係，以及(4)表達預測方程式中之殘差與潛在變項（即內衍變項）之間的關係。

各種結構關係（structural relationships）：係指結構模型中用來表達方程式之間的關係之意，常以雙箭頭的曲線（curved lines）來表示，它代表著共變數或相關之意：(1)獨立潛在變項（即外衍變項）之間的共變數關係，(2)預測方程式的殘差之間的共變數關係，以及(3)測量誤差之間的共變數關係。

茲將上述的符號表徵及其涵義，一併整理陳述於表 2-1，以方便讀者閱讀瞭解。

因此，根據上述路徑關係圖的說明，古典測驗理論中的真實分數模式（如公式 2-1 所示），即可用圖 2-1 表示如下：

換句話說，圖 2-1 中每一個測量變項 X，都有一個潛在變項與測量誤差預測到它，因此，路徑係數 $\lambda_{x_{11}}$ 即用來表達潛在變項預測測量變項的標準化迴歸

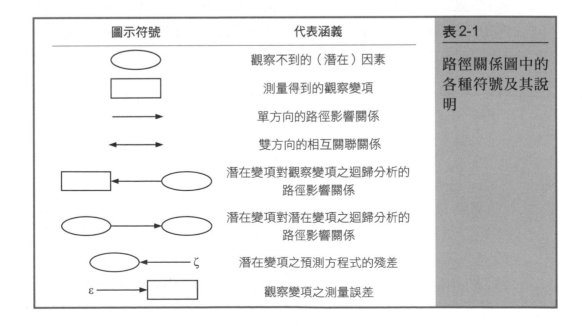

圖示符號	代表涵義	表2-1
橢圓形	觀察不到的（潛在）因素	路徑關係圖中的各種符號及其說明
長方形	測量得到的觀察變項	
單箭頭 →	單方向的路徑影響關係	
雙箭頭 ←→	雙方向的相互關聯關係	
長方形←橢圓形	潛在變項對觀察變項之迴歸分析的路徑影響關係	
橢圓形→橢圓形	潛在變項對潛在變項之迴歸分析的路徑影響關係	
橢圓形←ζ	潛在變項之預測方程式的殘差	
ε→長方形	觀察變項之測量誤差	

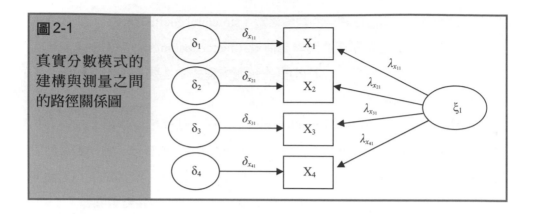

圖 2-1

真實分數模式的
建構與測量之間
的路徑關係圖

係數,也可稱作「因素負荷量」,它的意思即為潛在變項與測量變項之間的相關係數,而它的平方即稱作「信度係數」(coefficient of reliability),代表潛在變項預測該測量變項的決定係數(coefficient of determination),或稱作該測量變項的變異數(variance)中可被潛在變項解釋得到或預測得到的部分;而 $\delta_{x_{11}}$ 即用來表達測量變項 X 的測量誤差,也就是 $\delta_{x_{11}} = \sqrt{1 - \lambda_{x_{11}}^2}$,是離間係數(coefficient of alienation)的意思。

　　圖 2-1 所示,是指一份典型的多題量表(multiple-item scale)的圖形表徵;當測量題目只有一題時,即為特例的單題量表(single-item scale)。但無論是使用單題或多題的架構,圖 2-1 所示皆是基於古典測驗理論中的一項基本假設,即「複本測驗」(alternate-form tests or parallel tests):

　　　假設有兩個測驗,其實得分數分別為 x 和 x',並且滿足上述 1 到 5 的假設,且對每一群體考生而言,亦滿足 $t = t'$ 和 $\sigma_e^2 = \sigma_{e'}^2$ 等條件,則這兩個測驗便稱作「複本測驗」或「平行測驗」。(余民寧,2011,頁 15)

　　根據「複本測驗」的假設,圖 2-1 顯示的意義即為:所有測量變項的背後均共享一個共同的潛在變項或因素來源(或說是都隱含一個共同的因素),即表示滿足具有單向度(unidimensionality)因素結構的假設,且各個因素負荷量的數值均需相等(亦即 $\lambda_{x_{11}} = \lambda_{x_{21}} = \lambda_{x_{31}} = \lambda_{x_{41}}$),以及各個測量誤差的數值也都

一樣（亦即 $\delta_{x_{11}} = \delta_{x_{21}} = \delta_{x_{31}} = \delta_{x_{41}}$）。這是古典測驗理論中最嚴格的假設，後續的許多心理計量指標（如：信度與效度），都是基於此假設下的推論結果。因此，在此複本測驗的假設之下，任何兩個測量變項（或測量題目）之間的相關係數，便可透過其相對應的路徑係數交乘積而得，例如：$r_{x_1 x_3} = \lambda_{11}\lambda_{31}$、$r_{x_2 x_4} = \lambda_{21}\lambda_{41}$；且由於複本測驗假設各因素負荷量值相等，因此任何兩個測量變項（或測量題目）之間的相關係數，也就等於個別測量變項的信度係數，亦即 $r_{x_1 x_3} = \lambda_{11}\lambda_{31} = \lambda_{11}^2 = \lambda_{31}^2 = r_{x_1 \xi_1}^2 = r_{x_3 \xi_1}^2$、$r_{x_2 x_4} = \lambda_{21}\lambda_{41} = \lambda_{21}^2 = \lambda_{41}^2 = r_{x_2 \xi_1}^2 = r_{x_4 \xi_1}^2$。

　　然而，在實務應用上完全符合複本測驗假設的測量工具是不容易編製出來的，它僅存在於理論中而已。因此，為了符合實務測量情境的使用，研究者所編擬的測量工具只要能符合「等價的複本測驗」（essentially τ-equivalent tests）的假設，即表示它已經非常符合實務應用的條件：

　　　　假設有兩個測驗，其實得分數分別為 x 和 x'，並且滿足上述 1 到 5 的假設，且對每一群體考生而言，亦滿足 $t_1 = t_2 + c_{12}$，其中 c_{12} 為一常數，則這兩個測驗稱作「等價的複本測驗」。（余民寧，2011，頁 15）

　　換句話說，「等價的複本測驗」即是放寬針對各個測量誤差數值都須保持一致的假設限制。亦即在此假設條件下，圖 2-1 所示的各個測量誤差，即允許它們各自不相同，需要各自估計出其估計值，不必再限制它們都必須相等。

　　雖然「等價的複本測驗」的假設條件已經放寬很多了，但是在實務應用上仍然不夠寬鬆。因此，等到結構方程式模型方法學中「一般因素模型」（general factor model）（Carmines & McIver, 1981; Loehlin, 2004; Long, 1983）主張被提出後，統計學者們發現，若進一步將「等價的複本測驗」中各個因素負荷量數值必須相等的假設也予以放寬後，即變成古典測驗理論中最被廣泛接受使用的「同屬模型」（congeneric model），也就成為「一般因素模型」中的一種特例；也就是說，在「同屬模型」假設下，研究者只要假設所有測量變項都受同一個潛在變項影響即可，而不必假設潛在變項與它們之間的影響關係都必須相等，也不必假設它們的測量誤差都必須相同。這是一個最寬鬆的假設條

件，已經不是當初古典測驗理論下最嚴格的「複本測驗」假設，也不是放寬後的「等價的複本測驗」，而是成為統計方法學中「一般因素模型」的一種特例；自此之後，「一般因素模型」逐漸成為被後繼學者接受的一種量表發展的理論模型，甚至誤以為發展量表只要使用「一般因素模型」即可，而不需其他的測量模型。其實這種看法是有偏差的，「量表」畢竟只是一種測量工具，依據某種測量理論來作為建構依據，還是有其必要的。

由此可見，「同屬模型」是「一般因素模型」的一種特例（因為是單一因素模型），而「等價的複本測驗」的測量模型又是「同屬模型」的一種特例，且「等價的複本測驗」又是最嚴格的「複本測驗」的一種特例。從這些測量模型的基本假設可以得知，「複本測驗」的假設條件最嚴苛，最不容易在實務情境中出現，逐一放寬條件後的「等價的複本測驗」就好很多了，但是再放寬條件後的「同屬模型」，則更受歡迎。目前，研究者若依據古典測驗理論方法來發展與編製一份測量工具的話，應該都是持「同屬模型」的測量假設的；亦即在單向度因素結構下，所有測量題目的背後都共享一個共同的潛在變項，但是該潛在變項影響到各個測量題目的影響力（即因素負荷量或相關係數），卻是允許可以各自不相同的，且無法被該潛在變項影響到的測量誤差部分，也允許各個測量題目都各自不相同。雖然後來誕生的結構方程式模型方法學中採用更為廣泛假設的「一般因素模型」，它允許多個因素同時存在〔也就是多因素多題量表（multiple-factors with multiple-items scale）〕，但是在每一個因素結構裡的測量題目仍須符合「單向度因素」結構的假設，也就是每一個「單向度因素」均需滿足「同屬模型」的測量假設。它不僅是作為計算量表信度估計值的假設依據，也是延伸發展成多向度因素結構量表的前提之一。我們將在本書第六章討論因素分析方法時，再回頭檢視這種假設。

除了古典測驗理論外，當代的試題反應理論也已逐漸成為發展量表工具的新興測量理論依據之一。它針對的是每一道試題為主，因此其提出的試題特徵曲線（item characteristic curves, ICC）概念，即是相當於古典測驗理論中的「真實分數」概念，但它是針對一道道測量題目（即 item）而來，而不像古典測驗理論是針對所有測量題目的組合（即 test）而來，不過兩者都是測量本身

想真正去達到的測量目標。我們將在本書第七章，再來探討此新興方法學的應用。

第三節　測量建構的概念

新興的統計方法學——「結構方程式模型」（structural equation modeling, SEM），是近代用來發展量表所仰賴的統計分析方法之一，尤其是其中的測量模型（measurement models）——「驗證性因素分析」（confirmatory factor analysis, CFA），更是近代發展量表的必用統計分析方法之一（邱晧政，2011；涂金堂，2012）。對深入瞭解「驗證性因素分析」或「結構方程式模型」應用課題感興趣的讀者，建議可以參閱筆者的導論性相關著作（余民寧，2006，2013）。本節不擬在此詳細介紹「驗證性因素分析」方法內容——留待第六章再討論，在此僅介紹對量表發展概念相當有幫助的測量模型，它對測量建構（measurement constructs）所持的概念是相當基礎且重要的。

筆者認為欲瞭解何謂「測量建構」，其最基本的概念，可以參考執行一次完整的結構方程式模型分析作業的第一個步驟：「模型敘列」（model specification）。顧名思義，「模式敘列」即是敘述陳列某一種假想的、理論的模型之意。在這個步驟裡，有三件重大任務需要完成：第一，是「模型概念化」（model conceptualization）；第二，是「建立路徑關係圖」（path diagram construction）；第三，才是真正的「模型敘列」（余民寧，2006）。

首先，「模型概念化」的重點，即是要完成「測量模型概念化」（measurement model conceptualization）的說明工作。在此，研究者需要先強調說明的是：潛在變項是如何被下操作型定義和如何被測量的？通常都是假設它們是被明顯變項或觀察變項所操作定義和測量到的。在量表發展上，明顯變項通常都是以「反應性指標」（reflective indicators）的形式來表示，也就是扮演「效果指標」（effect indicators）的角色，亦即只有一個潛在變項被認為是影響每一個觀察變項的「因」（cause），或者認為每一個觀察變項都是某個隱藏在背後的「因」（即以潛在變項來表示）的測量代表，由於它通常都不是完美的測

量代表，因此往往需要同時使用多個指標變項（multiple indicators）來代表該
潛在變項的測量結構（簡言之，潛在變項為「因」，觀察變項為「果」）。

為了說明「反應性指標」的角色，可以下列公式來表示：

$$x_1 = \beta_1 \eta + \varepsilon_1 \qquad\qquad (2\text{-}2)$$

$$x_2 = \beta_2 \eta + \varepsilon_2 \qquad\qquad (2\text{-}3)$$

其中，η 為潛在變項，x_1 和 x_2 為兩個測量指標（即明顯變項或觀察變
項），β_1 和 β_2 為待估計的參數或權重（weights），而 ε_1 和 ε_2 為測量誤差（me-
asurement errors）。在公式 2-2 與公式 2-3 裡，潛在變項被看成是引發某個測
量指標被觀察得到的「因」；因此，此類的測量指標即稱作「反應性指標」。

但是，有一種相反情況，雖然在量表發展過程中較少出現，但卻很容易混
淆讀者視聽的，即是當潛在變項被認為是由一組觀察變項所構成的線性組合
（linear combination）時，此類的測量指標即稱作「形成性指標」（formative
indicators），在此情況下，它即扮演所謂「測量變項產生理論建構」（the me-
asures produce the constructs）的角色，亦即是「成因指標」（causal indi-
cators）的角色，即指觀察變項本身是構成影響潛在變項的「因」的意思（亦
即，潛在變項為「果」，觀察變項為「因」）。這類「形成性指標」的角色，
可以下列公式來所示：

$$\eta = \gamma_1 x_1 + \gamma_2 x_2 + \delta \qquad\qquad (2\text{-}4)$$

其中，γ_1 和 γ_2 為待估計的參數或權重，而 δ 為殘差。由此可見，扮演「反
應性指標」所使用的測量公式，屬於「因素分析」（factor analysis）模型的應
用；而扮演「形成性指標」所使用的測量公式，則屬於「迴歸分析」（re-
gression analysis）模型的應用。兩者在模型建構、估計參數的演算法、參數的
詮釋上，各不相同也各有所長，各有其不同的用途。

關於測量模型的概念化說明，我們可以圖 2-2 的流程圖來說明其整個概念
化的程序步驟（余民寧，2006，頁 77）。從圖 2-2 所示可知，挑選適當的測量

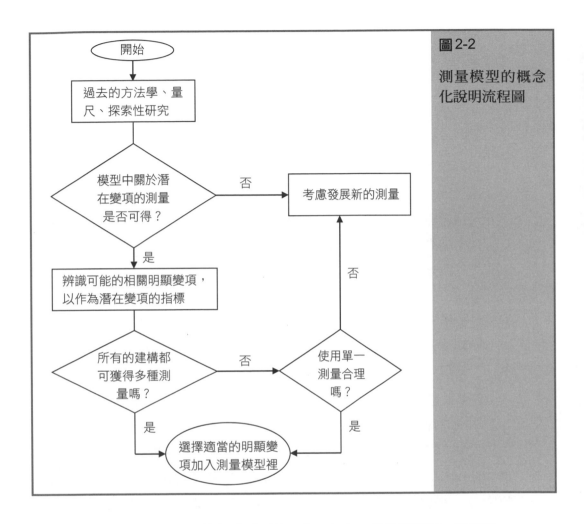

圖 2-2

測量模型的概念化說明流程圖

指標來代表潛在變項，是一件相當重要的工作。但在一般的情況下，使用單一個測量指標往往無法盡善盡美的描述該潛在變項的特質，因而研究者必須挑選多個測量指標來使用，尤其是當研究者同步進行外衍潛在變項與內衍潛在變項的操作型定義時，更需要使用多個測量指標才能適當的代表它們。

在「模型概念化」的步驟裡，除了說明「測量模型概念化」之外，還有一件實務性的問題需要考慮，那就是：在單向度因素結構的量表裡，到底要包含多少個明顯變項才夠？當然，這是一個很棘手回答的問題。筆者認為需要考量研究主題、研究目的、可用的測量指標數量有多少而定，但一般的通則是：所

擬使用的模型愈複雜，模型內所包含的測量變項數便愈多，則所需求的樣本數即需愈大。在沒有公認的參考標準可茲查詢下，Bentler 與 Chou（1987）建議一個比較安全的做法是使用小規模資料，至多使用 20 個測量變項即可；這相當於大約使用 5 至 6 個潛在變項，也就是說，每個潛在變項至少大約可被 3 至 4 個測量指標變項所測量到即可（Diamantopoulos & Siguaw, 2000）。換句話說，這項建議是純由統計學觀點提出的，若是套用到古典測驗理論學說及假設一起來考量的話，筆者建議欲符合一個單向度因素結構假設的量表，其內部的測量題目數應該至少維持在 3 至 4 個以上的測量指標為宜；即使未來有發展多向度因素結構的量表需求出現，則在每個單一向度子量表內，至少維持 3 至 4 個以上的測量題目數，還是屬必要的基本要求。

　　其次，「建立路徑關係圖」的重點，即是將上一步驟中所形成的概念化理論模型架構，畫出一個類似圖 2-1 的路徑關係圖，將模型中各元素彼此間的路徑聯結關係表示出來，以提供一個有關整個模型結構的鳥瞰圖。在整個模型敘列中，繪製一份路徑關係圖，雖然不是一件必要的工作，但筆者建議讀者最好還是繪製出來會比較好，因為眼見為憑，而且如果路徑關係圖繪製正確的話，可對研究者提供下列幾項幫助：(1)可以提供模型一個很精確的代數方程式和方程式中有關誤差項假設的設定參考，(2)可以協助研究者降低敘列誤差（spec-ification errors）的機會，(3)比起文字的說明或數學方程式的說明，更容易提供研究者一窺整個理論模型假設的全貌，(4)亦可以協助研究者在撰寫程式語法時，作為偵錯（debug）工作的指引（余民寧，2006）。

　　最後，所謂的「模型敘列」即是指將上述路徑關係圖所隱含變項之間的數學關係，以一組線性方程式系統（system of linear equations）來表示，並將它們譜成結構方程式模型的電腦程式（如：AMOS、EQS、LISREL、MPLUS等）裡，以方便電腦的運算及求解。至於如何將路徑關係圖中變項與變項間的關係轉換成數學方程式，進而把它譜成電腦程式指令去執行，基本上而言，它是有其一定規則的。對此電腦程式撰寫與執行議題感興趣的讀者，可以直接參閱拙著（余民寧，2006）第六章的說明。在標準的 LISREL 程式語法裡，一般都假設這些數學方程式無論在變項或參數上的表述都為直線的特性（Bollen,

1989）；雖然在結構方程式模型方法學中，也可以處理非線性變項和參數估計的問題，不過這類問題比較複雜，我們將留待下一節及第七章起討論試題反應理論模型時，再來進一步說明。

圖 2-1 所示，是一份典型的單向度因素結構多題量表工具的圖示。一般來說，凡是針對量表發展者所編製出來、符合古典測驗理論單向度因素結構的量表所繪製出來的路經關係圖，應該都會長得與圖 2-1 所示的外觀雷同。除此之外，還有另一種量表結構係屬於多階層單向度因素結構（hierarchical and unidi-mensional factor with multiple-items scale），這是一種經由驗證性因素分析（CFA）策略所獲得具有「二階因素」（secondary factor）結構的量表，其路徑關係圖如圖 2-3 所示（余民寧、劉育如、李仁豪，2008，頁 244）。

類似這樣具有二階因素結構的量表，其本質上還是符合單向度因素結構的假設（即符合「同屬模型」假設），只是具有兩個階層構造而已。研究者可以把單題得分各自加總成各個「子因素」（sub-factor or sub-dimension）得分，當作四個子因素潛在變項得分來使用，或者是，把所有題目得分加總成一個總分，並以此總分的高低作為表達整個潛在變項（在本例中，即為「憂鬱情

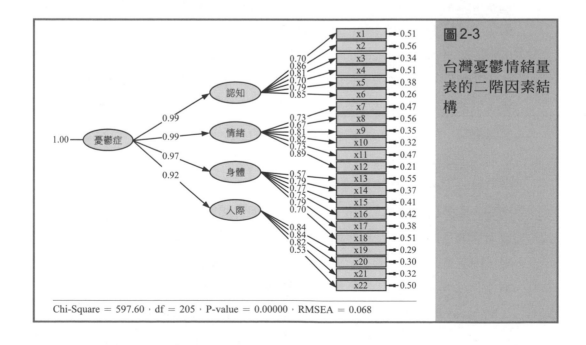

圖 2-3

台灣憂鬱情緒量表的二階因素結構

Chi-Square = 597.60，df = 205，P-value = 0.00000，RMSEA = 0.068

緒」）強弱的指標，凡得分總分愈高者，即表示該受試者的憂鬱情緒程度愈嚴重（愈高、愈多）；反之，凡得分總分愈低者，即表示該受試者的憂鬱情緒程度愈輕微（愈低、愈少）。此時，若是研究者採用這四個子因素得分當作後續應用研究的四個變項的話，則會發現這四個子因素分數之間具有同時高分或同時低分的現象，這是因為這四個子因素之間具有較高的正相關緣故，即隱含著其背後可能還具有一個共同的潛在因素存在，因此可以使用「二階因素分析」的策略，抽取出一個更高階（即二階）的因素，使其成為名符其實的單向度因素結構工具。所以在工具的實務應用上，凡是具有或符合單向度因素結構的測量工具，無論是單階或二階因素結構，研究者只要使用各單題得分累加後的總分，即可用來表示該量表所擬測量之潛在變項（或因素）的強弱或高低。當然，這種做法的前提是，資料必須適配單向度因素結構的測量模型。

不過，筆者要特別提醒讀者去分辨的一點是：這種具有二階因素結構的量表，基本上，它還是屬於「單向度因素結構的量表」（a scale with unidimensional-factor structure），我們可以使用得分總分的多寡（或高低）來代表所欲測量潛在變項的強弱（或高低）。但是誠如前述，根據統計學觀點提出「一般因素模型」來建構的量表，一般而言，可能都會出現具有多因素同時存在的結構，也就是說，它是一種純屬「多向度因素結構的量表」（a scale with multidimensional-factor structure），已經不符古典測驗理論對單向度因素結構量表的條件假設。無論研究者是依據複本測驗、等價的複本測驗或同屬模型假設而來，它都已經放寬這些模型的所有假設限制，所以它已是一種統計模型，而非測量模型。根據這種統計模型（即一般因素模型）所建構的量表，無論在量表的使用上或得分的解釋上，都與「單向度因素結構的量表」完全不同。

具有「多向度因素結構的量表」，其基本內涵即是該測量工具具有同時存在的多個潛在變項（或因素），且各個因素之間是呈現彼此獨立或具有相關，端看研究者所使用「一般因素模型」的設定和假設而定。所以在量表的使用上，由各單題得分加總組合成各自的「子因素分數」，但各子因素分數的背後通常無法再被抽取出一個共同的潛在變項（common factor）或高階的因素（higher-order factor），這與前述的單向度二階因素結構不同。因此，對此情

況，研究者只能以多因素結構或組型結構（pattern structure）方式，來呈現或解釋受試者得分構造的涵義，這得分構造會以一種組型向量（pattern vector）方式呈現，組型向量內的元素數值及其排列不同，其所表達的涵義就不相同。同時，每一種組型即代表一種涵義，當組型向量內的元素有 k 個時，即可形成 k^m 種組型，表達出 k^m 種不同的涵義，其中的 m 為每個元素的得分，如：得 $1 \sim m$ 分；例如，假設某個智力量表具有三向度因素結構為【語文，數量，空間】，若各個子因素測量數值範圍為介於 1 到 15 分之間，則假設甲生的組型向量為【5，5，5】、乙生為【13，1，1】、丙生為【1，13，1】、丁生為【1，1，13】，雖然這四位受試者的三個子因素得分加總後的總分都一樣是 15 分，若這份工具屬於「單向度因素結構的量表」的話，則總分相同即表示這四位受試者的智力涵義也相同，但是本例為「多向度因素結構的量表」，因此其智力涵義是完全不同的：甲生是三項智力子因素均為偏低程度的結構涵義，乙生則為偏向具有高語文能力、低數量與空間能力，丙生則為偏向具有高數量能力、低語文與空間能力，丁生則是偏向具有高空間能力、低語文與數量能力。由此可見，組型向量內的元素數值及其排列不同，其所隱含的測量涵義就不相同。讀者必須特別留意這一點的差異！

　　儘管依據統計模型（即一般因素模型）所建構的量表，在量表的使用上或得分的解釋上，都與「單向度因素結構的量表」完全不同。但是就其內部的任何單一因素結構而言，還是需要符合古典測驗理論中「同屬模型」的理論建構；亦即，在同屬於單一因素結構的量表裡，所有測量題目的背後只能共享或測量到此單一潛在變項，不能含有兩個以上的潛在變項（或因素），但各個因素負荷量及測量誤差，卻可以允許它們各自不相同。因此根據一般因素模型所建構的量表案例裡，如果經過試題分析後，出現某一道測量題目測量到兩個以上的潛在變項的話，一來，它不僅違反古典測驗理論中「同屬模型」的假設；二來，它也反應出該道題目的內容設計不良，無法與其他題目都測量到相同的一個潛在變項；三來，這也是造成此測量向度的信度係數偏低的原因。因此當這種情形發生時，這亦提供研究者一個用來偵測不良試題，以便進行修審試題，並提高測量信度的訊號。我們將在本書第六章裡，再回頭討論這個議題。

第四節　真實的測量——試題反應理論的簡介

古典測驗理論的真實分數模式所持的基本假設，飽受後繼心理計量學者批評的地方，即是它係以一整份「測驗」（即 test）（即所有測量題目的總和）的觀點，來進行各種測量議題的應用及推理判斷的依據。當其中有任何一題或多題題目內容設計不當時，便會影響到整個測量結果的信度與效度不佳的情況，導致愈來愈多人不相信這種測量結果的精確性與正確性。

但是真實分數模式所持有的七個基本假設（余民寧，2011），還是具有其測量理念的道理、具有參考價值的；也就是說，公式 2-1 所示的測量基本模型假設，是頗具有其一定道理的。我們真正想要測量的目標是「真實分數」部分，但由於它是潛在的、看不見的，無法直接被測量到，所以我們僅能以測量得到的「觀察分數」部分，來推論或代表此「真實分數」的存在；而無法被推論或代表得到的部分，就統統歸類到所謂的「誤差」部分。因此，我們才會假設凡測量都必會具有「誤差分數」的存在。為了能夠順利推理、演算下去，古典測驗理論才會提出附帶的幾個條件假設，使得測量的問題可以繼續推演下去。只是說，這些條件假設都是遷就數學演算過程的合理化，才特別提出的，它原本即不是根據測量的真實情境來提出假設的。如果能夠針對測量的真實情境來提出演算法的基本假設的話，那麼我們的測量即可稱作「真實的測量」（true measurement）。此時，只有等待以「試題」（item）為測量觀點的理論——「試題反應理論」（IRT）——誕生後，才有可能發生。

試題反應理論係主張以「試題」作為分析單位的一種新興測量理論，它認為決定測量中的「真實分數」部分，是由兩方面的變數所影響決定的：一為測量題目本身的變數（如：題目本身的困難程度、鑑別力程度或猜測程度等），另一為受試者本身的某種特質變數（如：能力、某種潛在特質等）。這兩個部分的變數都無法事先得知，但卻可以透過某個選定的特殊數學（或統計）模型來假設它們的存在，一旦所選用的數學（或統計）模型符合受試者的作答結果資料後，便可以透過精確的演算法估計程式，將它們精確的估計出來。這些被估計出來的變數，我們即稱作是「參數」（parameters），它們分別有兩類：

一類為試題本身的變數，被稱作「試題參數」（item parameters）（如：難度、鑑別度、猜測度參數等）；另一類為受試者本身的變數，被稱作「能力參數」（ability parameter）（如：能力、某種潛在特質參數等）。這兩類參數，會共同決定受試者在某一測量題目上的作答反應（response），這樣的作答反應可以使用「機率」（probability）的概念來表達，機率的值域介於 0 到 1 之間，數值愈接近 1 即表示出現此作答反應的可能性愈大；反之，數值愈接近 0 則愈小。如果假設在使用同一題測量題目下，把它拿給各種「能力參數」不同的一群受試者作答時，將這些不同能力受試者可能做出的作答反應，以機率值形式繪製出來的話，它會呈現一條 S 型的曲線，稱作「試題特徵曲線」（ICC）。試題反應理論即是以此機率函數關係——試題特徵曲線、待估計的兩類參數，以及測量題目必須滿足單向度或多向度因素的基本假設為基礎，建構出受試者對任何一道試題的作答反應結果的一套測量理論。

為了避免受到像古典測驗理論的所有指標都是「樣本依賴」（sample dependent）的批評，試題反應理論提出證據說明所擬估計的這兩類參數，都是符合「樣本獨立」的特性；亦即欲估計試題參數時，不受任何受試者能力值高低的影響，而欲估計能力參數時，則是不受作答任何試題的影響。像這種參數估計具有「樣本獨立」的特性者，即稱作「參數估計不變性」（invariance of parameter estimation），它是統計學上所認可的最佳估計值特徵之一。由於具有這項特色，它即是造成試題反應理論被認為是一種真實的測量或客觀的測量，而逐漸受到學術界重視的原因。

除了這項參數估計不變性特色外，試題反應理論還提出一項獨特的創新概念，即「訊息量函數」（information function）。所謂的「訊息量函數」，係指試題或測驗能提供有效使用價值的數量指標，它通常與試題的鑑別度參數之間呈現高度的正相關；其中，試題訊息函數（item information function）的數學定義，即是指試題特徵曲線進行微分後的平方與該試題變異數的比值，而測驗訊息函數（test information function）的定義即為試題訊息函數的總和。亦即在同一種能力水準下，某一道試題的訊息量函數若是愈高，通常該試題的鑑別度參數也會愈高，即表示該試題愈具有使用價值或應用潛力、該試題的品質愈

好，因此在後續的組卷實務應用或電腦化適性測驗（computerized adaptive testing, CAT）應用上，凡具有高訊息量函數的試題會被優先挑選使用，即表示好品質的試題具有被優先採用的應用價值。而訊息量函數愈高的測驗愈具有應用價值，因為它代表在最大訊息量對應下所測得的受試者能力水準是最精確的。對此，測驗訊息量開根號的倒數，即被界定為該能力水準下的「估計標準誤」（standard error of estimation）。在試題反應理論中，估計標準誤即被作為評估某能力水準下的測量信度，這點用途與古典測驗理論下的信度係數定義不同。

　　試題反應理論應用到量表編製與發展上，潛力無窮也逐漸方興未艾，受到自然科學家們與社會科學家們的重視。我們將在第七章裡，再來深入談論此應用情形，讀者在此可以先閱讀或預習筆者有關「試題反應理論」的拙著（余民寧，2009），以作為深入研習此一應用議題的基礎。

第三章

心理計量品質指標——信度

信度（reliability）與效度（validity）是心理計量學中的兩大品質指標，一份優良的測驗工具（不論是使用教育測驗、心理測驗、心理量表或問卷調查表）或一次良好的測量（無論是採用客觀的測量或主觀的測量），都莫不希望它的測量過程是公平、公正、客觀，或至少也要要求做到它的測量結果是值得我們信賴、肯定、精確和確實可靠的。因此對擬發展一份測量工具的研究者來說，如何確保所發展出來的測量工具，確實具有理想的信度與效度等心理計量學特徵，就成了量表研發方法學上的必要步驟。但也唯有經過施測後的試題分析與測驗分析，研究者才能得知所研發的工具是否具有應用的品質與價值。

本章的重點，先放在信度的討論和介紹上，下一章再進行效度的討論。

第一節　信度的定義與種類

信度的理論基礎源自古典測驗理論的學說，即是以真實分數模式為主，除了有七個基本假設外，並延伸推論出十八種結論，成為整個理論學說的核心（余民寧，2011）。因此，信度的概念便是奠基在此真實分數模式的學理基礎上。

一、信度的數學定義

根據古典測驗理論的說法，認為受試者在測驗或量表上的實得分數或觀察分數是由兩個部分所構成：一為「真實分數」，另一為「誤差分數」。它們之間的關係，可以使用下列數學公式來表示：

$$x = t + e \qquad\qquad (3\text{-}1)$$

其中，x 為實得分數，t 為真實分數，e 為誤差分數。

　　實得分數即是指受試者在某份測驗或量表上作答結果的實際得分，這種得分也可以稱作「測量分數」或「觀察值」（observed value），它是一種可以直接測量到、觀察到、數量化表示的變項。然而，在測量上，研究者真正關心的對象，卻是受試者在作答時所顯示出來的真正能力或潛在特質部分（由真實分數來表示），但是該部分卻是一種無法直接觀察到、測量到的潛在變項成分，需要使用數學模型來估計或推理才能得知。另外，單獨由一份測驗或量表所測得的實得分數，往往因為該測驗或量表工具的編製並非絕對完美，而致多少含有局部測量誤差，或是該工具無法測得的部分存在，這部分就統稱為「誤差分數」，它與真實分數合併構成所謂的「實得分數」。

　　真實分數與誤差分數兩者，構成全部的實得分數。古典測驗理論假設這兩部分之間是沒有任何關聯存在的；亦即這兩部分之間係呈現消長（trade-off）的關係，若其中一部分增加，則另一部分就會減少，反之亦然。因此，在一份優良的測驗或量表所測得的實得分數中，研究者莫不希望獲得的測量誤差愈小愈好，如此一來，他們所真正要測量的特質部分——真實分數，才能由實得分數顯示出來；換句話說，當誤差分數愈小時，則真實分數便愈大，實得分數便愈接近真實分數，則該測驗或量表分數的精確性或可靠性便愈大；此時，所測量到的結果便愈值得信賴（reliable）。

　　接著，根據古典測驗理論的七個基本假設，若將公式 3-1 的等號兩端各求取其變異數，則實得分數之變異數將等於其真實分數的變異數和誤差分數的變異數之和。這種數學關係，可以公式表示其推理過程如下：

$$S_x^2 = S_{t+e}^2 \qquad\qquad （將公式\ 3\text{-}1\ 的等號兩端各取變異數）$$

$$S_x^2 = S_t^2 + S_e^2 + 2S_{te} \qquad\qquad （等號兩端各取變異數後之結果）$$

$$\because \rho_{te} = 0 \qquad\qquad （根據古典測驗理論的基本假設之一）$$

$$\therefore \rho_{te} = \frac{S_{te}}{S_t S_e} = 0 \Rightarrow S_{te} = 0 \qquad （根據假設推理得知共變數亦為\ 0）$$

$$\therefore S_x^2 = S_t^2 + S_e^2 \qquad\qquad (3\text{-}2)$$

其中，S_x^2 為實得分數的變異數，S_t^2 為真實分數的變異數，而 S_e^2 則為誤差分數的變異數。

緊接著，若將公式 3-2 的等號兩端，各除以實得分數的變異數，即可分別獲得真實分數與誤差分數的變異數占實得分數變異數的百分比值。其結果可以表示如下：

$$\frac{S_x^2}{S_x^2} = \frac{S_t^2}{S_x^2} + \frac{S_e^2}{S_x^2} \qquad\qquad (3\text{-}3)$$

依據古典測驗理論的說法，信度即被定義為「真實分數的變異數占實得分數的變異數之百分比值」；亦即在實得分數的變異數中，真實分數的變異數所佔的比率，即是所謂的「信度係數」。信度係數可以公式 3-4 或公式 3-5 來表示如下：

$$r_{xx'} = r_{xt}^2 = \frac{S_t^2}{S_x^2} \qquad\qquad (3\text{-}4)$$

或

$$r_{xx'} = \frac{S_x^2}{S_x^2} - \frac{S_e^2}{S_x^2} = 1 - \frac{S_e^2}{S_x^2} \qquad\qquad (3\text{-}5)$$

上述公式 3-4 所使用的符號 $r_{xx'}$，是指兩份複本測驗間的相關係數；它也可以表示成 r_{xt}^2，意指以真實分數預測實得分數的決定係數（即相關係數的平方）；反之，誤差分數的變異數占實得分數的變異數之百分比值，即為「測量誤差」的部分：

$$\frac{S_e^2}{S_x^2} = 1 - r_{xx'} \qquad\qquad (3\text{-}6)$$

由此可知，公式 3-3 可以表示成：

$$1 = （信度）+（誤差） \qquad\qquad (3\text{-}7)$$

　　這個公式便是最基本的測量模型概念。本書會以此為基礎，並於後續章節裡再提到它。

　　在其他學術領域（如：物理學、資訊學、生物學、經濟學等）的測量問題上，上述公式 3-7 的基本測量模型，會有另一種表達方式。通常將公式 3-3 中實得分數的變異數，表達成由兩個部分所組成：一為「信號」（signal），另一為「噪音」（noise）。其中，「信號」的部分即是研究者所真正關心實驗操作結果的真實變異部分，相當於公式 3-4 或公式 3-5 的信度係數部分；而「噪音」的部分，則是研究者想去避免實驗操作結果受到干擾的部分。所以說，測量所獲得的實得分數變異數中，能夠反應出「信號」含量的百分比即是「信度」；而「誤差」即為「1－信度」，這一點可由公式 3-7 的移項（將信度移到等號的左端）得知（DeVellis, 2017）。

二、信度的種類

　　由上述定義可知，信度的涵義即是指經由多次複本測驗測量所得結果間的一致性（consistency）或穩定性（stability）（Anastasi, 1988），或估計測量誤差有多少，以反應出真實量數（true measure）程度的一種指標（Gulliksen, 1987）。當測驗分數中測量誤差所占的比率降低時，則真實特質部分所占的比率就相對提高，如此信度係數值就會提高；而當測量誤差所占的比率增加時，則真實特質部分所占的比率便相對降低，於是信度係數值便會降低。當測驗完全沒有信度時（即以 0 表示），測驗分數中所測量到的成分都是誤差分數；而當測驗具有完全信度時（即以 1 表示），則測驗分數所反應者，正是研究者所要測量的真實特質全部。但是這兩種極端情況，在一般的施測情境下，通常是不會出現的。在一般常見的施測情況下，信度係數值多半是介於 0 到 1 之間，並且是愈接近於 1 表示信度係數值愈大，而愈接近於 0 表示信度係數值愈小。一般而言，一份優良的測驗工具或量表測量的結果，至少應該具有 .80 以上的信度係數值，才比較具有應用的價值（Carmines & Zeller, 1979）。

　　所以，根據估計信度係數的公式不同、測量誤差的來源不同、適用測量情境的不同，一般來說，信度係數可以分成四大類：再測信度（test-retest reliability）、複本信度（parallel-form reliability）、內部一致性信度（internal consistency reliability）及評分者信度（scorer or rater reliability）。其中，前三者適用於客觀測量的情境中，後一者則適用於主觀測量的情境中。這四類信度係數，除了在教育測驗領域中廣被採用與應用之外，在量表發展領域中，被應用得最廣、最頻繁與最受到重視的，則是非內部一致性信度係數莫屬。有關在教育測驗領域中，各種信度係數的定義與應用情形，讀者可以進一步詳看筆者的著作，裡頭有一專章專門討論此議題（余民寧，2011，第九章）。至於本章的重點，則專注在內部一致性信度係數在量表發展領域中的應用情形，進行詳細的討論與深入的延伸說明。

第二節　內部一致性信度係數

一、內部一致性信度係數的種類

　　我們幾乎可以這麼說，內部一致性信度係數（internal consistency reliability coefficient）是量表發展所專屬的一種心理計量品質指標。這種信度與再測信度和複本信度不同，後兩者都必須進行兩次施測或使用兩份測驗工具，才能計算出信度係數值的大小。這種作為不僅會增加測驗編製的負擔，更容易造成受試者的合作意願低落、動機減低、疲勞增加和不勝厭煩等現象，而直接或間接影響施測的結果。因此為了簡化這種施測方式，且又能兼顧正確估計信度的做法，於是有測驗學者提出只根據一次測量結果就來估計信度係數的做法，這種方法所計算出來的信度係數，即稱作「內部一致性信度係數」，或簡稱「內部一致性信度」。屬於這類信度的估計方法有許多種，本章在此僅介紹最常用的三種，分別稱作：(1)折半信度（split-half reliability）；(2)K-R信度（Kuder-Richardson reliability）；及(3) α 信度（alpha reliability）。

(一) 折半信度

　　所謂的折半信度，即是依據單獨一次測驗的測量結果，以隨機方式或奇偶對半方式，將測驗題目分為兩半，再求出受試者在這兩半題目上得分之間的相關係數，這個相關係數即稱為「折半相關」（split-half correlation），又稱為「折半信度係數」（split-half reliability coefficient）或簡稱「折半信度」。通常折半信度愈高，即表示兩半測驗題目的內容愈一致或愈相等，亦即測驗題目內容的抽樣愈適當。

　　由於折半信度的計算，只考慮到使用一半的原始測驗題目而已，所以它只代表使用半份測驗工具的信度而已，一定會低估原來試題長度測驗的信度係數值。因此，為了能夠正確估計出原有試題長度測驗工具的信度，我們必須使用由 Spearman（1910）和 Brown（1910）兩位學者所提出的「斯布校正公式」（Spearman-Brown prophecy formula），將折半信度加以還原估計。斯布校正公式可以表示如下：

$$r_{xx'} = \frac{g \cdot r_h}{1 + (g-1)r_h} \qquad (3\text{-}8)$$

　　其中，$r_{xx'}$ 為完整測驗工具的估計信度，r_h 為折半信度，g 為由原本半份測驗題目擬予以增加或縮短題數的倍數。

　　由公式 3-8 所述的斯布校正公式涵義可知，測驗發展者若欲加長或縮短測驗題目數時，將會對新的信度係數值大小產生增加或減少的影響。例如，將一個原本只有十道題目的測驗增加至二十題時，它的 g 值即為兩倍；如果減少至五題，則 g 值便等於 0.5。因為折半信度僅是計算一半長度題目的相關係數而已，若要估計整份測驗工具原有的信度係數，則測驗工具的長度要加倍，亦即上述公式中的 g 值等於 2。所以，公式 3-8 亦可以簡化成：

$$r_{xx'} = \frac{2r_h}{1 + r_h} \qquad (3\text{-}9)$$

　　但是斯布校正公式有個基本假設，那就是兩半測驗的變異數必須相等（即

變異數同質性假設必須被滿足）；換句話說，無論將來的測驗或量表題數要增加或減少，都必須確保或假設新增或減少的題數部分，必須與原有的題目都符合測量到同一個潛在變項或潛在特質的前提，如此一來，新增或減少題數部分的變異數同質性假設才會被滿足。而這個假設前提，通常指的都是新增題目與既有題目之間是屬於「複本題」（parallel-form items）的關係。從這個角度來看，即可推論得知，當新增的題目都屬既有題目的複本題時，則題數愈多的測驗（或量表長度愈長），其信度係數值愈高。

(二) K-R 信度

所謂的 K-R 信度，是指由 Kuder 與 Richardson（1937）兩位學者所創的信度估計方法，特別適用於二元計分（dichotomous scoring）下，測驗資料的信度估計。K-R 信度的用意，即是擬針對受試者在所有測驗題目的作答反應中，分析其題目間的一致性程度（inter-item consistency），以確定測驗中的所有題目是否都測量到相同潛在特質的一種信度估計值。因此，K-R 信度對於所要分析的測驗題目有幾個基本假設：(1)題目的計分都是使用「對或錯」的二元化計分方式；(2)題目不受作答速度的影響；(3)題目間都是同質的，亦即它們都是測量到一個相同的潛在因素。當符合這些假設所估計出來的信度，將會與折半信度值相當接近。因此在一次測驗中，當每個題目都測量到相同因素或潛在特質時（即為內容同質性高），即表示題目的測量功能間一致性愈高，此時，信度將會愈大；反之，當測驗題目都測量到兩種以上的因素或潛在特質時（即為內容異質性高），即表示題目的測量功能間愈不一致，此時，信度將會愈小。

K-R 信度有兩種主要的計算公式，即分別稱做 KR_{20} 和 KR_{21} 的公式，可以表示如下：

$$KR_{20} = \frac{n}{n-1}\left(1 - \frac{\sum\limits_{i=1}^{n} p_i q_i}{S_x^2}\right) \qquad （3\text{-}10）$$

其中，n 為測驗的題數，p_i 為每一道題目的答對率，q_i 為每一道題目的答錯率，並且 $q_i = 1 - p_i$，而 $\sum_{i=1}^{n} p_i q_i$ 即為個別題目的變異數之總和，S_x^2 為測驗總分的變異數。

根據 KR_{20} 公式的定義可知，$\sum_{i=1}^{n} p_i q_i$ 即代表個別題目的變異數總和，因此我們可以進行下列三種情況的推估：

1. 當 $S_x^2 = \sum_{i=1}^{n} p_i q_i$ 時（即測驗總分的變異數等於個別題目的變異數總和），公式 3-10 便等於 0，此即表示若要獲得一個非 0 的信度估計值，則個別題目的變異數總和必須小於測驗總分的變異數，而這種情況唯有在大多數題目都測量到相同因素或潛在特質時，才會產生。

2. 當 $S_x^2 > \sum_{i=1}^{n} p_i q_i$ 時，此即表示題目間具有共變數存在，而共變數只有在題目間具有相互關聯時才會產生。因此當共變數愈大，即表示 $\sum_{i=1}^{n} p_i q_i$ 項的值愈小，題目之間都能測量到共同的因素或潛在特質，所以測驗信度的估計值便會愈大。

3. 當 $\sum_{i=1}^{n} p_i q_i = 0$ 時，公式 3-10 便等於 1，此即表示所有的題目均完全測量到共同的因素或潛在特質，完全沒有測量誤差存在。這種情況看起來最理想，但事實上，卻是不容易在現實情境中存在的。

另外，公式 3-10 右邊的 $n/(n-1)$，是一個校正題數多寡的校正項，對於測驗長度較長（即試題數目較多）者的信度估計校正較小，而對測驗長度較短（即試題數目較少）者的信度估計校正較大。但是，當測驗中各個題目的難度值呈現相當或平均難度值傾向難易適中時（亦即 P_i 值 ~ .50 時），此時各個題目的變異數將趨近相等，我們便可以改用另一個簡化公式，來取代原本的 KR_{20} 公式，此即 KR_{21} 公式。KR_{21} 公式可以表示如下：

$$KR_{21} = \frac{n}{n-1} \left(1 - \frac{\overline{X}(n - \overline{X})}{nS_x^2} \right) \qquad (3-11)$$

其中，n 為測驗的題數，$\overline{X}$ 為測驗分數的平均數，S_x^2 為測驗總分的變異數。

當測驗中所有試題的難度指標都一樣，或平均難度接近 .50 時，根據 KR_{20} 公式或 KR_{21} 公式所估計出來的信度係數值都會相等。但是當測驗中所有試題難度指標值極不相同時，此時由這兩個公式所估計出來的信度係數值將會差距頗大；通常 KR_{21} 公式所估計出的信度係數值，會比 KR_{20} 公式所估計出的信度係數值較小（Cronbach, 1990）。

(三) α 信度

上述 K-R 信度係數僅適用於「對或錯」、「是或否」、「成功或失敗」、「通過或不通過」、「及格或不及格」等二元化計分的測驗資料上，對於不是使用二元化計分的測驗資料則無法適用。但在社會科學及行為科學領域裡，許多學者專家們常使用心理量表來評量屬於情意態度方面的潛在特質或能力，這些多半都是使用多元計分（polytomous scoring）方式，如常見到的「李克特氏四點評定量尺」（Likert's four-point rating scale），即使用選答「總是如此」者給 4 分、選答「經常如此」者 3 分、選答「偶爾如此」者 2 分、選答「從不如此」者 1 分的方式來進行計分。因此碰到這種多元計分的測驗資料時，上述 K-R 信度係數的估計公式便無法適用；此時，唯有使用 Cronbach（1951）所發明的 α 係數才行。α 係數的計算公式，可以表示如下：

$$\alpha = \frac{n}{n-1}\left(1 - \frac{\sum\limits_{i=1}^{n} S_i^2}{S_x^2}\right) \tag{3-12}$$

其中，α 為測驗的估計信度係數，n 為測驗的題數，S_i^2 為每一試題得分的變異數，S_x^2 為測驗總分的變異數。

其實，α 係數公式是由 KR_{20} 公式發展改良而來的，它只是將 KR_{20} 公式中的 $p_i q_i$ 值（即個別試題的變異數）改成 S_i^2 而已，由於二元計分只是多元計分的一種特例，因此 α 係數可以說是信度係數估計的一個通式（general form）。

當測驗題目呈現同質性時，α 係數與 KR_{20} 公式所估計出的信度係數，將接近於折半信度係數；但是當題目呈現異質性時，α 係數與 KR_{20} 公式所估計出的信度係數，就會低於折半信度係數。因此，α 係數和 KR_{20} 公式常被稱為信度係數估計的下限值（lower bound）（Novick & Lewis, 1967）。事實上，這兩種信度係數值等於所有可能的折半方法所估計出折半信度係數值的平均數（Hopkins, Stanley, & Hopkins, 1998; Kaplan & Saccuzzo, 1993）。α 係數的測量誤差和 K-R 信度方法的測量誤差一樣，主要都是來自測驗內容的抽樣誤差，尤其是抽樣內容的異質性誤差。

前述斯布校正公式的使用，必須假設兩半測驗的變異數是相等的才行。但是，當這兩半測驗的變異數不相等時，也可以使用 α 係數來取代。此時，α 係數的計算公式為：

$$\alpha = \frac{2[S_x^2 - (S_o^2 + S_e^2)]}{S_x^2} \qquad (3\text{-}13)$$

其實，上述的 α 係數即不受兩半測驗的變異數必須假設為相等的限制。當兩半測驗的變異數相等時，使用斯布校正公式和使用 α 係數公式都會得到一個相同的結果。但是在其他特殊情境下，這兩種估計程序卻都會低估真正的信度係數值。對此估計問題差異感興趣的讀者，可以參見 Allen 與 Yen（2001）一書的說明。

由於 α 係數和 KR_{20} 係數都是所有信度係數估計值的下限，所以當 α 係數和 KR_{20} 係數值頗高時，即表示真正的測驗信度係數值比它還高；相反的，當 α 係數和 KR_{20} 係數值較低時，則無法提供有關該測驗任何有意義的訊息，此時我們便無法判斷該測驗是否仍然可靠。

二、各種信度的測量誤差

雖然本節僅著重在討論內部一致性信度係數，但其他不同種類信度係數的存在，也都是因為它們的測量誤差來源不同的緣故所造成的現象。因此，我們可以將各種信度係數的誤差來源，摘要整理如表 3-1 所示（余民寧，2011）。

信度類型	信度的涵義	主要的誤差來源	表 3-1
1.再測信度	同一份測驗的兩次測量結果間的相關係數	時間抽樣	各種信度係數及其誤差來源摘要表
2.複本信度	兩份複本測驗間的測量結果的相關係數	時間抽樣與內容抽樣	
3.內部一致性信度	同一測量結果內各題目間的相關係數	內容抽樣與內容異質	
(1)折半信度	測量題目分成兩半，這兩半間的相關係數	內容抽樣	
(2) KR_{20} 公式與 KR_{21} 公式	題目間的同質性或反應一致性程度之關聯性指標	內容抽樣與內容異質	
(3) α 信度	題目間的同質性或反應一致性程度之關聯性指標	內容抽樣與內容異質	
4.評分者信度	各評分者間或各評分者內之評分結果的相關係數	評分者誤差	

提供這些說明的目的，即是在幫助讀者瞭解這些誤差來源，只要能夠設法降低它們或避免它們的產生，任何測驗即可提高信度係數。

從信度係數的定義來看，係指真實分數的變異數占實得分數的變異數之百分比值。但從迴歸分析的觀點來看，這個定義相當於以真實分數預測實得分數的迴歸方程式之決定係數，它的意思即是說：在實得分數的變異數中，有多少百分比的變異數是可以被真實分數的變異數所解釋得到。信度係數的數學符號表示為 $r_{xx'}$ 或 r_{xt}^2，因此它的平方根為 r_{xt}，又稱作「信度指標」（index of reliability），即可用來表示實得分數與真實分數之間的相關係數，以有別於信度係數的涵義。這兩者間的數學關係，可以表示如下：

$$r_{xt}^2 = r_{xx'} \qquad\qquad (3\text{-}14)$$

在實務用途上，我們是應該根據信度係數的大小，作為挑選一份適當工具的依據，而不是根據信度指標大小來作為挑選參考，雖然後者的數值會比前者

的數值較大。有些電腦程式報表會陳列出信度指標值，而不是信度係數值，但是這種做法會有隱藏事實及跨大不實之嫌。因此，在測驗分析結果報告的標準作業上，研究者應該陳列報告的數據是信度係數值，而不是信度指標值，以免有誤導讀者的認知之嫌。

三、α 信度的使用缺失與補救

前述公式 3-12 所示的 α 係數，可以說是原始分數（raw scores）式的信度計算公式，若是將它標準化的話，則 α 係數的標準分數（standardized scores）公式可以表示如下：

$$\alpha = \frac{n\bar{r}}{1 + (n - 1)\bar{r}} \tag{3-15}$$

其中，$\bar{r}$ 為題目間相關係數的平均值（average inter-item correlation），n 為測驗的題數。從公式 3-15 亦可得知，當測驗中的題目數愈多，且題目間的相關係數平均值愈高，則 α 信度係數愈大。其實，這個公式即是公式 3-8 所示的「斯布校正公式」，兩者都必須假設每道題目的變異數是大致相等或相同的。但是，當這個基礎假設不成立時，公式 3-12 和公式 3-15 所估計出來的 α 係數值，卻會有稍微不一致的情形發生（相差約在 .05 或更多），這顯示出其中至少有一道題目的變異數是與其餘題目的變異數不相同。這也就是使用 α 信度係數時，第一個飽受批評的地方。

其次，針對 α 信度係數使用的第二個批評，即是 α 係數的當初設計使用，原本即是針對連續性變項資料（continuous data）而來。但是，社會科學與行為科學中所慣用的「李克特氏四點評定量尺」屬性，卻是屬於次序性變項資料（ordinal data），完全無法滿足每道測量題目的變異數需要大致相等的基本假設。因此，為了能夠精確估計這種屬於次序性量尺資料的信度係數，Gadermann、Guhn 與 Zumbo（2012）建議改使用「次序性 α 係數」（ordinal alpha coefficient）；亦即在計算 α 信度係數的公式裡，改成使用四分差相關（tetrachoric correlation）或多分差相關（polychoric correlation）來取代原本的皮爾森積

差相關（Pearson product-moment correlation），以計算出所謂的「次序性 α 係數」。四分差相關與多分差相關，原本即適用於計算兩個變項都屬於次序性變項之間的相關係數，因此使用它來取代皮爾森積差相關，反而更能精確估算出次序性變項間的真正 α 信度係數，尤其是當使用小樣本時更需如此作為（Timmermann & Lorenzo-Seva, 2011）。

第三，α 信度係數的背後，其實也隱含著「本質上 τ 相等」的假設（essential tau equivalence）；亦即，假設每一道題目的背後都是測量到同一個共享的因素建構。換句話說，這一組題目同屬一個「單向度」的量尺，且每一道題目和此潛在變項的真實分數間的共變數也大致上是相等的，除了誤差變異數外。因此當題目的內容設計得不好，題目都測量到一個以上的因素結構時，此時的「單向度假設」便被違反了。這時候，由於題目與真實分數間的共變數是隨著題目的不同而不同，α 信度係數已無法提供一個量尺真實信度的估計，若勉強繼續使用它，其實是會造成信度估計誤差的（高估或低估都有可能發生），即使採用刪除題目後的 α 信度係數（α if item deleted）作為判斷題目的好壞，也無法確保所刪除的題目對提高母群的信度係數確實有所影響（Dunn, Baguley, & Brunsden, 2014）。

第四，使用 α 信度係數的第四個詬病，即是它本身無法提供 95%或 99%的信賴區間（confidence interval），以致研究者無法正確判斷它的估計範圍的可信度是多少。對此問題，Padilla、Divers 與 Newton（2013）提議使用拔靴法（bootstrapping），以置回樣本方式抽取隨機樣本 1,000 人次，進行建立 α 信度係數的 95%或 99%信賴區間。可惜的是，這種建議做法的唯一缺點是，沒有現成的電腦套裝程式可以使用，充其量，讀者僅可使用免費的自由軟體 R 語言（讀者可以連線下載該程式：http://www.r-project.org/），並且從中挑選特殊分析功能的子程序（subroutines）和繪圖物件（graphical objectives）來使用。

第五，誠如前述幾點關於 α 信度係數使用的缺失，Dunn 等人（2014）綜觀這些評論，建議改使用 ω 係數（coefficient omega）來當作 α 係數的另類估計值。ω 係數仍仿同 α 係數一樣，對信度採取相同的基本數學定義，但是差別在於：α 係數係根據測量題目間的變異數共變數（或相關係數）矩陣的運算而

來，而 ω 係數卻是使用題目與共同抽取出的因素之間的相關係數〔稱作「因素負荷量」（factor loading）〕矩陣來運算。此外，建議使用 ω 係數的另一項好處是，它不需要像 α 係數一樣假設題目與共同因素間的共變數需要保持大致相等或一致，因此在許多實務測驗的場域中，ω 係數會比 α 係數的適用情境與範圍更廣，所計算出來的信度係數更為精確與適當。唯一可惜的是，ω 係數的計算，至今沒有現成通用的電腦套裝程式可以使用，讀者還是只能使用 R 語言的運算。Peters（2014）在其論文中，即提出估計 α 係數與 ω 係數及其信賴區間的演算法，但是讀者必須學會該語言的使用及如何修改其中一些指令，以符合自己的需要。等到這些計算程式的使用愈普及時，由於 ω 係數計算出來的信度值較為精確的緣故，在未來的許多測驗實務情境中，相信會有愈多的研究者不再僅只計算 α 係數而已，他們也會同時計算出 ω 係數，以從中獲取一個較為精確的信度估計數值（DeVellis, 2017）。

第三節　影響信度的因素及其補救措施

信度與效度雖然貴為心理計量品質指標之一，但是還是與古典測驗理論所使用的其他統計指標（如：難度、鑑別度等）一樣，都是屬於樣本依賴的指標；亦即，當同一組題目拿給不同樣本施測或作答後，所獲得的信度與效度值，都會隨著樣本特質（如：能力分配）的不同而不同，很難獲得一個穩定、正確又客觀的標準指標值。所以明瞭影響信度係數的因素為何，會有幾點好處：從消極面來看，將有助於量表編製者避免編製出信度值偏低的工具；而從積極面來看，則將有助於量表編製者增進編製出高信度值量表的技巧，甚至知道當面對低信度工具的限制時，該採行什麼樣的補救措施，才能挽回這種測量困境的頹勢（余民寧，2011）。

一、影響信度的因素

影響信度係數值高低的常見因素，可以歸納成下列幾點。茲分點說明如下：

(一) 測量題數的多寡

　　首先，從公式 3-8 的斯布校正公式可知，一份測量工具（無論是測驗或量表）的測量題數多寡，是影響信度係數值高低的一個主要因素。例如，將一份原本具有五道題目、折半信度值為 .50 的量表，增加一些複本題後，使之成為十道、二十道和四十道題目的量表時，則這些新增長度的測驗信度，根據斯布校正公式，即可計算得出：

$$長度增加 2 倍：\quad r_{xx'}=\frac{2(.50)}{1+(2-1)(.50)}=.67$$

$$長度增加 4 倍：\quad r_{xx'}=\frac{4(.50)}{1+(4-1)(.50)}=.80$$

$$長度增加 8 倍：\quad r_{xx'}=\frac{8(.50)}{1+(8-1)(.50)}=.89$$

　　由此可知，當其他條件相等，新增加的複本題愈多（即測量工具愈長），則信度係數也會隨著愈高；同理可以推知，當測量工具的長度縮短後，則信度係數也會隨著降低。由此可見，信度係數的高低與測量工具的題數多寡是有密切關係的。一般而言，測量工具愈長，其信度係數愈高；測量工具愈短，其信度係數愈低。因為當測量工具愈長時，其題目的抽樣組合愈能夠涵蓋所有具代表性的測量內容範圍，因此測驗分數就愈不容易受到猜測因素的影響；因此，當測驗分數愈能夠反應出所要測量特質的真正變異時，測驗分數便愈可靠，信度係數也就愈高。反之，當測量工具較短時，其測量題目的內容比較不容易涵蓋到所有具代表性的測量內容範圍，因此測驗分數較容易受到猜測因素的影響，較不能夠反應出所要測量特質的真正變異，所以測驗分數較不可靠，信度係數也就隨著降低。

　　雖然，信度係數會隨著測量工具的長短而有所增減。但是有一點必須特別提醒讀者注意的，那就是所擬增減的題目，都必須是維持與原來題目同性質的複本題（alternate-form item）才行；盲目增減非同性質的題目，並不能保證一定可以提高或降低該測量工具的信度係數，有時反而會適得其反。

(二) 受試樣本的能力分配

其次，從信度的定義公式來看，樣本受試者的能力分配也是影響信度係數值大小的一個重要因素。一般而言，接受施測的受試者，在某種能力或潛在特質上愈趨近呈現常態分配時，由於它的變異較大，將使得信度係數值也較大；反之，當研究者特別選用某些同質性較高的侷限樣本（restricted sample）（如：都使用資優生或都使用智能障礙兒童）當受試者時，由於他們在所欲測量的潛在特質上的變異較小，因此所獲得的信度係數值也會較小。之所以會出現這種現象，乃因為信度係數的計算多半是依賴相關係數的計算而來，而樣本的異質性愈高時（即個別差異大或異質性高的受試者團體），將使得計算出來的變異數愈大，因此信度係數值也會隨著愈高；而當樣本的同質性愈高時（即個別差異小或同質性高的受試者團體），將使得計算出來的變異數愈小，因此信度係數值也會隨著愈低。基於這項理由，相關係數的大小端視受試者能力分配的變異程度而定；相關係數高，即表示測量的信度（如：再測信度、複本信度、折半信度等，都是使用相關係數作為信度係數的估計公式）亦較高；相關係數低，即表示測量的信度亦較低。

但是有一點必須特別提醒讀者注意的，那就是當研究者使用國內的國中、小學生當受試樣本時，因為國中小學生的母群大致呈現常態分配，此時只要以學校為單位，採行隨機抽樣且使用大樣本，因為樣本會呈現常態分配的緣故，致使所獲得量表的信度係數值通常也會比較高。而當研究者使用國內的高中（含）以上學生當受試樣本時，即使是以學校為單位，採行隨機抽樣且使用大樣本，也不一定會獲得令人滿意的量表信度係數值。這是因為國內有施行高中及大學入學考試的緣故，兩次考試將同屬同一層級能力的學生，幾乎都分發安置在同一所學校裡。因此，就單一所學校而言，即使是使用大樣本的學生當受試者，其能力分配的變異程度也會是偏小的，因為是能力同質的緣故。所以在國內進行研究時，若需抽樣高中（含）以上的學生當樣本時，則必須涵蓋多所學校的人口組合，才能構成一批具有異質性組合的大樣本；此時，由於受試樣本的能力分配變異程度較大的緣故，致使所獲得量表的信度係數值也才會比較

高。例如,以研究所碩士班研究生為受試團體,據以求得之智力與學業成績的相關係數,會比依據小學生為受試團體所求得的智力與學業成績間之相關係數還低;原因即是,前者為一個同質性較高的偏限樣本團體(即個別差異較小),智力均集中在高分組一個很小的分布範圍,變異程度很小,所以求出的相關係數值自然較小;但後者是一個異質性較高的常態樣本團體(即個別差異較大),智力包括上、中、下各層次程度的學生都有,變異程度很大,所以求出的相關係數值自然較大。而這個現象,自然也影響到信度係數的計算:當受試樣本的能力變異較大時,所獲得的信度係數也會較大;而當受試樣本的能力變異較小時,所獲得的信度係數也會較小。

(三) 測量題目的難易程度

再其次,無論是使用成就測驗或心理量表,題目的作答難度指標也是影響信度係數大小的因素之一。一般來說,極度困難或極度簡單的測量題目,都很容易使大多數受試樣本答對或答錯該題目,或偏向選答非常同意或非常不同意的作答反應選項;此時,當這兩種極端情形出現時,大多數受試樣本的得分都會集中在高分(即負偏態分配)或低分(即正偏態分配)的區域,致使測量分數分布的變異程度變小,所計算出的信度係數值會自然偏低。

由於信度係數的大小與測量得分的變異程度有關。因此,當成就測驗中使用難易適中的測量題目時,受試樣本答對和答錯的得分分布會比較趨近常態分配,此時的測量得分分布範圍最廣,變異程度達到最大,致使所計算出的信度係數值會自然較高。同理,當受試樣本在心理量表中的測量題目上作答分數的平均數接近選項數的中間值〔如:李克特氏四點量尺的中間值,即為 $(4 + 1)/2 = 2.5$;五點量尺的中間值,即為 $(5 + 1)/2 = 3$。中間值的算法,即為 $(k + 1)/2$,k 為李克特氏量尺的測量點數〕時,此時的測量得分分布範圍最廣,變異程度達到最大,致使所計算出的信度係數值也會自然較高。

(四) 測量計分的客觀性

前述說過,信度係數有兩大類:一類適用於客觀測量的情境,如:再測信

度、複本信度、內部一致性信度等都是；另一類則是適用於主觀測量的情境，如：評分者信度便是。在這樣的分類情況下，一份測量工具的作答結果的計分方式是否客觀，將會影響其信度係數值的大小；計分方式愈主觀者（如：申論題的閱卷、作文的評分、口試的評分等），由於評分者誤差較大的緣故，故信度係數值會較低；反之，計分方式愈客觀者（如：使用是非題、選擇題或李克特氏評定量尺的評分方式），由於不受評分者主觀判斷的影響，因此，這種信度係數值會較高。所以研究者若想選用信度係數值較高的成就測驗或心理量表作為評量工具時，以考慮使用能夠進行客觀計分的工具（如：是非題、選擇題或李克特氏評定量尺等）為最佳。

(五) 信度估計方法

　　與前一項雷同，信度係數的大小與所選用估計信度係數方法之間，也具有密不可分的關係，並且信度係數的估計也須視題目間的相關係數大小而定。由表 3-1 的說明可知，我們所選用的信度係數估計方法不同，就會有各種不同的測量誤差來源及不同大小的誤差估計值產生。同時，各題目間的交互相關係數的大小（即反應出各題目的測量功能是否一致），也會影響到信度係數大小的計算，尤其是使用內部一致性信度係數時更為明顯。因此研究者在選用測量工具及解釋其信度資料時，應該考量該測量工具所採用的信度係數估計方法、信度適用的情境、題目間的關聯性，以及測量誤差的可能來源等因素，方不致於造成濫用或誤用測量工具的情事發生。

二、信度偏低時的補救措施

　　根據前幾節有關信度係數的說明，我們大致可以瞭解信度與測量題目的多寡及測量題目間的相關係數大小有關。當測量題目都能測量到相同的能力或潛在特質時，大多數的題目間相關係數值均會較大，自然而然的，此次測量的信度係數值便會很高；反過來說，當有部分題目可能不是測量到相同的能力或潛在特質時，此時即會出現部分題目間的相關係數值會偏小，自然而然的，此次測量的信度係數值也就不會太高。

　　一般來說，研究者可以透過因素分析，得知所使用的測量工具是否具有單向度的因素結構。若是如此的話，則該單因素上的測量結果最具有可信度，它能解釋測量分數的變異數總量最多；此時，若有某道題目的因素負荷量不是落在該單因素上，則可以考慮將該題目刪除，即可確保該單因素內的所有測量題目都能測量到相同的能力或潛在特質，即可提高信度係數值。此外，也可以透過鑑別度分析（discrimination index analysis）得知，當每一道題目的個別得分和全部題目得分的總和（即測量總分）之間的相關係數（即點二系列相關係數）達顯著的正相關時，即表示該題目與測量總分的測量作用是呈現同方向的，也就是說，該單一題目與該測量工具的全部，都測量到同一種能力或潛在特質，因此，該題目會被判定為優良試題，即表示該題目的鑑別度很高，題目的品質很好、很優良；此時，若將鑑別度偏低或甚至是鑑別度呈現負值的題目都刪除的話，即表示剩下來的題目將會與測量總分都能測量到相同的能力或潛在特質，所以這種做法也可以提高信度係數值。第三，任何能夠改善統計考驗力（statistical power）的做法，也都可以提高測量的信度係數值，包括：增加樣本大小（sample size）（如：從 500 人增加到 1,000 人）、降低第一類型錯誤率（type I error）（如：第一類型錯誤率從 .05 降到 .01）、擴大效果量（effect size）（如：兩個平均數間的差值從.05 變成 .10）、降低樣本抽樣誤差變異的比重（proportion of error variance）（如：採行隨機抽樣遠優於立意抽樣）（Lipsey, 1990）。

　　儘管如此，研究者都知道要以編製出和挑選出具有高信度係數的測量工具作為優先考量。但是萬一還是事與願違時，所編製和挑選的工具信度還是不夠高的話，研究者也應該要知道該如何處理這種困境才行。一般說來，下列兩種方法是可以提供補救措施的參考。

1.增加優良試題或刪除不良試題

　　從理論上來說，增加優良試題的題數，雖然可以提高測驗的信度，但卻會增加受試者作答的疲勞程度、作答時間，以及所增加的題目未必與原題目品質是維持一致的（即複本題），因此這種做法未必一定能夠對信度係數值的提高

有所幫助。通常，從題庫中抽取所需要增加的複本題，才會是一個比較可行的做法。但是當研究者沒有發展題庫的習慣和瞭解建立題庫的方法時，此項建議也是毫無建樹之地。

　　此外，也許有人會問：「要增加多少題複本題才夠？」這個問題的答案，就得看研究者自我要求要獲得多高的信度係數值而定。從公式 3-8 的斯布校正公式可以推導出一個計算適當題數的公式如下：

$$g = \frac{r_d(1 - r_o)}{r_o(1 - r_d)} \qquad （3-16）$$

　　其中，g 表示在期望的信度係數值下，必須具有目前測量工具長度的倍數，r_d 表示所期望獲得的理想信度係數值，r_o 表示目前現有的信度係數值。例如說，某研究者期望能夠編製出具有信度係數值為 .80 以上的量表，已知他目前自編五題題目量表的信度係數值為 .50，則他必須增加多少複本題才夠達到他的理想目標呢？從公式 3-16 的計算可知，他需要新增複本題的倍數為：

$$g = \frac{.80(1 - .50)}{.50(1 - .80)} = 4 \text{（倍）}$$

適當題數：$4 \times 5 = 20$（題）

　　也就是說，該研究者必須從目前五題的量表工具增加到成為二十題的量表工具，才能達到滿足他所期望獲得的理想信度係數值 .80；換句話說，他必須另外增加十五題複本試題才行。當然，新增題目必然會增加量表工具的編製成本、時間、人力、物力的支出，同時也會增加受試者作答的時間，增加受試者作答時因為「疲勞」所產生的測量誤差，這些因素也都必須考慮清楚後，再做最後的決定。如果每位研究者或量表工具的發展機構，都已建立題庫的話，則隨時要求新增多少複本題，都不是一件很困難的事。

2. 進行相關係數的萎縮校正

　　當面對一份低信度的測量工具時，如果我們仍然勉強使用它，則會因為它本身的測量誤差大的緣故，致使後續應用該工具而能夠獲得顯著相關係數的機

率大幅降低許多，甚至使得該結果變得絲毫不具任何參考價值。這種情況，即稱作該潛在的相關係數被測量誤差給降低或萎縮了（Muchinsky, 1996）。

　　幸好，古典測驗理論文獻中，有方法可以校正這種相關係數的萎縮現象。這個「校正相關係數萎縮公式」（correction for attenuation formula），可以表示如下：

$$\hat{r}_{12} = \frac{r_{12}}{\sqrt{r_{11'} r_{22'}}} \qquad\qquad （3\text{-}17）$$

　　其中，$\hat{r}_{12}$ 是經校正萎縮後使用量表 1 和量表 2 所獲得的真正相關係數，r_{12} 是使用未校正前量表 1 和量表 2 所獲得的相關係數，而 $r_{11'}$ 和 $r_{22'}$ 則分別是量表 1 和量表 2 的信度係數。

　　關於相關係數的萎縮現象，有無使用校正公式，到底會產生什麼樣的差異？我們可以先參考下列兩則的計算舉例：

$$\hat{r}_{12} = \frac{.30}{\sqrt{(.80)(.80)}} = .375 \qquad\qquad \hat{r}_{12} = \frac{.30}{\sqrt{(.50)(.50)}} = .60$$

　　亦即，誠如前述受試者能力分配的變異程度會影響到相關係數和信度係數大小的計算事實。當研究者使用某種侷限樣本（如：研究生）當受試者，結果發現這些樣本的智力與學業成績之間的相關係數為 .30，且未達統計學上（$\alpha =$ .05）的顯著水準；若該研究者同時已知用來測量智力的智力測驗的信度係數為 .80，且用來測量學業成績的某學科成就測驗的信度係數亦為 .80，則經校正後，這些樣本的智力與學業成績之間的真正相關係數是 .375，看起來並沒有比原本的相關係數 .30 大許多。這是由於我們假設他所使用的這兩份測驗的信度係數值都為 .80，是因為信度係數值比較高的緣故所致。而另一種較為極端的情況下，假設他所使用的這兩份測驗的信度係數值都只有 .50 的話，則經校正後，這些樣本的智力與學業成績之間的真正相關係數變為 .60，比原本的相關係數 .30 大一倍，且容易即達到統計學上（$\alpha =$ .05）的顯著水準。此時，有經過校正與沒有經過校正的差值，甚至會差到做出相反的結論。由此可見，使用信度係數值偏高的工具時，有無進行相關係數的萎縮校正，其差異並不大，這

是因為我們使用的測量工具具有值得信賴特質的緣故；但是當使用到信度係數值偏低的工具時，有無進行相關係數的萎縮校正，其差異是很大的，若使用它而不經過相關係數的萎縮校正的話，則研究者所獲得的結論有可能都是低估的，甚至是錯誤的。不能不小心謹慎！

　　所以，我們可以總結出一個研究心得如下：在社會科學或行為科學中的任何測量問題，由於測量工具都具有測量誤差存在，致使我們的測量都無法做到測量的信度係數值達到 1 的情況；也就是說，我們所使用的測量工具的信度都不具有完全信度，在這種情況下，我們利用這些工具所測得的分數作為計算相關係數的依據時，這樣的相關係數多半會具有萎縮的現象，此時我們務必進行校正，否則所獲得的研究結果，都有低估相關係數，甚至做出錯誤結論的可能存在。由上述兩則計算例子可知，當測量工具的信度係數較高時，所測量的結果不僅是較可靠，就連校正相關係數萎縮後所增加的部分也會較少；但是，若使用的測量工具的信度係數不高時，則校正相關係數萎縮後所增加的部分就很可觀了。由上述例子可知，校正前的相關係數為 .30，校正後的相關係數變為.60，顯著增加其數值，即為一明證。

　　對此，筆者綜合上述的研究心得，要對讀者提出一項實務應用的建議：「盡量使用具有高信度的測量工具於研究中，而盡量不要使用低信度的測量工具；萬一不慎使用了，則務必要針對測量所得的相關係數進行萎縮的校正，如此才能獲取接近真實測量下的真正相關係數值。」

第四節　信度的推論力研究

　　本章的重點在討論信度對發展一份量表的重要性，它是一種用來判定測量工具品質是否良好的心理計量特質指標。除此之外，在施測過程（measurement process）中，仍然有許多因素會影響到測量品質的好壞，研究者也必須予以注意。這些可能會影響測量品質的因素（或變異來源），即被稱作「面向」（facet）。隨著研究者所關心影響測量品質的變異來源不同，這些變異來源將會決定未來測量結果的精確性與詮釋結果的合理性，故常會被研究者在測量架構

中設定為需要進行探究的問題面向。例如，假設某研究者想探究觀看同理心教育影片是否會引發受試者的利社會行為表現（pro-social behaviors）？他的預期目標是「會」，也就是說，他認為利用這類教育影片作為教學輔具，可以達到培養學生（亦即是受試者）潛移默化的利他行為表現。因此，為了證實他的想法是否正確（即受試者觀看同理心教育影片後即會表現出利社會行為），他邀請三位評審（raters）針對一群受試者（可能是一整個班級學生）觀看影片後有無「表現關心」（express concern）行為來進行評分〔假設使用李克特氏七點評定量尺（Likert-type 7-points rating scale）來計分〕，並以分數的高低作為受試者利社會行為表現強弱的評定代表（即測量分數）。此時，他所面臨或考量到會影響測量分數的變異來源僅有「評審的不同」（different raters）（評分寬嚴不一的三位評審），因為評審的評分結果會有寬嚴不一的評分標準，這是造成測量分數會有高低不一致的唯一變異來源，將這種因素考量在測量方式裡，即可稱作「單一面向測量設計」（single-facet measurement design）。

後來，他的同事告訴他測量設計不夠周延，光憑評審的判斷分數，無法顯示他的想法是否為真，因為缺乏受試者的對比：如果沒有觀看過同理心教育影片的受試者，他們的利社會行為表現也可以一致的展現出來呢？於是，他修改了一下測量設計，加入另一群沒有觀看同理心教育影片的受試者（可能是另一個班級學生）當作對照組，同樣施以三位評審對這群受試者的利社會行為表現進行評估。此時，這位研究者所面臨或考量到會影響測量分數的變異來源，就不僅有「評審的不同」而已，還有「受試者的不同」（different subjects）（有無觀看影片的兩群受試者）；這種考量兩個影響因素的測量方式，即可稱作「二面向測量設計」（two-facet measurement design）。

如果另一位同事看了他的修改設計後，認為還不夠周延，不應該只用單一測量題目來測量「表現關心」行為而已，可用來測量利社會行為表現的代表題目還有「展現同情」（exhibit compassion）與「提供支持」（offer support）等。於是，他又修改測量設計，再加入一個影響測量分數的變異來源：「測量題目的不同」（different items）（測量利社會行為表現的三題題目）；這種考量三個影響因素的測量方式，即可稱作「三面向測量設計」（three-facet measurement design）。當然，研究者可以根據需求，不斷延伸所考量的變異來源，不斷增加測量面向的設計，如：四面向、五面向……依此類推下去。

　　其實，二面向以上的測量設計，即稱作「多面向測量設計」（multiple-facet measurement design）。但是隨著測量面向的增加，研究者也會同時增加測量成本、時間、人力、物力，與其他資源的負擔，並非是測量設計的面向愈多，即是愈好。審慎規劃測量設計，以及使用適合的資料分析方法，才是獲取精確測量與合理詮釋結果的王道。而於此情境下，一種結合變異數分析（analysis of variance, ANOVA）與古典測驗理論的延伸方法——「推論力研究」（generalizability study, G-study）（Cronbach, Gleser, Nanda, & Rajaratnam, 1972）應運而生，它即可用來協助此測量問題的解決，並進而提升測量的品質。

　　推論力研究（G-study）是來自推論力理論（generalizability theory, G-theory）的一種測量方法的設計。讀者若對此議題有深度興趣的話，除了可參考Cronbach 等人（1972）的經典文獻外，還可以參考較近期出版的兩本深入淺出的相關著作（Brennan, 2001; Shavelson & Webb, 1991）。推論力理論可以採用單面向或多面向測量設計，來追朔測量過程中變異來源的不同程度，以判斷該變異來源是否會造成結果的影響，若是的話，則針對測量結果的詮釋，就不得不重視該變異來源的影響作用的存在，解釋結果時就得保守、小心謹慎，以免過度詮釋，造成過度推論的誤謬。

　　在推論力研究中，有幾個核心概念需要先定義及釐清。首先，從每一個面向裡的所有測量水準（levels）上所測得的觀察分數，即構成研究者所關注的「可觸群體的觀察分數」（a universe of admissible observations），這些觀察分數的平均數即稱作「群體分數」（universe score），它的概念相當於古典測驗理論中的「真實分數」（Allen & Yen, 2001; Crocker & Algina, 2006）。因此，推論力理論即是將測量品質定義為「從有限獲得的觀察分數推論到無限群體分數的程度」，並且可以使用一種「推論力係數」（generalizability coefficient）來表示；當推論力係數偏大時，即表示測量結果的詮釋可以橫跨某一面向的所有測量水準，測量品質是高的；當推論力係數偏小時，即表示測量結果的詮釋

不可以橫跨某一面向的所有測量水準，該面向具有影響測量結果詮釋的作用，研究者必須針對該面向的不同測量水準進行差異比較和詮釋，不可以一概而論的類推說測量品質是跨面向而一致的。因此之故，推論力係數便會仿照信度係數的定義方式，被界定成為「群體分數變異數占總觀察分數變異數的比值」。所以在推論力研究中，研究者必須審慎的進行測量設計，並且選用適當的變異數分析策略。底下的舉例，旨在說明推論力研究的扼要資料分析過程，詳細的測量設計及資料分析方法，有興趣的讀者還是需要去閱讀這方面的經典著作（如：Kirk, 1995; Myers, 1979）。

　　就如前述所提及的案例，假設某研究者想探究觀看同理心教育影片是否會引發受試者的利社會行為表現？他的預期目標是「會」，也就是說，他認為利用這類教育影片作為教學輔具，可以達到培養學生（亦即是受試者）潛移默化的利他行為表現。為了節省研究成本及避免浪費人力與物力，他決定採用兩面向測量設計，認為影響受試者利社會行為表現的變異來源，可能是「評審的評分嚴苛不一」及「不同的評估題目」所致。所以，他邀請三名評審及使用三題評估題目，來進行評分受試者觀看影片後的利社會行為表現的評分，評分的計量尺度為李克特氏七點評定量尺。也就是說，三名評審（raters）評定五名受試者（participants）在三題評估題目（items）的七點評定量尺得分，假設獲得如表 3-2 所示的原始資料。

　　接下來的推論力研究分析工作，即是採用三因子變異數分析（three-way ANOVA）的程序，但不考慮使用最高階的交互作用項（higher-way interaction effect）的分析。計算程序可以說明如下（希望讀者均已熟悉變異數分析方法，不然就得先回去復習此方法後，再回來繼續閱讀下去）。

　　依據三因子變異數分析的程序，讀者可由 SPSS 或 SAS 電腦套裝程式中對變異數分解的報表得知，如表 3-3 所示的資料。在此表中，所謂的「效果項」（effects），即是指會影響到結果的各種變異來源。

　　接著，計算每一種效果項的變異成分估計值（estimated variance component）。例如，估計受試者的變異成分估計值如下：

表 3-2	一、原始資料

一個兩面向推論力研究（a two-facets G-study）的假想資料

一、原始資料

受試者	A 評審			B 評審			C 評審		
	關心	同情	支持	關心	同情	支持	關心	同情	支持
X1	3	3	2	2	2	2	3	3	4
X2	2	1	2	2	3	1	4	4	5
X3	3	2	3	3	3	2	3	2	2
X4	2	2	2	4	6	4	4	5	3
X5	5	6	4	6	7	5	7	7	7

二、主要效果

受試者	平均數	評審	平均數	題目	平均數
X1	2.67	A	2.80	關心	3.53
X2	2.67	B	3.47	同情	3.73
X3	2.56	C	4.20	支持	3.20
X4	3.56				
X5	6.00				

三、交互作用

	受試者×評審				受試者×題目				評審×題目		
	A	B	C		關	同	支持		關	同情	支持
X1	2.67	2	3.33	X1	2.67	2.67	2.67	A	3	2.80	2.60
X2	1.67	2	4.33	X2	2.67	2.67	2.67	B	3	4.20	2.80
X3	2.67	2	2.33	X3	3.00	2.33	2.33	C	4	4.20	4.20
X4	2.00	4	4.00	X4	3.33	4.33	3.00				
X5	5.00	6	7.00	X5	6.00	6.67	5.33				

$$\hat{\sigma}_p^2 = \frac{MS_p - MS_{pr} - MS_{pi} + MS_{res}}{n_r n_i}$$

$$\hat{\sigma}_p^2 = \frac{19.20 - 2.30 - .533 + .358}{3 \times 3} = \frac{16.725}{9} = 1.858 \approx 1.86 \qquad （3\text{-}18）$$

　　表 3-3 中每一種效果的變異成分估計值的估計公式，可以摘要如表 3-4 所示，讀者只要根據此估計公式，將表 3-3 的數據一一代入，即可用手算估算出每一個效果項的變異成分估計值，再填入表 3-3 的右邊第二欄位。

　　緊接著，即是計算每一個效果項的變異成分估計值占整體變異量的比值。以受試者的效果項為例：

$$\%\text{var}_p = \frac{1.86}{1.86 + .31 + .01 + .65 + .06 + .09 + .36} = \frac{1.86}{3.34} = .559 \approx .56$$

　　讀者可以依序將每一個效果項的變異成分估計值，除以整體的變異成分估計值（即 3.34），即可用手算估算出每一個效果項占整體變異量的百分比值，再填入表 3-3 的右邊第一欄位裡。

效果項	df	SS	MS	變異成分估計值	變異數占比	
受試者（P）	4	76.80	19.20	1.86	.56	**表3-3**
評審（R）	2	14.71	7.36	.31	.09	假想資料的三因
題目（I）	2	2.18	1.09	.01	.00	子變異數分析與
受試者×評審	8	18.40	2.30	.65	.19	推論力分析結果
受試者×題目	8	4.27	.53	.06	.02	
評審×題目	4	3.16	.79	.09	.03	
殘差	16	5.73	.36	.36	.11	
整體	44	125.25		3.34	1.00	

表3-4	效果項	變異成分的估計公式
每一個效果項的變異成份估計公式	受試者（P）	$\widehat{\sigma}_p^2 = \dfrac{MS_p - MS_{pr} - MS_{pi} + MS_{res}}{n_r n_i}$
	評審（R）	$\widehat{\sigma}_r^2 = \dfrac{MS_r - MS_{pr} - MS_{ri} + MS_{res}}{n_p n_i}$
	題目（I）	$\widehat{\sigma}_i^2 = \dfrac{MS_i = MS_{pi} - MS_{ri} + MS_{res}}{n_p n_r}$
	受試者×評審	$\widehat{\sigma}_{pr}^2 = \dfrac{MS_{pr} - MS_{res}}{n_i}$
	受試者×題目	$\widehat{\sigma}_{pi}^2 = \dfrac{MS_{pi} - MS_{res}}{n_r}$
	評審×題目	$\widehat{\sigma}_{ri}^2 = \dfrac{MS_{ri} - MS_{res}}{n_p}$
	殘差	$\widehat{\sigma}_{res}^2 = MS_{res}$

註：1. $\widehat{\sigma}^2$ 為變異成份估計值。2. MS 為 ANOVA 方法中的均方（mean square, MNSQ）。3. n 為每一面向的測量水準數。

　　在計算出每一個效果項的整體變異量的占比後，接著，即可進一步計算推論力研究中的「推論力係數」。推論力係數的概念相當於古典測驗理論中的信度係數概念，但是計算公式有一點點不一樣。它的測量定義即是在偵測受試者的整體測量變異中，有多少百分比是由測量設計所造成受試者效果項的真實變異部分所影響或決定的；而受試者的整體測量變異，通常都是由隨機測量誤差及其他測量面向所造成的干擾變異部分（即「噪音」），以及測量設計所造成受試者效果項的真實變異部分（即「信號」），這兩者所組成。因此，簡單的說，推論力係數即是用來反應受試者的整體測量變異中，能被明顯偵測到的信號量有多大的意思，其測量概念與信度係數的數學定義相當。推論力係數的計算公式，可以表示如下：

$$\widehat{g}_p^2 = generdlizability\ coefficient = \frac{signal}{signal + noise} = \frac{信號}{信號 + 噪音} = 推論力係數$$

（3-19）

　　其中，「信號」的部分，在本例的兩面向推論力研究測量設計裡，即是研究者真正關心由受試者間的個別差異所顯示出來的變異成分部分（即「受試者」主要效果），它已經是涵蓋其他面向（即「評審」和「題目」）內所有測量水準的測量變異；而「噪音」的部分，即是干擾「信號」測量效果的誤差部分，在本例中，即是由三個部分所組成：第一即是「受試者×評審」的交互作用項，第二即是「受試者×題目」的交互作用項，第三即是原本的「殘差」項。上述兩個交互作用項即是把受試者的利社會行為表現可能受到評分寬嚴不一的「評審」效果的干擾，以及測量題目內容不一的「題目」效果的影響，都考量在研究者所採用的測量設計裡，這些都是影響「受試者」主要效果能否被明確偵測出來的干擾來源，因此需要與「殘差」項一起納入當作「噪音」部分的考量；至於其他的變異來源，如「評審」的主要效果、「題目」的主要效果、「評審×題目」的交互作用項效果，因為它們與估算「受試者」主要效果的變異成分無關，因此不會對「受試者」主要效果造成影響，故不會被納入當作「噪音」部分的考量。

　　所以，一一辨識出測量設計中造成各種效果項的「信號」與「噪音」來源後，我們的目標即是要估計「受試者」主要效果的推論力係數大小，其計算過程如下所示：

$$\hat{g}_p^2 = \frac{signal}{signal + noise} = \frac{\hat{\sigma}_p^2}{\hat{\sigma}_p^2 + \dfrac{\hat{\sigma}_{pr}^2}{n_r} + \dfrac{\hat{\sigma}_{pi}^2}{n_i} + \dfrac{\hat{\sigma}_{res}^2}{n_r n_i}} \qquad (3\text{-}20)$$

　　將表 3-3 中的相關數據代入公式 3-20，即可靠手算計算出「受試者」主要效果的推論力係數大小為：

$$\hat{g}_p^2 = \frac{1.86}{1.86 + \dfrac{.65}{3} + \dfrac{.06}{3} + \dfrac{.36}{3 \times 3}} = \frac{1.86}{1.86 + .28} = .869 \approx .87$$

　　根據公式 3-20 所計算出來的推論力係數值，會介於 0 與 1 之間，與古典測驗理論下的信度係數值概念相同，它反應出的意義即是：在研究者目前使用

的兩面向測量設計（即使用三名評審及三個題目）下，所獲得的係數值（.87）還滿具有心理計量學上的推論力效果的；也就是說，透過此兩面向推論力研究測量設計，該名研究者的想法是可以獲得支持的，不僅可以獲得一個品質良好的測量結果，且可以推論到不同評審與不同題目的測量面向情境下。

　　前述公式 3-20 所示的推論力係數與古典測驗理論下的信度係數相當，但不完全相同，差別在於信度係數是計算真實分數變異（相當於「信號」部分）占整體觀察分數變異（內含真實分數的變異與誤差分數的變異）的比值，其中的誤差分數變異（相當於「噪音」部分）並未再進一步細分構成誤差變異的各種不同來源。但是推論力係數公式下的「噪音」部分，卻再進一步細分成各種造成干擾信號量的變異來源，所以，可讓研究者進一步辨識出不同設計面向下，各種影響信號變異成分的「噪音」項，進而更進一步釐清與瞭解不同設計面向中各種系統性效果對測量品質的影響。

　　推論力研究的最大應用潛力，即在於評鑑擬進行大規模測量設計前的成本效益與測量品質分析，以便作為判定該採用何種測量策略才能發揮最大成本效益與獲得良好測量品質的決策參考；此即所謂的「決策研究」（decision study, D-study），即研究者可以事先嘗試估算各種不同的「評審」數及「題目」數組合下，每一種組合情境中（如：使用二名評審及二道題目，或一名評審三道題目，或五名評審五道題目）的「相對推論力係數」（relative generalizability coefficient）大小，找出相對推論力係數最大的一者組合，即可作為最後採用的決策依據。對此應用議題感興趣的讀者，可以進一步延伸閱讀 Brennan（2001）、Cronbach 等人（1972）、Shavelson & Webb（1991）等人的著作。

第四章

心理計量品質指標──效度

除了信度以外,效度是一份優良測量工具的另一大心理計量學特徵,
一份理想的測量工具(不論是測驗、量表、問卷或調查表)莫不希
望具有較高的效度係數值。因此,為了能夠編製與發展出一份理想的測
量工具,研究者必須徹底瞭解效度的概念及特色,同時也須知道如何獲
取與維護效度的方法,如此才能發展出一份具有優良特質的理想測量工
具。所以在量表發展過程中,效度的分析與探究也是必要的步驟。唯有
經過如此的分析與探究,研究者才能知道自編或現成的測量工具是否具
有應用價值。

第一節　效度的定義與種類

　　與信度的定義及理論相同,效度的理論基礎也是源自古典測驗理論
的學說,以真實分數模式為主,提出七個基本假設外,並延伸推論出十
八種結論,而成為整個理論學說的核心(余民寧,2011)。本節的重點乃
針對效度概念及其分類說明如下,以作為研究效度的學理基礎。

一、效度的數學定義

　　效度的涵義,簡單的說,即是指測量結果的有效程度,亦即是測量
工具能夠提供適切資料做成決策的程度(Thorndike, Cunningham, Thor-
ndike, & Hagen, 1991);也就是指,測量結果能夠代表它所要測量之標的
物(不論是能力或潛在特質)的程度,或測量結果能夠達到其編製該測
量工具目的的程度。因此,測量結果必然與其所要測量之目標(即能力
或潛在特質)間,具有某種程度的關係(即具有共同變異部分)存在。

　　所以，我們可以透過統計學中探討變異數分解（decomposition of variance）的原理，來協助瞭解效度與整個測量結果間的存在關係。

　　根據統計學中因素分析的假設及其對變異數分解所持的看法可知，一個測量分數的變異數可以分割成三個部分：(1)共同因素變異數（common factor variance）：即該測量與外在效標間共同分享或相關聯的變異部分（commonality）；(2)獨特變異數（specific variance）：即該測量單獨存在，不與外在效標間共同分享或相關聯的獨特變異部分（uniqueness）；(3)誤差變異數（error variance）：即無法測量得到或解釋不到能力或潛在特質所剩誤差項變異部分（error term）。它們之間的關係，可以下列的數學公式來表示：

$$S_x^2 = S_{co}^2 + S_{sp}^2 + S_e^2 \tag{4-1}$$

　　其中，S_x^2 為測量分數（即觀察分數）的總變異數，S_{co}^2 為共同因素變異數，S_{sp}^2 為獨特變異數，S_e^2 為誤差變異數。亦即，測量分數的總變異數，可以分割成共同因素變異數、獨特變異數、與誤差變異數等三部分的組合。

　　我們若將公式 4-1 的等號兩端各除以測量分數的總變異數（S_x^2），即可獲得三部分變異來源在總變異數中所占的比值，其結果可以表示如下：

$$\frac{S_x^2}{S_x^2} = \frac{S_{co}^2}{S_x^2} + \frac{S_{sp}^2}{S_x^2} + \frac{S_e^2}{S_x^2} \tag{4-2}$$

　　其中，共同因素變異數 S_{co}^2 占總變異數 S_x^2 的比值，即被定義為「效度」，並以符號 r_v 來表示；相反的，效度亦可以 1 減去獨特變異數比值和誤差變異數比值之和來表示，亦即：

$$r_v = \frac{S_{co}^2}{S_x^2} = \frac{S_x^2}{S_x^2} - \frac{S_{sp}^2}{S_x^2} - \frac{S_e^2}{S_x^2}$$

$$= 1 - \frac{S_{sp}^2}{S_x^2} - \frac{S_e^2}{S_x^2} \tag{4-3}$$

　　由此可見，效度即是指某個測量和其他測量（通常是指外在效標）所共同

分享之變異數部分占該測量分數總變異數的比值；換句話說，即是指兩個（或兩個以上）測量所共同擁有的部分。至於獨特因素的部分，即是指某測量本身所單獨具有不與其他測量所分享的部分。有關這兩個概念及其與測量分數總變異數之間的關係，讀者亦可參考「多變量分析」（multivariate analysis）等統計學教科書（如：Hair, Black, Babin, & Anderson, 2019）中有關因素分析部分的補充說明。

二、效度與信度之間的關係

由公式 4-3 所示可知，效度係數的值域也是介於 0 與 1 之間，與信度係數的涵義相同。當完全效度存在時，即表示測量分數能夠完全代表它所要測量的潛在特質，此時，測量分數內不含任何獨特的和誤差的部分；當完全沒有效度存在時，此時的測量分數只包含獨特的和誤差的部分，即表示測量分數完全無法代表所要測量的潛在特質部分。通常，這兩種極端例子都不會出現在真實的測量情境裡。常見的一般情形裡，效度係數都是介於 0 與 1 之間，並且，數值愈接近於 1，即表示愈能夠測量到它所要測量的潛在特質或能力，該測量結果愈正確；反之，數值愈接近於 0，即表示愈不能夠測量到它所要測量的潛在特質或能力，該測量結果愈不正確。當然，一份理想測量工具的效度係數應該是愈高愈好，如果能夠像信度一樣高於 .80 以上的要求（Carmines & Zeller, 1979），則顯示該測量結果更具有應用價值。

由公式 4-3 對效度的定義，以及公式 3-4 和公式 3-5 對信度的定義可知，效度和信度之間似乎存在著某種關聯性。的確是如此，效度等於信度減去獨特變異數比值後所剩下的部分，亦即：

$$
\begin{aligned}
r_v &= \frac{S_{co}^2}{S_x^2} = \frac{S_x^2}{S_x^2} - \frac{S_{sp}^2}{S_x^2} - \frac{S_e^2}{S_x^2} \\
&= \frac{S_t^2}{S_x^2} - \frac{S_{sp}^2}{S_x^2} \\
&= r_{xx'} - \frac{S_{sp}^2}{S_x^2}
\end{aligned}
\tag{4-4}
$$

由上述公式可知,信度是由共同變異數比值與獨特變異數比值所構成之和,亦即等於真實分數變異數比值;它們之間的關係可以表示如下:

$$r_{xx'} = \frac{S_t^2}{S_x^2} = \frac{S_{co}^2}{S_x^2} + \frac{S_{sp}^2}{S_x^2} \qquad (4\text{-}5)$$

即,

$$信度 =(效度)+(獨特性) \qquad (4\text{-}6)$$

由此可見,效度包含於信度之內,信度所涵蓋的範圍比效度所涵蓋的範圍還大。為了讓讀者更加印象深刻,筆者嘗試將信度與效度兩者之間的關係,以變異數分割圖解方式,補充說明前述幾個公式的內涵如下。

由圖 4-1 所示可知,共同因素變異數(即 S_{co}^2)占整體觀察分數變異數(即 S_x^2)之百分比值,即為所定義的「效度」部分;而真實分數變異數(即 S_t^2)占整體觀察分數變異數之百分比值,即為所定義的「信度」部分。因此在其他條件相等之下,一次測量的信度係數總是大於或等於其效度係數。根據相關係數萎縮的校正公式(參見公式 3-17)可以推論得知,效度係數不會大於信度係數的平方根(即信度指標):

$$r_v \le \sqrt{r_{xx'}} \qquad (4\text{-}7)$$

例如,某位研究者所自行研發量表的信度係數假設為 .81,則該量表的效度係數值絕對不會大於 .90(即 .81 的平方根)。

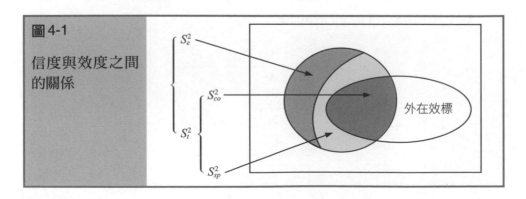

圖 4-1
信度與效度之間的關係

S_e^2

S_{co}^2

S_t^2

S_{sp}^2

外在效標

　　由公式 4-5 和公式 4-6 可知：「信度包含效度」的數學關係，因此通常可以這麼說：「信度是效度的必要條件，但非充分條件。」一次測量要具有效度之前，必須先具有信度，因為當測量分數本身都不可靠時，更不用談它的測量是否正確了。不過，有信度的測量卻未必具有效度；也就是說，有信度不能保證有效度；但是效度卻可以保證某種程度的信度。國內測驗學者簡茂發（1978）即認為信度與效度之間的關係可以合理推論為：「信度低，效度一定低，但信度高，效度不一定高；效度高，信度一定高，但效度低，信度不一定低」。郭生玉（1990）則更進一步舉例說明，認為效度需要測量分數的一致性和正確性，但信度僅需要測量分數的一致性即可。上述這些學者的說法，已為效度與信度之間的關係做了最佳的詮釋。

三、效度的種類

　　欲發展一份量表，往往需要於事前即考慮清楚它未來的用途，且及早規劃要收集並呈現何種效度證據資料。因此在建立測量的效度證據之前，就必須先考慮它是否適合其原來編製及使用的目的，再據以採用不同方法收集各種效度證據資料。根據效度的各種用途及定義，效度至少會有六種定義方式（Messick, 1995）。但是，這項建議並未受到多數學者的採用。目前通用的效度定義方式有三種，係根據美國教育研究學會（American Education Research Association, AERA）、美國心理學會（American Psychological Association, APA）和國家教育測量委員會（National Council on Measurement in Education, NCME）等三個教育專業團體所共同出版一本有關測驗編製與使用方面的規範——《教育與心理測驗標準》（*Standards for Educational and Psychological Testing*）而來，其中即規定在推論和解釋測驗分數時，量表編製者應該要提供三種不同的效度證據，它們分別是：

1. 與內容有關聯的（content-related）效度：即確定受試者的表現與測量內容的代表性樣本之間具有關聯性。例如，讓受試者接受一份語文智力量表的施測，即可得知受試者所具有的語文能力水準為何。要達成這種測量目的，該測量工具所要提供的效度證據即是「內容效度」（content validity）。

2. 與效標有關聯的（criterion-related）效度：即預測受試者未來的表現或估計受試者目前在某些效標表現上的未知狀況。例如，讓受試者接受一份考試焦慮量表的施測，即可推估受試者在未來考試情境中的可能真實反應情況。要達成這種測量目的，該測量工具所要提供的效度證據即是「效標關聯效度」（criterion-related validity）。

3. 與理論建構有關聯的（construct-related）效度：即推論受試者是否具有某種理論上特質的程度。例如，讓受試者接受一份空間推理量表的施測，即用它來推論受試者所可能具有機械性向的高低。要達成這種測量目的，該測量工具所要提供的效度證據即是「建構效度」（construct validity）。

　　上述這三種效度證據，對建構一份理想量表的品質而言，具有決定性的影響效力。因此，本章再細分成這三種效度類型，並詳加說明其內涵與建立方法如下。

第二節　內容效度

　　顧名思義，內容效度係指量表題目內容能反應出測量目標領域（content domain）的抽樣適切性（sampling adequacy）的一種指標。這項定義對發展一份教育測驗而言，是既清楚又明確的；例如，教師要給國小三年級學生實施一份英語字彙測驗，若該測驗的測量題目內容是取材自三年級學生所學習過的全部英語字彙，則我們便可以說該測驗具有測量三年級學生英語字彙能力的內容效度。一般來說，教育測驗的題目只要是取樣自所學習過的教學目標和教材內容範圍，且是根據雙向細目表（two-way specification table）來命題並具有充分的內容代表性的話，即能夠確立該測驗具有適當的內容效度。因此，教材目標與教學內容是確立教育測驗是否具有內容效度的兩個重要面向。

　　但是對於適合用來測量受試者的信念、態度、意見、價值或意向等特質的心理量表工具而言，內容效度卻是一種很容易受到所欲測量潛在變項概念的定義不同、不同施測情境及不同施測對象的影響，因此，研究者很難精確界定所欲測量的目標領域範圍有多廣，所抽樣組成的測量題目是否即具有理想的內容

效度。所以此問題很容易引發一個爭辯，那就是：測量目標領域的定義範圍該有多大？應該多編製一些量表題目好呢？還是少編製一些量表題目好呢？其實，這與信度的概念一樣，效度的概念與所欲測量的理論建構的定義方式有關。一份優良量表的測量題目內容，應該要能夠反應出該量表所欲測得理論建構的概念定義才行。在未清楚界定理論建構的概念定義之前，研究者寧可多編製一些測量題目，總比少編製一些測量題目來得好，這也是一項比較穩健的做法；理由是，一方面是它比較有機會涵蓋整個測量目標領域，二方面是即使從中抽樣局部題目來組成一份量表時，也比較有機會具有抽樣內容的代表性。因此，為了確知所擬發展的量表是否具有所欲測量目標領域的抽樣內容代表性，研究者多半會邀請一群專家來針對所編擬的題目進行專家審查工作。專家們即根據其專業判斷，紛紛針對所編擬量表是否具有測量目標領域的抽樣內容代表性表示意見，當多數專家的判斷趨於肯定且一致時，即表示該量表具有良好的內容效度證據。所以，專家評審（experts review）是確保量表具有內容效度的一項必要做法。由於這種內容效度的分析方式，係依據專家們的邏輯分析與理性判斷而來，所以又稱作「理性或邏輯效度」（rational or logical validity）。

由上述說明可知，內容效度似乎比較適合用於教育測驗（尤其是成就測驗）的情境中，但對心理測驗或量表（如：性向測驗、人格測驗、憂鬱情緒量表、感恩量表）來說，則比較不適合。在教育測驗中，尤其是效標參照測驗（criterion referenced testing, CRT），因為測驗分數是依據測驗內容及外在效標來加以解釋的，因此內容效度最能夠反應出該測驗是否可以測量到所欲測量的特質內容（余民寧，2011）。但在心理測驗或量表的使用情境中，卻不一定都是如此，它很容易和另一個效度概念產生混淆，那就是「表面效度」（face validity）。

表面效度係指量表給人的第一個印象「好像」（looks like）是在測量某種特質的指標，而不是指量表實際上可測量到什麼樣的能力或潛在特質。當表面效度被誤認為內容效度時，很容易造成濫用或誤用量表工具的情形。DeVellis（2017）即認為，光憑測量題目內容看起來像是在測量某種潛在特質的方式來判斷該量表有無內容效度的假設，是錯誤且容易造成誤判的。表面效度的存在

與否，很容易受到個人知覺的左右；例如，它有時可以激勵學生認真作答，表現出接受測驗的合作意願，因為它「看起來」像是在測量某種能力或潛在特質，因此比較容易吸引人注意；但有時候在高風險測驗情境中，該隱藏測量目的時，表面效度卻容易誤導受試者的知覺，讓受試者誤以為它「看起來」像是在測量某種能力或潛在特質，因而引發受試者的作答符合社會期許行為，而讓測量結果產生許多測量誤差。表面效度並不等於內容效度，它不可以被用來代替真正的內容效度。因此，我們千萬不要以為只要改善表面效度，即可增進內容效度。一般來說，一份具有適當內容效度的量表，通常也會具有良好的表面效度；反之，光是具有表面效度的量表，卻不一定會具有理想的內容效度。

第三節　效標關聯效度

顧名思義，效標關聯效度即是指以證實分析方法研究測量分數與外在效標之間關聯性的一種指標，又稱為「實證效度或統計效度」（empirical validity or statistical validity）。一般來說，在建立效標關聯效度時，所遭遇到最困難的事情，即是適當的外在效標（external criterion）取得不易；所謂的外在效標，即是指量表所要預測的某些行為或表現標準。通常在學校情境中，被選作外在效標的變項，一般都符合適切性、可靠性、客觀性及可用性等特徵的要求，例如：(1)學業成就；(2)特殊訓練的表現；(3)實際工作表現；(4)評定成績；和(5)現存的其他測驗分數等（Anastasi, 1988），這些都是學校情境中常使用的外在效標。此時，如果某個測量分數和外在效標之間的相關愈高，即表示其效標關聯效度愈高；反之則否。效標關聯效度愈高，則測量分數愈能有效解釋及預測外在效標行為。

隨著外在效標取得的時間不同，以及量表使用目的不同，效標關聯效度又可以細分成兩類。茲分別說明如下。

(一) 同時效度

如果測量分數與外在效標的取得約在同一時間內連續完成者，則計算出這

兩種資料之間的相關係數，即稱作「同時效度」（concurrent validity）；這種效度目的，旨在利用測量分數估計受試者個人在效標上的目前表現情形。如果同時效度適當的話，即表示該測量分數可以用來預估受試者在效標上的目前表現情形。通常在量表發展的過程中，研究者必須事先想好該同時收集哪些外在效標變項資料，並在施測結束後，即可立即算出兩者間的相關係數，以作為同時效度的證據。

(二) 預測效度

如果指測量分數與外在效標的取得之間相隔一段時間，通常都是測量分數的取得在先，而外在效標則在實施測驗一段時間之後才取得，則計算出這兩種資料之間的相關係數，即稱作「預測效度」（predictive validity）；這種效度的目的，旨在利用測量分數預測受試者個人在外在效標上的未來表現情況。如果預測效度適當的話，即表示該測量分數可以用來預測受試者未來在效標上的表現情形。通常在量表發展的過程中，研究者必須事先規劃好未來該收集哪些外在效標變項資料，以便在量表施測一段時間之後，去取得受試者個人在外在效標上的表現情況資料，再來計算這兩者間的相關係數，以便當作所擬研發量表的預測效度證據。

效標關聯效度對發展一份量表的重要性與實用性而言，遠勝於內容效度。內容效度的建立多半需要依賴專家的評審判斷，但是效標關聯效度的建立，卻完全仰賴統計上的實證分析，因此在量表發展的過程中，研究者需要針對所收集資料進行統計分析，尤其是相關係數的計算。所以，在計算和詮釋效標關聯效度概念時，一些與統計分析有關的概念與注意事項也需留意，說明如下。

1.慎選能力異質組合的受試樣本

影響效標關聯效度計算背後的數理邏輯是，測量分數與外在效標之間的相關程度或共變異程度。當研究者擬拿受試者在量表上的施測得分（當作預測變項使用）來預測外在效標時，預測效度很容易受到受試者團體分數侷限範圍（restricted range）的影響。因此，在建立預測效度時，研究者應該盡量抽取

異質性組合較高的受試者當作施測樣本，因為他們的能力分配變異程度較大，此時所獲得的相關係數或預測效度值，比較容易達到統計學上的顯著意義。

2. 慎選測量品質優良的外在效標

研究者所取得的外在效標，只有在滿足「有效又可靠」（valid and reliable）的條件情況下，所計算出來的效標關聯效度才會具有真正的意義。如果研究者選用一個測量品質的信度偏低、未知效度大小的外在效標時，則所建立的效標關聯效度將不具任何意義，甚至會萎縮該量表應用所得的相關係數。

3. 留意受試者母群體、施測情境與推論證據的不同

效標關聯效度的計算，是建立在由一個特定母群體抽取適當樣本大小，所計算出測量分數與外在效標之間的相關係數。因此當受試者母群體不相同時，即不可繼續沿用原來的量表工具，因為推論可能無效，研究者應當小心觸犯推論錯誤的可能性。一個良好的效度研究，應該提供有關交叉驗證（cross validation）的證據。交叉驗證是一種用來檢證量表未來預測另一群受試者樣本的外在效標有多正確的評量方法；換句話說，原本效度研究是用來評量量表與外在效標之間的相關，而交叉驗證則是用來檢查該相關在另一群受試者樣本上的適用性。一般來說，若原本效度研究所使用的樣本愈大，則經過交叉驗證後的效度會愈適用。

此外，在某個情境下所獲得效標關聯效度的證據，並不一定能夠推論到其他類似的情境上，因為各式各樣的情境無法在任何一次的施測中都保持相同。因此每次推論時，都需要另外找尋新證據。所謂的「推論力」（generalizability），即是指在某個情境中所獲得的發現，能夠推論或應用到其他情境裡的證據。它不是一件「判斷」的事情，而是一項「實證研究」的課題。除非我們能夠保證效度研究中所獲得的發現不是一種特殊情境下的產物，否則，當應用量表於新的情境時，我們都需要重新尋找支持適用該量表的新效度證據。另外，不同的受試者團體與不同的施測情境類似，為了確保量表工具的適當使用，研究者也應該針對不同的受試者團體，分開來建立不同的效標關聯效度，

才是量表使用上的正途。

第四節　建構效度

　　顧名思義，建構效度即是指量表能夠測量到某種理論（通常是心理學或社會學）構想或特質的程度（Anastasi, 1988）；亦即根據心理學或社會學的某種理論構想，通常它本身是觀察不到、也無法直接測量到，但卻被學術理論假設是存在的，因此研究者可利用某種測量工具（如：測驗或量表）的測量分數來分析和解釋個人或團體行為表現，以作為推論達成該理論構想目的一種證據。簡言之，探究某個變項（如：在某量表上的得分）與其他變項之間所具有的理論關係，即是建構效度所關注的焦點（Cronbach & Meehl, 1955）。

　　當今，各種方興未艾的計量方法學已經很明顯影響到量表的發展。甚至，我們可以這麼說，整個量表發展的歷程與建構效度的建立過程，幾乎是一致的，這兩者幾乎都共享一套標準化作業程序（Gronlund, 1993; Hopkins et al., 1998）。這些建置建構效度的步驟和過程，可以說明如下：

1. 先針對某種理論構想進行分析，以發展出一套評量工具和策略；亦即，先提出有關理論建構的說明，並據此設計評量用的試題。
2. 提出可以考證該理論建構是否存在的預測或假設說明。
3. 蒐集資料，從事實證分析，以驗證上述的預測或假設是否屬實；亦即，採用各種方法收集實際的資料，考驗第二步驟所提出的各種預測或假設的正確性。
4. 再收集其他輔助證據，淘汰與理論建構相反的試題或是修正理論，並重複第二和第三步驟，直到上述的各種預測或假設獲得驗證，才能說量表的建構效度已獲得支持。否則，即表示該效度有問題或是該理論建構有問題，或者兩者皆是，此時必須重複上述步驟，直到理論建構被驗證或決定放棄驗證工作為止。

　　由上述可知，建構效度的建立過程，其實即是一種教育研究的過程，它要求研究者必須先提出理論構想、形成假設、蒐集資料去驗證、反覆修正及檢討

建構過程，直到理論建構獲得令人滿意的驗證結果為止。舉例來說，假設有某個潛在變項甲，根據其過去的理論文獻評閱結果，認為它與 A 和 B 的測量變項間呈現正相關、與 C 和 D 的測量變項間呈現負相關、與 X 和 Y 的測量變項間呈現零相關；今天，我們若想重新編製一份量表用來測量該潛在變項甲，則當量表發展的分析結果亦同時滿足與 A 和 B 的測量變項間呈現正相關、與 C 和 D 的測量變項間呈現負相關、與 X 和 Y 的測量變項間呈現零相關的證據時，我們便可稱該量表具有測量潛在變項甲的建構效度。因此在近代針對測量工具的研發過程中，學者們愈來愈重視其建構效度的建立，以期獲得的理論與資料之間的適配度（goodness-of-fit between model and data）得以獲得滿意之驗證結果（Bollen, 1989; Marsh, Balla, & McDonald, 1988; Mulaik et al., 1989）。

在建構效度的建立過程中，內部一致性分析法與外在效標分析法兩者，是發展一份教育測驗工具最常被使用的策略。所以有關內容效度和效標關聯效度的建立方法和結果，都可以用來作為分析建構效度的基本證據（余民寧，2011）。但是近代計量方法學應用到量表發展上，卻是使用先進的統計分析技術。茲針對這些分析技術扼要說明如下，本書將另闢專章說明其詳情。

一、因素分析

因素分析是目前研究建構效度最常使用的實證方法之一。它的主要目的，是用來確定心理學上或社會學上的潛在特質，藉著共同因素的發現，進一步確定這些潛在特質（或因素）是由哪些有效的測量題目所構成。

因素分析的目的，是要從一堆題目中抽出少數幾個共同因素（common factors），用以代表這些題目所欲測量的共同結構；並且從中獲得每道題目和每個共同因素之間的相關係數，該相關係數即稱作「因素負荷量」，用以代表題目測量到共同因素的重要性指標。之後，再根據每道題目在所有共同因素上的因素負荷量之平方和，稱作「共同性」（communality），用以代表每道題目的變異數中被所有共同因素解釋得到的百分比值。若再用總變異數（1.00）減去共同性，即得到獨特因素（specific factor）和誤差因素（error factor）所造成的變異數。之後，再針對這些共同因素進行命名和解釋，如果它們符合事前

所提出的理論建構，此即提供驗證建構效度存在的最佳證據。

有關因素分析的詳細過程，讀者可以進一步參閱「多變量分析」的統計學教科書（如：Hair et al., 2019）。不過近年來，由於計量方法學與電腦軟硬體設備的同步發展與更新，學者們已逐漸趨向採用所謂的「驗證性因素分析」（CFA），來取代傳統的「探索性因素分析」（exploratory factor analysis, EFA）做法，以作為驗證建構效度的新方法。目前，這種驗證性因素分析方法已經成為當前「結構方程式模型」（SEM）方法學的基本模型之一，逐漸受到社會科學與行為科學界學者專家們的青睞，並且成為發展量表及驗證建構效度的標準程序方法之一。

圖 4-2 所示（余民寧等人，2008），即為驗證性因素分析方法應用到建立建構效度的例子。有關因素分析方法如何在量表發展的過程中應用，本書將在第六章再來詳細說明。對此議題感興趣的讀者，亦可參閱拙著（余民寧，2006）的導論性教科書及其範例說明。

二、多特質—多方法分析

「多特質—多方法分析」（multitrait-multimethod approach）是傳統上探究建構效度的一種理想方法，由 Campbell 與 Fiske（1959）兩位測驗學者所提出。他們認為一份測量工具要具有良好的建構效度，必須要能夠展現出高相關係數是來自測量建構（constructs）（指的即是「潛在特質」）間的影響，遠多過於來自測量方法（methods）間的影響；也就是說，它必須同時兼具下列兩種條件才行。

(一) 聚斂效度

即一份測量分數要能夠和其他測量相同理論建構或潛在特質的測量分數之間，具有較高程度的相關。例如，研究者採用自編英語字彙測驗和受試者在校的英語科學業成績之間具有高相關，這種相關即是「聚斂效度」（convergent validity）。聚斂效度即是反應出「以不同的測量方法，測量相同潛在特質結果之間的相關程度」，因此必須滿足測量相同建構間具有較高相關的條件要求，

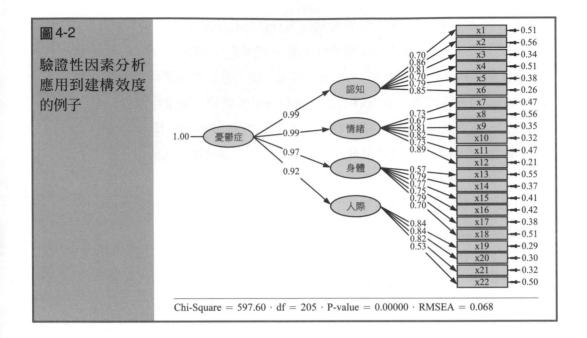

圖4-2

驗證性因素分析
應用到建構效度
的例子

Chi-Square = 597.60，df = 205，P-value = 0.00000，RMSEA = 0.068

才能確認出測量工具的效用性。

(二) 區別效度

　　即一份測量分數也要能夠和其他測量不同理論建構或潛在特質的測量分數
之間，具有較低程度的相關。例如，研究者採用自編英語字彙測驗和邏輯推理
測驗分數之間具有低相關或甚至沒有相關，這種相關即是「區別效度」（dis-
criminant validity）。區別效度即是反應出「以不同的測量方法，測量不同潛
在特質結果之間的相關程度」，或者是「以相同的測量方法，測量不相同潛在
特質結果之間的相關程度」，因此必須滿足測量不同建構的測量方法間具有較
低相關的條件要求，才能區別出測量工具的效用性。

　　使用多特質─多方法分析測量工具的建構效度，其前提是：必須要使用兩
種以上的測量方法，以及需要具備兩種以上的潛在特質等待被測量，並且這些
潛在特質必須是同一類的，但所用的測量方法必須是不相同的。例如，採用兩
種測量方法〔如：紙筆測驗方法（一）和觀察紀錄方法（二）〕，共同測量受
試者的三項學習成就（即潛在特質）〔如：識字能力（A）、口語表達能力

（B）和書寫表達能力（C）〕。經過統計分析結果，這些測量方法與潛在特質之間的相關係數矩陣，如表 4-1 所示。表中包含下列四種不同內涵的相關資料：

1. 使用相同方法測量相同成就特質：（.80，.85，.90，.75，.80，.90）
2. 使用相同方法測量不同成就特質：（.35，.25，.25，.30，.20，.15）
3. 使用不同方法測量相同成就特質：（.65，.70，.75）
4. 使用不同方法測量不同成就特質：（.25，.15，.20，.05，.05，.05）

　　如果研究者所研擬的某份量表具有良好建構效度的話，則使用相同方法測量相同特質【即上述 1.的信度係數值】與使用不同方法測量相同特質【即上述 3.的聚斂效度值】所得的相關係數值，應該會比使用相同方法測量不同特質與使用不同方法測量不同特質【即 2.和 4.】所得的相關係數值（即區別效度）還高，亦即表中數據所呈現出來的高相關係受到來自「相同特質效果」（common traits effect）的影響，而非來自「相同方法效果」（common methods effect）的影響。由表 4-1 所示資料可知，這兩種效度之間的數值確實是有明顯差異的，同時也符合理論期望的要求。因此，當研究者獲得這項研究證據時，即可支持研究者所研擬的量表具有測量某個潛在變項的建構效度。

方法		方法一			方法二			表4-1
	特質	A_1	B_1	C_1	A_2	B_2	C_2	多特質—多方法分析矩陣
方法一	A_1	(.80)						
	B_1	.35	(.85)					
	C_1	.25	.25	(.90)				
方法二	A_2	.65	.20	.05	(.75)			
	B_2	.25	.70	.05	.30	(.80)		
	C_2	.15	.05	.75	.20	.15	(.90)	

註：（ ）中的數字為信度係數，□中的數字為聚斂效度，其餘的數字為區別效度。

　　Mitchell（1979）認為，這種多特質—多方法分析矩陣的設計使用，有一點像推論力理論中的「兩個面向的推論力研究」（two-facet G-study），而以其中的「特質」和「方法」當作兩個不同的設計面向。因此，所謂的建構效度即是指在某次測量結果的變異程度中，反應出來自「測量到相同特質」部分的變異所造成的影響，而非來自「使用相同測量方法」部分的變異所造成的影響。只可惜，這種考驗建構效度的方法已經過時，在近代的結構方程式模型方法學興盛後，即被全面取代；只是受限於實際取得這種類型資料不易，新興方法尚無法受到應有的青睞與重用。讀者若對這種以多特質—多方法分析矩陣模型來驗證建構效度做法感興趣的話，筆者建議可以參閱拙著（余民寧，2006）的導論性教科書及其範例說明。

第五節　影響效度的因素及其補救措施

　　其實在量表發展的過程中，有許多因素可能會影響到量表工具的效度，其中，有些因素是比較明顯且容易控制的，有些則不然。讀者如果能明瞭這些影響效度的因素，並盡力加以避免或控制其發生，如果遇到測量效度偏低時，亦能盡力謀求改進之道或其他補救措施，則當可避免低效度所造成的各種不良影響，並且可作為編製或選用量表的取決參考。

一、影響效度的因素

(一) 量表發展過程是否得當

　　研究者在發展一份量表時，若未能遵照本書第五章所述的步驟來設計測量題目的話，就容易產生瑕疵，而影響到題目所能發揮的測量功能，因而降低量表的效度。其中，影響量表題目設計品質好壞的過程因素，至少有下列幾項：

1. 所欲測量的潛在變項定義不清，以致設計出的題目不具有測量該潛在特質的代表性；
2. 施測指導語的說明不夠清楚、明確。

3. 題目的設計未遵守編製原則。
4. 題目測量到一個以上的潛在變項。

　　這些因素都會造成量表題目的品質設計不良，直接或間接造成效度降低。因此，欲發展一份具有優良品質的量表，研究者需要恪遵本書第五章所述的題目設計原則，再輔以專家們的審慎審查後，才能編製出一份具有高品質、高效度的測量工具。

(二) 施測程序與情境是否良好

　　量表實施的程序和施測情境是否適當，對量表效度的建立也有很大影響。例如，施測指導語的說明是否清楚、作答時限是否有明確規定、施測過程中是否有太多干擾和中斷、施測座位的安排是否得當、受試者是否有猜題、作弊、不合作、不專心作答等行為，都會降低量表施測結果的效度。此外，慎選施測的時間點也很重要，如果施測時間點正逢受試者的重大節慶日子（如：生日、民俗節慶、畢業典禮、連續假日）前後、施測的物理情境不良（例如：處於照明不良、溫度偏高、不通風、周圍環境吵雜、作答桌面不平坦、欠缺電腦作答設備等環境），也都會直接或間接對效度造成不良影響。因此，量表施測前即考量清楚這些可能的干擾因素，盡量避免受到這些施測細節造成的不良影響，即可確保量表的效度。

(三) 受試者的反應心向

　　一般說來，當量表的題數十分冗長、題目題幹的問法單調貧乏、題目內容涉及個人敏感或隱私的話題，或題目內容與個人權益福祉相衝突等情境發生時，很容易引發受試者作答的「反應心向」（response set）出現，間接對測量效度產生不良的影響。反應心向是一種功能固著的作答反應傾向，係指受試者依照某種習慣對測量題目做出一致性反應傾向的作答行為或反應型態。例如：「默許」（acquaintance）（即不管測量題目內容為何，一律回答「是」或「否」的心理反應傾向）、「社會期許」（social desirability）（即指受試者朝社會所期許或文化所認可的方向作答，而不是依據自己實際情況回答的一種反

應傾向）、「好印象」（good impression）（即指受試者朝如何使主測者或測驗分數解釋者留下最大印象的一種反應傾向）等，這些都是常見的受試者反應心向。此外，還有受試者的作答風格，例如：作答時重速度或重正確性、傾向猜測或傾向放棄等反應心向，也都是影響量表效度的因素之一。因此研究者在編製量表及進行施測的過程中，宜避免引發這些常見的受試者反應心向，方能降低對量表效度的不良影響。

(四) 外在效標的測量品質好壞

如同在效標關聯效度一節裡所討論過的，測量分數與所挑選的外在效標之間的相關程度，也是影響效度的重要因素之一。外在效標如果挑選不當或其原本的測量品質就不良（如：信度偏低），則容易造成與測量分數之間絲毫沒有關係，因而降低效標關聯效度；反之，外在效標若挑選得當且測量品質優良時，則其與測量分數之間就容易具有高相關的存在，因而提高效標關聯效度。因此外在效標必須具備量表所欲測量的重要潛在特質，且本身的測量品質良好時，才能提高效標關聯效度。

其次，外在效標本身的信度（即可靠性），也是影響效度的重要因素之一。從理論上而言，測量分數與外在效標之間的最大相關（即效標關聯效度），不會高於這兩者個別信度係數之乘積值的平方根（Kaplan & Saccuzzo, 1993, p. 153）；這項關係可以表示如下：

$$r_{xy} \leq \sqrt{(r_{xx'})(r_{yy'})} \tag{4-8}$$

其中，r_{xy} 是測量分數與外在效標之間的相關係數（即效標關聯效度），$r_{xx'}$ 是該量表的信度係數，$r_{yy'}$ 是該外在效標的信度係數。

由此可見，當測量分數的信度與外在效標的信度偏低時，則效標關聯效度值也會偏低。所以當外在效標的測量品質不良時，其效度也不會好到哪裡去，因此，在建立效標關聯效度證據時，研究者應該要慎選外在效標。

(五) 受試者能力分配的變異程度

　　如同影響信度係數的因素一樣，受試者能力分配的變異程度大小，也是影響效度係數值高低的因素之一。從統計學觀點來看，在其他條件相等之下，效標關聯效度的計算係以相關係數公式來表示，其中，當變項分數的分布範圍愈大時，其相關係數值會愈高；當變項分數的分布範圍愈小時，則其相關係數值便會愈低。因此，當研究者將所研擬的量表拿給一群受試者作答時，該群受試者能力分配的變異程度大小，即會影響到相關係數大小的計算；亦即當受試者能力分配的變異程度愈大（即異質性愈高），則相關係數值便愈大，反之，當受試者能力分配的變異程度愈小（即同質性愈高），則相關係數值便愈低。這就是為什麼根據研究生受試樣本所求得的學業性向分數與學業成績之間的相關很低的原因，因為研究生受試樣本是一個同質性很高的樣本（即侷限樣本），其能力分配的變異程度較小的緣故。所以根據上述對相關係數計算特性的說明可知，量表發展若要獲得一個理想的效度係數，最好則是採用一個未經選擇過的團體受試樣本來接受施測，才會獲得一個比較具有推論代表性的效度係數值。

二、效度偏低時的補救措施

　　當研究者發現自編或現成量表工具的效度偏低時，此即表示該工具不太能夠正確測量或預測潛在變項的特質。因此當研究者遇到效度偏低時，該如何謀求補救以及學習勇敢面對，是問題解決的有效途徑之一。

(一) 放棄不用或重新編擬題目

　　通常，研究者若能遵守量表編製的題目設計原則來進行編製量表的話，欲獲得一份具有理想內容效度的工具，應該是不難的。但是當經過施測後的實證分析，若仍發現有若干題目的內容效度係數偏低時，最簡便的做法即是將其刪除；如果此類不良題目太多時，甚至要放棄整份量表不用。

　　然而，刪除一些不良題目，卻可能帶來降低量表信度的危險，因此權宜之

計還是進行局部修改。針對若干內容效度係數偏低的題目，進行整題題目內容的重新編擬工作，修改之後，再請學者專家進行審查後，能夠滿足內容效度的合理判斷者，方得予以保留下來，作為優良量表題目之用。

若是進行效標關聯效度及建構效度的分析，發現有若干題目的這類效度係數偏低時，此時便應該檢討：(1)是否所選取的外在效標不當；(2)是否理論建構不完整或錯誤。如果是的話，則逕行選取適當的外在效標或是修改理論建構；若不是的話，則問題可能即是出在題目的內容品質上，此時請參考本書第五章的建議步驟，再針對題目內容進行局部修改或重新編擬的工作。

(二) 進行相關係數的萎縮校正

由於效度係數也是使用相關係數來表示，因此它也會面臨與信度係數一樣的問題，即效度係數也會被不可靠的測量分數（即內含較大測量誤差的部分）給萎縮，因而造成效度係數降低的情形發生。因此當遇到低效度的測量時，應該進行相關係數萎縮的校正，以還原被萎縮的效度部分。

由公式 3-17 推論可知，若研究者採用的量表信度及外在效標的信度都很高時，計算而得的效度係數值也會比較精確，即使進行相關係數萎縮校正後，所增加的效度係數值部分也是很有限；但是當研究者採用的量表信度及外在效標的信度都很低時，則經過相關係數萎縮校正後，則所增加的效度係數值部分將會非常可觀。因此，當研究者採用的量表及外在效標都具有較高的測量誤差時，最好進行相關係數萎縮校正，以還原部分被萎縮的效度係數值。

有鑑於此，筆者針對效度偏低時提出一個建議：「對於效度偏低的量表最好不要使用，若不慎使用了，則務必要進行相關係數的萎縮校正，才能獲取接近真實測量的效度係數值。」

第五章

量表編製的步驟

關於如何編製與發展一份量表工具，市面上已出版許多中英文專業書籍可供參考。例如，在一般中文的教育學或心理學研究法教科書（如：王文科、王智弘，2014；郭生玉，2012）裡，總會有一個章節是專門在談論有關工具的選用或編製的問題；即使是外文書籍，談論如何編製與發展一份量表工具的專書，更是多如牛毛，甚至有經典作品被翻譯成中文版本（如：魏勇剛、龍長權、宋武譯，2010）。這些專書所談論編製量表的步驟與方法，大致上而言，其內容均大同小異；只是隨著新一代測驗理論——試題反應理論（IRT）——的誕生與發展應用，現在在發展一份量表工具的技術分析面，已新增一些新的策略做法，但在編製內容方面，則仍是沿用傳統的方法與步驟。這即是本章所要討論的重點所在。

本章的目的，即是在說明如何「從無到有」的編製一份可供測量使用的量表工具，至於其分析與發展策略，則留待後續章節繼續說明。研究者若想「從無到有」編製與發展出一份量表工具，筆者根據多年的研究經驗與心得，參考諸多國外文獻及專書的記載（DeVellis, 2017; Furr, 2011; Haladyna, 2004; Osterlind, 1998），歸納整理出下列幾個必須遵守的步驟，即可達成編製的目的。

第一節　步驟一：釐清目標

步驟一即是「清楚確定你要測量的是什麼？」

從研究方法學的角度來看，確立研究問題是什麼，即已完成一半的研究了。有時候，對研究者而言，最痛苦的事是「不知道要研究什麼」、

「不知道研究問題為何」、「不知道從何處開始」。然而，研究問題的決定往往是研究者自己的責任，別人無法幫得上忙，但有一些策略與方法確實可以提供參考。

同樣的，研究者不知道要測量什麼？有什麼量表工具可用？該如何進行測量？等問題，是僅次於「研究問題」的第二困擾的事。此時，本步驟的用意，即是要你優先清楚確定「你要測量的是什麼」此一問題，亦即先「釐清目標」。測量目標釐清了，研究問題也就解決一半了！

為了釐清你的測量目標，你可以參考下列方法與策略的建議。

一、參考過去的相關學術理論

整個社會科學與行為科學領域，大致可以分成幾個大類，如：教育學、心理學、社會學、經濟學、政治學、法律學、哲學等。因此就你所關注研究的問題，一定是落在其中某一個大類裡；如果你的研究問題是「跨領域」（interdisciplinary）問題，那麼就看是跨哪幾個領域，該等領域即都是你的參考研究範圍。

例如，假設你想瞭解「自我效能」（self-efficacy）的測量問題。這個問題在教育學與心理學裡，均有相當多的學者在討論與研究，因此它是屬於跨領域的問題。你即可利用當前網路上超強的搜尋引擎（如：Google、Yahoo）等工具，將此關鍵詞（keywords）──即「自我效能或 self-efficacy」鍵入，即可搜尋到大量的資訊，你再逐一細部的篩選你要的參考資訊，即可獲得你想要的相關學術理論資訊（包括：是誰提出的理論、理論內容為何、中英文譯名、哪些重要的文獻、有無哪些可用的測量工具等），再進行下一步驟的研究。

如果你的問題是獨創的、嶄新的、前瞻性的，還沒有人研究過的話，那麼，至少你要先決定好大概的測量名稱、方向或問題為何，甚至大膽的提出一套概念架構來？例如，假設你想研究「對蟑螂產生害怕」的測量問題。那麼你可能需要先檢索有關「蟑螂」（cockroach）與「害怕」（fear, scare）這兩個有關的關鍵詞才行。從檢索文獻中，你可以大致獲得這個測量問題屬於何種學術領域等資訊，再縮小範圍去檢索進一步你所閱讀到的文獻資料，以找出你所

要的相關資訊，作為你編製量表的起點。

再一次提醒，檢索文獻時，要記得針對中英文文獻一起檢索，以免獲得不夠充分的資訊而做出錯誤的判斷；另者，亦可避免將外文名稱翻譯成錯誤的中文譯名。此外，理論（theory）有助於研究者釐清對所欲測量問題的概念，請不要吝嗇針對相關理論進行大量的閱讀。

二、精確敘說所欲測量內涵的界定範圍

在當前的社會科學與行為科學研究裡，研究者所擬編製與發展的量表，都是涉及到某一個「潛在變項」的測量問題。因此，研究者必須先釐清到底想測量的是什麼？你所擬測量的潛在變項（它又可稱作「構念」、「建構」、「因素」、或「向度」等同義詞），因為它具有看不見的、抽象的、模稜兩可的、模糊含混的、無法直接測量等特性，所以，更需要仰賴研究者對它進行「操作型定義」（operational definition），才能精確描述它的定義及其涵蓋的範圍為何。所謂的操作型定義，即是使用看得見的（observable）、測量到的（measureable）、可量化的（quantitative）精確術語，來清楚描述某個抽象概念（即所欲測量的潛在變項）的意義及內涵的方法。這種定義方法，在一般的研究法教科書中均有論及。

由於研究者所關注的潛在變項是看不見的，所以需要有一個代理人（proxy, agency）作為替代或代表，它即是看得見、測量得到且可以量化表示的「觀察變項」或「測量變項」〔也可以稱作「指標」或「預測變項」〕。也就是說，研究者關心的是潛在變項的真實測量結果（即真實分數部分），但因為它無法被直接測量到，因此需要透過扮演代理角色的測量變項的間接測量（即觀察分數部分），我們才能獲得一個帶有誤差分數在內的觀察分數或觀察值。所以，觀察分數包含著真實分數和誤差分數兩者，它雖然不是一個精確值，但卻是可以測量到、觀察到、量化出大小的數值。在社會科學與行為科學的研究裡，即是在嘗試運用各種計量分析方法，探索其中的真實分數到底為何，以便回答研究者所關注的問題焦點。

因此，研究者需要先釐清觀察變項與其所代理的潛在變項之間的關係為

何，無論是「形成性關係」（formative relationship）（如：特殊組合變項的架構）或「反應性關係」（reflective relationship）（如：一般因素測量的架構），都是一件相當重要的工作。通常在量表的編製與發展過程中，多半的情況是「反應性關係」，亦即潛在變項是反應測量變項的「因」，而測量變項是代表潛在變項的「果」；而在量表編製與發展完成之後，在實務情境的應用上，則可能出現「形成性關係」，亦即測量變項被用來形成或組合成某個特別涵義的潛在變項，或是數個潛在變項被用來組合成某個具有特殊理論涵義的潛在變項；此時，該等測量變項或潛在變項是扮演「因」變項的角色，而被組合成的潛在變項是扮演「果」變項的角色。

此外，潛在變項概念的釐清，也可能因為測量對象的母群體（如：兒童、青少年、成人或老人）、測量內容領域（如：一般性的或特殊性的），以及測量情境（如：專門用來測量特殊條件下的人物或環境問題）的不同而異。最終，這些因素都有助於釐清所欲發展的測量工具與使用現成的其他工具之間有何不同。

三、清楚區辨與其他測量建構之間的不同

研究者所欲研發的測量工具，可能與現成的測量工具之間，具有相異性和相似性的特質。相異性即是用來區辨所擬編製量表與其他現成量表之間的差別變異之處或特殊性（specificity）所在，這即是本書第四章所談論的「區別效度」一詞所著墨之處；也就是說，一份優良的測量工具，一定要能區別出在不同測量對象、不同測量內容領域、不同測量情境下，發揮該測量工具固有的特殊性，才能彰顯出該工具的特殊用途。至於相似性，則是用來指稱所擬編製量表與其他現成量表之間的共享變異之處或普遍性（generality）所在，這也是本書第四章所談論的「效標關聯效度」及「聚斂效度」一詞所要討論的概念所在；也就是說，一份優良的測量工具也要能夠與測量到相同潛在特質的其他相關工具之間，具有較高的關聯性或相關性，如此才能彰顯出該工具亦具有理想的測量特質。當研究者能夠釐清不同工具之間的特殊性和普遍性時，將有助於編製出一份品質優良的測量工具。

第二節　步驟二：編擬試題

　　步驟二即是「**大量編擬題目**」。

　　一般來說，有兩種編製量表的思維可供參考，一為先建立題庫（item pool），再從題庫中抽題組卷；另一則為僅針對單次目的需求，而設計專用的題目。前者思維，較適合應用在教育（成就）測驗工具的發展任務上，如：過去的國中基測考試、現在的國中會考、教師資格檢定測驗、托福測驗、GRE測驗等都是，考試主辦單位往往是一個常設機構，可以長期、大量的設計題目，組成一個題庫，未來適逢有考試需求時，再臨時任務編組，組成一個考試委員會，從題庫中抽題組卷，以應付該次考試的作業需求；而後者思維，則較適合應用在心理測驗工具的發展任務上，如：人格測驗、態度測量、民意調查、以及各種用來測量某種心理特質的心理量表等都是，工具的發展者都是針對需求特別去編擬或設計題目的，以企圖用來測量某個感興趣研究的潛在變項（或潛在特質）。由於本書的目的，是放在討論如何開發與設計這種專門用來測量研究所感興趣的潛在變項的測量工具，因此關於前者思維及其做法，就請讀者參考筆者的另一本著作（余民寧，2011）的說明。底下所述，即放在說明後者思維及其做法上。

　　經過步驟一釐清了測量目標之後，緊接著即可參考下列的方法與策略，開始大量產生或編擬這種心理測量工具的題目。

一、可以大量撰寫量表題目的方法

　　目前，可於短時間內用來大量產製或設計出題目的方法，至少有下列兩種做法最受歡迎：(1)腦力激盪法（brain storming）；(2)概念構圖法（concept mapping）。

　　首先，腦力激盪法（Osborn, 1948, 1957）是創意思考過程中，最常被提及與應用的方法，它是一種為了激發創造力、強化思考力而設計出來的一種方法。在實務運作上，欲應用本方法時，它可以由一個人或一組人進行，參與者圍在一起，隨意將頭腦中和研討主題有關的見解提出來，甚至自由聯想以延伸

出更多想法，然後將大家的見解再重新分類整理。在整個過程中，無論提出的意見和見解多麼可笑、荒謬，其他人都不得打斷和批評，以便從中產生更多的新觀點、問題解決方法，或許多不同的題目內容。

　　其次，概念構圖法是由 Novak 與 Gowin（1984）所提出，原先是用來探索「學習如何學習」（learning how to learn）的教學與學習問題，但後來被Tro-chim（1985, 1989; Trochim & Linton, 1986）應用到方案計畫與評估（program planning and evaluation）的實務問題解決上，是一種能將眾多想法、創意觀點、預感及其表徵方式，予以系統化、結構化形成具體概念的改良式腦力激盪法，又稱作「結構化概念形成法」（structured conceptualization）。在實務運作上，欲應用本方法時，可透過六個步驟：(1)準備（含：招募異質性組合的參與者 10～15 人）；(2)陳述觀點（含：以腦力激盪法大量產生不同的觀點）；(3)觀點結構化（含：觀點的歸類及資料登錄、觀點的價值評估）；(4)觀點的表徵〔含：進行價值評估點及圖的平均值計算、多元度量法分析（mul-tidimensional scaling）及階層性集群分析（hierarchical cluster analysis）〕；(5)概念圖的詮釋；(6)概念圖的應用等，將大量產出的題目內容，聚斂在一個結構化的概念圖中，並以一個視覺化呈現的概念圖，提供給量表發展者參考，以作為量表題目編製的初稿。對此方法的應用感興趣的讀者，可進一步參閱筆者另一本著作（余民寧，1997）中第七章第三節，有比較詳細的介紹與舉例說明。

二、重複性問題

　　從第三章談論信度係數（尤其是斯布校正公式）的概念可知，當其他條件相同時，題數愈多的量表（即量表長度愈長），其信度係數值愈高。這種現象，即是所謂題目設計的「重複性問題」（redundancy）。由此可見，為了提高量表的信度，量表發展者可以針對既有的題目，延伸或重複設計出一些「題意相同，但表達方式不同」的新增題目〔這些題目即稱作既有題目的「複本題」（parallel-form item or alternative item）〕；當量表中新增的複本題愈多，則該量表的信度係數值便可提高。但是若量表發展者只是盲目增加許多題目

（例如：只修改題目內容的文法表達、精進修辭的使用、增加其他無關的事項），而這些新增題目與量表中既有題目之間是無關聯的，則如此的新增試題，並無法保證一定會提高量表的信度，甚至有時候反而會拉低量表的信度係數值。所以根據信度係數的斯布校正公式觀點來看，欲提高量表的信度，最正確的做法應該是新增許多與既有題目測量概念相似的複本題，這些新增的複本題都是測量到相同潛在變項或潛在特質概念的題目；在此條件下，當量表內的題數愈多，量表的信度才會愈高。

三、試題數量

在編擬試題的階段裡，原則上，所擬設計的題目數是愈多愈好。從古典測驗理論觀點來看，量表的題數愈多，愈能獲得良好的內部一致性信度係數值；但從試題反應理論觀點來看，量表的題數愈多，也愈有可能編製出涵蓋所有能力測量範圍的題數。雖然 DeVellis（2017）建議在編擬量表的初稿上，題目數最好是最後定稿版的三或四倍以上，不過考量其他因素的干擾存在（如：題意不清、題目內容是否有關聯、題目間的相似性等問題），至少也要保持比最後定稿版的題數量多一半以上。但筆者認為，一份量表應該具有多少題目才屬適當，不能單看量表本身的題目數量多寡來決定，也要同時考量未來施測時的可能受試樣本數的多寡而定。因此，最保守的建議是最後定稿的量表題數，筆者建議應該參考多變量統計學（Hair et al., 2019, p. 275）對施測樣本的要求，那就是至少要滿足 $N > 5P$ 的基本要求，最理想的要求水準是 15P 到 20P 以上，其中的 N 為受試者人數，P 為最後定稿的量表題目數；亦即，樣本數至少是題目數的五倍以上，或者，題目數至少是樣本數的 1/5，這是對樣本數的最低下限要求。

四、優良試題的特徵

量表題目內容的敘述方式，會決定一份量表品質的好壞。一道優良試題內容的撰寫，應該遵守簡短、語意清晰、表達明確、措辭不含糊等原則。一道具有優良試題特徵的題目，其內容的撰寫方式，應該只強調描述一個概念、一件

事或一個問題，避免在敘述句中使用「且／和／或頓號、」等字眼、避免使用較長的語句、更不要使用罕用字及專門術語、並且也要避免使用雙（及多）重否定句等設計，這些表達方式皆為不良試題的特徵。例如，2018 年底的臺灣地方縣市長選舉綁公投投票裡，其中有兩題公投題目的內容為「您是否同意，以『性別平等教育法』明定在國民教育各階段內實施性別平等教育，且內容應涵蓋情感教育、性教育、同志教育等課程？」及「你是否同意在國民教育階段內（國中及國小），教育部及各級學校不應對學生實施性別平等教育法施行細則所定之同志教育？」這兩題題目內容的敘述方式，即違反上述優良試題特徵的撰寫原則，它們所描述的內容不僅超過一個概念、語句冗長、使用專門術語、使用雙重否定句等，實為不良試題撰寫的例子。難怪在公投後，網路上有網民嘲諷中選會以後應該公投「你是否不同意未來公投案不應不使用不能讓民眾不理解的多重否定句？」且投票意見選項有「同意、不同意、不不同意、不不不同意」等選擇！

五、正向（與反向）表述的題目

　　一般來說，大多數量表題目內容的表述，都是以正向表述題目（positively worded items）為主，負向表述題目（negatively worded items）為輔。理由是，大多數受試者的教育訓練及思考方式都是以正向表述方式來學習的，因此，題目內容的設計若是使用正向表述的話，也比較符合一般受試者的閱讀和認知習慣。但為了避免受試者在某些施測情境下，產生盲目一致性的默許（acquiescence）、肯定（affirmation）與同意（agreement）等作答偏差（response bias）行為，在量表設計中安排幾道題目採用負向表述的方式來呈現，確實可以減少受試者不仔細閱讀題目、不合作、一致性默許的作答偏差行為出現，進而降低施測的測量誤差。當量表中設計幾道負向表述的題目時，若受試者對正向表述題目表達出「非常同意」、「非常贊成」、「總是如此」等選擇意見或態度的話，那麼他在負向表述題目上即應選擇「非常不同意」、「非常不贊成」、「從不如此」等意見或態度，如此才能彰顯出他是一位行為表現一致、值得信賴、作答有效的受試者。所以負向表述題目可以用來偵測受試者的整體

作答行為是否有效、有無作弊、作答態度是否合作等不尋常作答反應組型（un-usual response patterns）行為。在未來量表的計分上，這些負向表述題目的得分計算，通常需要進行「反向計分」（negative scoring），才能反應出得分愈高即代表某測量的潛在變項特質愈高的結果；亦即，如果正向表述題目的計分是選擇「非常不同意」計 1 分、選擇「不同意」計 2 分、選擇「同意」計 3分、選擇「非常同意」計 4 分的話，那麼負向表述題目的計分便是反過來，選擇「非常不同意」計 4 分、選擇「不同意」計 3 分、選擇「同意」計 2 分、選擇「非常同意」計 1 分。反向計分題的設計，在量表發展過程中，常是必要的手段與做法，以提高題目的測量效度。

第三節　步驟三：量尺格式

步驟三即是「**決定擬使用的量尺格式**」。

在大量撰寫測量題目內容的同時，量表編製者亦需考量將來擬使用何種測量題目的格式（format）及作答反應的選項（options）。這種測量題目格式及作答反應選項的採用，會與研究者所擬使用的測量模型、測量理論、實務需求、實施測量的方便性有關，有時還需顧及擬提供給受試者挑選作答的選項數有多少、受試者能否有效辨識語意的能力，以及題目內容的措辭與擺放的位置等因素，綜合考量這些因素後，才能判斷採用其中最適合的一種格式。

目前，社會科學領域中最常見的測量題目格式及作答反應選項設計方式，有下列幾種：

一、李克特氏量尺

這種量尺設計的適用對象，最適合用來蒐集有關受試者的意見、信念、看法、感受、態度等調查性研究資料；坊間常見的「問卷調查」（questionnaire survey），多半都是使用這種量尺設計。這種格式的量尺，也是本書所要特別強調和重視的一種。

在李克特氏量尺裡，測量題目的設計格式，通常是由一個陳述語句〔被稱

作「題幹」（stem）〕及一組作答反應選項（options）所構成。其中，這個陳述語句的措辭是否精簡明確，當然是一個關鍵要素，但是決定這些作答反應的選項數目是奇數（odd）或偶數（even），卻需視研究者所關心的研究對象和研究目的而定。只不過近年來，學者們傾向使用偶數選項數的設計，因為它可以強迫受試者明確表態，做出一個明確的選擇（無論是同意或不同意），而不是讓研究者獲得一個不願表態的中間值（即未表達意向）選擇結果。另外，李克特氏量尺對這些作答反應選項的設計，有一個條件限制，那就是這些選項間的差距必須是相等間距（equal interval）的；亦即任何兩個相遴選項間的差距，應該都與其他相遴選項間的差距是保持相同的。常被使用的作答反應選項數為四項或六項，例如：非常不同意、不同意、同意、非常同意（四點量尺），或強烈不同意、中度不同意、有些不同意、有些同意、中度同意、強烈同意（六點量尺）。筆者認為使用四點量尺比使用六點以上的量尺來得簡潔有力，因為人類的大腦是無法那麼精準去區辨這麼多不同等第（如：六點量尺、八點量尺、十點量尺）之間的差異的，但是卻可以明確表明自己的喜好或態度，然後再進一步去區分喜好或態度的高低或強弱程度（如此一來，剛好是四點量尺所適用的情境）。

姑且不論到底是使用奇數點量尺好？還是使用偶數點量尺好？最重要的是，測量題目的題幹敘述方式（陳述的語句是否強烈、語意是否表達明確、陳述內容所涵蓋的範圍等），是否能夠造成所有作答反應選項都有很多受試者去選擇它，以產生最大的變異性（variability）。當每個作答反應選項都有很多受試者選擇時，此時題目得分的變異量將會達到最大，有益於獲得一個較高的量尺信度係數值；相對於僅有某一極端選項有人選而另一個極端選項沒人選時，此時題目得分的變異量會變小，因此也會讓量尺的信度係數值偏低。所以量表編製者在設計測量題目時，一定要確切思考過一個問題：即每一個作答反應選項是否都能吸引到一些受試者去選擇它？若否的話，即表示該題目的題幹敘述方式有問題，它將使得該題目的作答反應變異量趨小，這將會造成該量尺信度係數值呈現偏低的結果。

典型的李克特氏量尺例子，可以舉例說明如下：

　　A.運動是提升幸福感的一個重要因素。

(1)	(2)	(3)	(4)
非常不同意	不同意	同意	非常同意

　　B.打擊毒品氾濫是國家應該優先處理的第一要務。

(1)	(2)	(3)	(4)
非常不同意	不同意	同意	非常同意

二、語意差別量尺（semantic differential scale）

　　這種量尺的設計適用對象，也是適合用來蒐集有關受試者的態度性研究資料。研究者根據所要測量研究問題的邏輯性，設計一組配對出現的形容詞，該形容詞通常代表著一個連續體的相反兩個極端，然後由受試者自評或由他人代評該受試者具有的特質位於該形容詞所描述的兩極端中的何種位置。例如，假設我們擬發展一個用來測量政治人物是否「誠實」的量表，我們所擬訂的語意差別量尺的形容詞題目，可以設計如下：

政治人物是否「誠實」量表

1.誠實	＿＿＿＿＿＿＿＿＿＿＿＿＿＿＿＿	不誠實
2.公正	＿＿＿＿＿＿＿＿＿＿＿＿＿＿＿＿	不公正
3.值得信賴	＿＿＿＿＿＿＿＿＿＿＿＿＿＿	不值得信賴
4.真誠	＿＿＿＿＿＿＿＿＿＿＿＿＿＿＿＿	虛假
5.友好	＿＿＿＿＿＿＿＿＿＿＿＿＿＿＿＿	敵意

　　如上所述，每一道標線代表由形容詞所定義的連續強度光譜中的一個特定強度，因此透過自評或他評，即可將受試者本身或被評定者本身的特質，在此一標線上標定出其所處位置。這種測量題目的量化處理方式很簡單，只要確定該標線的兩極端分數及欲分成幾個段落來計分，即可採與李克特氏量尺相同的處理方式，用受試者或被評定者所在位置的分數來當作他的測量值，然後再進行後續的統計分析。

三、視覺類比量尺（visual analog scale）

這種量尺的設計適用對象，最適合用來蒐集有關受試者的觀點、體驗、信念，或其他具有連續變項測量屬性標的物等資料。茲以疼痛的測量為例，視覺類比量尺的題目範例可以舉例如下：

一點都不痛 ＿＿＿＿＿＿＿＿＿＿＿＿ 我經歷過的最嚴重疼痛

由此看來，這種設計方式很類似於語意差別量尺，但是由於這種視覺類比量尺適用於測量連續變項屬性的資料，常見於只應用單一題目的測量情境，而且常會遭遇幾個測量困擾問題，例如：受試者對兩極端形容詞所描述程度的感受和理解很主觀、測量標的物（本例即為疼痛）含有多向度的測量特性（如：頻率、程度、持續性等）、無法檢驗測量題目間的一致性信度係數等問題。因此，在量化測量結果的實務應用上，這種設計僅適用於具有前後測實驗設計的測量情境，以期能夠敏銳的反應出前後測間些微差異變化的實驗結果，在其他的測量情境下反而少見。

四、葛曼量尺（Guttman scale）

這種量尺的設計適用對象，最適合用來蒐集有關受試者具有明確的客觀資訊或具有明確邏輯判斷結果的測量議題，假設所擬測量的標的物屬性為具有累積性連續變項特質的資料。它的構造係由一連串涉及某個逐次升高特質水平的不同題目所組成，換句話說，擬使用這種量尺設計的研究者，必須針對某個擬測量的目標特質，先設計出一連串逐次加深描述該特質水平的不同題目，當受試者在某個特定題目上做出反應時，即表示他都認同在這題之前所有題目描述的內容，都具有在這題之前所累積該項特質的程度。葛曼量尺的題目範例可以舉例如下：

1.你抽菸嗎？　　　　　　　□是　　□否
2.你每天抽菸超過十支嗎？　□是　　□否
3.你每天抽菸超過一包嗎？　□是　　□否

4.你每天抽菸超過三包嗎？　　　□是　　　□否

5.你每天抽菸超過五包嗎？　　　□是　　　□否

　　因此，受試者在該所欲測量的特質程度為何，即可藉由他在最高一個題目所做出贊同或反對的反應來確定。由此可見，葛曼量尺非常適合作為測量具有連續性潛在特質的工具。由於傳統葛曼量尺的題目設計方式，已經違反試題反應理論的試題獨立性假設，而逐漸遭到唾棄，但是它對受試者潛在特質的測量卻假設它具有連續性遞增的特質，卻是十分符合當代試題反應理論的核心建構。至今，葛曼量尺的題目設計方式已經非常罕見，但它對受試者潛在特質測量的假設，卻被試題反應理論納入成為核心理論之一，而被許多軟體程式納入作為解釋圖形表徵的報表數據之一。

　　總之，測量題目的格式、作答反應的選項、施測指導語等，無論是採用何種設計，都應該反應出研究者所欲測量潛在變項的本質，以及達成發展該量表的使用目的。

第四節　步驟四：審查試題

　　步驟四即是「**專家評審初稿題目**」。

　　經過前面三個步驟之後，為了審慎起見，接下來，量表發展者可邀請一批對量表發展有經驗且學有專精的學者或專家（三至五名即可），進來一起評審所編擬設計的每一道測量題目，以增進所擬發展量表的內容效度。

　　評審每一道測量題目的重點有兩方面：一為「內容審查」（content check），另一為「形式審查」（format check）。所謂的「內容審查」，即是審查所編擬的測量題目是否都能測量到所欲測量的目標。量表發展者可邀請每一位專家逐一評審每一道測量題目的內容，以判斷每一道題目是否都能測量到所欲測量的目標（即某個潛在變項特質）或所定義的測量內容；他們可以根據本身的專業判斷，分別表示每一道題目是否達到「高、中、低」符合評量目標的程度，並提醒是否有忽略了某些重要的測量題目內容未包括，某些測量題目

內容的表達不理想,而需要進一步修改、增加或刪除題目等建議。所謂的「形式審查」,即是審查所編擬的測量題目,外表看起來是否都能符合量表編擬的原則。這些專家們可提供每一道題目看起來是否都能清楚表達題意、有無措辭不當、遣詞用字是否艱澀難懂、是否測量到一個以上的概念或目標對象、是否使用否定句或雙重否定句,以及如何修改文字及措辭表達等意見。

接著,量表發展者可以參考這些專家們所提出的建議,再根據本身的專業判斷及目標考量後,做出加以修改、增加、刪減題目或維持不變等舉動,而不是盲目的將所有建議事項照單全收。畢竟,發展出最後定稿版本的量表是量表發展者本身的責任,而不是這些外聘專家的責任。如此一來,經過專家審慎評估及參考修正題目內容後,所編擬的量表多半可以達到擴增所欲測量目標的內容效度。

第五節　步驟五:特殊設計

步驟五即是「考量加入可以提升效度的題目」。

有時候,在常見的人格測驗、態度測量或民意調查的測量情境中,受試者的作答行為條件(如:作答時意識是否清醒、作答態度是否願意合作、作答動機的強弱等)、測量題目表述的內容(如:有無正負向題的設計、題數的多寡等)、測量的背景情境(如:測量時是否適逢假日、受試者的生日或特殊紀念日等)、與量尺的格式(如:步驟三所列舉的各種量尺格式)等因素,彼此間產生交互作用後,會促使受試者的作答行為產生系統性的作答偏差;常見的作答偏差,如:默許偏差(acquiescence bias)、極端作答偏差(extremity bias)、社會期許偏差(social desirability bias)、詐病偏差(malingering bias)、不用心或隨機作答偏差(careless or random responding bias)、猜題偏差(guessing bias)等都是,它們是威脅一份量表發展能否具有良好心理計量特質的危險因子,也是量表發展者企圖要去避免或排除的干擾因素(Furr, 2011)。

因此在量表發展過程中,為了能夠避免或排除上述這些作答偏差的干擾,

量表發展者可以採用短題本的「社會期許量表」（Social Desirability Scale）（Strahan & Gerbasi, 1972）或「明尼蘇達多向度人格測驗」（Minnesota Multiphasic Personality Inventory）（Hathaway & McKinley, 1967）中的子量表「說謊量表」（Lie Scale），一起加入所設計的量表題目中。當受試者在這個外加的「社會期許量表」或「說謊量表」上的得分，與他在所發展量表上的任一題目得分之間具有顯著相關時，即表示該量表題目需要被隔離或刪除，因為該量表題目所測得的受試者作答行為是因循社會期望或說謊所產生的，並非真實反應出該量表題目所欲測量受試者的真實行為。

此外，如同步驟二「編擬試題」第五點所述，在量表發展過程中使用「反向計分題」的設計，也是一種可以提升量表測量效度的做法。

第六節　步驟六：抽樣施測

步驟六即是「**進行大樣本施測**」。

在古典測驗理論盛行的時代，量表發展者針對剛發展出來的量表初稿，通常都會進行所謂的「預試」（pilot study），以確認發展中的量表是否確實朝著理想的方向邁進，而無須冒著嘗試錯誤的風險，以減少量表發展所需龐大資源（包括：人力、物力、時間、成本等）的浪費。但隨著試題反應理論的誕生與應用，由於有完備的方法學與堅實的測量理論支持，現在欲發展一份量表的做法，已不再需要分成兩階段進行的策略——即先「預試」，再「正式施測」。反而是將這兩階段做法合一，但維持使用大樣本（large sample size）施測的基本要求（Hambleton, 1983, 1989; Hambleton & Swaminathan, 1985; Hambleton, Swaminathan, & Rogers, 1991; Hambleton & Zaal, 1991）。

樣本需要多大才算大？這個問題一直常被初學者提出詢問。根據試題反應理論的說法，擬進行試題分析時，若所使用的試題作答反應模型參數愈多，則所需的施測樣本數即需愈大；通常若使用二、三參數模型時，約需樣本數大於 1,000 以上（即 $N > 1,000$），若是一參數模型（即 Rasch 模型）的話，至少也需要樣本數大於 250 以上（Hambleton, 1983; Hambleton & Swaminathan,

1985）。

　　即使是在古典測驗理論的支持下，為了獲得一個具有信度及效度的量表，施測樣本數至少維持在 300 人以上，也是一個適當、合理的建議人數（Nunnally, 1978）。由於在古典測驗理論下，量表如欲獲得良好的心理計量特質——即具有較高的信度與效度係數值，雖然這些指標都屬於樣本依賴的指標；此時使用大樣本來施測，遠比使用小樣本來施測，更容易確保這些指標獲致較高且顯著的估計數值。因為量表發展者在針對母群進行樣本抽樣的施測過程中，未必每次都能獲得一個具有代表性的抽樣樣本，此時若使用大樣本的話，則至少可因大樣本較能涵蓋母群中範圍較大的異質人口組合，致使測量題目間能夠產生較大的變異範圍，較容易讓信度或效度係數的計算結果達到顯著，所以會比使用小樣本更具有母群的代表性，資料分析結果也更適合用來當作推論母群的結果。

　　所以關鍵點還是在於，所擬施測的樣本對象是否具有母群的代表性。誠如在第三章所討論過的，為了確保所發展出來的量表將來在使用時，能夠具有推論到母群的價值和具有推論效度的證據，量表發展者可以審慎考量並仔細構想使用「推論力研究」（G-study）（Brennan, 2001; Cronbach et al., 1972）來收集樣本資料，以便獲得一個能夠跨母群的「推論力」證據。因此所擬收集及施測的樣本數，最終還是會趨向使用大樣本為主。

　　筆者根據多年的實務經驗提出建議如下：若以發展出一份優良的量表為目標，量表發展者宜針對量表將來所擬適用的測試對象（如：大學生），針對其背後的母群（如：約 200 萬名全國大學生）進行大樣本隨機抽樣，有效作答的樣本數盡量維持在 1,068 人以上為佳（因為此時的抽樣誤差約在 3%以內）。一般來說，隨機抽樣的樣本最具有母群的代表性，但是當隨機抽樣不可行時，我們只好退而求其次，改使用分層隨機抽樣（如：將全國分成北、中、南、東四區，再分區進行隨機抽樣），若再不可行，再改使用區域性立意抽樣（purposed sampling），但此時務必採用大樣本才行。因為立意抽樣或便利抽樣時（如：網路施測），我們往往無法得知母群會有多大？所抽出的樣本是否即具有母群的代表性？這答案仍是未知的。但依據統計學中的中央極限定理（central limit theorem）可知，當所抽出的樣本愈大時，樣本的抽樣分配愈可能趨向呈現常態分配（normal distribution），此時我們用來分析資料的各種統計方法（如：相關分析、迴歸分析、因素分析等技術），會比較符合資料分布的假設（余民寧，2012）。

第七節　步驟七：評鑑試題

步驟七即是「評鑑量表題目」。

在上述幾個步驟完成後，接著即是進行試題分析（item analysis）的工作，以進行每一道題目的品質評鑑，以便確認品質符合需求的每一道優良試題得以保留下來組成一份最後定稿的優良量表。一般來說，我們可以朝四個方向來逐一評估每一道試題的品質。

一、試題品質好壞的基本評估

首先，我們可以檢查施測後的受試者，他們在初稿題目上的作答結果，先求取出題目與題目之間的「相關係數矩陣」（correlation matrix）。在第二章討論複本測驗或平行測驗的概念時，筆者曾經提及，任何兩個題目之間的相關係數，等於任何一道題目和其真實分數之間相關的平方（即 $r_{xx'} = r_{xt}^2$），這個平方即是每一道題目的「信度係數」的定義方式。因此，在這個相關係數矩陣裡，如果任何兩個題目之間的相關係數愈大的話，即表示每一道題目的信度係數愈高（即每一道題目的得分與其真實分數之間，愈是緊密的連結在一起，因此其間的相關係數便會愈高）。所以當每一道試題都具有較高的信度係數時，由一群題目組合而成的量表，自然而然的，它的信度係數也會較高（假設這些組合的題目，其背後都共享測量到一個共同的潛在變項的話）。也就是說，在這個相關係數矩陣裡，題目與題目之間是否具有「較高的交互相關」（higher intercorrelation），是我們用來判斷每一道試題品質好壞的最基本評估指標。

其次，在這個相關係數矩陣裡，正常的情況下，題目與題目之間的相關係數都應該是呈現「正值」（positive value）。但是如果我們發現有某一道（或

幾道）題目，它與某些題目之間呈現負相關，而與其他題目之間卻呈現正相關的話，這種現象很有可能即是反應出該等題目的內容表述方式是採用負向表述的，但沒有被「反向計分」處理過，以致於它與其他試題的測量作用是不一致的，而產生測量上的干擾。此時，只要針對這些負向表述題進行「反向計分」處理，即可消除這種題目間正負相關不一致的現象。反向計分的公式為：$New = (J + 1) - Old$，其中，New 代表轉換後的計分值，Old 代表原來的計分值，J 代表原來的選項數；例如，如果原來的正向表述題目的計分是選擇「非常不同意」計 1 分、選擇「不同意」計 2 分、選擇「同意」計 3 分、選擇「非常同意」計 4 分的話，那麼負向表述題目的計分方式便是反過來，變成選擇「非常不同意」計 4 分、選擇「不同意」計 3 分、選擇「同意」計 2 分、選擇「非常同意」計 1 分。一般來說，多數量表的得分意義，都是採用數值大小反應出特質強弱的概念方式來表示；亦即是得分愈高代表所測量到的某個潛在特質愈高。因此，針對負向表述題進行「反向計分」處理，即是將它們在單題上的原始得分矯正過來，以還原成都是同方向計分的題目。如此一來，才不會因為各個題目的計分方式不同，而致污染或干擾到量表信度係數值的精確計算。但是筆者要補充提醒一點，若針對負向表述題進行「反向計分」後，仍然發現有題目間正負相關不一致現象的話，此即表示該等題目的測量作用是與其他題目的測量作用，在本質上即是不相同的，此時最好的建議：便是將它們刪除掉，不納入量表的試題分析裡，以免污染量表的信度係數值。

　　第三，如果我們想要獲得一組具有較高交互相關係數值的題目的話，我們也可以分別去計算每一道試題得分與剩下來的其餘題目得分之總和，兩者之間的相關係數，這個相關係數在通用的 SPSS 電腦程式裡，即被稱作「試題量尺相關」（item-scale correlation）。「試題量尺相關」有兩種呈現方式：一為「校正過的試題量尺相關」（corrected item-scale correlation），另一為「未校正過的試題量尺相關」（uncorrected item-scale correlation）。前者的計算，即是從得分總和的計算中，先排除題目本身，再去計算被排除的這一道題目得分與其他剩餘題目得分總和（已不含該題目）之間的相關係數；而後者的計算，則是包含每一道題目在內計算得分總和，再分別去計算每一道題目得分與全部

題目得分總和（包含該題目）之間的相關係數。由於後者（即未校正過的試題量尺相關）的計算，將每一道試題得分重複包含在整體得分的計算內，有過度膨脹相關係數之虞（尤其是當量表題數偏少時會更明顯），因此站在實務應用的角度上來看，還是以使用「校正過的試題量尺相關」這一欄位的數據為宜。當每一道試題的「校正過的試題量尺相關」數值較高時，即表示該試題的品質較好、較理想，更應該被保留在所要組成的優良量表裡；反之，當這個「校正過的試題量尺相關」數值較低時，即表示該試題的品質較差、較不理想，可以優先考慮被刪除，或盡量不被保留在所要組成的優良量表裡。

第四，在通用的 SPSS 電腦程式所呈現的報表裡，除了「試題量尺相關」這項指標外，還有兩項指標的判準也值得同時去參考、比較；它們分別是：一為「題目變異數」（item variances）要高，另一為「題目平均數」（item means）要趨近選項數的中間值。就以常見的李克特氏量尺為例說明，在一份五點計分的李克特氏量尺中，計分方式為選擇「非常不同意者」計 1 分，到選擇「非常同意者」計 5 分；如果受試者在該題上的作答分數之平均數接近 3〔即（1 ＋ 5）/2 ＝ 3〕的話，則容易使該題得分的變異數也同時達到最大，在此情況下，該題目的品質通常會很理想，該題目亦容易與其他題目之間呈現高度正相關，即表示該題目具有良好的信度係數值。而當受試者在該題目上的作答分數之平均數偏向兩極端（如：偏向 1 或偏向 5）時，此時該題目的得分變異數將會降到最低，此即表示該題目的品質不良，該題目不具有良好的信度係數值。換句話說，當任何一道題目拿給一群受試者施測時，最理想的狀況是出現每一個選項都有人選，此時該題目得分的變異數會趨向最大；而當受試者在該題上的作答分數之平均數愈接近選項數的中間值時（如：四點量尺的中間值即為 2.5、五點量尺即為 3、六點量尺即為 3.5、七點量尺即為 4，依此類推），該題目得分的變異數會達到最大，此時該題目的測量信度通常是呈現最佳狀態。

二、因素向度與結構

一份量表應該包含多少試題在內？一直都是初學者常發問的問題。將一組

題目聚在一起，它們不一定都能測量到同一個潛在變項（或潛在特質），它們或許會測量到兩個（或多個）以上的潛在變項，又或者是什麼都測量不到。在量表發展過程中，如何決定哪些題目會被組合在一起，是一個很值得深入討論的方法學問題，稱作「因素分析」。

　　在古典測驗理論中，從 α 信度係數背後的假設來看，具有高信度係數值的一組測量試題，都是具有「單向度的」（unidimensional）特性；也就是說，這一組題目都是測量到一個「共同的潛在變項」，它們都具有相同的單一個測量目標。因此到了試題反應理論出現的時代，該理論即假設每一道試題的背後，都只測量到一個單一主要的因素（single major and dominated factor），此即所謂的「單向度假設」（余民寧，2009）。對此，若進一步從 Rasch 模型的測量觀點來看，所謂良好的測量題目設計，即是指題目背後只測量到單一潛在變項的試題（Wright & Stone, 1979）。

　　至於哪些題目會被組合在一起？或是一組題目的背後可能隱含測量到多少個潛在變項？又或是所擬發展的量表可能是具有單向度或多向度的因素結構？每個向度內各包含哪些題目？這個量表可以解釋到多少的受試者作答分數的變異量？凡此種種問題，都需要單獨一整章的篇幅才能說明清楚。本書將在第六章「因素分析」裡，再針對此問題來詳細說明。

三、信度分析

　　內部一致性信度係數 α，是本書第三章裡所討論過的一個用來評鑑量表品質好壞的重要指標。在前述第一項裡，當受試者在量表初稿上的作答得分，出現平均數未趨近選項數的中間值、題目的變異量過小、題目之間存在著負相關、具有較低的試題量尺相關值、題目之間具有較低的交互相關等現象時，都會造成 α 信度係數偏低的結果。根據第三章信度係數的定義公式可知，信度即是指受試者在量尺上作答分數的總變異數中，可被真實分數所解釋到的百分比有多少之意。因此，為了確保每一次測量結果都具有可被接受的測量精準度，心理計量學家 Nunnally（1978）即建議 .70 可作為 α 信度係數「可接受」的最低下限值（an acceptable lower bound value）。當然，不同的學者有不同的建

議，例如：DeVellis（2017）即建議 α 信度係數低於.60 以下時（即 $\alpha<.60$）為「不可接受」（unacceptable）、.60 $<\alpha<.65$ 為「不可取」（undesirable）、.65 $<\alpha<.70$ 為「最低限度的接受」（minimally acceptable）、.70 $<\alpha<.80$ 為「可敬的」（respectable）、.80 $<\alpha<.90$ 為「非常好」（very good）、$\alpha>.90$ 或大很多時，可能需要考量縮短量尺的長度；而筆者根據實務經驗提出建議認為：.70 $<\alpha<.80$ 是「勉強可以接受的信度值範圍」，而當 $\alpha \geq .80$ 才是最理想的信度可接受值（余民寧，2011；Allen & Yen, 2001; Carmines & Zeller, 1979; Crocker & Algina, 2006）。

當然，上述是一般的考量與建議，除此之外，也要把施測樣本大小及題數多寡等因素也考量進來。例如，如果量表題數偏少時（假設只有 5 題），若能獲得 $\alpha=.50$ 的話，則根據信度係數的斯布校正公式來看，當量表發展者增加到四倍以上的複本試題（即 20 題以上）時，即可獲得一個具有 $\alpha=.80$ 以上的理想量表。

另外，當量表的未來使用會涉及到受試者個人的權益、福祉，或生命財產的安全與保障時（例如：臨床診斷是否罹患某特殊疾病；作為個人就診、雇用與否、學術評比與安置、或其他重要用途者的使用），量表的發展需要採用一個更嚴格的信度係數標準，此時可能建議採取 $\alpha>.95$ 為宜的標準，方不致造成嚴重誤判的後果。

還有一種情況是，在某些情境下，量表發展者可能會採用單一試題即作為一份量表的測量題目，例如：很多由社會學家所設計用來進行樣本長期變化趨勢的追蹤研究裡，為了降低受試者填寫問卷調查的負擔，往往都會只使用一個題目即作為測量一個潛在變項的代表，如：詢問「你的家庭平均收入一個月是多少錢？」此一單題即被用來代表測量「社經地位」（socioeconomic status）的指標。國內中央研究院、國家教育研究院等學術機構所發展出來的幾種問卷調查，如：TEPS、TYP、TASA 等資料庫，都有這種現象。在這種情形下，所收集回來的受試者作答資料當然無法計算此量表的 α 信度係數，此時唯一可以取代的做法只有採用「再測信度」係數來代替，但是量表發展者必須對此有所認知，採用單一題目的量表所計算出來的信度係數通常都會偏低；也就是說，

使用這種單一題目量表的測量精準度是偏低的，針對潛在變項的測量結果不會很精確。但雖然如此，總比一份沒有評估信度的量表還好。

四、Rasch 分析

除了傳統上使用古典測驗理論的試題分析結果，來進行評鑑每一道試題品質的好壞之外，近代針對量表發展的理論基礎，也逐漸趨向使用試題反應理論，尤其是其中的 Rasch 分析。

Rasch 分析通常是指試題反應理論中的一個參數對數型模型（即 1PL）為基礎，再針對不同的量尺格式所收集回來的資料編碼屬性，依據測量資料的背後係持單向度或多向度假設，以及資料的呈現係採用二元計分或多元計分等考量，將這兩者相互交叉分類後，可以組成許多種可能的測量模型，本書僅介紹幾種在量表發展上較被常使用者：(1)單向度二元計分的 Rasch 模型（Rasch model analysis for binary data，即原始的 1PL 模型）；(2)單向度多元計分的評定量尺模型（rating-scale model analysis for polytomous data）；(3)單向度多元計分的部份計分模型（partial credit model analysis for polytomous data）；(4)單向度多元計分的多面向模型（many-facets model analysis for polytomous data）；(5)多向度多元計分的隨機係數多項式對數型模型（multidimensional random coefficients multinomial logit model analysis for polytomous data）。由於這些模型均相當複雜難懂，且需要專屬的電腦程式才可以分析與應用，因此需要另闢專章才能詳盡說明，所以對此議題的討論與應用，本書將在第七章及第八章裡，另立專章介紹。

第八節　步驟八：決定長度

步驟八即是「**決定量表的最適化長度**」。

從第三章討論過的信度概念可知，影響內部一致性 α 信度係數大小的因素有兩大來源：一為來自題目彼此間的共變數大小，另一為量表中所包含的題目數有多少。根據信度係數的斯布校正公式可知，當量表中所包含的題目數愈多

時（即量表較長），該量表的內部一致性 α 信度係數將會愈大；反之，當量表中所包含的題目數愈少（即量表較短）時，則該量表的內部一致性 α 信度係數將會愈小，但對受試者的作答而言，作答起來卻較省時省事，較精簡，負擔較少。因此量表的長短（反應出信度係數值的高低）與作答的精簡與否，這兩者間會呈現消長的拉扯關係，兩者往往無法同時兼顧。所以站在實務應用的角度來看，若量表的信度不致被太大犧牲的話（如：信度至少仍維持在 .70 ＜ α ＜ .80 時），則以使用短題本的量表為佳，因為量表較精簡且作答較省時省事。

其次，量表發展者也可以考慮將不良題目刪除，以提高量表的信度。通常，在常用的 SPSS 統計套裝軟體程式中的試題分析報表裡，有一欄位指標是「刪除題目後的 α 信度係數」（α if item deleted）。如果當每一道試題的「刪除題目後的 α 信度係數」大於該量表現有的 α 信度係數值時，即表示該題目是一個不良試題，刪除它反而能夠提高整份量表的 α 信度係數值。此時做出刪除它的決定，不僅是一個明確之舉，同時也可以用來提高量表的信度。

再其次，當一道試題呈現不良試題特徵時，除了察看「刪除題目後的 α 信度係數」指標外，它同時也會出現在「試題量尺相關」一欄中的「多元相關係數平方」（squared multiple correlation, SMC）值也會出現偏低的現象。因此從 SPSS 報表中可知，若出現某一道試題的 SMC 值是最小的一者，即表示它與其餘試題之間的關聯程度是最低的，此時刪除它，並不會降低整體量表的 α 信度係數值，反而會提高整體量表的 α 信度係數值。如此一來，將不良試題刪除後，可將量表裁減到某種最適化的長度。

最後一點，當量表給另一群與原本適用對象不同的樣本施測後，量表所得的 α 信度係數值也許會降低，這是因為量表所適用的樣本不同所致，是一種常見的正常現象。因此，為了確保量表所能推論到所適用母群的穩定性，以及能夠推論到其他不同母群的推論性，量表發展者通常都會事先採用大樣本施測，再將樣本隨機分割成兩半，一半作為所謂的「建模樣本」（calibration sample）之用，另一半則作為所謂的「驗證樣本」（validation sample）之用。「建模樣本」是用來測試分析量表的試題品質好壞、信度與效度的高低、所含的因素個數多少、其各因素內的結構為何，以決定量表的最後定稿題目、信效度指標、

因素結構所需要的樣本對象；而「驗證樣本」則是用來確定剛才所獲得的量表題目、信效度、因素結構，是否與「建模樣本」所得結果一致，或兩者之間至少沒有顯著差異存在所需要的樣本對象。如此經過「驗證樣本」驗證得到的量表結果，及其信效度證據，即可作為說明本量表具有內部穩定性的推論證據。但是若量表發展者想知道所發展的量表，是否可以進一步推論到其他母群身上時，則需要從不同母群中另行抽取一份獨立樣本，再進行剛才「驗證樣本」所進行的驗證程序，如果發現獲得相同的結果，則可作為推論到其他母群的推論效度之證據。此時，本量表不僅具有內部的效度穩定性，更具有推論到不同母群的推論性與應用的價值性。

第六章

因素分析

筆者在拙著（余民寧，2006）中曾指出，皮爾森積差相關（Pearson product moment correlation coefficient）、迴歸分析（regression analysis）、路徑分析（path analysis）、與因素分析（factor analysis）等，是學習近代主流計量方法「結構方程式模型」（SEM）方法學的四大背景基礎。但是對於量表發展的方法學而言，其中的因素分析卻是介於傳統與當代心理計量學中用來發展量表的主要方法學之一。讀者若能夠徹底理解因素分析的理論與技術，將對如何應用它到發展一份量表上，助益甚大。

第一節　因素分析的數學原理

顧名思義，因素分析是一種用來決定許多明顯測量變項背後所共同分享變異數一共變數成分，並據以定義某種理論建構的資料精簡（data reduction）方法之一。在實務應用上，研究者可以收集一組變項資料，並使用因素分析技術來驗證該組變項是否即是在測量某種理論建構（亦可稱之為「面向」、「向度」、或「因素」），或者，研究者也可以使用因素分析技術來探索該組變項是否可以精簡成少數的幾個理論建構（或因素）。因此，因素分析的用途又可以分成探索因素結構用的「探索性因素分析」（EFA），和驗證因素結構用的「驗證性因素分析」（CFA）兩種。本節的重點，即先討論構成這兩種因素分析方法的數學原理，以作為進一步說明與學習這兩種方法的共同基礎。

根據「多變量分析統計學」教科書（如：Hair et al., 2019）的說法，因素分析的數學理論模式可以表示如下：

$$X_1 = f_{11}\,\xi_1 + f_{12}\,\xi_2 + ... + f_{1m}\,\xi_m + \delta_1$$

$$X_2 = f_{21}\,\xi_1 + f_{22}\,\xi_2 + ... + f_{2m}\,\xi_m + \delta_2$$

$$\vdots$$

$$X_p = f_{p1}\,\xi_1 + f_{p2}\,\xi_2 + ... + f_{pm}\,\xi_m + \delta_p \qquad (6\text{-}1)$$

或者，以矩陣方式來表示：

$$\begin{array}{ccccc} \mathrm{X} & = & \mathrm{F} & \Xi & + & \Delta \\ (p \times 1) & & (p \times m) & (m \times 1) & & (p \times 1) \end{array} \qquad (6\text{-}2)$$

其中，X_i 表示第 i 個測量變項（共有 p 個），f_{ij} 表示第 i 個測量變項和第 j 個因素之間的因素負荷量，ξ_j 表示第 j 個共同因素（共有 m 個，且 $m < p$），而 δ_i 則表示第 i 個測量變項的獨特性（uniqueness）。此時，將公式 6-1 的等號兩端各取變異數，即可獲得第 i 個測量變項的變異數可以表示如下：

$$\sigma_i^2 = f_{i1}^2 + f_{i2}^2 + ... + f_{im}^2 + \psi_i \qquad (6\text{-}3)$$

而第 i 個與第 j 個測量變項之間的共變數可以表示如下：

$$\sigma_{ij} = f_{i1}\,f_{j1} + f_{i2}\,f_{j2} + ... + f_{im}\,f_{jm} \qquad (6\text{-}4)$$

亦可將上述兩個公式合併以矩陣方式來表示如下：

$$\begin{array}{ccccc} \Sigma & = & F & F' & + & \Psi \\ (p \times p) & & (p \times m) & (m \times p) & & (p \times p) \end{array} \qquad (6\text{-}5)$$

其中，將公式 6-3 移項之後，亦可以表示如下：

$$\sigma_i^2 - \psi_i = \sum_{j=1}^{m} f_{ij}^2 = h_i^2 \qquad (6\text{-}6)$$

這個 h_i^2 即稱作「共同性」，表示第 i 個測量變項的變異數中，被這 m 個共同因素所造成或影響的部分（即被這 m 個共同因素所解釋到的變異數部

分）；而「獨特性」ψ_i 即是不由這 m 個共同因素所造成或影響的部分（即不被這 m 個共同因素所解釋到的變異數部分）。另外，若我們將每個測量變項的因素負荷量平方相加，即可獲得：

$$\lambda_j = \sum_{i=1}^{p} f_{ij}^2 \tag{6-7}$$

這個 λ_j 即稱作「特徵值」（eigenvalues），表示第 j 個共同因素的變異數。而每個共同因素可以解釋到整體總變異數的百分比（即因素解釋力 p_j）有多少呢？即可表示如下：

$$p_j = \frac{\lambda_j}{\sum_{j=1}^{m} \lambda_j} \tag{6-8}$$

亦即是，每個共同因素的變異數佔整體共同因素的變異數總和之百分比。

上述因素分析的數學原理，是統計學者們所提出的統計學觀點，係建立在「一般因素模型」的假設而來。如果讀者回顧一下本書第二章所述，即可得知它係由放寬「同屬模型」假設而來的模型；亦即它允許一組測量題目的背後可以抽取出多個潛在因素，且每個測量題目在其所歸屬測量潛在變項上的因素負荷量不必相等，並且其測量誤差亦不必相等。這樣的一般因素模型，其實已不是古典測驗理論中的測量模型，而是一種純粹的統計模型，因為它放寬更多的條件假設（即在複本測驗的假設裡，因素負荷量及測量誤差都必須假設為相等；但在等價的複本測驗的假設裡，只要測量誤差假設為相等即可），以讓一組變項資料得以進行適配各種統計模型的測試，進而得以解決各種統計分析的參數估計問題。因此當這種一般因素模型被應用到測量實務情境中時，可因其應用的目的、參數估計方法、適用對象的不同，而再先後分成「探索性因素分析」及「驗證性因素分析」。茲再詳細敘述於下。

第二節　探索性因素分析

有關探索性因素分析的詳細介紹，除了本節的說明以外，讀者也可以進一步參考學術期刊論文和幾本經典著作（如：Comrey, 1992; Cureton, 1983; Ford, MacCallum, & Tait, 1986; Gorsuch, 1983; Harman, 1976; Loehlin, 2004; McDonald, 1985; Mulaik, 1972）。

根據公式 6-1 到公式 6-8 所示，統計學家常會使用下列的策略與步驟，來作為求解探索性因素分析的方法。這些策略與步驟如下。

一、求解特徵方程式的解

在大多數的多變量統計學方法裡，都是在學習如何運用主成分分析法（principal component analysis）去求解各式各樣的特徵方程式（characteristic equations）的解。這個基本的特徵方程式公式，可以表示如下：

$$(\mathbf{A} - \lambda \mathbf{I})\mathbf{k} = \mathbf{0} \qquad (6\text{-}9)$$

其中，$\mathbf{A}$ 為任一個變異數－共變數矩陣（variance and covariance matrix），λ 為特徵值，$\mathbf{k}$ 為特徵向量（eigenvectors）。為了求解公式 6-9，必須使 λ 符合下列條件：

$$|\mathbf{A} - \lambda \mathbf{I}| = \mathbf{0} \qquad (6\text{-}10)$$

公式 6-10 即稱作 $\mathbf{A}$ 矩陣的特徵方程式（eigen equations or characteristic equations）。接著，運用主成分分析法去求解特徵方程式（即公式 6-10）的解，即可獲得 p 個特徵值和 p 個與其相對應的特徵向量。關於想針對特徵值、特徵向量、求解特徵方程式等線性代數（linear algebra）概念深入瞭解的讀者，筆者建議可以先閱讀修習「多變量分析統計學」課程前的一本基礎數學教科書（Green, 1976），裡面有非常鉅細靡遺且深入淺出的介紹，讀者只要具備高中的數學程度，即可自修習得。

通常，透過主成分分析法所求得的特徵值與特徵向量的解，我們可以把它

們排列成矩陣的形式如下，以方便推理及理解：

$$\mathbf{\Lambda} = \begin{bmatrix} \lambda_1 & & \\ & \ddots & \\ & & \lambda_p \end{bmatrix} \quad 及 \quad \mathbf{K} = \begin{bmatrix} K_{11} & \cdots & k_{p1} \\ \vdots & \ddots & \vdots \\ k_{1p} & \cdots & k_{pp} \end{bmatrix} \quad （6\text{-}11）$$

　　其中，第一個特徵值 λ_1 對應第一個特徵向量 $\mathbf{k_1}$，第二個特徵值 λ_2 對應第二個特徵向量 $\mathbf{k_2}$，依此類推，直到第 p 個特徵值 λ_p 對應第 p 個特徵向量 $\mathbf{k_p}$ 為止。換句話說，原始輸入的 $\mathbf{A}$ 矩陣係具有 p 個測量變項的變異數－共變數矩陣，因此主成分分析法求解特徵方程式的結果，即可獲得 p 個潛在變項（即因素）的變異數（即 p 個特徵值），以及 p 個與其相對應的特徵向量。這 p 個特徵向量中的每一個元素，在此即稱作「主成分係數」（principal component coefficient），它是一種加權係數或權重的概念，代表每一個測量變項在每一個潛在變項上的加權係數或權重值，其值域介於 $\pm\infty$ 之間。如果這個輸入的 $\mathbf{A}$ 矩陣換成是這 p 個測量變項的相關係數矩陣的話，則求解出的這 p 個特徵向量中的每一個元素，即稱作「標準化主成分係數」（standardized principal component coefficient），它便是一種負荷量（loadings）的概念，代表每一個測量變項在每一個潛在變項上的相關係數，其值域介於 ±1 之間。

　　然而，當這種主成分分析的解法應用到因素分析時，心理學家們改用另一種策略來取代原始輸入的 $\mathbf{A}$ 矩陣，該矩陣的每一個對角線元素改成使用多元相關係數平方（SMC）R_j^2 來取代；亦即，以每一個測量變項 X_j 輪流當作效標，而以其餘測量變項當作預測變項來預測每一個效標所獲得到的多元相關係數平方（即決定係數 R^2），因此我們可以獲得 p 個 R^2 值，分別代入這 p 個對角線元素裡。這個新置換的相關係數矩陣（即對角線元素置換成 R_j^2 外，其餘兩兩之間的相關係數值仍維持不變），便稱作「縮減的相關係數矩陣」（reduced correlation coefficient matrix），並以 $\widehat{\mathbf{R}}^2$ 符號來表示，而此時延續採用主成分分析解法的遞迴估計方法即改稱作「共同因素分析」（common factor analysis）。

　　因此探索性因素分析方法即是採用 $\widehat{\mathbf{R}}^2$ 當作輸入矩陣，以取代公式 6-10 中

A 矩陣的位置，再利用主成分分析法去求解特徵方程式的解，以便獲得 p 個特徵值和 p 個特徵向量。到此為止，即可完成探索性因素分析的初步求解工作。

由於解特徵方程式的過程，需要使用高等微積分及數值分析等知識，不是一般沒有修習過數理統計學的讀者可以輕易理解的。幸好，幾個當代有名的統計套裝軟體程式（如：SPSS 和 SAS 等），都已將這些因素分解過程譜成電腦程式，並且提供數種分解因素的方法供使用者選擇。因此，今天讀者在學習因素分析時，只要同步學習電腦程式的操作即可，不太需要去理解詳細的因素分解過程所使用的演算法。我們將在第十一章裡，以實際的電腦操作為例，一步一步說明探索性因素分析的整個實作過程。

二、決定因素個數

在上述初步求解工作完成後，接著即是要面對決定因素個數的問題。決定因素個數的常用方法，通常有下列幾個。

(一) 特徵值標準（Kaiser's eigenvalue rule）

統計學者 H. F. Kaiser（1960）提出一項建議，即是從公式 6-11 所獲得的 p 個特徵值中，挑選出特徵值大於 1（即 $\lambda_i > 1$）的個數有多少個，即作為決定所擬抽取出的因素個數有多少個，並且保留與其相對應個數的特徵向量。採用 Kaiser 的建議標準雖然簡便，但會碰到一項缺點，那就是當輸入的 $\widehat{R}^2$ 矩陣為一個資料結構不良矩陣（ill-structured matrix）時（亦即該矩陣中約有超過一半以上的非對角線元素數值的絕對值小於 .40），採用 Kaiser 的標準反而會挑選出較多的因素個數，導致最後幾個抽取且特徵值接近 1 的因素，不僅很難詮釋其意義，而且也不太具有實質的應用價值，此時反而容易誤導研究者的結論。若當研究者輸入的矩陣屬於一個資料結構良好矩陣（well-structured matrix）時（亦即該矩陣中約有超過一半以上的非對角線元素數值的絕對值大於 .40 以上），採用 Kaiser 的標準，比較容易抽取出少數且較適宜的因素個數，不僅很容易詮釋其意義，而且也會具有明顯的實質應用價值。不過當前的 SPSS 和 SAS 統計套裝程式，都將 Kaiser 的建議標準收錄並譜成決定因素個數的預

設標準。

(二) 陡坡圖考驗（Cattell's scree plot test）

　　另一位統計學者 R. B. Cattell（1966）提出一項建議，將特徵值及因素抽取順序當成一個平面座標的兩個軸，而將每一個抽取出來的特徵值大小，依其因素抽取順序排列，標示在這一個座標圖上，這個圖形表徵即稱作「陡坡圖」（scree plot）。從這個座標圖上所顯示的落點，觀看其數值落在哪一個位置處，會明顯形成一個轉折點〔相當於上手臂到下手臂間的手肘點（elbow）〕，則在此轉折點以上的個數有多少個，即作為決定所擬抽取出的因素個數有多少個。採用陡坡圖考驗法，也會碰到一項缺點，那就是當輸入的 $\hat{R}^2$ 矩陣為一個資料結構不良矩陣時，陡坡圖中將不會出現明顯的轉折點，此時將造成很難決定因素個數有多少個。

(三) 累積解釋力標準

（Jolliffe's cumulative explanation of factor variance）

　　另一位統計學者 I. T. Jolliffe（1986）提出一項建議，根據公式 6-8 所示的因素解釋力，只要累積前 m 個因素解釋力到達 70%以上時，即可作為決定獲得令人滿意的 m 個因素結果。採用這種累積解釋力的判斷方法，也會遇到一項缺點，亦即累積的因素個數愈多，總因素解釋力愈容易達到此要求標準。尤其當輸入的 $\hat{R}^2$ 矩陣為一個資料結構不良矩陣時，欲達到令人滿意的因素解釋力百分比，所累積的因素個數也將會愈多，導致後幾個抽取的因素一樣不容易解釋其涵義及具有應用的價值。

(四) 平行分析（parallel analysis）

　　另一項由一群統計學者 Hayton、Allen 與 Scarpello（2004）提出的建議，即認為根據隨機抽取一組相同樣本資料（即在變項數與樣本人數均相同的條件下，所抽取出來的隨機樣本資料）下所計算出來的特徵值中位數，繪製出該隨

機樣本資料的陡坡圖（會呈現出一條逐漸遞降的直線圖），然後選取隨機資料的陡坡圖和實際資料的陡坡圖，在這兩個圖形交叉點以上的個數是多少個，即決定作為獲得多少個因素的解答。使用這項挑選標準的建議，亦會遭遇與前述缺點一樣的結果，亦即當研究者輸入的 $\widehat{R}^2$ 矩陣為一個資料結構不良矩陣時，此時將會造成抽取過多因素個數的結果。

綜合上述幾項決定因素個數的建議可以發現，當研究者輸入的 $\widehat{R}^2$ 矩陣屬於一個資料結構良好矩陣（亦即該矩陣中約有超過一半以上的非對角線元素數值的絕對值大於 .40 以上）時，則無論採用何種建議標準，所抽取出的因素個數均會較少且較適宜，不僅很容易詮釋其意義，而且也會具有明顯的實質應用價值。反之，當研究者輸入的 $\widehat{R}^2$ 矩陣屬於一個資料結構不良矩陣時，此時無論採用何種建議標準，都會產生抽取過多因素的嫌疑，造成後續的因素詮釋困難與應用價值偏低的結果。因此，未來若遇到這種資料結構不良矩陣的情況時，在挑選因素個數上，研究者可能需要多多考慮所抽取的因素能否進行有意義的解釋、因素建構的相關理論是否可以派上用場、量表建置的目標為何等條件，再做出最後決定抽出幾個因素的抉擇。不過由於 Kaiser 的建議標準（即 λ_j > 1）較為簡易明確，目前都已被 SPSS 和 SAS 等統計套裝程式收錄並譜成決定因素個數的預設值（default value）。

三、進行因素轉軸

在上述步驟確定後，接下來的工作即是選擇要進行何種轉軸方式。轉軸的方式有兩類：一為「直交轉軸」（orthogonal rotation），另一為「斜交轉軸」（oblique rotation）。之所以需要進行轉軸的原因，乃是因為根據公式 6-11 所獲得 p 個特徵向量，其中的元素係為一種加權係數或權重值的概念，僅具統計學的意義，不具有實質應用的解釋意義；因此透過轉軸後，電腦套裝程式通常都會根據轉成「簡單結構」（simple structure）的原則，將 p 個特徵向量中的元素，轉成密集分布在少數幾個重要因素軸上，顯示出其較大的權重，而在其餘因素軸上的權重較小的分布情況，以方便研究者能夠針對因素結構的權重分

布情形進行解釋。轉軸並不會改變 p 個特徵向量彼此間的相關係數和相對位置，但會改變 p 個特徵向量中每個元素的數值，以形成最簡單的構造（亦即特徵向量中的較大元素值會密集在少數幾個共享的因素上，而在另一些因素上則呈現接近 0 或較小的數值分布情形），方便研究者的解釋。

其中，「直交轉軸」是假設轉軸後的因素與因素之間，係呈現 90 度垂直夾角關係的結果，也就是說，轉軸後的因素之間是呈現零相關的、彼此獨立的；通常這種轉軸後的結果，研究者可以針對具有較大因素負荷量的測量題目趨向在哪一個因素上集結，而把該因素解釋成即是用來測量或解釋這些具有較大因素負荷量的測量變項代表，或是這些測量變項背後所共同解釋到或測量到的潛在變項。而「斜交轉軸」即是假設轉軸後的因素與因素之間，係呈現大於或小於 90 度夾角關係的結果，也就是說，轉軸後的因素之間還是呈現具有某種相關的存在、彼此是不獨立的；通常這種轉軸後的結果，研究者雖然可以根據具有較大因素負荷量的測量題目趨向在哪一個因素上集結，而把該因素解釋成即是用來測量或解釋這些具有較大因素負荷量的測量變項代表，或是這些測量變項背後所共同解釋到或測量到的潛在變項。但由於每個測量變項的因素負荷量可能會出現橫跨在兩個以上因素的情形，致使這種因素解釋無法像「直交轉軸」下的情況那麼明確、具體，表示它所測量到兩個以上的因素之間尚具有某種程度的相關存在，因此隱含著尚有再進行一次因素分析的潛在需要，以證實該組測量變項的因素分析背後，是否還具有「第二階層因素」（secondary hierarchical factors）結構的存在。

至於研究者該選擇進行「直交轉軸」或「斜交轉軸」？這問題端看研究者所擬進行研究議題背後的理論背景而定。不過由於「直交轉軸」後的結果，比較方便且有意義的解釋因素涵義，因此比較受到多數研究者的青睞採用。

四、計算因素解釋力

再接著，即是根據公式 6-8 所示，逐一計算出所決定抽取因素的每一個因素解釋力，以及累積的因素解釋力。一般來說，電腦程式報表會給我們這些相關的數據，我們只要學會根據數據來判讀即可。一般判讀的基準，通常是：(1)

每一個測量變項的「共同性」（如公式 6-6 所示）至少要大於 50%以上，表示所抽取出的少數幾個因素可以共同解釋到每一個測量變項至少一半以上的變異數；(2)每一個因素解釋力至少在 10%以上，表示該因素占有實質應用的存在價值；(3)累積的因素解釋力至少在 60%以上，表示所抽取出的少數幾個因素可以解釋到整份量表絕大部分的總變異數，表示這少數因素占有較大比例的應用價值；(4)滿足上述幾點要件，我們才可以說這是一次理想的探索性因素分析結果。

五、進行因素命名

最後，根據第三個步驟進行轉軸後的因素命名工作。因素命名是一項藝術，很難言傳或進行口語解釋。通常，研究者可以根據轉軸後具有較大因素負荷量的測量題目都是落在哪一個因素上，而以這些測量題目的內容為準，歸納或抽取出一個較具有學術性或通俗性的扼要名稱，來作為此因素的命名。由於命名是一項藝術工作，不同的研究者針對同一組測量題目所命名出來的因素名稱，可能都不會一樣。因素命名通常是為了方便未來使用量表時，以其因素的名稱作為解釋受試者測量結果的稱呼，達到簡化的目的。

到此為止，即可說是完成整個探索性因素分析的工作，將一份量表題目或一組變項資料分解成由少數幾個因素所組成的結構，達成精簡資料，以簡馭繁的統計學目的。

過去，在發展標準化測驗或量表（standardized tests or scales）過程中，探索性因素分析常被用來作為分析建構效度的一種策略或方法（余民寧，2011）。然而，由於探索性因素分析容易受到樣本大小、樣本變異程度、題目（或變項）數的多寡、測量誤差、抽取和決定因素個數的方法、轉軸方法的不同，而獲致不同的因素結構或結果，導致同一份工具可能獲得不完全一致的因素分析結果。另外，若要驗證探索性因素分析結果的信度和效度，它還必須與其他方法一起搭配使用，才能提供可信賴的證據。再加上，探索性因素分析亦無法提供因果關係的解釋，在缺乏理論依據的支持下，應用性逐漸被其他統計方法取代。取而代之的方法，即是所謂的「驗證性因素分析」，隨著驗證性因

素分析的應用價值日益增大，後繼學者亦逐漸將它融入成為當今用來發展量表的標準方法學之一。

第三節　驗證性因素分析

　　當前，基於一般因素模型的統計假設下，所發展建立起來的計量方法學——「結構方程式模型」（SEM），其內涵主要包括討論兩類模型：一為「測量模型」（measurement models），另一為「結構模型」（structural models）。其中，「測量模型」的方法被大量應用到量表發展上，本節在此即是以介紹此「測量模型」為主；至於「結構模型」，則因為它是純屬統計模型的方法，已偏離本書的主題，本節在此不擬介紹。凡對此「結構模型」應用議題感興趣的讀者，可以深入閱讀筆者的拙著（余民寧，2006，2013），裡面都有許多章節進行更詳細的說明與實作演練的舉例。

　　所謂的「測量模型」，是指用來表示一組明顯的觀察變項和一組潛在變項之間的數學關係模型或數學方程式。這類的潛在變項可以作為獨立的（independent）潛在變項之用，也可以作為相依的（dependent）潛在變項之用。在「測量模型」方法裡，所謂明顯的觀察變項，也可統稱為「指標變項」，亦即表示它們都是可以直接測量得到、觀察得到，以及可以用數據量化出來的變項，通常都是以英文字母 X 或 x 來表示是自變項或預測變項，而以英文字母 Y 或 y 來表示是依變項或效標變項，並且以長方形或正方形的圖形，在所繪製的路徑關係圖（或因果模型圖）中來表示其測量涵義；而所謂的潛在變項，即是表示它們都是不可以直接測量得到、無法直接觀察得到、以及只能用推論方式間接得出的變項，通常都是以希臘字母 η 來表示相依的潛在變項，而以 ξ 來表示獨立的潛在變項，並且以橢圓形或圓形的圖形，在所繪製的路徑關係圖（或因果模型圖）中來表示其推論涵義。簡單的分，在「結構方程式模型」的路徑關係圖（或因果模型圖）中，正方形或長方形的圖示即表示明顯的變項之意，而圓形或橢圓形的圖示即表示潛在的變項之意。上述關於「測量模型」的概念化理論模型架構，讀者可以參考本書第二章第三節圖 2-2「測量模型的概

念化說明流程圖」，將可進一步瞭解模型中各元素彼此間的路徑連結關係，以對整個模型結構有個清晰的鳥瞰圖。

　　在筆者的拙著（余民寧，2006）裡，曾談到五個典型的基本測量模型圖形，它們分別為：(a)獨立的潛在變項模型；(b)相依的潛在變項模型；(c)相互關聯的獨立潛在變項模型；(d)相互關聯誤差項的獨立潛在變項模型；(e)二階的驗證性因素分析模型（second-order confirmatory factor analysis model）。從這五個基本的測量模型可以看出，獨立的潛在變項之測量模型，可以是單向的、相關聯的、或定義出更高階的潛在變項。其實最陽春型的測量模型〔即上述的(a)和(b)〕，即包括潛在變項、觀察變項和測量誤差三者的結合，這種模型亦可稱作「驗證性因素分析」的基本模型，其路徑係數即代表觀察變項與潛在變項之間的相關係數（即因素負荷量），而路徑係數的平方即代表每個觀察變項測量到潛在變項的信度係數，而路徑係數平方的總和即是所謂的因素「特徵值」，即代表某個潛在變項被一組觀察變項所解釋到或測量到的變異數百分比；而衍生出來的測量模型〔如上述的(c)、(d)、和(e)〕，則擴張了原始陽春型的測量模型，再加入許多放寬條件，如：允許潛在變項之間有相關存在，或者允許觀察變項之測量誤差之間也有相關存在等可能變例，以及將潛在變項當成觀察變項看待，再進行一次因素分析，以抽取出更高一層次的因素結構，故名之為「二階的驗證性因素分析」。所以基本的陽春型測量模型，加上衍生出的多種變例，合併組成當今結構方程式模型方法學的骨幹之一。

　　陽春型的測量模型，可以數學方程式表示如下：

$$
\begin{array}{cccc}
\mathbf{y} = & \mathbf{\Lambda_y} & \mathbf{\eta} & + & \mathbf{\varepsilon} \\[4pt]
\begin{bmatrix} y_1 \\ y_2 \\ y_3 \\ \vdots \\ y_p \end{bmatrix} = &
\begin{bmatrix}
\lambda_{y_{11}} & \lambda_{y_{12}} & \lambda_{y_{13}} & \cdots \lambda_{y_{1m}} \\
\lambda_{y_{21}} & \lambda_{y_{22}} & \lambda_{y_{23}} & \cdots \lambda_{y_{2m}} \\
\lambda_{y_{31}} & \lambda_{y_{32}} & \lambda_{y_{33}} & \cdots \lambda_{y_{3m}} \\
\vdots & & & \\
\lambda_{y_{p1}} & \lambda_{y_{p2}} & \lambda_{y_{p3}} & \cdots \lambda_{y_{pm}}
\end{bmatrix} &
\begin{bmatrix} \eta_1 \\ \eta_2 \\ \eta_3 \\ \vdots \\ \eta_m \end{bmatrix} & + &
\begin{bmatrix} \varepsilon_1 \\ \varepsilon_2 \\ \varepsilon_3 \\ \vdots \\ \varepsilon_p \end{bmatrix} \\[4pt]
(p \times 1) & (p \times m) & (m \times 1) & & (p \times 1)
\end{array}
\tag{6-12}
$$

$$\mathbf{x} = \mathbf{\Lambda_x} \quad \mathbf{\xi} + \mathbf{\delta}$$

$$\begin{bmatrix} x_1 \\ x_2 \\ x_3 \\ \vdots \\ x_q \end{bmatrix} = \begin{bmatrix} \lambda_{x_{11}} & \lambda_{x_{12}} & \lambda_{x_{13}} & \cdots \lambda_{x_{1n}} \\ \lambda_{x_{21}} & \lambda_{x_{22}} & \lambda_{x_{23}} & \cdots \lambda_{x_{2n}} \\ \lambda_{x_{31}} & \lambda_{y_{32}} & \lambda_{y_{33}} & \cdots \lambda_{y_{3n}} \\ \vdots \\ \lambda_{x_{q1}} & \lambda_{x_{q2}} & \lambda_{x_{q3}} & \cdots \lambda_{x_{qn}} \end{bmatrix} \begin{bmatrix} \xi_1 \\ \xi_2 \\ \xi_3 \\ \vdots \\ \xi_n \end{bmatrix} + \begin{bmatrix} \delta_1 \\ \delta_2 \\ \delta_3 \\ \vdots \\ \delta_q \end{bmatrix}$$

$$(q \times 1) \qquad (q \times n) \qquad (n \times 1) \quad (q \times 1) \qquad\qquad (6\text{-}13)$$

　　從公式 6-12 中的 $\mathbf{\Lambda_y}$ 和公式 6-13 中的 $\mathbf{\Lambda_x}$ 可知，它們分別是（$p \times m$）階和（$q \times n$）階的矩陣，也就是說，p 個觀察變項 y 均被 m 個潛在變項 η 測量到（或者說，m 個潛在變項 η 對 p 個觀察變項 y 的迴歸分析），且 q 個觀察變項 x 也都被 n 個潛在變項 ξ 測量到（或者說，n 個潛在變項 ξ 對 q 個觀察變項 x 的迴歸分析）。因此，典型上的 $\mathbf{\Lambda_y}$ 和 $\mathbf{\Lambda_x}$ 矩陣都預設為完整的測量（這種做法即是「探索性因素分析」）。但事實上，如果我們的理論假設所建構的因素結構，已經明確知道哪一個觀察變項就是在測量哪一個（或多個）潛在變項的話，則我們僅需要設定該觀察變項與該潛在變項之間的路徑係數（或關係）即可，其餘凡理論假設沒有測量到的係數（或關係），則一律設定為「0」，表示不去估計該係數（或關係）（這種做法即是「驗證性因素分析」）。這兩種測量模型的區別，如圖 6-1 所示；從圖 6-1 中路徑係數的繪製，以及其相對應的矩陣結構中元素的有無，即可得知某個路徑係數是否需要去估計：通常在沒有理論依據之下，預設值為全部估計〔如圖 6-1(a)所示，即探索性因素分析的完整測量，每個觀察變項都被所有的潛在變項測量到〕；但在有理論依據之下，研究者僅需估計所提出的路徑係數（或關係）即可〔如圖 6-1(b)所示，即驗證性因素分析的局部測量，每個觀察變項僅被理論所建構的某個特定潛在變項測量到〕，研究者僅需去驗證（confirm）所提出的路徑關係是否存在即可，沒有理論依據的路徑關係則可以省略不去估計。

　　在測量模型（公式 6-12 和公式 6-13）中，除了 $\mathbf{\Lambda_y}$ 和 $\mathbf{\Lambda_x}$ 兩個矩陣外，還有三個矩陣是用來代表它們的共變數矩陣，分別為：$\mathbf{\Phi}$、$\mathbf{\Theta_\varepsilon}$ 和 $\mathbf{\Theta_\delta}$。其中，$\mathbf{\Phi}$

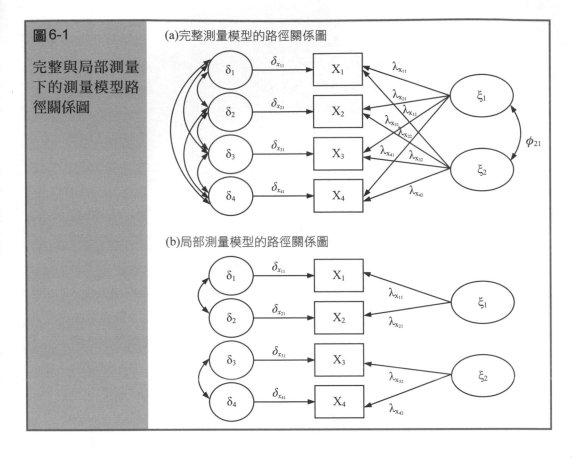

圖 6-1

完整與局部測量下的測量模型路徑關係圖

(a)完整測量模型的路徑關係圖

(b)局部測量模型的路徑關係圖

為一個（$n \times n$）階的矩陣，代表 n 個獨立的潛在變項 ξ 之間的變異數－共變數矩陣，其中對角線元素為每個獨立的潛在變項的變異數，而非對角線元素則為兩兩獨立的潛在變項之間的共變數；$\mathbf{\Theta}_\varepsilon$ 為一個（$p \times p$）階的矩陣，代表 p 個觀察變項 y 的測量誤差之間的變異數－共變數矩陣，其中對角線元素為每個觀察變項 y 的測量誤差的變異數，而非對角線元素則為兩兩觀察變項 y 的測量誤差之間的共變數；$\mathbf{\Theta}_\delta$ 為一個（$q \times q$）階的矩陣，代表 q 個觀察變項 x 的測量誤差之間的變異數－共變數矩陣，其中對角線元素為每個觀察變項 x 的測量誤差的變異數，而非對角線元素則為兩兩觀察變項 x 的測量誤差之間的共變數。上述三個矩陣（即 $\mathbf{\Phi}$、$\mathbf{\Theta}_\varepsilon$ 和 $\mathbf{\Theta}_\delta$），在通用的 SEM 軟體程式（如：LISREL）中，均會自動計算出來。如以圖 6-1 所示為例，這三個矩陣可以分別表示如下：

$$\Phi = \begin{bmatrix} \phi_{11} & \\ \phi_{21} & \phi_{22} \end{bmatrix} \quad \text{或} \quad \Phi = \begin{bmatrix} \phi_{11} & \\ 0 & \phi_{22} \end{bmatrix}$$
$$\text{（完整測量）} \qquad\qquad \text{（局部測量）}$$

$$\Theta_\varepsilon = \begin{bmatrix} \theta_{\varepsilon_{11}} & & & \\ \theta_{\varepsilon_{21}} & \theta_{\varepsilon_{22}} & & \\ \theta_{\varepsilon_{31}} & \theta_{\varepsilon_{32}} & \theta_{\varepsilon_{33}} & \\ \theta_{\varepsilon_{41}} & \theta_{\varepsilon_{42}} & \theta_{\varepsilon_{43}} & \theta_{\varepsilon_{44}} \end{bmatrix} \quad \text{或} \quad \Theta_\varepsilon = \begin{bmatrix} \theta_{\varepsilon_{11}} & & & \\ \theta_{\varepsilon_{21}} & \theta_{\varepsilon_{22}} & & \\ 0 & 0 & \theta_{\varepsilon_{33}} & \\ 0 & 0 & \theta_{\varepsilon_{43}} & \theta_{\varepsilon_{44}} \end{bmatrix}$$
$$\text{（完整測量）} \qquad\qquad\qquad \text{（局部測量）}$$

$$\Theta_\delta = \begin{bmatrix} \theta_{\delta_{11}} & & & \\ \theta_{\delta_{21}} & \theta_{\delta_{22}} & & \\ \theta_{\delta_{31}} & \theta_{\delta_{32}} & \theta_{\delta_{33}} & \\ \theta_{\delta_{41}} & \theta_{\delta_{42}} & \theta_{\delta_{43}} & \theta_{\delta_{44}} \end{bmatrix} \quad \text{或} \quad \Theta_\delta = \begin{bmatrix} \theta_{\delta_{11}} & & & \\ \theta_{\delta_{21}} & \theta_{\delta_{22}} & & \\ 0 & 0 & \theta_{\delta_{33}} & \\ 0 & 0 & \theta_{\delta_{43}} & \theta_{\delta_{44}} \end{bmatrix}$$
$$\text{（完整測量）} \qquad\qquad\qquad \text{（局部測量）}$$

上述的 Θ_ε 和 Θ_δ 矩陣中，除了對角線元素是觀察變項的測量誤差之變異數，必須估計外，其餘非對角線元素，則可視研究者所提出的路徑關係假設而調整其路徑係數，若有理論依據者，則必須估計其共變數（如完整測量的模型），若無理論依據者，則可以省略估計，而改以「0」代替（如局部測量的模型）。

第四節　因素模型的驗證

　　根據前兩節的描述，以及圖 6-1 的圖示說明可知，根據一般因素模式假設而來的探索性因素分析結果，讓研究者可以獲取量表發展的初步因素分析結果。接著，研究者可以採用驗證性因素分析去驗證探索結果的因素結構，是否可獲得一筆實際資料的佐證？若是的話，大概即表示當初量表發展的結果（即因素結構）已獲得驗證與肯定；若否的話，則表示當初量表發展的因素結構還需要修正、再驗證，直到最後的結果獲得驗證與肯定為止。

　　讀者如果回顧本書第二章，針對圖 2-1 有關「真實分數模式的建構與測量之間的路徑關係圖」的描述，再對照一下前一節「驗證性因素分析」的說明，大概就可以瞭解原本真實分數模式所持最嚴格的「複本測驗」假設，已被放寬成「同屬模型」假設，亦即同屬測量同一潛在變項的各測量變項之因素負荷量及其測量誤差，已被放寬成各自估計其參數，不必再假設必須要維持相同。但是在量表發展的過程中，使用驗證性因素分析結果所獲得的因素結構，依然必須假設「測量同一潛在變項的一組測量變項之間，仍須滿足單向度因素的假設」；換句話說，如圖 2-1 或圖 6-1(b)所示，每一個測量變項不能同時在兩個以上的潛在變項有因素負荷量存在，每一個測量變項必須明確的只被一個潛在變項測量到，但允許各測量變項的測量誤差之間得以有相關存在，以解決參數估計過程中遇到資料矩陣呈現非正定（not positive definite）或適配度（good-ness-of-fit）不理想的困境。

　　為了確認由驗證性因素分析結果所獲得的因素結構模型，是否具有穩定性或推論性價值，通常研究者都會預先考慮使用兩種資料分析策略，第一種策略即是使用大樣本作為資料分析的起點，然後再以隨機方式將此大樣本分成兩半，一半作為「建模樣本」，另一半作為「驗證樣本」。「建模樣本」係用來作為建立假想的理論模型之用，在驗證性因素分析的最後結果，無論是直接獲得因素模型的建立，或是經過模型修正後才獲得因素結構模型的確立，兩者結果均可；接著，即可使用另一半的「驗證樣本」作為驗證前者的推論性之用，即驗證已獲得肯定的因素結構模型，以獲得「交叉驗證效度」或「複核效度」（cross-validity）的證據。所謂的「交叉驗證」（cross-validation），即是指根據某樣本所建立的因素結構模型，亦能適用到其他樣本身上的一種效度證據蒐集過程，該證據即稱作「交叉驗證效度」或又譯成「複核效度」（MacCallum, Roznowski, Mar, & Reith, 1994; Yi & Nassen, 1992）。

　　另一種策略則是需要使用另一份嶄新的獨立樣本，再以原來的樣本作為建模樣本之用，而以此獨立的新樣本作為驗證樣本之用。因此考量到不同取樣方式以及不同模型使用目的之故，交叉驗證的種類可以分成如表 6-1 所示的四種類型（余民寧，2006）。茲分別說明如下。

		驗證樣本	
		來自相同母群	來自不同母群
模型	單一模型	模型穩定	效度延展
數量	模型比較	模型篩選	效度概化

表 6-1

交叉驗證的各種類型

其中，所謂的「模型穩定」（model stability），是指某一個已經適配的模型，當它被應用到來自同一母群體的其他不同樣本身上時，仍能維持適配良好之意。由此可見，它的功用即在檢定對獨立樣本的預測效果（Yi & Nassen, 1992）。這是一種最基本的交叉驗證分析的做法，亦即需要使用來自同一母群的額外一份獨立樣本，或者使用分割樣本（split-sample approach）的做法，將其中的「建模樣本」用來建立假想的理論模型，而將另一份「驗證樣本」用來驗證前者的適當性。這種基本做法的前提，當然就是需要一個夠大的樣本，才足夠提供分割之用。至於需要多大的樣本數才夠？一般建議的最低數目是至少在 300 人以上，並且隨著模型的複雜度愈高（即需要進行估計的參數個數愈多），則所需要的樣本數就必須愈大（Homburg, 1991）。例如：Homburg（1991）即認為樣本數介於 300 至 500 之間，進行交叉驗證分析的效果最好；MacCallum、Roznowski 與 Necowitz（1992）則認為樣本數若沒有超過 800 人以上，則所得交叉驗證效果會呈現不穩定的狀態；而 Bentler（1995）則提出如下的建議，當欲擬分析的資料滿足常態分配理論下的基本假設時，樣本數對自由估計參數個數的比值至少在 5：1 以上，而在資料呈現其他次數分配的情況下，則樣本數對自由估計參數個數的比值至少要提高到 10：1 以上，如此才能產生比較可信賴的參數顯著考驗結果，以及提供作為檢定模型適配度的卡方分配機率值。

所謂的「效度延展」（validity extension），則是指某一個已經適配的模型，當它被應用到來自不同母群體的其他樣本身上時，仍能維持適配得良好之意。由此可見，它與前述模型穩定的唯一差別是，驗證樣本是來自不同的母群體。因此在這種情況下，分割樣本的做法並不適用於它，它的目的是在決定模

型的效度是否可以遷移（或擴展）到不同的母群體身上，所以在模型穩定性已經被肯定之後，再來探討效度延展的問題，將會使效度驗證的問題變得更有意義，同時它也隱含著該模型已經在特定母群體內的不同樣本之間交叉驗證過了。

　　所謂的「模型篩選」（model selection），則是指從同一母群體的不同樣本間，已經具有模型穩定的眾多競爭模型或可替換模型中，篩選出一個較佳的模型之意。這種做法背後的理論基礎，即是認為從眾多的競爭模型中，可以比較出哪一個模型具有相對較佳的解釋效力，因而可以雀屏中選，使研究者不會被迫只考慮選擇唯一的模型而已。因此在這種情況下，如果樣本數夠大的話，樣本分割的做法是可行的，並且眾多競爭模型已在同一母群內被驗證過了，所以從中篩選出相對較佳的模型來，其結果不會受到樣本大小的影響。

　　最後，所謂的「效度概化」（validity generalization），則是指從不同母群體的不同樣本間，已經具有模型延展性的一組競爭模型中，辨識出一個較佳的模型之意。由此可見，效度概化是指在不同母群體中進行模型篩選程序的應用，然後再從中比較出相對較佳的模型結果來。根據文獻上的記載，關於效度延展與效度概化的概念，有時候是很難被區隔和釐清的，但由於後者的定義與用途較廣，因此一般文獻所指稱效度延展或效度概化的意義時，都可以使用「效度概化」一詞來加以涵蓋表示。

　　過去，由於計量方法學的理論與電腦程式尚不完備，研究者在執行交叉驗證工作時，均需執行兩次因素分析工作：一次為探索性分析，先得知因素個數及其結構後，將因素個數設定為已知，再執行另一次驗證性分析。這種分開兩次執行的分析結果，往往也會獲得不完全一致的結論，且無法檢定兩次結果間的差異是否達到顯著程度，以致無法回答研究者擬建構的量表因素結構是否真的獲得驗證、模型是否穩定、交叉驗證效度能否展延，以及獲得效度概化的推論證據。直到結構方程式模型的方法學誕生，且估算能力強大的電腦應用程式也隨之興盛後，交叉驗證的工作才逐漸轉由操作一次性電腦程式來解決。一般的結構方程式模型應用程式（如：LISREL），都會提供「交叉驗證指標」（cross-validation index, CVI）和「期望的交叉驗證指標」（expected cross-validation index, ECVI）兩類指標供研究者參考使用。

「交叉驗證指標」係應用在兩個以上樣本（或模型）間的擇優比較上，當研究者分別計算各個樣本（含：當前的待驗證樣本）的交叉驗證指標值後，凡是能夠產生最小交叉驗證指標值的模型（或樣本）（即 CVI 值最小者），即表示該模型（或樣本）具有最高的估計預測效度（predictive validity），該模型（或樣本）即是我們所要挑選的相對較佳模型（或樣本）。而「期望的交叉驗證指標」則是僅適用於單一樣本情況下的擇優比較上，當研究者提出多個競爭模型來探索何者才是最佳的？此時，研究者可以計算並比較這些競爭模型中的 ECVI 值，凡是具有最小 ECVI 值的模型，即表示它是群體中最為穩定的模型，也就是研究者決定要挑選的最佳模型。

交叉驗證的做法，有兩項缺點需要特別留意：(1)它需要為數龐大的樣本作為後盾，才足夠提供分割成建模與驗證兩份樣本，以供進行交叉驗證之用。當樣本太小而無法分割時，我們只好使用 ECVI 值來取代 CVI 值，以供研究者作為判讀之用。但是，ECVI 值比 CVI 值更容易受到受試樣本的次數分配假設的影響，因此不適合作為評鑑模型結果好壞之用，反而適合用在事前比較篩選幾個模型間的優劣之用；(2)它容易產生不穩定的結果，尤其是樣本較小時，很容易因為樣本的分割不均，而獲得不一致的結果（如：兩回交叉驗證的過程中，產生最小 CVI 值的模型互不相同，而致無法下結論）。當然，我們可以考慮使用平行的模型敘列搜尋過程，以獨立的樣本來驗證模型或使用雙重交叉驗證的做法，來求取進一步的判讀結果。

上述有關交叉驗證工作的執行，以及 ECVI 值或 CVI 值的計算，都需要仰賴電腦程式的運算。幸好近代興起的結構方程式模型方法學及其應用程式（如：LISREL、AMOS、EQS、MPLUS等），都有此計算功能。讀者只要花些時間學會如何操作電腦程式，即可完成此交叉驗證的艱鉅任務。

最後，當一個適配模型經過交叉驗證後，仍然獲得實徵資料的佐證和支持時，我們才能夠放心大膽的回答說：這樣的模型具有放之四海皆準的價值和實質的解釋效用。否則我們仍然需要透過模型的敘列搜尋過程，再次逐一地建立適配模型和驗證模型，直到獲得滿意的結果為止，才算完成一份完整量表發展的研究工作。

第七章

各種 Rasch 測量模型

自從統計學家 Stevens（1946）提出測量變項概念的分類後，當前的社會科學與行為科學研究者都知道根據測量精確度的不同，將測量變項的屬性劃分成四類：名義的（nominal）、次序的（ordinal）、等距的（interval）、比率的（ratio）等四大類型。這種分類方法，不僅深受國內許多統計學教科書的青睞與支持採用（如：余民寧，2012），更是古典測驗理論據以發展量表工具的測量理論基礎之所在。

根據古典測驗理論的真實分數模式說法，受試者在測驗中每道試題上的作答得分加總，即為其測驗總分，可被當作一項連續性變項使用，其分數愈高，即表示受試者在某項測量結果的表現程度愈好或愈高，研究者便可以利用該分數值來進行個別差異的比較（如：甲生的程度比乙生高 10 分）、評估進步幅度（如：甲生這次段考的成績比上次段考進步 15 分），甚至進行團體平均程度的差異比較等（如：女學生的平均得分比男學生高 5 分）。這種利用測驗總分來進行比較與評比的做法，其實都是基於假設該分數係具有等距量尺的特性而來——即分數與分數之間，可以進行無窮的分割、可比較大小，以及可以進行加減的算術運算。然而我們只要仔細的審視，即可發現這種假設是與事實不符的，充其量測驗總分僅具有次序量尺（ordinal scale）的特性而已——即分數與分數之間，只能分出類別的不同，進行類別間的大小、優劣、次序關係的比較而已，並無法進行算術的四則運算。顯然這種傳統做法是有問題的，因為事實上，測驗試題之間與受試者能力之間是無法再進行分割的（因為在一般測驗情境中，題數與人數均已固定），分數間的差異只是相對的概念（如：10 分比 5 分高，但高多少才算高？卻是一種主觀的判斷），而非絕對的概念（如：60 分比 55 分高 5 分，其涵義不等同於 90 分比 85

分高 5 分），這是由於我們在「做比較時」沒有固定的參照原點（original zero point）可做依據而造成錯誤判斷的緣故。所以若要真正進行比較大小，且能指出比較的涵義所在的話，則我們勢必要有一個可提供比較的固定參照點才行，否則在題數與人數均已固定的一般測驗情境中，比較差異是有問題的，這也是古典測驗理論的測量不夠精確而飽受批評的地方。

　　因此，本章的目的即在說明能夠克服古典測驗理論假設不足的試題反應理論，它在量表編製與發展上的應用情形。由於試題反應理論的模型眾多，無法在此一一明述，對該理論模型感興趣的讀者，可以逕行參考拙著（余民寧，2009）的詳細介紹。本章僅介紹其中一種最常被應用的模型——Rasch 測量模型（Rasch measurement model），作為量表編製與發展議題的新理論模型。由於 Rasch 測量模型的家族成員眾多，對此成員分類感興趣的讀者亦可參閱相關的資訊（如：余民寧，2009；Masters & Wright, 1984）。本章以下各節，僅挑選其中最具應用價值的幾種模型作說明。

第一節　單向度二元計分的 Rasch 模型

　　上述測驗總分的運用概念還有一項缺點，那就是我們對受試者能力間的比較，以及對試題難易程度的推論，都是缺乏樣本獨立（sample independent）與測驗獨立（test independent）特性的。換句話說，我們係以測驗總分高低來定義受試者能力程度的高低：當試題很困難時，受試者的得分偏低，我們就認定這些受試者能力程度低；反之，當試題很簡單時，受試者的得分偏高，我們就認定這些受試者能力程度高。所以我們解釋受試者能力高低的因素，是取決於我們所使用的測驗試題難易程度的特性，這種現象即是所謂的「測驗依賴」（test dependent）。同理，我們也是以受試者答對試題的人數百分比（即答對率），來定義該測驗試題難易程度的高低：當受試者能力程度高時，答對率就高，我們就認定這些試題的難度偏低（或偏易）；反之，當受試者能力程度低時，答對率就低，我們就認定這些試題的難度偏高（或偏難）。所以，我們解釋測驗試題難易程度高低的因素，是取決於參與這次測驗的受試者能力程度的

特性，這種現象即是所謂的「樣本依賴」（sample dependent）。由於缺乏樣本獨立與測驗獨立的特性，使得古典測驗理論在測量精確性（precision of measurement）問題上，是飽受批評的。它的測量不僅是不精確，連後續的應用與推論也是有問題的，絲毫沒有「客觀性」（objectivity）可言。

　　測量變項要具有客觀測量的特性，其本身即必須具有可供參照比較的原點才行；換句話說，資料的測量屬性至少要具有等距量尺或比率量尺（ratio scale）的特性，測量才能提供參照比較的原點，且資料本身也可以進行加減與乘除的算術四則運算。在具有這種測量屬性的資料之下，研究者若要估算受試者的能力程度時，是無須考慮他們使用何種試題來施測的，也就是符合「測驗獨立」的要求；同樣的，研究者若要估算試題的難易程度時，也是無須考慮到底是哪些受試者來作答此一試題的，也就是符合「樣本獨立」的要求。這種能夠符合「測驗獨立」與「樣本獨立」要求的測量，才是真正具有客觀測量的特性。在自然科學領域中，具有客觀測量屬性的測量變項（如：物理學）是常見的事。但在社會科學與行為科學領域中，測量變項要具有客觀測量屬性，倒是不容易見到的事，除非研究者特意去採行某種新式的測量模型，而 Rasch 測量模型及其家族成員，即是其中一例。

　　Rasch 測量模型，源自丹麥數學家 Georg Rasch（1960/1980）所提出用來評估智力與成就的數學模型，後經 B. D. Wright（1977; Wright & Douglas, 1977a, 1977b; Wright & Masters, 1982; Wright & Panchapakesan, 1969; Wright & Stone, 1979）引進美國芝加哥大學加以發揚光大，及其後繼學生與其他學者專家們的共襄盛舉，終於成就成為當今的研究與發展趨勢。筆者在《試題反應理論（IRT）及其應用》一書（余民寧，2009，頁 322-324）裡，即已評論 IRT 的未來發展趨勢之一為：「在心理測驗（以人格測驗或態度測量為代表）上，則明顯趨向應用 1PL 或 Rasch 模式，作為建構測量工具或理論的依據，甚至有逐漸走向多向度 IRT 模式的應用與推廣趨勢」，尤其「陸續在心理測驗（特別是人格測驗、態度測量、甚至是各種使用李克特氏評定量尺方式作答的測量工具之發展，以及結合認知心理學理論）的應用上成長茁壯，儼然已經成為測量理論發展的主流架勢」。由此可見，Rasch 測量模型對編製與發展一套優良的

測量工具而言，其重要性是不言可喻的。

　　底下各節所介紹的，即是各種Rasch測量模型在量表編製與發展上的應用情形。

　　假設受試者 n 的能力（或潛在特質）程度為 θ'_n，試題 i 的難度（或閾值）程度為 b'_i，則在二元計分的試題上，受試者 n 答對試題 i 的機率值為 P_{ni1}，答錯的機率值為 P_{ni0}，且 $P_{ni1} + P_{ni0} = 1$，$P_{ni0} = 1 - P_{ni1}$。根據Rasch的測量模型，係將受試者的能力參數與試題的難度參數定義在一個相同的量尺單位上，並且定義所謂的「勝算」即是指答對該試題機率相對於答錯該試題機率的比值，可以表示如下：

$$\text{odds} \equiv \frac{P_{ni1}}{P_{ni0}} = \frac{\theta'_n}{b'_i} \qquad (7\text{-}1)$$

　　因此，今假設有甲生和乙生各作答相同的試題 i，則兩人答對該試題的勝算比值（odds ratio）為：

$$\frac{\text{odds}_{\text{甲 } i}}{\text{odd}_{\text{乙 } i}} = \frac{\theta'_\text{甲}/b'_i}{\theta'_\text{乙}/b'_i} = \frac{\theta'_\text{甲}}{\theta'_\text{乙}} \qquad (7\text{-}2)$$

　　換句話說，甲乙兩人答對試題 i 的勝算比，即是他們兩人能力程度的比值，與他們作答哪一個試題無關，這就是所謂「客觀測量」的特性——即測量符合「測驗獨立」的假設需求。如果甲生的能力程度是乙生的兩倍，那麼，甲乙兩人的勝算比依然維持著 2 倍的比值，無論甲乙兩人原本的能力程度即是很高或很低。因此，θ'_n 具有客觀與比率量尺的特性。

　　同理，如果針對公式 7-1 的式子取自然對數（log），即為對數勝算比（log odds ratio），則

$$\text{logit}_{ni} \equiv \log(\text{odds}_{ni}) = \log\left(\frac{\theta'_n}{b'_i}\right) = \log(\theta'_n) - \log(b'_i) \equiv \theta_n - b_i \qquad (7\text{-}3)$$

　　其中，$\theta_n \equiv \log(\theta'_n)$，且 $b_i \equiv \log(b'_i)$。因此，公式 7-2 的式子取自然對數後，即為：

$$\log\left(\frac{\text{odds}_{\text{甲}i}}{\text{odds}_{\text{乙}i}}\right) = \text{logit}_{\text{甲}i} - \text{logit}_{\text{乙}i} = (\theta_\text{甲} - b_\text{i}) - (\theta_\text{乙} - b_\text{i}) = \theta_\text{甲} - \theta_\text{乙} \qquad (7\text{-}4)$$

由此可見，甲乙兩人答對試題 i 的對數勝算比的差，即為兩人能力程度值的差，也是與他們作答哪一個試題無關。所以經過對數（log）轉換後的 θ_n，也是一樣具有「客觀測量」的特性——即測量符合「測驗獨立」的假設需求。再者，如果甲生的能力程度比乙生多出兩個單位的 logit（即對數單位），無論甲乙兩人原本的能力程度是很高或很低，則這兩個對數勝算比之間相差兩個單位的 logit 差距，還是會維持不變的。因此，θ_n 也是具有客觀與等距量尺的特性。

所以根據公式 7-1 和公式 7-3 所示，可以反推回去導出受試者 n 答對試題 i（即作答反應為 1 者）的機率如下：

$$P_{ni1} = \frac{\exp(\theta_\text{n} - b_\text{i})}{1 + \exp(\theta_\text{n} - b_\text{i})} \qquad (7\text{-}5)$$

其中，exp 是自然指數 2.718；公式 7-5 所示，即是二元計分下的 Rasch 測量模型。換句話說，若知道甲生的能力程度為 1 個單位的 logit，而第一道試題的難度程度為 -1 個單位的 logit 時，則代入公式 7-5 裡計算，即可求得甲生答對第一道試題的機率為：

$$P_{ni1} = \frac{\exp\left[\,1 - (\text{-}1)\,\right]}{1 + \exp\left[\,1 - (\text{-}1)\,\right]} = 0.88$$

在公式 7-5 所示的 Rasch 測量模型中，有一個差值定義公式的概念很重要，那就是：$(\theta_\text{n} - b_\text{i})$。也就是說，受試者的能力程度與試題的難度程度，是定義在同一個方程式上的。當 $(\theta_\text{n} - b_\text{i}) = 0$ 時，也就是 $\theta_\text{n} = b_\text{i}$ 時，受試者 n 答對試題 i 的機率即為 $P_{ni1} = 0.5$；當 $(\theta_\text{n} - b_\text{i}) > 0$ 時，也就是 $\theta_\text{n} > b_\text{i}$ 時，受試者 n 答對試題 i 的機率即為 $P_{ni1} > 0.5$；而當 $(\theta_\text{n} - b_\text{i}) < 0$ 時，也就是 $\theta_\text{n} < b_\text{i}$ 時，受試者 n 答對試題 i 的機率即為 $P_{ni1} < 0.5$。如果我們把 $(\theta_\text{n} - b_\text{i})$ 的差值與答對試題 i 的機率之間的關係，劃成一條關係線來表示的話，這條關

係線即稱作「試題特徵曲線」（item characteristic curve, ICC），如圖 7-1 所示。由圖 7-1 所示可知，當（$\theta_n - b_i$）= 0 時，答對試題 i 的機率為 0.5，當（$\theta_n - b_i$）= 1 時，答對試題 i 的機率為 0.73，當（$\theta_n - b_i$）= 2 時，答對試題 i 的機率為 0.88，而當（$\theta_n - b_i$）= 3 時，答對試題 i 的機率為 0.95；相對的，當（$\theta_n - b_i$）= -1 時，答對試題 i 的機率為 0.27，當（$\theta_n - b_i$）= -2 時，答對試題 i 的機率為 0.12，而當（$\theta_n - b_i$）= -3 時，答對試題 i 的機率為 0.05。所以，θ_n 與 b_i 的定義同屬同一單位，兩者可以相加減；換句話說，b_i 也是具有等距與客觀測量的特性。

由公式 7-3 和公式 7-4 可知：

$$\frac{\text{odds}_{\text{甲} i}}{\text{odds}_{\text{乙} i}} = \frac{\theta'_\text{甲}}{\theta'_\text{乙}} = \exp(\theta_\text{甲} - \theta_\text{乙}) \tag{7-6}$$

如果甲生的能力程度比乙生的能力程度多出 r 個單位的 logit 時，則表示甲生答對測驗的每一道試題的勝算（即 odds），即是乙生的 e^r 倍（e 為自然指數 2.718）。舉例來說，如果 $r = 2$ 時，即是指 $e^2 = 2.718^2 = 7.389$ 倍；若 $r = -2$ 時，即是指 $2.718^{-2} = 0.135$ 倍。依此類推。

從圖 7-1 所示可知，二元計分下的 Rasch 測量模型（如公式 7-5 所示），其試題的難度程度即定義在答對率為 0.5 時，所對應到（$\theta_n - b_i$）位置上的數值，因為它是一個待估計的變數，所以被稱作「難度參數」（difficulty par-

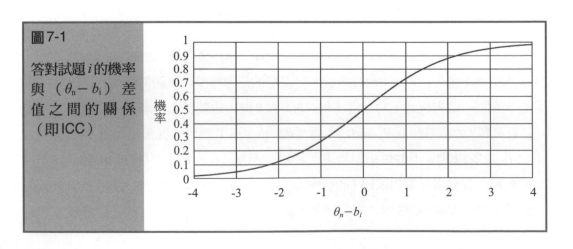

圖 7-1

答對試題 i 的機率與（$\theta_n - b_i$）差值之間的關係（即 ICC）

ameter），且由於它能夠標示試題特徵曲線的座落位置，故又稱作「位置參數」（position parameter）。因此假設有三道試題，其難度值各不相同，當把它們的試題特徵曲線畫在一起時，如圖 7-2 所示，我們即可從其難度值所在位置的不同，判斷出哪一道試題較困難，哪一道試題較簡單。

　　由圖 7-2 所示的難度值位置，我們可以得知第三題最困難（其難度值為 2 個 logit 單位），第一題最簡單（其難度值為 -1.5 個 logit 單位），而第二題較適中（其難度值剛好為 0 個 logit 單位）。同時，我們也可以得知：(1)隨著受試者的能力程度（即 θ_n）愈高，答對試題的機率便愈高。當 θ_n 趨近於無窮大時，答對試題的機率就趨近於 1；而當 θ_n 趨近於無窮小時，其答對試題的機率就趨近於 0。顯見，這些試題特徵曲線（ICC）是單調遞增的函數（monotonically increasing functions）；(2)這三條試題特徵曲線是不會交叉的。對所有不同能力程度的受試者而言，其答對第一題的機率永遠大於答對第二題的機率，而它也永遠大於答對第三題的機率；這也就是說，對所有不同能力程度的受試者而言，第一題是最簡單的，其次是第二題，最困難的是第三題；(3)試題特徵曲線是一條曲線，而不是直線。若是能力值（即 θ_n）與答對試題機率（即 P_{ni1}）之間的關係，係呈現一條直線的話，則當能力值趨近於無窮大或趨近無窮小時，會導致答對試題機率大於 1 或小於 0 的結果；如此一來，便與機率的概念定義不符。所以，試題特徵曲線不適宜以直線方式來表示能力與答對率之

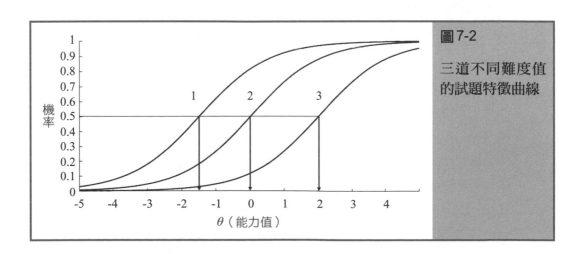

圖 7-2

三道不同難度值的試題特徵曲線

間的對應關係。

在一般的教育測驗情境裡（如：成就測驗），受試者的作答反應一般只分成答對或答錯（是或否、成功或失敗、通過或不通過）等二元計分的情形，此時運用 Rasch 測量模型於其中，係具有絕佳的描述與預測功用的。在描述方面，它可以清楚說明受試者能力與試題難度之間的關係、受試者之間的能力差異，以及試題之間的難度差異；而在預測方面，它可以用來預測具有某個能力值的受試者，他在作答某個難度值的試題時，其答對機率是多少的問題。這些功用，都是原始測驗總分或其線性轉換分數，所無法辦到的。即使在一般的心理測驗情境裡（如：人格測驗或態度測驗），只要是使用二元計分的情形下，Rasch 測量模型也都一體適用，並具有相同的功用。

由公式 7-5 所示可知，Rasch 測量模型中有兩個決定性的未知參數需要被估計，那就是受試者的能力參數 θ_n 和試題的難度參數 b_i。因此，我們也可以這麼說，Rasch 測量模型是由受試者的能力參數 θ_n 和試題的難度參數 b_i，所組合而成的一道機率函數關係。所以我們只要能夠確定 θ_n 和 b_i 的數值大小，即可計算出答對試題的機率是多少。但問題是：我們如何確定 θ_n 和 b_i 的數值大小呢？此即涉及到複雜的參數估計問題。對此參數估計問題感興趣的讀者，可以詳讀拙著（余民寧，2009，第四、五章）的說明；由於估計這些參數的演算法十分複雜與多元，需具備數值分析（numerical analysis）、電腦程式設計（computer programming）、數理統計學（mathematical statistics）的背景知識，且目前都已有現成的電腦套裝軟體程式可以協助估算了，故本章在此不擬贅述。

現代學習 Rasch 測量模型的方法，除了瞭解其理論與模型外，當然也需要同步學習通用的套裝軟體程式，以便協助學習者估算各種所需要的參數。本書擬介紹的電腦軟體程式（詳見第八章的範例使用說明），可用來估計受試者的能力參數 θ_n 和試題的難度參數 b_i，以及其他相關的統計指標。雖然使用不同電腦軟體程式去估計同一個能力參數與試題參數，會獲得稍微不同的數值分析結果，這是由於不同程式使用不同演算法設計的緣故；因此，進行跨程式之間參數估計值的比較是沒有意義的，除非讀者的目的即是在探討和比較不同程式

之間演算法估計效益的問題，但這不是本書所要強調的重點。此外，電腦軟體程式在進行參數估計之前，通常都有一個基本假設前提需要先被滿足，亦即是指所欲進行分析的資料結構與所欲採用的理論模型之間，必須具有理想的適配度情形才行。當這種假設條件被滿足時，電腦程式所估計出來的受試者能力參數與試題難度參數，才會具有精確與穩定的估計值特性。因此，本章及以後各章在討論各種受試者能力參數和試題難度參數時，都是指先滿足資料與模型間的適配度後，根據電腦軟體程式所估計出來的結果。

第二節　單向度多元計分的評定量尺模型——RSM

　　Rasch 測量模型除了可應用到傳統的二元計分資料外，它還有可適用於多元計分情況下的其他家族成員模型；評定量尺模型（rating scale model, RSM）即是其中之一，它也是針對傳統李克特氏量尺而來的最為典型代表之一。

　　李克特氏量尺是當今心理學界或其他社會科學學門領域裡，用來快速收集大量樣本的態度（attitude）或意見（opinion）資料的工具，舉凡當今使用的問卷調查法研究設計，大多數都是使用李克特氏量尺來作為問卷題目的設計格式。李克特氏量尺的最基本構造，係由兩個部分所組成：一個是針對所擬測量的態度問題所進行的提問敘述，稱作「題幹」；另一個則是提供給受試者表達或圈選作答意見的「反應選項」，反應選項的常見格式為：「非常不同意」（strongly disagree, SD）、「不同意」（disagree, D）、「中立」（neutral, N）、「同意」（agree, A）、「非常同意」（strongly agree, SA）。習慣上，此種量尺的設計即稱為「李克特氏五點量尺」（Likert-type five-point scale）。當然，李克特氏量尺也有其他不同的設計格式，近年來趨向使用偶數點量尺的設計方式，以防止不合作的受試者傾向勾選「中立」選項，而污染所收集到資料的真實概況。因此偶數點的李克特氏量尺設計（其中，四點或六點量表的設計較為常見），將有助於強迫受試者明確表達態度或意見（無論是同意或不同意、贊成或反對），以落實資料收集能夠達到精確的目的。

　　傳統上，李克特氏量尺是為了改良二元計分量尺（反應選項僅分成對或

錯、是或否、同意或不同意、成功或失敗等兩種類別選擇）的設計而來，希望將受試者的二元計分資料中的每一元，再進一步區分成強弱、大小或高低等不同等級的類別，以便將受試者的態度或意見進一步區別出來，達到最大的變異程度（即異質性達到最大）。因此，它有一些基本假設和特色：

1. 反應選項的計分方式是依序遞增或遞減的，端賴題幹問題的敘述是正向的（positive）或反向的（negative）。通常，在正向的題幹問題敘述中，其計分方式常常是將勾選「非常不同意」者計 1 分、勾選「不同意」者計 2 分、勾選「中立」者計 3 分、勾選「同意」者計 4 分、勾選「非常同意」者計 5 分，依序遞增；而在反向的題幹問題敘述中，其計分方式常常是將勾選「非常不同意」者計 5 分、勾選「不同意」者計 4 分、勾選「中立」者計 3 分、勾選「同意」者計 2 分、勾選「非常同意」者計 1 分，依序遞減，此做法即是所謂的「反向計分」（backward scoring or negative scoring）。

2. 根據受試者在每一題上所勾選反應選項的計分，逐題加總後所得的受試者總分（total scores），即被視為是一個屬於比率變項（ratio variable），或至少屬於等距變項（interval variable），適合使用加減乘除四則運算，以進行後續的統計分析。

3. 上述得分的加總方式，即意味著每一個反應選項的相對重要性或價值性是一致的，且跨選項之間分數的累進單位，亦被視為是一致的。換句話說，如果勾選「非常同意」者計為 5 分的話，那它的數量價值，是勾選「非常不同意」者計為 1 分者的 5 倍數量，且每一題的計分方式，在整份量尺中均維持一致的做法。

4. 前述總分的取得方式，亦意味著每一個題目的相對重要性或價值性，對總分而言都是一致的。換句話說，總分是指根據每一題目的原始分數加總而得，而非指加權總分（即將每題得分乘上其權重，再全部加總起來），在此，亦即將每一題目的權重均設定為一致，通常都是指設定為 1。

5. 量尺中的每一個題目，其背後都共享一個潛在變項或因素。換句話說，量尺中的每一個題目，都被設計或發展出來測量到一個相同的潛在變項或因素。

6. 在李克特氏量尺上總分相同的兩位受試者，即被視為其具有的潛在變項或因素是相同的。亦即量尺得分的總分相同，即表示受試者所具有的能力或潛在特質均相同，不考慮他們在整份量尺上的作答反應組型（response patterns）是否相同。

　　然而，量表發展者要設計出符合上述特色與假設的量表題目，實非容易。例如，以在實務上的計分為例，量表發展者往往忽略因為每道題目問題敘述的語意、內涵或測量目標的些微不同或明顯差異（尤其是複本題目的設計），而導致每個反應選項對每位受試者而言，都具有不等值的判斷和認知，因而在每個反應選項上表達出強弱不一的選擇結果，甚至有些反應選項出現都沒有受試者選擇它的現象，亦即是出現「空格」（empty cell）。這些計分實務上的現況，將導致每個題目的實際反應選項數目設計（如：原擬為五點量尺設計）與現實狀況（如：因為有一些反應選項沒人選，而變成四點量尺或三點量尺的實況）不同，而違反上述李克特氏量尺的基本假設。

　　另一方面，李克特氏量尺的計分，是將每一個題目的得分加總起來而得，因此視每一個題目的相對重要性或價值性都是一致的。然而在現實生活中，我們對生活周遭各種態度或意見的測量，卻是都具有強弱或好惡不一的選擇頻率存在的，不太可能出現我們對每一種態度或意見的看法，都維持一致、不變、等值的判斷與認知結果。然而在李克特氏量尺的計分中，卻又將每一個題目的權重設定為一致（通常都是設定為 1），這將導致量表設計的事實狀況與理論期望的不符，加重傳統上（依據古典測驗理論而來）對李克特氏量尺計分做法的不適當性。

　　此外，就李克特氏量尺的每一個題目的計分而言，其測量屬性仍屬次序變項（ordinal variable），不適宜進行加減的運算；因此，從「非常不同意」到「非常同意」，原始計分成 1 到 5 分，若改成計分為 0 到 4 分的話（因為有許多 IRT 程式是如此設定預設值的），雖然反應選項間的次序關係維持不變，不影響次序變項的測量屬性，但加總後的總分（屬等距變項屬性）卻有明顯不同，其數值涵義的大小或強弱，亦跟著改變。這種現象反應出，個別題目層次係屬次序變項的假設，但加總後卻變成等距變項的假設，彼此間的假設是互相

矛盾的，彼此無法相容，顯示出依據古典測驗理論而來的傳統加總計分方式是有問題的，不僅忽略受試者作答反應組型不同即具有不同的數值分析涵義，導致理論期望無法被現實計分方式所支持，連在後續詮釋受試者的能力或潛在特質意義，以及詮釋每個題目的難度（或閾值）參數時，也都無法前後連貫、自圓其說的解釋清楚。

因此，針對上述「空格」問題的計分、將最低層級的反應選項改計分成由0分開始、考量受試者作答反應組型結構的不同、每一個題目的相對重要性或價值性是否應該維持一致、每一個反應選項的計分權重是否應該維持相同等困難的問題，都不是依據古典測驗理論而來的傳統加總計分方式可以輕易解決的。為了能夠一併解決上述這些李克特氏量尺的傳統計分問題，選擇使用針對此問題發展而來的 Rasch 評定量尺模型，即為一項創舉。

評定量尺模型原先是由 Andrich（1978a, 1978b, 1978c, 1978d, 1979, 1982, 1988a, 1988b）所提出，它的公式可以表示如下：

$$P_{ix}(\theta_n) = \frac{\exp\left\{\sum_{j=0}^{x}[\theta_n - (b_i + \delta_j)]\right\}}{\sum_{x=0}^{m}\exp\left\{\sum_{j=0}^{x}[\theta_n - (b_i + \delta_j)]\right\}},$$

$$\sum_{j=0}^{0}[\theta_n - (b_i + \delta_j)] = 0, \quad x = 0, 1, 2, ..., m \qquad (7\text{-}7)$$

其中，$P_{ix}(\theta_n)$ 即指受試者 n 在第 i 題上勾選（或獲得）x（$x = 0, ..., m_i$）分的機率，b_i 指第 i 題的位置（即難度）參數（item location parameter），δ_j 指每個試題共有的第 j 個類別（即閾值）參數（category intersection parameter），θ_n 指第 n 名受試者的能力或潛在特質參數（ability or latent trait parameter）。

公式 7-7 的涵義，即是指具有能力值為 θ 的受試者 n，他在第 i 題上選擇某個反應選項結果得 x 分的機率，可由公式等號右邊的式子來表示。在公式 7-7 的右邊式子裡，δ_j 係界定在相鄰兩個類別反應選項間的相交位置，特稱此為「類別閾值」或「類別門檻值」（category threshold）參數，它是把關受試者選擇「不同意」而非選擇「非常不同意」、選擇「中立」而非選擇「不同

意」、選擇「同意」而非選擇「中立」、選擇「非常同意」而非選擇「同意」
的門檻值或困難度值，共計有 $m-1$ 個參數，m 為反應選項的個數，且對量
表中的每一個題目而言，都採取相同的界定方式。而 b_i 的界定方式，則與二
元計分 Rasch 模型的難度（或稱位置）參數相同。因此在一份具有 k 個題目的
問卷，拿給 N 名受試者填答後的資料結果中，若採行 Rasch 的 RSM 作為計分
的依據時，研究者將可總共獲得 $N + k +(m-1)$ 個參數值；其中，N 個受試
者能力參數（每人一個），k 個題目難度參數（每題一個），以及共有 $(m-1)$
個閾值參數（全部問卷題目都共享一個相同的閾值結構設計；亦即，每一題都
使用相同的 k 點量尺的李克特氏量尺格式）。

　　光從上述的補充說明，讀者還是很難讀懂或看懂公式 7-7 所要表達的涵
義。若把它的得分內涵一個一個展開來看，讀者也許就比較能理解它到底在說
明什麼。為簡化說明起見，茲舉以一份李克特氏四點量尺的問卷為例，說明如
下：它將具有 3 個門檻值（即 $m-1 = 4-1 = 3$），四種反應選項的計分方
式，分別為勾選「非常不同意」、「不同意」、「同意」、「非常同意」選項
者，分別計 $0, 1, 2, 3$ 分或 $1, 2, 3, 4$ 分不等；而每一種得分的計分公式，可以分
別表達如下：

$$P_0(X_i = 0\,|\,\theta_n) = \frac{1}{1 + \exp(\theta_n - b_i - \delta_1) + \exp(2\theta_n - 2b_i - \delta_1 + \delta_2) + \exp(3\theta_n - 3b_i - \delta_1 - \delta_2 - \delta_3)}$$

$$P_1(X_i = 1\,|\,\theta_n) = \frac{\exp(\theta_n - b_i - \delta_1)}{1 + \exp(\theta_n - b_i - \delta_1) + \exp(2\theta_n - 2b_i - \delta_1 - \delta_2) + \exp(3\theta_n - 3b_i - \delta_1 - \delta_2 - \delta_3)}$$

$$P_2(X_i = 2\,|\,\theta_n) = \frac{\exp(2\theta_n - 2b_i - \delta_1 - \delta_2)}{1 + \exp(\theta_n - b_i - \delta_1) + \exp(2\theta_n - 2b_i - \delta_1 - \delta_2) + \exp(3\theta_n - 3b_i - \delta_1 - \delta_2 - \delta_3)}$$

$$P_3(X_i = 3\,|\,\theta_n) = \frac{\exp(3\theta_n - 3b_i - \delta_1 - \delta_2 - \delta_3)}{1 + \exp(\theta_n - b_i - \delta_1) + \exp(2\theta_n - 2b_i - \delta_1 - \delta_2) + \exp(3\theta_n - 3b_i - \delta_1 - \delta_2 - \delta_3)}$$

　　故，將上述四種得分方式的各別機率加總起來，總和一定等於 1，計分方
式十分符合機率理論的定義方式。亦即將上述四種得分的計分公式加總後，即
可獲得公式 7-7 所示的計分通式；也就是說，每一位能力值為 θ_n 的受試者，

他在任何一題四點的李克特氏量尺題目中，選擇每一種可能的作答反應選項的各別機率之和，一定滿足總和為 1 的機率基本定義要求，不會有總和超過 1 的情況出現。

　　Andrich 所提出的 RSM 計分公式，除符合機率的基本定義方式外，尚具有下列幾項的基本假設和特色：

1. 各反應選項間的門檻值（即閾值），是依序遞增或依序遞減的；換句話說，不是 $\delta_1 < \delta_2 < \delta_3 < \delta_4$，便是 $\delta_1 > \delta_2 > \delta_3 > \delta_4$，端看題目的題幹敘述方式是正向的或反向的而定。萬一資料分析結果有出現違反此次序假設的情況者，通常即表示該量表題目的設計方式有問題（如題意不清或隱含兩個以上的測量概念或建構）或該題的計分沒有採用反向計分、或該筆資料與 RSM 模型間並不適配（data do not fit the model），此時研究者需要改使用其他模型來替代分析該筆資料，或修改該題的題意表達方式，或檢查該題的計分有無反向計分。

2. 各反應選項間的門檻值（即閾值）差距，允許其呈現不等值的情況出現，但量表中所有題目的門檻值間的差距，都維持或共享一套相同的界定方式；換句話說，每個題目內相鄰兩個閾值之間的差距，可以不必相等，亦即 $\delta_1 - \delta_2 \neq \delta_2 - \delta_3 \neq \delta_3 - \delta_4$，也就是說，允許每個反應選項的相對重要性或價值性彼此是不相同的。此問題將反應在各個閾值的估計是不等值的且間距是不等距的現象上，但估計值的大小仍維持依序遞增或依序遞減的排列順序關係。

3. 同一位受試者無論其能力值高低，他選擇某題目中各個反應選項的機率值，將介於 0 與 1 之間，亦即 $0 < P_{x=m} < 1$；但各個反應選項的機率值之總和，一定等於 1，以符合機率的基本定義方式。

4. 欲使用 RSM 作為資料分析的依據時，通常都必須使用大樣本的受試者，以避免某個反應選項出現「空格」現象，因為它代表的是遺漏值的意思，會妨礙資料的分析與各種試題參數（如：題目難度與反應選項間的閾值）的估計。但把最低層級的反應選項（如勾選「非常不同意」者）改計分成由 0 分開始，卻不會妨礙 Rasch 相關的電腦程式的估計運算，因為它並沒

有改變各反應選項間的次序關係，且已有許多 IRT 程式均是如此設定預設值的。

5. 當使用 RSM 作為李克特氏量尺資料的分析依據時，若發現模型與資料之間不適配的話，有時不是因為樣本數過少所造成的結果，而是因為少數樣本呈現「不尋常作答反應組型」的現象所致。此時，只要診斷出這些受試者是誰，將其整筆資料刪除（如果樣本數夠多的話），或找出造成這種不尋常現象的可能原因所在，並將其資料更正，即可恢復資料與模型適配的估計結果。因此，RSM 可用於診斷或偵測不尋常作答的受試者，或找出關鍵少數的受試者族群，是一種很不錯又實用的資料偵測工具。

第三節　單向度多元計分的部份計分模型——PCM

1982 年，美國芝加哥大學 MESA 心理計量實驗室的學者 Geofferey N. Masters，詳細評閱歷史文獻，從 G. Rasch 原始的二元計分模型（Rasch, 1960/1980）、B. Wright 對客觀測量的詮釋與論述（Wright, 1977; Wright & Panchapakesan, 1969; Wright & Stone, 1979）、F. Samejima 對等級計分（graded scores）測量模型的定義和詮釋（Samejima, 1969）、D. Andrich 對評定量尺模型的提議（1978a, 1978b, 1978c, 1978d, 1979, 1982, 1988a, 1988b），以及其他類型計量資料的測量與計分方式，終於提出一個 Rasch 家族測量模型的通式，稱作「部份計分模型」（partial credit model, PCM）（Masters, 1982）。部份計分模型幾乎將所有二元計分、評定量尺（rating scale）計分、二項式嘗試（binomial trials）計分、波氏計次（Poisson counts）計分、部份計分（partial credit）等類型的計量資料，都涵蓋在此測量模型的計分範疇內，因此說是 Rasch 家族測量模型的通式，實不為過（Masters & Wright, 1984）。

Masters（1982）所提議的部份計分模型，係參考前述各種計量資料的不同計分屬性，將試題參數再加以細部分成每個試題內各步驟參數（step parameters）或閾值（thresholds）的計分概念，並且將它定義為相鄰兩個作答反應類別函數的交叉點（adjacent categorical response function intersection）或相鄰兩

個反應類別函數得分機率相等之處，以此作為求取試題參數與受試者參數的測量模型。PCM 可以適用的資料範圍相當廣，舉凡下列各種資料類型，無論是教育測驗或心理測驗資料，均可適用：

1. 可區分為答對與答錯（通過與不通過、及格與不及格、精熟與不精熟等方式）的二元計分資料，如：是非題、檢核表（check-list）等考試題目。

2. 李克特氏評定量尺（從非常不滿意到非常滿意、非常不同意到非常同意等四點量尺）的計分資料，如：問卷、心理量表、調查表的使用。

3. 作文閱卷或申論題（評定為優良可劣、甲乙丙丁等層級等第）的評分資料，如：口試、作文、申論題、實作評量的評分。

4. 科學或數學科解題步驟的論述題（詳細寫出每一個解題步驟者得 3 分、僅寫出兩個步驟者得 2 分、寫出一個步驟者得 1 分、寫不出來或寫錯者得 0 分）計分資料，如：數學證明題的使用。

5. 選擇題可給予部分答對者部分得分（全部答對得 3 分、大部分答對得 2 分、小部分答對得 1 分、答錯或空白未作答得 0 分）的計分資料，如：幼兒園入學的認知測驗。

6. 藝術品或藝能表現競賽（評定為第 1 名、第 2 名、第 3 名等）的評分資料，如：金馬獎、金鼎獎、金像獎、金曲獎的評審資料。

7. 題組題（testlet or item bundle）等選擇題型的變形設計題目的得分資料，如：素養導向的考試題目。

　　以上都是 PCM 可以處理的對象，也都是它的特例之一。因此，根據針對步驟參數的定義方式——相鄰兩個作答反應類別函數的交叉點，或相鄰兩個反應類別函數得分機率相等之處，受試者在某一試題上得 x 分而非得 $x-1$ 分的機率，即被定義為：

$$\frac{p_{ix}}{p_{ix-1}+p_{ix}}=\frac{\exp(\theta_n-b_{ij})}{1+\exp(\theta_n-b_{ij})} \tag{7-8}$$

　　其中，得 x 分的機率即可表示為：

$$P_{ix}(\theta_n) = \frac{\exp\left[\sum_{j=0}^{x}(\theta_n - b_{ij})\right]}{\sum_{k=0}^{m_i}\left[\exp\sum_{j=0}^{k}(\theta_n - b_{ij})\right]},$$

$$\sum_{j=0}^{0}(\theta_n - b_{ij}) = 0 \text{，} \quad x = 0, 1, 2, ..., m \qquad （7\text{-}9）$$

此即 PCM 的公式；其中，$P_{ix}(\theta_n)$ 即指受試者在第 i 題上計 x ($x = 0, ..., m$) 分的機率，b_{ij} 係指第 i 題第 j 個步驟（或又稱「門檻」或「閾值」）難度參數（step difficulty parameter or threshold parameter），或稱第 i 題第 j 個步驟交叉點參數（step intersection parameter），θ_n 係指第 n 名受試者的能力或潛在特質參數。其實，公式 7-9 所示的涵義有點難懂，如果仍以一份李克特氏四點量尺的問卷為例來說明，讀者可能就比較容易瞭解其內涵所示：假設某李克特氏四點量尺問卷具有四種作答反應選項，3 個門檻值（即 $m - 1 = 4 - 1 = 3$），每個作答反應選項的計分為勾選「非常不同意」、「不同意」、「同意」、及「非常同意」選項者，分別計 0, 1, 2, 3 分或 1, 2, 3, 4 分不等；而把每一種勾選作答反應選項的計分公式展開來看，可以分別表達如下：

$$P_0(X_i = 0 \mid \theta_n) = \frac{1}{1 + \exp(\theta_n - b_1) + \exp(2\theta_n - (b_1 - b_2)) + \exp(3\theta_n - (b_1 - b_2 - b_3))}$$

$$P_1(X_i = 1 \mid \theta_n) = \frac{\exp(\theta_n - b_1)}{1 + \exp(\theta_n - b_1) + \exp(2\theta_n - (b_1 - b_2)) + \exp(3\theta_n - (b_1 - b_2 - b_3))}$$

$$P_2(X_i = 2 \mid \theta_n) = \frac{\exp(2\theta_n - (b_1 - b_2))}{1 + \exp(\theta_n - b_1) + \exp(2\theta_n - (b_1 - b_2)) + \exp(3\theta_n - (b_1 - b_2 - b_3))}$$

$$P_3(X_i = 3 \mid \theta_n) = \frac{\exp(3\theta_n - (b_1 - b_2 - b_3))}{1 + \exp(\theta_n - b_1) + \exp(2\theta_n - (b_1 - b_2)) + \exp(3\theta_n - (b_1 - b_2 - b_3))}$$

所以，把公式 7-9 的內涵一一展開後，我們可以發現它與 RSM 所表達的涵義很雷同，只差別在步驟難度參數的足標表達上而已。因此在 Rasch 家族測量模型的通式下，我們只要修改部份計分模型的試題參數表達方式，即可輕易轉換成其他家族成員的模型，參見表 7-1 所示（Masters & Wright, 1984）。

　　從公式 7-9 的 PCM 定義和表 7-1 轉換表可知，有幾點特色需要提出說明：

1. Rasch 二元計分模型是 PCM 的一個特例；當只考慮試題難度存在，而沒有步驟難度時，便是如此的模型。

2. 在 PCM 中，當受試者能力或潛在特質愈高時，他所勾選的作答反應選項得分應該被期望愈高，以反應出「部份計分」的價值；亦即受試者能力增加時，他獲得高分或選答得分高的類別選項的機率也會增加。

3. 在 PCM 中，它並不假設或限制每個試題內的步驟難度必須呈現依序遞增或依序遞減的排列，這點特色與 RSM 不同；換句話說，它放鬆對每個試題步驟難度的估計限制，完全看受試者在每個試題中各作答反應選項上的真實勾選（或解題）結果而定。因此在某個試題中，有可能出現第一個步驟難度最難，後續的第二、第三步驟較簡單；也有可能出現第二個步驟難度最難，其前後的第一、第三步驟均較簡單；也有可能出現依序的步驟是愈來愈困難或愈來愈簡單的現象。

4. 在 RSM 中，每一試題的試題難度參數各不相同，但是共享一組（即 $m-1$）相同的步驟難度參數；但在 PCM 中，每一試題的步驟難度參數，是允許它跨試題而異的。

表 7-1	轉換公式	模型名稱
Rasch 家族測量模型的轉換表	$b_{ij} = b_i$	Rasch 二元計分模型 （Rasch dichotomous model）
	$b_{ij} = b_{ij}$	部份計分模型 （Partial credit model）
	$b_{ij} = b_i + \delta_j$	評定量尺模型 （Rating scale model）
	$b_{ij} = b_i + \log\left(\dfrac{j}{m_i - j + 1}\right)$	二項式嘗試模型 （Binomial trials model）
	$b_{ij} = b_i + \log(j)$	波氏計次模型 （Poisson counts model）

　　至於試題配分權重（item weights）的決定問題，也是一項值得討論的議題。在一般常見的李克特氏四點量尺或認知能力測驗的計分中，都是將每一道試題的得分視為是一致的，亦即每一試題的配分權重都是相同的。但是在 PCM 的應用中，卻可以允許某些試題的配分權重與其他試題是不一樣的。當我們要如此應用時，即是假設試題中的每個解題步驟，允許它發揮不同的鑑別度功能，也就是說，有的步驟會比其他步驟具有較大或較小的鑑別作用或區辨作用。當這種情境發生時，即是把試題反應理論（IRT）的二參數對數型模型（two-parameter logistic model, 2PL）裡的試題鑑別度參數（item discrimination parameter）概念，加入到 PCM 中。此即 Muraki（1992, 1997）所提出的「概化部份計分模型」（generalized partial credit model, GPCM），其公式如下所示：

$$P_x(\theta) = \frac{\exp\left[\sum_{j=0}^{x} a_i(\theta - b_{ij})\right]}{\sum_{k=0}^{m_i}\left[\exp\sum_{j=0}^{k} a_i(\theta - b_{ij})\right]} ,$$

$$\sum_{j=0}^{0} a_i(\theta - b_{ij}) = 0, \quad x = 0, 1, 2, ..., m \qquad (7\text{-}10)$$

　　事實上，公式 7-10 比公式 7-9 只新增一個參數 a_i 而已，它的涵義即是指第 i 試題的試題鑑別度參數。若把這個 GPCM，仿照前述說明，一一將各種勾選作答反應選項的計分展開來，即可獲得下列所示：

$$P_0(X_i = 0 \mid \theta_n) = \frac{1}{1 + \exp a_i(\theta_n - b_1) + \exp a_i[2\theta_n - (b_1 - b_2)] + \exp a_i[3\theta_n - (b_1 - b_2 - b_3)]}$$

$$P_1(X_i = 1 \mid \theta_n) = \frac{\exp a_i(\theta_n - b_1)}{1 + \exp a_i(\theta_n - b_1) + \exp a_i[2\theta_n - (b_1 - b_2)] + \exp a_i[3\theta_n - (b_1 - b_2 - b_3)]}$$

$$P_2(X_i = 2 \mid \theta_n) = \frac{\exp a_i(2\theta_n - (b_1 - b_2))}{1 + \exp a_i(\theta_n - b_1) + \exp a_i[2\theta_n - (b_1 - b_2)] + \exp a_i[3\theta_n - (b_1 - b_2 - b_3)]}$$

$$P_3(X_i = 3 \mid \theta_n) = \frac{\exp a_i[3\theta_n - (b_1 - b_2 - b_3)]}{1 + \exp a_i(\theta_n - b_1) + \exp a_i[2\theta_n - (b_1 - b_2)] + \exp a_i[3\theta_n - (b_1 - b_2 - b_3)]}$$

　　因此，具有能力值為 θ 的受試者 n，他在每一試題的各個作答反應選項的得分權重，即可表示成 $a_i k \theta$，其中 a_i 為第 i 試題的試題鑑別度參數，k 為試題作答反應選項的編碼。例如，假設某一試題的試題鑑別度為 0.55，則他選答第一個反應選項的得分權重即表示為 1×0.55，選答第二個和第三個反應選項的得分權重即表示為 2×0.55 和 3×0.55。當資料適配各種 Rasch 測量模型時，信度係數值也會隨著估計參數數量的增加而微幅增加，通常 GPCM 所獲得的信度係數值會微幅高於 PCM，PCM 也會微幅高於 Rasch 二元計分模型。

　　當 Masters（1982）提出部份計分模型後，筆者即在思考有無可將一個參數的 PCM，延伸成為「兩個參數部份計分模型」（two-parameter partial credit model, TPPCM）（余民寧，1992b；Yu, 1991a, 1991b, 1993）。筆者提出的論點認為，在某些問卷調查的議題或特殊施測的測驗情境情形下，有可能發生某一試題內的某個解題步驟（或勾選某個作答反應選項）會比其他步驟來得更有鑑別作用，更能區別出受試者能力或潛在特質的不同。因此，筆者提議增加一個步驟鑑別度參數 a_{ij} 到 PCM 裡，而成為一個「兩個參數部份計分模型」（TPPCM）。這樣的 TPPCM，其公式可以表示如下：

$$P_x(\theta) = \frac{\exp\left[\sum_{j=0}^{x} a_{ij}(\theta - b_{ij})\right]}{\sum_{k=0}^{m_i}\left[\exp \sum_{j=0}^{k} a_{ij}(\theta - b_{ij})\right]},$$

$$\sum_{j=0}^{0} a_{ij}(\theta - b_{ij}) = 0, \quad x = 0, 1, 2, ..., m \qquad （7\text{-}11）$$

　　看起來，公式 7-11 比公式 7-10，只將試題鑑別度參數 a_i 多新增一個足標，而成為步驟鑑別度參數 a_{ij} 而已，它的涵義即是指第 i 試題的第 j 個步驟鑑別度參數。也就是說，TPPCM 比原來的 GPCM，更開放估計每個試題中的每個步驟鑑別度參數，並且允許步驟鑑別度參數得以跨試題而異，同時也允許研究者可針對每個試題中的任一步驟給予不同的配分權重；故，在估計參數的數量上來看，TPPCM 共需估計 $N + 2m(k - 1)$ 個參數，其中該資料具有 N 名受試者，m 個試題，每個試題有 k 個作答反應選項，兩種步驟參數（即步驟鑑別度

和步驟難度）。

　　過去，筆者所提的 TPPCM，需要套用筆者自行設計的電腦程式
（TPPCM）（Yu, 1991a）分析，它需要架構在大電腦主機上執行，既不方便
使用，且不易找尋到可以適配的資料。現在，它已被收錄在第二版以後的 Con-
Quest 程式（Wu, Adams, Wilson, & Haldane, 2007）裡，以及 R 語言中的 TAM
模組（Kiefer, Robitzsch, & Wu, 2013），並且被改稱為 KPCM，以用來表示類
別層次（category level）的 PCM（Wu et al., 2016），並與 GPCM 有所區隔。

　　誠如前述，在探討試題的配分權重決定上，使用 PCM 時，每個作答反應
選項的配分可能被研究者主觀的決定為 0, 1, 2, 3；而在 GPCM 時，每個反應選
項的配分可能被精確的估計為 $0, 0.55 \times 1, 0.55 \times 2, 0.55 \times 3$，0.55 假設為某一試
題的鑑別度參數值；但在 KPCM 時，則需要重新另行分開來估計每個步驟的
鑑別度參數，估計結果可能為 0, 1.12, 2.10, 1.64 不等。換句話說，當將這些
Rasch 家族測量模型應用到教育成就測驗或李克特氏量尺的計分時，某受試者
在某一試題上的得分，可以分別依據我們應用的資料分析模型來做決定：當應
用 PCM 來分析資料時，可以是依據研究者主觀的決定，分別獲得 0, 1, 2, 3 分，
假使受試者分別答對（或勾選出）每一個依序步驟的話；而應用 GPCM 來分
析資料時，則可以較精確的估計出受試者每答對（或勾選出）一個步驟時，可
以分別獲得 0, 0.55, 1.1, 1.65 分不等，每個步驟（或類別選項）得分之間，未
必一定要呈現等距及依序遞增或遞減的排列；但應用 KPCM（即 TPPCM）來
分析資料時，則更可以精確的估計出受試者每答對（或勾選出）一個步驟時，
應該可給予 0, 1.12, 2.10, 1.64 不等的配分權重，才能精確的反應出每個步驟間
的不同鑑別度功能——凡能夠答對（或勾選出）鑑別度參數較高的步驟者，應
給予較高的得分，以顯示能夠區別出不同能力值（或潛在特質）的受試者程
度。

　　此外，當某一筆資料均能適配 Rasch 家族測量模型時，KPCM 會比
GPCM、GPCM 模型會比 PCM，更具有較佳的適配度和稍高的信度係數估計
值。這是因為前者使用到較多的參數估計且提供較多的訊息量緣故，因此其適
配度通常都會較佳，且信度係數估計值也都會微幅提升一些。即使是繪製成期

望的得分曲線（expected scores curve）〔無論是從試題特徵曲線（ICC）或類別特徵曲線（category characteristic curve, CCC）的觀點來看〕，前者模型均會比後者模型，顯現出其觀察值更接近理論的期望值曲線，亦即前者模型較後者模型更貼近真實的觀察數據。

第四節　單向度的多面向模型──MFM

　　前三節所述，研究者所回收的量表測量資料計分格式，不是二元計分，就是多元計分。陽春型的 Rasch 測量模型非常適用於二元計分的資料（資料編碼為 0 與 1），而 RSM 與 PCM（含衍生的 GPCM 與 KPCM）則非常適用於多元計分的資料（資料編碼為 0、1、2、3 或 1、2、3、4 不等）。上述三種模型，都需要使用且估計兩類參數，才能決定該模型適配一筆特定作答反應組型下的機率值大小：一類為受試者的能力（或潛在特質）參數，另一類為試題的特徵參數（在 Rasch 模型下，僅使用到「難度」這個特徵而已，其他尚有「鑑別度」和「猜測度」兩個特徵未被使用到，在 IRT 中的 2PL 和 3PL 模型才會用到），可再細分為試題難度參數及步驟（或又稱「門檻」或「閾值」）難度參數，這兩類難度參數都是用來決定試題特徵曲線（ICC）和類別特徵曲線（CCC）的座落位置，因此又稱作「位置參數」。在參數估計數量上，RSM 共需估計 N 個受試者能力參數＋I 個試題難度參數＋J 個步驟難度參數；而在 PCM 裡，共需估計 N 個受試者能力參數＋I×J 個試題、步驟難度參數。有了這些基礎概念後，接下來就有助於瞭解本節所要介紹的 MFM。

　　除了上述受試者能力和試題難度這兩個參數會決定一筆作答反應組型的得分機率外，尚有其他因素也會影響或決定這一筆作答反應組型的得分機率。這些影響因素，就統稱作「面向」因素。它可以分成兩類，一類為影響受試者能力參數的因素，稱作「差異試題功能」（differential item functioning, DIF）因素，它所反應的現象是「某試題屬性與受試者所歸屬的某族群屬性之間產生交互作用」，因而會干擾（促進或降低）到受試者能力參數的估計，如果研究者不去面對處理此問題，這種測驗（或測量）結果將會是不公平的（unfair），

某些考題對某一族群有利而對另一族群不利，這對講求考試公平性的社會而言，將會是無法被接受的「測驗偏差」（test bias）事件；本書將在第十章討論此議題。另一類則是影響試題難度參數的因素，稱作「嚴苛度」（harshness）或「外在效應」（outside effect）因素，它所反應的事實是「某種外在因素影響到某試題難度參數估計或是與該試題產生交互作用」的一種現象，因而會干擾（促進或降低）到試題難度參數的估計，如果研究者不去面對處理此問題，這種測驗（或測量）結果將會是不精準的（inaccurate），某些「面向」因素會干擾到某些測量題目的難度估計值（即可能高估或可能低估），因而影響到受試者在該測量上的得分結果，這對講求評分公平公正的競賽評比而言，將會是無法被接受的「判斷偏差」（judgment bias）事件；本節即是針對此議題來進行探討。

　　這些可能會影響受試者在一筆作答反應組型的得分機率之因素，統稱作「面向」因素。在教育學領域的學術研究中，這些影響因素常會出現在下列幾種情境中的資料：

1. 評分者的嚴苛度（rater harshness）：在許多實作評量（performance assessment）（如：口試、寫作、面試甄選等）、藝文活動表演（如：歌唱比賽、美勞作品競賽、書法比賽、音樂表演賽等）、運動競賽（如：跳水、體操、各種球類比賽等）情境裡，選手們比賽成績的取得，往往需要仰賴「評審」（raters or markers）的公正裁判，才能給分。這種仰賴評審的主觀判斷所取得的資料，一定會產生評審評分嚴苛度差異的問題：有些評審的評分較寬鬆，有些評審的評分較嚴苛。當主辦單位無法確實做到評分完全公平公正之時，評審的評分嚴苛度問題一定會對參賽者（即受試者）的成績產生嚴重的判斷偏差現象，因而令人質疑比賽的公平性與公正性。所以，這個「判斷公平性與否」的潛在問題，頗值得學術界研究。這個影響因素，有時便稱作「評分者效應」（rater's effect）。

2. 施測的型態（test administration mode）：如果考試題目一樣或量表的測量題目一樣，但是其中一者係以紙筆方式（paper-and-pencil）施測，另一者係以電腦或網路方式（computer or internet）施測，這兩種不同型態的施測

方式，不僅會影響到題目難度參數的估計，也會間接影響受試者在題目上的得分機率。另一與此雷同的因素，即是在大型成績評比測驗裡（如：TIMSS、PISA、PIRLS、TASA等），由於考題眾多，每一位考生又無法接受全部題庫題目的考試時，此時主辦單位都會使用「平衡不完全區塊」（balanced incomplete block, BIB）設計方式來安排許多不同的考試題本（booklet），每份題本可能由幾個區塊（通常都是三到五個區塊）的題目所組成，典型的 BIB 設計例子如表 7-2 所示。然後，每一位考生只接受其中一份題本的作答而已。此時題本內的區塊出現位置，即試題位置（item position），會不會因為有些區塊排在前、有些區塊排在後的位置不同，而影響到每份題本試題的平均難度值不同，便成為一項值得重視的研究議題。這個影響因素，有時便稱作「施測型態效應」（administration mode effect）或「題本效應」（booklet effect）。

因此針對上述所收集來的資料，我們就無法光使用陽春型的Rasch測量模型、RSM或PCM來進行資料分析，我們會低估或高估測量試題的難度參數，因為上述這些會影響得分機率之「面向」因素，會對測量試題的難度參數估計產生干擾效果。所以Linacre（1989a, 1989b）另提出一個測量模型，稱作「多

表 7-2	題本	區塊一	區塊二	區塊三
某個假想的平衡不完全區塊設計	1	A1	A2	A4
	2	A2	A3	A5
	3	A3	A4	A6
	4	A4	A	A7
	5	A5	A	A1
	6	A6	A7	A2
	7	A7	A1	A3

註：共七份題本，每份題本含三個區塊，每個區塊含 3 到 7 題試題。每個區塊內的題數量安排，端視整份題庫內所欲抽取出來評量的題目數多寡而定，最少 3 題，最多可高達十餘題不等。

面向模型」（many-facet model, MFM），便是在原本的 Rasch 測量模型中增加一個「面向參數」（facet parameter），以作為衡量「評分者效應」的估計值之用。這個 MFM 的公式，可以表示如下：

$$P(X_i = 1 \mid \theta_n) = \frac{\exp[\theta_n - (b_i + \rho_m)]}{1 + \exp[\theta_n - (b_i + \rho_m)]} \qquad （7\text{-}12）$$

其中，θ_n 為受試者 n 的能力參數，b_i 為試題 i 的難度參數，而 ρ_m 則為評審 m 的評分嚴苛／寬鬆度（harshness/leniency）參數。比較公式 7-12 和公式 7-5 所示，把 ρ_m 參數加入試題難度 b_i 裡一起估計，我們可以得知：當某位評審的評分較嚴苛時，它的效果會增加該試題的難度，而讓受試者在該試題上較難獲得高分；而當某位評審的評分較寬鬆時，它的效果會降低該試題的難度，而讓受試者在該試題上較容易獲得高分。當然，這個公式 7-12 是假設每一位評審對所有測量題目的評分嚴苛度都是保持一致的。但是當碰到有些評審的評分不穩定時，他在某些題目上評分較寬鬆，而在另一些題目上評分較嚴苛的話，此時，即表示該評審的評分嚴苛程度會視所評分的題目而定，亦即評分與試題之間會產生交互作用；此時，我們便可以在公式 7-12 裡增加一個代表交互作用項的參數，而變成如下所示：

$$P(X_i = 1 \mid \theta_n) = \frac{\exp[\theta_n - (b_i + \rho_m + \gamma_{im})]}{1 + \exp[\theta_n - (b_i + \rho_m + \gamma_{im})]} \qquad （7\text{-}13）$$

其中，γ_{im} 即為評審 m 在試題 i 的評分嚴苛／寬鬆度的交互作用參數，它的作用即是用來調整試題 i 的難度與評審 m 的平均評分嚴苛／寬鬆度的一個校正項。無論公式 7-12 中的 ρ_m 參數和公式 7-13 中的 γ_{im} 參數，都是指會干擾某個（或某些）試題難度估計（或試題作答得分機率）的影響因素，可統稱為「面向」因素。這些「面向」因素的來源眾多，本節所描述的「評分者的嚴苛度」與「施測的型態」兩者，只是較常見的面向因素而已。在其他各種學術領域的研究裡，仍然還有許多未被探知的面向因素會干擾到測量題目難度的估計，也都頗值得對此議題感興趣的讀者們再去深入探究。

　　上述公式 7-12 和公式 7-13，係筆者以二元計分資料的 Rasch 測量模型作為模型介紹的代表。當研究者碰到多元計分資料時，也可以將 ρ_m 參數和／或 γ_{im} 參數一起加入 RSM 或 PCM 的估計裡，以獲得某個（或某些）「面向」因素對李克特氏量尺的題目難度參數的干擾效果，並進行試題難度估計值的校正，方便做出正確的試題難度的詮釋，並精確估算受試者作答某個反應選項的得分機率值大小。

　　至於當「面向」因素干擾影響到的是受試者能力參數時，例如：性別（gender）因素，此時我們可以仿照公式 7-12 或公式 7-13 的表達方式，將「性別」效果參數，加入到試題難度參數裡一起估計，如下所示：

$$P(X_i = 1 \mid \theta_n) = \frac{\exp[\theta_n - (b_i + G_g)]}{1 + \exp[\theta_n - (b_i + G_g)]} \qquad （7\text{-}14）$$

$$P(X_i = 1 \mid \theta_n) = \frac{\exp[\theta_n - (b_i + G_g + D_{ig})]}{1 + \exp[\theta_n - (b_i + G_g + D_{ig})]} \qquad （7\text{-}15）$$

　　其中，G_g 為性別組別 g（男性或女性）的性別主要效果（gender main effect）參數，而 D_{ig} 則為性別組別 g 和試題 i 的交互作用項參數；這兩種參數都是用來調節試題難度參數和受試者能力參數的估計結果，以讓資料估計結果能夠回復到沒有偏差、不受任何「面向」因素干擾影響的公平、客觀的估計結果。當然，公式 7-14 和公式 7-15 亦可應用到 RSM 或 PCM 的多元計分資料情境，不光只是二元計分的資料情境而已。

　　當公式 7-14 中的 G_g 達顯著時，即表示受試者能力參數 θ_n 的估計是有受到「性別」面向因素的干擾，就像公式 7-12 所示的試題難度參數受到「評分者的嚴苛度」影響一樣。因此若想得知男性受試者的能力參數的話，則必須計算 $\theta_n - G_{male}$ 的估計值；而若想得知女性受試者的能力參數的話，則必須計算 $\theta_n - G_{female}$ 的估計值。而當公式 7-15 中的 D_{ig} 達顯著時，即表示試題 i 與性別組別 g 有產生交互作用，此即表示該試題 i 具有「差異試題功能」（DIF）現象存在。所以由此可知，DIF 分析只是公式 7-15 的一個特例而已，或者說是

MFM 應用的一個特例而已。此時，欲估計受試者真正的能力參數 θ_n，則我們必須計算 $\theta_n - G_g - D_{ig}$ 的估計值，才能排除 DIF 參數 D_{ig} 的影響。至於應用 MFM 時，研究者到底要選擇使用公式 7-12 或公式 7-13、公式 7-14 或公式 7-15，這除了仰賴研究目的和待答研究問題的清楚交代外，有時候還需要一點點嘗試錯誤的勇氣，即先進行公式 7-13 和公式 7-15 交互作用項的模型適配度檢定，當資料分析結果無法適配所使用的 MFM 時，再接著進行公式 7-12 和公式 7-14 的主要效果項的模型適配度檢定，若再無法獲得資料適配 MFM 證據的話，則表示該筆資料不受「面向」因素的影響，此時，即可回歸到原來所使用的陽春型 Rasch 測量模型、RSM 或 PCM 的資料分析。

第五節　多向度的隨機係數多項式洛基模型──MRCMLM

綜合前幾節所述，若從程式設計的觀點來看，其實整體Rasch家族測量模型的得分機率設定，可以重新界定如下：相鄰兩個作答反應類別得分機率之比值，取 log 後，轉化成一種以 logit 為衡量單位的線性模型，稱作「對數線性模型」（logit-linear models or log-linear models）。我們先從陽春的二元計分 Rasch 測量模型的定義開始說起：

1. 二元計分的 Rasch 模型：$\log_e(\frac{P_{ni1}}{P_{ni0}})=\theta_n - b_i$　　　　　（7-16）

2. 多元計分的 RSM：$\log_e(\frac{P_{nij}}{P_{ni(j-1)}})=\theta_n-(b_i+\delta_j)$　　　　（7-17）

3. 多元計分的 PCM：$\log_e(\frac{P_{nij}}{P_{ni(j-1)}})=\theta_n-(b_i+\delta_{ij})=\theta_n - b_{ij}$　　（7-18）

4. 多元計分的 MFM：$\log_e(\frac{P_{nij}}{P_{ni(j-1)}})=\theta_n-(b_i+\delta_{ij}+\rho_m)=\theta_n-(b_{ij}+\rho_m)$　（7-19）

其中，P_{nij} 係指受試者 n 在試題 i 的第 j 個類別上的作答（選填、反應）機

率，而 $P_{ni(j-1)}$ 係指受試者 n 在試題 i 的第 $j-1$ 個類別上的作答（選填、反應）機率；θ_n 係指受試者 n 的能力參數值；b_i 係指試題 i 的難度參數值，當二元計分時，即為最高及最低類別特徵曲線交界點的難度測量值；δ_j、δ_{ij} 及 b_{ij} 係指試題 i 的第 j 個步驟（或類別）難度參數值（稱作「閾值」），當多元計分時，即為相鄰的第 j 個及第 $j-1$ 個類別特徵曲線交界點的難度測量值；ρ_m 則為評審 m 的評分嚴苛／寬鬆度（rater's harshness/leniency parameter）難度參數值。

換句話說，從公式 7-19 所示來看，若將公式等號的左邊〔即取 log（相鄰得分機率比值）的機率〕所示當作是依變項或效標變項看待，而將公式等號的右邊所示當作是自變項或預測變項看待，則公式 7-19 即可進行「變異數分析」（ANOVA）方法中的「因子設計」（factorial design）。在公式 7-19 所示裡，並沒有加入任何兩個以上預測變項間的交互作用效果（interaction effect），純粹只是分析三個變項（即受試者能力、試題步驟難度、評審的嚴苛度）的主要效果（main effect）而已。因此，隨著研究所擬探索分析問題的深入與複雜化，我們當然可以新增任何交互作用效果到公式 7-19 裡，也可以將它擴增、延伸到其他多面向模型裡，如新增第四個、第五個面向等。因此多面向模型（MFM）的基本原理，即是將各種所擬探討的試題難度參數加以線性化表徵的過程（Embretson, 1998）。試題難度參數可以表徵成由其各種影響因子所構成的線性組合，如以迴歸分析公式來表示，二元計分的試題難度參數 b_i 即可表示如下：

$$b_i = \boldsymbol{\beta}'\boldsymbol{X}_i \qquad\qquad (7\text{-}20)$$

其中，b_i 即為試題 i 的難度參數，$\boldsymbol{\beta}$ 為線性迴歸係數向量$[\beta_1, ..., \beta_p]$，而 $\boldsymbol{X}_i$ 為試題 i 在各因素上的設計向量$[X_{i1}, ..., X_{ip}]$。所以，二元計分的 Rasch 測量模型便可以表示成：

$$logit_{ni} = \theta_n - b_i = \theta_n - \boldsymbol{\beta}'\boldsymbol{X}_i = \theta_n - (\beta_1 X_{i1} + ... + \beta_p X_{ip}) \qquad (7\text{-}21)$$

此即 Fischer（1973）所提出的「線性對數潛在特質模型」（linear logistic

latent trait model, LLLTM）。後來，Fischer 也陸續延伸應用公式 7-21，分別針
對多元計分試題提出「線性評定量尺模型」（linear rating scale model, LRSM）
（Fischer & Parzer, 1991）用來評估實驗的操弄效果，和「線性部份計分模型」
（linear partial credit model, LPCM）（Fischer & Pononcy, 1994）用來評估改變
量大小。

　　多面向模型原本只是探討除了兩個面向（即受試者能力和試題難度）外，
再多加入新的面向（如：評審的評分嚴苛度）而已。但是由上述線性化模型表
徵方式的顯示，係將試題難度參數原本的單一面向，再加以分割成數個可能的
面向，所以也算是一種線性化模型。因此基於此點線性分割的特性，Adams 與
Wilson（1996）便據以提出一個更為一般化的線性模型，稱作「隨機係數多項
式洛基模型」（random coefficients multinomial logit model, RCMLM）。這個
公式可以表示如下：

5. RCMLM：$\log_e(\dfrac{P_{nij}}{P_{ni(j-1)}}) = (s_{ij} + s_{i(j-1)})\theta_n - (\mathbf{d}_{ij} - \mathbf{d}_{i(j-1)})\xi$ 　　　　　（7-22）

　　其中，P_{nij} 和 $P_{ni(j-1)}$ 分別為受試者 n 在試題 i 的作答反應落在第 j 個類別
和第 $j-1$ 個類別上的機率；s_{ij} 和 $s_{i(j-1)}$ 分別為試題 i 的第 j 個類別和第 $j-1$
個類別上的得分（scores）；θ_n 為受試者 n 的能力參數；ξ 為所有試題難度參
數的向量；而 $\mathbf{d}_{ij}$ 和 $\mathbf{d}_{i(j-1)}$ 分別為試題 i 的第 j 個類別和第 $j-1$ 個類別的設計
向量（design vector），用以表達 ξ 中各個元素的線性組合。至此，透過得分
函數 s 和設計向量 $\mathbf{d}$ 的不同組合，RCMLM 便可以簡化成本章前四節所述的各
種 Rasch 家族測量模型，同時它也成為上述各種模型的通式，可以說是單向度
一般化 Rasch 測量模型（generalized Rasch measurement model）（Wilson & Ad-
ams, 1995; Wilson & Wang, 1995）。

　　此外，在上述的資料分析中，受試者是透過隨機抽樣所取得的，因此可視
為是隨機效果（random effects）。如此一來，此隨機效果背後的母群體分布如
何？便成為研究者所關注的問題之一，例如在常態分配之下，研究者便想要去
估計母群的平均數及變異數（或標準差）。因此在 RCMLM 下，便可以把它

假設如下：

$$\theta_n \sim N(\mu, \sigma^2) \tag{7-23}$$

所以，RCMLM 也可以分解成兩個層次，一個層次為試題反應模型層次，即公式 7-22 所示，另一個層次為母群體分布模型層次，即公式 7-23 所示。如果研究者還想同時瞭解團體間的差異，如：性別、種族、語言，甚至是社經地位等影響力，此時即可針對受試者的潛在特質 θ_n 進行線性迴歸分析如下：

$$\theta_n = \gamma' W_n + \varepsilon_n \tag{7-24}$$

$$\varepsilon_n \sim N(0, \sigma_\varepsilon^2) \tag{7-25}$$

其中，γ 是迴歸係數向量，W_n 是受試者 n 的設計向量，ε_n 是誤差，σ_ε^2 是誤差變異數。

如果將 RCMLM 拿來與公式 7-24 和公式 7-25 一起估計，可以增進估計的效率，尤其是當 θ 本身即具有很大的測量誤差（例如：短題本的測驗或量表時）。由於這裡的 θ 是潛在變項的緣故，所以稱這種分析方法為「潛在迴歸分析」（latent regression analysis）（Adams, Wilson, & Wu, 1997; Andersen, 2004; Andersen & Madsen, 1977; Zwinderman, 1991）。潛在迴歸分析的優點即是同時將 θ 的測量誤差考慮進來，因此可以獲得較為精確的迴歸係數 γ；反之，此時如果只是使用 Rasch 測量模型先估計出 θ，然後再利用傳統的變異數分析或迴歸分析去比較組間差異或進行預測的話，將會因為 θ 本身含有大量測量誤差（尤其是短測驗時），而低估了效果量。但是，潛在迴歸分析可以有效克服這項缺點。

到此為止，上述所提及的各種 Rasch 測量模型，都是屬於單向度模型（unidimensional models），也就是說，我們所處理的受試者潛在特質只有一個，它被假設為是影響受試者在試題 i 上答對（或作答某個類別反應）的唯一因素。早年，IRT 的大師 Lord（1980）所建構的試題反應理論，都是持如此的假設，因此，後人也將它稱作「單向度試題反應理論」（unidimensional item response theory, UIRT）。但是在測驗或測量的實務情境中，研究者所探討的研究問題，往往不限於僅有如此單一、唯一的主要能力因素而已。例如，在實作評量中，研究者想同時評估的是受試者的多種能力（如：口說能力、書寫能力、邏輯判斷能力、閱讀理解能力、某項成就的精熟能力等）；在以量表施測的問卷調查中，研究者想同時評估的可能是受試者的多種潛在特質或行為表現（如：焦慮、憂鬱、幸福感、感恩、某類偏差行為表現等）。此時，「單向度試題反應理論」便已不敷使用，而需要改用具有多向度特性的「多向度試題反應理論」（multidimensional item response theory, MIRT）。MIRT 的內容相當複雜，沒有數理統計學背景訓練的一般讀者，實在不容易瞭解，因此本節在此不擬多說明 MIRT 的內容，凡對此理論感興趣的讀者，可以自行閱讀相關的參考文獻（Ackerman, 1992, 1994; Andersen, 1985; Camilli, 1992; Embretson, 1991; Folk & Green, 1989; Glas, 1992; Kelderman & Rijkes, 1994; Luecht & Miller, 1992; Oshima & Miller, 1992; Reckase, 1985; Reckase & McKinley, 1991）及專書（Reckase, 2009）。本節在此，僅提及其中一種與 Rasch 測量模型有關的多向度模型（multidimensional model）而已。

既然 MIRT 有可能存在，就有可能將 RCMLM 延伸到多向度的 RCMLM，稱作「多向度隨機係數多項式洛基模型」（multidimensional random coefficients multinomial logit model, MRCMLM）（Adams et al., 1997）。它的公式如下所示：

$$P(X_{ij}=1; \mathbf{D}, \mathbf{S}, \boldsymbol{\xi} \,|\, \boldsymbol{\theta}_n) = \frac{\exp(\mathbf{s}_{ij}\boldsymbol{\theta}_n + \mathbf{d}'_{ij}\boldsymbol{\xi})}{\sum\limits_{j=1}^{k_i} \exp(\mathbf{s}_{ij}\boldsymbol{\theta}_n + \mathbf{d}'_{ij}\boldsymbol{\xi})} \qquad (7\text{-}26)$$

若把此作答機率模型表示成取 log 後的相鄰兩個作答反應類別得分機率之比值的話，則

6. MRCMLM：$\log_e(\dfrac{P_{nij}}{P_{ni(j-1)}}) = (\mathbf{s}_{ij} + \mathbf{s}_{i(j-1)})\boldsymbol{\theta}_n - (\mathbf{d}_{ij} - \mathbf{d}_{i(j-1)})\boldsymbol{\xi}$ $\qquad (7\text{-}27)$

其中，P_{nij} 和 $P_{ni(j-1)}$ 分別為受試者 n 在試題 i 的作答反應落在第 j 個類別

和第 $j-1$ 個類別上的機率；$\mathbf{s}_{ij}$ 和 $\mathbf{s}_{i(j-1)}$ 分別為試題 i 的第 j 個類別和第 $j-1$ 個類別上的得分向量（scores vector）；$\boldsymbol{\theta}_n$ 為受試者 n 的能力參數向量（因為有多個潛在特質）；$\boldsymbol{\xi}$ 為所有試題難度參數的向量；而 $\mathbf{d}_{ij}$ 和 $\mathbf{d}_{i(j-1)}$ 分別為試題 i 的第 j 個類別和第 $j-1$ 個類別的設計向量，用以表達 $\boldsymbol{\xi}$ 中各個元素的線性組合。當 $\boldsymbol{\theta}_n$ 為純量（scalar）時，$\mathbf{s}_{ij}$ 就變為純量，此時的 MRCMLM 即變為 RCMLM。所以，MRCMLM 才是真正更為一般化的 Rasch 測量模型；前述的各種 Rasch 測量模型，都只是它的一個特例（special case）而已。

初步來分，MRCMLM 可以分成兩種，分別稱作「試題間多向度」（between-item multidimensionality）和「試題內多向度」（within-item multidimensionality）的 MRCMLM。我們可以圖 7-3 所示，來說明這兩種 MRCMLM 概念間的差異（王文中，2004；Adams et al., Wang, Wilson, & Adams, 1997, 2000）。從圖 7-3 中可知，在單向度測驗中，每一個試題只歸屬於單一個因素裡，且每一個因素是分開來各自分析處理；但在試題間多向度測驗裡，也是一樣每一個試題只歸屬於單一個因素裡，但是必須全部因素一起分析處理，因為各個因素之間都有相關存在；而在試題內多向度測驗裡，則每一試題有可能歸屬於一個以上的因素裡，且必須全部因素一起分析處理，因為各個因素之間都有相關存在。這兩種模型間的主要差異，在於公式 7-26 中所使用的得分矩陣 $\mathbf{S}$（scoring matrix）和設計矩陣 $\mathbf{D}$（design matrix）內容的不同；例如，當使用

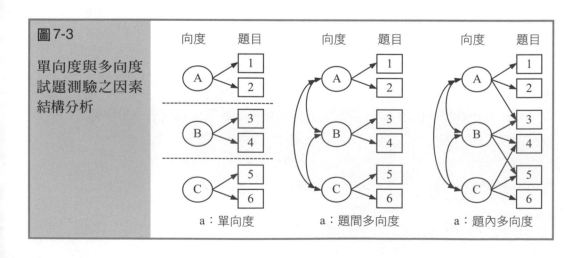

圖 7-3
單向度與多向度試題測驗之因素結構分析

二元計分資料時，這兩種模型的得分矩陣和設計矩陣內容，可如圖 7-4 所示；但是當使用多元計分資料以及複雜的測量模型時，此得分矩陣和設計矩陣的內容將變得十分複雜難懂。幸好，ConQuest 軟體程式可根據使用者對程式指令的設定而自動選取設定這兩個矩陣，因此站在應用角度的立場上，使用者只要學會操作 ConQuest 程式即可，不用太擔心這兩個矩陣該如何設定。ConQuest 程式在使用上具有如此的便利性和親和性，這也是筆者將它選定作為示範程式舉例的考量因素之一。

　　除了 MRCMLM 外，同時還有其他學者也提出各種多向度模型，例如：Fischer 與 Seliger（1997）針對評估改變量所提出的「多向度線性對數模型」（multidimensional linear logistic models, MLLM）、Kelderman（1996）針對單向度的 PCM 提出一個「多向度 PCM」（multidimensional partial credit models, MPCM）、Rost 與 Carstensen（2002）針對試題組成成分與面向設計問題提出一個多向度的 Rasch 測量模型等。然而，有學者認為 MRCMLM 模型與這些多向度模型，都只是一般化線性混合模型（generalized linear mixed models, GLMM）（McCullagh & Nelder, 1989; McCullon & Searle, 2001; Nelder & Wedderburn, 1972; Rijmen, Tucrlinckx, De Boeck, & Kuppens, 2003）的一個特例而已。甚至，還有其他學者企圖整合這些 Rasch 家族測量模型以及目前常用的幾種統計模型（包括：GLMM, multilevel regression models, factor models, item response models, structural equation models, latent class models 等），例如：De Boeck 與 Wilson（2004）、Rabe-Hesketh、Pickles 與 Skrondal（2004）及 Skrondal

試題間多向度測驗

$$D = \begin{bmatrix} 1 & 0 & 0 & 0 & 0 & 0 \\ 0 & 1 & 0 & 0 & 0 & 0 \\ 0 & 0 & 1 & 0 & 0 & 0 \\ 0 & 0 & 0 & 1 & 0 & 0 \\ 0 & 0 & 0 & 0 & 1 & 0 \\ 0 & 0 & 0 & 0 & 0 & 1 \end{bmatrix} \quad S = \begin{bmatrix} 1 & 0 & 0 \\ 1 & 0 & 0 \\ 0 & 1 & 0 \\ 0 & 1 & 0 \\ 0 & 0 & 1 \\ 0 & 0 & 1 \end{bmatrix}$$

試題內多向度測驗

$$D = \begin{bmatrix} 1 & 0 & 0 & 0 & 0 & 0 \\ 0 & 1 & 0 & 0 & 0 & 0 \\ 0 & 0 & 1 & 0 & 0 & 0 \\ 0 & 0 & 0 & 1 & 0 & 0 \\ 0 & 0 & 0 & 0 & 1 & 0 \\ 0 & 0 & 0 & 0 & 0 & 1 \end{bmatrix} \quad S = \begin{bmatrix} 1 & 0 & 0 \\ 1 & 0 & 0 \\ 1 & 1 & 0 \\ 0 & 1 & 1 \\ 0 & 1 & 1 \\ 0 & 0 & 1 \end{bmatrix}$$

圖 7-4

根據圖 7-3 所示的得分矩陣與設計矩陣內容

與 Rabe-Hesketh（2004）等人，便針對一般化線性和非線性統計模型，提出一個更為一般化線性潛在與混合模型（generalized linear latent and mixed model, GLLMM），試圖統整上述所有的模型。

到此為止，又衍生出一個問題來了。既然有這麼多而複雜的測量模型或統計模型出現，那麼到底有無可以搭配使用的適合軟體程式呢？答案是「有的」。至少到目前為止，早期稱作「Quest」（Adams & Khoo, 1993），後來改稱作「ConQuest」的電腦程式（Adams et al., 1998, 2015; Wu et al., 2007），係針對整個 MRCMLM、潛在迴歸分析及可能值抽取法等設計而成的軟體程式，專門適用於且幾乎可以執行全部的 Rasch 家族測量模型，是一份非常適用於分析 Rasch 家族測量模型資料的電腦程式，這也是本書挑選作為舉例的軟體程式之緣故。當然，SAS 公司出版的 NLMIXED 程式（SAS Institute, 1999）也可以適用，上述提出這些新模型的學者也有各自設計一些程式，但都較為分散，較無法周延。因此考量方便性與周延性，本書還是決定只以 ConQuest 程式作為介紹與舉例的依據。

第六節　適配度檢定

所有 Rasch 家族測量模型的應用，無論是單向度或多向度模型，都建立在適配度分析（goodness-of-fit analysis）已獲滿足的基礎上；也就是說，針對研究者所收集到的資料，當研究者想要應用某個 Rasch 家族測量模型去分析該筆資料時，必須獲得資料適配模型（data fits model）或模型適配資料（model fits data）的證據，才會使所分析的資料結果具有解讀上的意義和應用的價值。這種適配度檢定或簡稱適配度分析（fit analysis）的程序，乃是所有應用 Rasch 家族測量模型於某種資料分析上，所必須經歷且提供的一種數據分析程序，並且在各式各樣專門針對 Rasch 家族測量模型所發展出來的應用軟體程式裡，都有提供且必須提供此類的分析功能。底下所述，即是此適配度分析的共同原理原則。

Rasch 分析中的適配度檢定工作，乃開始於原始的「受試者×試題作答資

料矩陣」（person-by-item data matrix）上，共有 N 名受試者、I 題試題數；X_{ni} 即用來表示受試者 n 在試題 i 上的作答結果。在二元計分資料的情況下，當受試者 n 答對試題 i 時，即記錄為 1（即 $X_{ni} = 1$），而當受試者 n 答錯試題 i 時，即記錄為 0（即 $X_{ni} = 0$）；而在多元計分資料的情況下，如以李克特氏四點量尺為例，當受試者 n 針對試題 i 選擇「從不如此」的作答反應選項時，即記錄為 1（即 $X_{ni} = 1$）、當受試者 n 針對試題 i 選擇「很少如此」的作答反應選項時，即記錄為 2（即 $X_{ni} = 2$）、當受試者 n 針對試題 i 選擇「偶爾如此」的作答反應選項時，即記錄為 3（即 $X_{ni} = 3$）、當受試者 n 針對試題 i 選擇「總是如此」的作答反應選項時，即記錄為 4（即 $X_{ni} = 4$）；當然，如果研究者是依序將多元計分資料編碼為 $X_{ni} = 0$、$X_{ni} = 1$、$X_{ni} = 2$、$X_{ni} = 3$，也是可以的，因為多數的電腦程式在估計時，都是持如此設定的，以對應到二元計分資料的編碼結構。只要研究者在程式指令中清楚宣告資料的計分定義方式，通常電腦程式即會知道該如何分析與估計各種參數。

　　Rasch 模型針對任何受試者的能力參數與試題參數的估計，都建立在兩種基本的期望假設上，亦即：(1)一位高能力的受試者總是會比一位低能力的受試者，具有較高的機率答對任何一道試題，或者選答一個得分較高的作答反應選項；(2)任何受試者在某一題較容易、簡單的題目（或作答反應選項）上，總是會比在一題較困難的題目（或作答反應選項）上，獲得較高的答對機率，或者，獲得較高的得分機率。因此，假如某一批測驗試題是已經依照題目的難易程度排列過的話，無論是從易排到難，或從難排到易，我們都不太可能期望任何受試者能夠在一連串較簡單的題目上答錯，而同時能夠在另一連串較困難的題目上答對。如果在期望受試者答對（或做出選答某個作答反應選項）的題目上他卻答錯（或不選答），而在期望受試者答錯（或不做出選答某個作答反應選項）的題目上他卻答對（或選答），如此的作答反應組型即稱作「異常的」（aberrant）作答反應組型。當異常的作答反應行為太嚴重時，不僅會讓整個模型無法適配某份資料檔，更會影響或干擾到受試者能力與試題難度參數估計的精確性，而讓後續資料分析結果的解讀與應用前功盡棄。所以 Rasch 分析的適配度檢定，即是建立在如此的異常作答反應行為分析上。

為了簡化說明起見，底下說明茲以二元計分資料為例。已知陽春型的Rasch 測量模型即為：

$$P_{ni} = \frac{\exp(\theta_n - b_i)}{1 + \exp(\theta_n - b_i)} \qquad (7\text{-}28)$$

其中，P_{ni} 即為受試者 n 在試題 i 的答對機率，而 θ_n 即為受試者 n 的能力參數估計值，b_i 即為試題 i 的難度參數估計值。因此，我們可以把 P_{ni} 看成是 $X_{ni} = 1$ 時的機率估計值。

根據教育統計學的原理說明（余民寧，2012），在變項資料呈現二元計分的次數分配時，它（即 X_{ni}）的期望變異數即為答對率乘上答錯率，亦即為 $\sigma_{ni}^2 = P_{ni}(1 - P_{ni})$。因此，我們可以計算標準化的殘差值（standardized residual）如下：

$$Z_{ni} = \frac{X_{ni} - P_{ni}}{\sqrt{P_{ni}(1 - P_{ni})}} \quad \sim N(0, 1) \qquad (7\text{-}29)$$

當受試者 n 答對試題 i 時（即 $X_{ni} = 1$），公式 7-29 即為 $Z_{ni} = \sqrt{\dfrac{1 - P_{ni}}{P_{ni}}}$，而當受試者 n 答錯試題 i 時（即 $X_{ni} = 0$），公式 7-29 即為 $Z_{ni} = -\sqrt{\dfrac{P_{ni}}{1 - P_{ni}}}$。所以，當我們將公式 7-29 加以平方時，即可獲得一個自由度為 1 的卡方分配值如下：

$$Z_{ni}^2 \sim \chi_1^2 \qquad (7\text{-}30)$$

因此，如果我們將公式 7-30 橫向加總起所有的受試者，即可獲得試題 i 的卡方值 $\chi_i^2 = \sum_{n=1}^{N} Z_{ni}^2$，自由度為 $df = N - 1$；而如果我們將公式 7-30 縱向加總起所有的試題，即可獲得受試者 n 的卡方值 $\chi_n^2 = \sum_{i=1}^{I} Z_{ni}^2$，自由度為 $df = I - 1$。所以 Rasch 分析的適配度檢定重點，一般來說，是期望 χ_i^2 或 χ_n^2 未達顯著。當某一特定的卡方值 χ_i^2 或 χ_n^2 過大時，即表示某個試題 i 或某位受試者 n 的作答

反應組型已達異常的現象；亦即在原始的作答反應資料中，已經出現極為嚴重的異常作答反應組型，即出現許多在期望答對的試題上反而答錯，而在期望答錯的試題上反而答對的現象。這些異象均在告知某位受試者 n 或某個試題 i 的作答反應組型是有問題的，值得研究者細究其造成的原因，繼而進行刪除、修改、重測或重新估計等補救措施。

根據上述，我們也可以重組一下說明，以用 θ_n 能力參數和 b_i 難度參數的觀點來表述。例如，根據公式 7-28 所示，我們可進一步轉換成：

$$\frac{P_{ni}}{1-P_{ni}}=\exp(\theta_n-b_i) \quad \text{且} \quad \frac{1-P_{ni}}{P_{ni}}=\exp(b_i-\theta_n) \qquad (7\text{-}31)$$

所以，當受試者 n 答對試題 i 時（即 $X_{ni}=1$），$Z_{ni}^2=\exp(b_i-\theta_n)$，而當受試者 n 答錯試題 i 時（即 $X_{ni}=0$），$Z_{ni}^2=\exp(\theta_n-b_i)$。因此若以通式來表示，即可表示成：$Z_{ni}^2=\exp[(2X_{ni}-1)(b_i-\theta_n)]$。

當我們將公式 7-30 加總，再除以其自由度時，即被定義為「均方」，此均方的次數分配可形成一種 F 分配或 t 分配，我們便可以利用 t 檢定的統計方法來加以檢定其數值是否達顯著水準。這個均方及 t 檢定可以表示如下：

針對受試者 n（稱為 person-fit）：$v_n=\dfrac{\displaystyle\sum_{i=1}^{I} Z_{nt}^2}{I-1}\sim F_{I-1,\infty}$ $\qquad (7\text{-}32)$

person-fit 的 t 檢定：$t=[\ln(v_n)+v_n-1]\sqrt{\dfrac{I-1}{8}}\sim N(0,1)$ $\qquad (7\text{-}33)$

針對試題 i（稱為 item-fit）：$v_i=\dfrac{\displaystyle\sum_{n=1}^{N} Z_{ni}^2}{N-1}\sim F_{N-1,\infty}$ $\qquad (7\text{-}34)$

item-fit 的 t 檢定：$t=[\ln(v_i)+v_i-1]\sqrt{\dfrac{N-1}{8}}\sim N(0,1)$ $\qquad (7\text{-}35)$

一般來說，「均方」（**mean square**, MNSQ）係指標準化殘差值平方的平均數，將服從卡方分配。但將 MNSQ 進行 Wilson-Hilferty 轉換，即可得到服從平均數為 0，標準差為 1 的 t 分配（即 **Z Standardized** t statistics, ZSTD）

（Wright & Stone, 1979）。這樣的 t 分配指標，也可以簡稱作 Outfit t 或 Infit t。當 Outfit 或 Infit 的 t 值介於 ±2 之間者，即視為資料適配所使用的 Rasch 測量模型；而當 Outfit 或 Infit 的 t 值絕對值大於 2 時，該 person-fit 或 item-fit 的檢定結果即已達顯著水準，表示已達不適配（misfit）的程度，亦即表示受試者 n 可能胡亂作答（如：猜題、作弊、不細心作答等），或者是試題 i 所測量的可能不是單向度目標（如：該題測到兩個以上的因素、受到某種外力變項的干擾、題目的當初編製即有問題等）。通常當這些不適配的結果出現時，即在顯示某位受試者 n 或某個試題 i 的作答反應組型是有問題的；根據實作經驗顯示（Wright & Stone, 1979），此時研究者若先將不適配的受試者 n 的作答反應刪除後，再重分析一次，即可獲得一份適配度令人滿意的試題分析結果。甚至先將不適配的試題刪除後，再執行一次探索性因素分析的檢驗，而不是直接就進行因素分析，可能才是建構一份客觀測量的量表編製方法（王文中，1997a, 1997b; Wright, 1996）。

在許多 Rasch 家族測量模型所適用的軟體程式（如：ConQuest、Winsteps、RUMM 等）裡，適配度檢定的方法都使用 Infit 和 Outfit 指標來表示，其內涵定義如下（Wright & Stone, 1979）：

1. Outfit 均方（Outfit MNSQ）係指受試者能力參數對太容易或太困難試題作答反應的非預期敏感度。該指標的計算是指傳統的標準化殘差值平方的平均數，即 Outfit $= \dfrac{\sum_{i=1}^{N} Z_{ni}^2}{N-1}$，又稱作「未加權的均方」（unweighted MNSQ）。Outfit 的概念比較著重在能力與難度互相不符合的情況，如：受試者能力很低，但試題難度很難。當 Outfit 指標出問題（即呈現兩極端的數值）時，即表示在作答反應組型中，能力與難度相互不匹配的所在觀察值與所使用的 Rasch 測量模型不相符。

2. Infit 均方（Infit MNSQ）係指除了極端值外，受試者能力參數對不太容易或不太困難試題作答反應的非預期敏感度。該指標的計算是指加權變異數後的標準化殘差值平方的平均數，即 Infit $= \dfrac{\sum_{i=1}^{N} Z_{ni}^2 \sigma_{ni}^2}{\sum \sigma_{ni}^2} = \dfrac{\sum (X_{ni} - P_{ni})^2}{\sum \sigma_{ni}^2}$，又稱

作「加權的均方」（weighted MNSQ）。Infit 的概念比較著重在當受試者和試題互相匹配的情況。當 Infit 指標出問題（即呈現兩極端的數值）時，即表示在作答反應組型中，能力與難度匹配的所在觀察值與所使用的 Rasch 測量模型不相符。

由於各種 Rasch 家族測量模型所適用的軟體程式，均使用 MNSQ 作為判讀適配與否的指標，並非一般統計學中常見的指標概念。因此，Rasch 分析的專家 Linacre（1989a）根據過去的研究心得與實作經驗，提出以 MNSQ 的值（無論是 Outfit 或 Infit）落在 1 ± 0.3 的區間內作為檢定適配度的建議標準，亦即 0.7 < fit < 1.3 都是屬於適配的範圍，而 fit 值過大（即大於 1.3）或過小（即小於 0.7），則是屬於不適配的情況。但是一般研究者或程式的使用者，若不習慣參考此指標的話，則可以根據該指標轉換後的 t 分配值作為判讀的依據即可；亦即程式報表中的 ZSTD 值介於 ±2 之間者，即表示資料適配所使用的 Rasch 測量模型，而 ZSTD 值的絕對值大於 2 者，即表示資料不適配所使用的 Rasch 測量模型。針對這些資料的解釋情況，如表 7-3 所示（Bond & Fox, 2007）。

由於 MNSQ 指標的使用，僅限於應用 Rasch 分析的案例，若要能夠精確地解讀該等指標的涵義，還需要仰賴研究者對所進行測量情境的背景有所瞭解才行。所以實在很難提出一個絕對標準說多少的 MNSQ 值才是正確的，研究者往往需要一段區間值來表示可被接受的適配程度範圍。因此考量各種測量情

MNSQ	ZSTD	資料變異情況	解釋	適配類型	表 7-3
> 1.3	> 2	比模型預期的多	作答組型過於隨機（亦即該答對的沒有答對，該答錯的沒有答錯；或可能是試題並非測量到同一個潛在特質）	適配不足	適配度指標及其一般性的解釋涵義
< 0.7	< -2	比模型預期的少	作答組型過於一致（可能是有些試題內容過於重疊）	過度適配	

境背景的殊異，Linacre 與 Wright（1994a, 1994b）提出一個合理的 Outfit 或 Infit MNSQ 區間值參考表供使用者參考，如表 7-4 所示。甚至亦有學者（Smith, Schumacker, & Bush, 1995）提出大致的建議：在樣本小於 500 人以下時，Outfit 或 Infit 的值若大於 1.3 以上、樣本介於 500 人至 1,000 人之間時，Outfit 或 Infit 的值若大於 1.2 以上、或樣本大於 1,000 人以上時，Outfit 或 Infit 的值若大於 1.1 以上者，即可標示為不適配的受試者或試題。如果一般研究者不習慣使用此指標，也可以改採用比較習慣的 t 分配的檢定概念即可，凡 t 值落在 ±2 區間以外的範圍者，即表示該受試者或試題已達不適配的程度，需要進行檢討（Smith, 1992）。此外，在學者 Smith（1991, 1992, 2000; Smith & Miao, 1994）的一連串著作裡，也有提供如何解釋適配度檢定的詳細說明，很值得初學者參考。一般來說，在偵測不適配的受試者或試題上，Infit 的 MNSQ 值會比 Outfit 的 MNSQ 值更受到學者們的青睞（Bond & Fox, 2007）。

　　除了上述的指標外，許多程式也會使用下列這兩種指標，來協助研究者瞭解測量結果的好壞（Wright & Masters, 1982）：

1. 試題分離參數指標（item separation index）：係指試題可被區分出難度階層差異數（strata）的統計指標，用 G_i 表示：$G_i = SA_i/SE_i$，其中 SA_i 是試題的校正標準差（adjusted standard deviation, $Sd_{adj.i}$），而 SE_i 則是試題的根均方誤（root mean square standard error, $RMSE_i$）。所以，試題分離參數指標 $= Sd_{adj.i}/RMSE_i$，試題信度係數（item reliability）$= G_i^2/(1 + G_i^2)$，而可分離的階層差異數 $= (4G_i + 1)/3$。

表 7-4 各種測驗情境下 Outfit 和 Infit 合理的 MNSQ 適配值區間	測驗類型	MNSQ 適配值區間
	高風險的單選題測驗	0.8～1.2
	一般的單選題測驗	0.7～1.3
	評定量尺（李克特氏／問卷調查）	0.6～1.4
	臨床觀察研究	0.5～1.7
	裁判評審資料（希望獲得共識決的判斷資料）	0.4～1.2

2. 受試者分離參數指標（person separation index）：係指受試者可被區分出能力階層差異的統計指標，用 G_p 表示：$G_p = SA_p/SE_p$，其中 SA_p 是受試者得分的校正標準差，而 SE_p 則是受試者得分的根均方誤。所以，受試者分離參數指標＝$Sd_{adj.p}/RNSE_p$，受試者信度係數（person reliability）＝$G_p^2/(1 + G_p^2)$，而可分離的階層差異數＝$(4G_p + 1)/3$。

　　一般而言，試題分離參數指標愈大時，表示其試題評分量尺的分類階層愈佳，此時的試題難度差異明顯，更容易分辨出受試者能力特質的差異；而受試者分離參數指標愈大時，表明受試者間的區分愈明顯，評分量尺也愈有效，測驗的信度也愈佳。所以，Rasch 家族測量模型皆以分離指標（separation index）來代替傳統使用的 Cronbach's α 信度係數。因此根據上述的說明，在 Rasch 模型所適用的程式報表裡，其陳列的 person reliability（即受試者信度係數）數值即相當於古典測驗理論中所使用的 Cronbach's α 信度係數，係指該測驗的內部一致性信度係數，而非指陳列 item reliability（即試題信度係數）的數值。讀者千萬不要讀錯報表所陳列的指標數據！

第八章

ConQuest 程式的應用範例

雖然，Rasch 測量模型的家族成員眾多，但基本上，我們可依據測量
資料的計分方式是二元計分或多元計分？以及資料背後所隱含的潛
在變項是單向度的或多向度的結構？慎選適當的軟體程式指令來進行資
料分析即可。此外，Rasch 測量模型的發展，多半係針對教育（成就）測
驗或認知能力評量的資料分析而來，雖然也可以應用到心理量表資料—
—如本書所強調的李克特氏量尺資料的分析，但可適用的資料類型顯然
較為有限。因此，本章的目的，即在介紹可應用於第七章所述及各種Ras-
ch 測量模型的資料分析範例。

　　本章選定介紹的電腦程式——ConQuest（Adams et al., 1998, 2015; Wu
et al., 2007），乃是一份功能強大、報表容易解讀、語法簡單且專門適用
於各種 Rasch 測量模型的資料分析程式。簡單的說，ConQuest 程式主要
採用邊緣最大概似值估計法（Marginal Maximum Likelihood Estimation,
MMLE）作為基本的演算法，並以殘差值為基礎的檢定策略，作為參數
及模型適配度檢定方法；大致上來說，該程式的主要功能在於執行試題
分析（performing item analysis）、檢定差異試題功能（examining differ-
ential item functioning）、探索評分者效應（exploring rater effects）、估計
潛在相關及檢驗因素向度（estimating latent correlations and testing dimen-
sionality），及抽取可能值（drawing plausible values）等。

　　除此程式外，其他亦可適用於各種Rasch測量模型的資料分析程式，
尚有 SSI 公司出版的「IRT from SSI」（Du Toit, 2003）中的 BILOG-MG
（Zimowski, Muraki, Mislevy, & Bock, 1996）、PARSCALE（Muraki &
Bock, 1997）、及 MULTILOG（Thissen, 1991）等程式，以及專門針對各
種 Rasch 測量模型所研發的 Winsteps 程式（Linacre, 2005; Linacre &

Wright, 2000）和 RUMM 程式（Andrich, Sheridan, & Luo, 2010）等。但除了本章所介紹的心理量表資料分析外，ConQuest程式亦可應用到各種教育（成就）測驗或認知能力評量的資料分析上，並且還採用許多本書未曾涉及討論的其他 Rasch 測量模型。在此凡對 Rasch 測量分析感到好奇，且對這些 Rasch 測量模型和電腦程式應用感興趣者，可以參考本書所列舉之參考書目，再自行深入探究和研習。

本章在此，只配合第七章所述各種Rasch測量模型做基本程式介紹，除了舉例說明它們的應用情形並簡單詮釋其報表摘要外，並無意於深入討論 ConQuest程式的各種使用功能。凡對此程式應用感興趣的讀者，可以上網（https://www.acer.edu.au/ConQuest）購買該程式〔目前最新版本為第四版（Adams et al., 2015）〕，並深入研讀該程式的使用手冊及操作範例。

第一節　Rasch 模型的應用程式

ConQuest程式的使用，大致上可以分成使用者圖形介面（graphical user interface）和控制台介面（console interface）兩種。筆者認為使用者圖形介面較為友善、易懂且具圖形表徵功能和親和力；因此，本章的程式介紹均是以使用者圖形介面為例做介紹。

基本上，在使用者圖形介面上，ConQuest 程式的功能表上僅有 File、Edit、Run、Command、Analysis、Tables、Plot、Options、Help 等按鍵或選項而已，其設計與一般 Windows 作業系統適用的所有軟體功能相似，操作方式亦十分雷同。最常見的語法，不外乎是：選擇 File ⇒ Open, Edit ⇒ Copy, Run ⇒ Run All, Plot ⇒ Wright Map ⇒ Image ⇒ Save All As PNGs 等操作；而在程式的執行程序上，不外乎是：先建立一個 xxxx.cqc 的程式指令檔、xxxx.txt 的資料檔、xxxx.lab 的變項名稱檔，並輸出 xxxx.shw 的 Rasch 試題參數檔及 xxxx.itn 的傳統試題分析結果檔；其中，xxxx 即為使用者自行建立的檔案名稱。茲進一步介紹如後。

一、二元計分 Rasch 模型的程式指令檔

茲以第七章第一節介紹的二元計分的 Rasch 測量模型為例，說明其程式指令檔、資料檔、變項名稱檔、Rasch 分析結果檔、傳統試題分析結果檔如下。

表 8-1 所示，即是一份假想的 10 題數學科成就測驗資料檔〔本檔中有 40人，作答一份具有 10 題題目的測驗，形成一份 40（受試者）×10（試題）的原始作答資料矩陣〕的內容；表 8-2 所示，即為該成就測驗 10 題的題目名稱；而表 8-3 所示，即為一個用來分析表 8-1 資料，且以二元計分 Rasch 模型為例的程式指令檔。本節所舉例的資料檔、指令檔、分析後的結果檔等資料，均收錄在本書所附「程式範例」的資料夾「CH8-1」裡，並已標示清楚各檔案名稱，讀者可以自行開啟、參考閱讀並運用。

01　　4242422141		表 8-1
02　　3431431432		
03　　3223211341		一份假想的 10 題
……		數學科成就測驗
……		資料（檔名：
……		Example.txt）
38　　1341421341		
39　　3442422241		
40　　3341422241		

===> item		表 8-2
1　　BASIC01		
2　　BASIC02		Example.txt 資料
3　　BASIC03		檔中 10 題的試題
……		名 稱（檔 名：
……		Example.lab）
……		
8　　BASIC08		
9　　BASIC09		
10　　BASIC10		

表8-3 一個二元計分 Rasch 模型的 ConQuest 程式 指令檔（檔名： Example.cqc）	Title The Dichotomous Rasch Model analysis for Example.txt Data; Datafile Example.txt; Format id 1-4 responses 6-15; Labels << Example.lab; Key 3241422341! 1; Model item; Estimate; Show ! estimates=latent >> Example.shw; Itanal >> Example.itn; Plot icc ! legend=yes; Plot mcc ! legend=yes;

在使用者圖形介面下，只要點選 Run ⇒ Run All 指令，ConQuest 程式即會執行全部陳述在表 8-3 裡的指令，並輸出指定的 Example.shw 試題參數（即 Show 指令）和 Example.itn 傳統試題分析結果檔（即 Itanal 指令）等，同時點選功能表中的 Plot ⇒ Wright Map ⇒ Image ⇒ Save All As PNGs，即可繪製出理論與實際的試題特徵曲線圖（ICC）（即 icc 指令）及類別特徵曲線圖（CCC）（即 mcc 指令）。

二、二元計分 Rasch 模型結果檔摘要及其詮釋

ConQuest 程式執行後，即可獲得 Example.shw 和 Example.itn 兩個輸出檔，讀者只要使用視窗作業系統（Windows）內建的「記事本」軟體，即可打開這兩個檔，查看其內容。底下圖 8-1 至圖 8-7 所示，即分別呈現其中的執行過程說明、結果檔摘要表、試題難度參數估計值、個人－試題圖、傳統試題分析結果摘要表、第一題（理論與實際）試題特徵曲線圖，及全體的個人－試題圖（即萊特圖）等。讀者可以一一查看每一個檔的數據說明，不難理解到 ConQuest 程式所輸出的報表內涵。

綜合上述圖 8-1 至圖 8-7 所示可知，本例使用二元計分 Rasch 模型來分析，整體而言，執行過程在第 14 次遞迴估計時，達到收斂，因此所輸出的每一試題難度參數估計值（見圖 8-3 所示，介於±1.5 之間）均達適配程度（其

Iteration: 14	圖 8-1
Deviance = 426.38165 Variance Estimate: Dimension_1 1.80358 Mean: Dimension_1 1.03136 Maximum changes: Item location parameter estimates ==> -0.00060（Parameter 9） Mean estimate　　　　　　　==>　0.00049 Variance estimate　　　　　==>　0.00324 Change in the deviance　　 ==>　0.00001 .... Deviance change is less than convergence criterion Iterations will terminate =>Show ! estimates=latent >> Example.shw; =>Itanal >> Example.itn; =>Plot icc ! legend=yes; =>Plot mcc ! legend=yes;	二元計分 Rasch 模 型 的 Con- Quest 執行過程 說明

Estimation method was: Gauss-Hermite Quadrature with 15 nodes	圖 8-2
Assumed population distribution was: Gaussian Constraint was: DEFAULT The Data File: Example.txt The format: id 1-4 responses 6-15 No case weights The regression model: Not applicable Grouping Variables: The item model: item Slopes are fixed Sample size: 40 Final Deviance: 426.38165 Total number of estimated parameters: 11 The number of iterations: 14 Termination criteria: Max iterations=1000, Parameter Change= 0.00010 　　　　　　　　Deviance Change= 0.00010 Iterations terminated because the deviance convergence criteria was reached Random number generation seed: 1.00000 Number of nodes used when drawing PVs: 2000 Number of nodes used when computing fit: 200 Number of plausible values to draw: 5 Maximum number of iterations without a deviance improvement: 100 Maximum number of Newton steps in M-step: 10 Value for obtaining finite MLEs for zero/perfects: 0.30000 key 1 scored as 1: 3241422341	二元計分 Rasch 模 型 的 Con- Quest 結果檔摘 要表

圖 8-3

二元計分 Rasch 模型的試題難度參數估計值

```
=================================================================
The Dichotomous Rasch Model analysis for Example.txt Data Fri Jun 07 11:56 2019
TABLES OF RESPONSE MODEL PARAMETER ESTIMATES
==========================================================Build: Dec 21 2012===
TERM 1: item
-----------------------------------------------------------------
  VARIABLES                    UNWEIGHTED FIT          WEIGHTED FIT
  ---------              ---------------------   ---------------------
   item    ESTIMATE  ERROR^  MNSQ     CI       T   MNSQ     CI       T
-----------------------------------------------------------------
 1  BASIC01   1.038   0.358  1.42 ( 0.56, 1.44)  1.7  1.22 ( 0.72, 1.28)  1.4
 2  BASIC02   1.307   0.362  0.97 ( 0.56, 1.44) -0.1  1.02 ( 0.72, 1.28)  0.2
 3  BASIC03  -0.793   0.423  0.77 ( 0.56, 1.44) -1.0  0.95 ( 0.48, 1.52) -0.1
 4  BASIC04  -0.093   0.378  1.07 ( 0.56, 1.44)  0.4  1.11 ( 0.60, 1.40)  0.5
 5  BASIC05   0.061   0.372  0.99 ( 0.56, 1.44)  0.0  0.94 ( 0.62, 1.38) -0.3
 6  BASCI06  -0.422   0.396  0.80 ( 0.56, 1.44) -0.9  0.95 ( 0.54, 1.46) -0.2
 7  BASIC07   0.495   0.360  0.88 ( 0.56, 1.44) -0.5  0.93 ( 0.68, 1.32) -0.4
 8  BASIC08   0.904   0.357  1.20 ( 0.56, 1.44)  0.9  1.08 ( 0.71, 1.29)  0.6
 9  BASIC09  -1.494   0.499  0.67 ( 0.56, 1.44) -1.6  0.86 ( 0.31, 1.69) -0.3
10  BASIC10  -1.002*  0.442  1.13 ( 0.56, 1.44)  0.6  1.12 ( 0.43, 1.57)  0.5
-----------------------------------------------------------------
An asterisk next to a parameter estimate indicates that it is constrained
Separation Reliability =    0.819
Chi-square test of parameter equality =      43.48,   df = 9,   Sig Level = 0.000
^ Empirical standard errors have been used
=================================================================
```

圖 8-4

二元計分 Rasch 模型的個人－試題（難度參數）圖

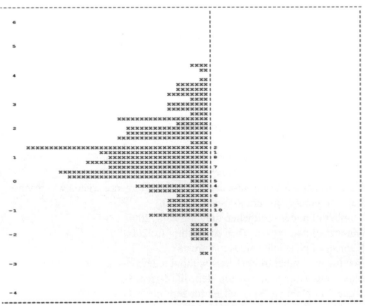

```
=================================================================
The Dichotomous Rasch Model analysis for Example.txt Data Fri Jun 07 11:56 2019
MAP OF LATENT DISTRIBUTIONS AND RESPONSE MODEL PARAMETER ES-
TIMATES
==========================================================Build: Dec 21 2012===
                                            Terms in the Model (excl Step terms)
                                                        +item
```

Each 'X' represents 0.1 cases

```
==========================================================================
=>itanal ! estimates=wle, format=summary;
==========================================================================
The Dichotomous Rasch Model analysis for Example.txt Data Sat Jun 08 11:00 2019
GENERALISED ITEM ANALYSIS
Group: All Students
==========================================================================
          Item        N    Facility  Item-Rst  Item-Tot  Wghtd    Delta(s)
                                      Cor       Cor       MNSQ
--------------------------------------------------------------------------
item:1  (BASIC01)     40    50.00     0.24      0.43      1.22    Delta(s):   1.04
item:2  (BASIC02)     40    45.00     0.37      0.54      1.02    Delta(s):   1.31
item:3  (BASIC03)     40    80.00     0.51      0.62      0.95    Delta(s):  -0.79
item:4  (BASIC04)     40    70.00     0.34      0.50      1.11    Delta(s):  -0.09
item:5  (BASIC05)     40    67.50     0.47      0.61      0.94    Delta(s):   0.06
item:6  (BASCI06)     40    75.00     0.51      0.63      0.95    Delta(s):  -0.42
item:7  (BASIC07)     40    60.00     0.51      0.65      0.93    Delta(s):   0.49
item:8  (BASIC08)     40    52.50     0.34      0.51      1.08    Delta(s):   0.90
item:9  (BASIC09)     40    87.50     0.54      0.63      0.86    Delta(s):  -1.49
item:10 (BASIC10)     40    82.50     0.29      0.42      1.12    Delta(s):  -1.00
--------------------------------------------------------------------------
The following traditional statistics are only meaningful for complete
designs and when the amount of missing data is minimal.
In this analysis  0.00% of the data are missing.

The following results are scaled to assume that a single response
was provided for each item.

N                                    40
Mean                                 6.70
Standard Deviation                   2.49
Variance                             6.22
Skewness                            -0.67
Kurtosis                            -0.27
Standard error of mean               0.39
Standard error of measurement        1.27
Coefficient Alpha                    0.74
==========================================================================
```

圖 8-5

二元計分 Rasch 模型的傳統試題分析結果摘要表

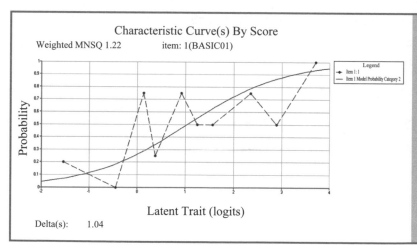

Characteristic Curve(s) By Score

Weighted MNSQ 1.22　　　item: 1(BASIC01)

Latent Trait (logits)

Delta(s):　1.04

圖 8-6

二元計分 Rasch 模型的第一題（理論與實際）試題特徵曲線圖

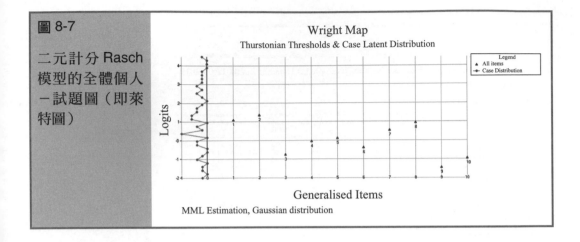

圖 8-7

二元計分 Rasch
模型的全體個人
－試題圖（即萊
特圖）

Infit MNSQ 值沒有過大，均在 0.7 至 1.3 之間，且其 t 值絕對值均小於 2，表
示均未達顯著），分離信度為 .819，古典測驗的 α 內部一致性信度係數為 .74，
每一試題的傳統試題分析及個人－試題圖也都一覽無遺，受試者能力與試題難
度參數的分布均在合理的範圍，但顯然受試者能力參數分布範圍較試題難度參
數分布範圍還廣，表示這份成就測驗尚無法精確估算出極端高能力與極端低能
力的受試者，需要再增加一些高難度及更簡單的試題。

第二節　RSM 的應用程式

　　其次，以第七章第二節介紹的多元計分的評定量尺模型（RSM）為例，
說明其程式指令檔、資料檔、變項名稱檔、Rasch 分析結果檔、傳統試題分析
結果檔如下。

一、RSM 的程式指令檔

　　表 8-4 所示，即是一份多元計分的「台灣憂鬱情緒量表」（Taiwan Depress-
ion Scale, TDS）測量資料〔內容為一個 413（受試者）× 22（試題）的李克特
氏四點評定量尺的作答資料矩陣，其資料編碼為 0、1、2、3 四種分數，以顯
示憂鬱情緒的強度〕，原始資料取自余民寧等人（2008）和余民寧、黃馨瑩、

```
1      1 0122122211121231211113
2      1 1111112212311221220121
3      1 3233122012332333131001
……….
……….
……….
411 2 0011012020010210010011
412 2 0010001211111121000011
413 2 0001001010000001000000
```

表 8-4

一份 22 題多元計分的台灣憂鬱情緒量表資料（檔名：TDS.txt）

劉育如（2011）的研究報告；表 8-5 所示，即為該量表 22 題的題目名稱；而表 8-6 所示，即為一個用來分析表 8-4 資料，且以評定量尺模型（RSM）為例的指令檔。本節所舉例的「台灣憂鬱情緒量表」題目、資料檔、指令檔、分析

```
===> item
1    有自殺的念頭
2    對什麼事都失去興趣
3    凡事往壞的方向想
4    有罪惡感
5    感覺自己很沒用
6    無力感
7    有壓力
8    發脾氣、生氣
9    擔心、煩惱
10   害怕、恐懼
11   想哭
12   心情低落
13   胃口不好（或暴飲暴食）
14   睡眠狀況不佳
15   身體疲憊
16   無法專心做事
17   身體不舒服
18   記憶力不好
19   不想與他人往來
20   少說話（或不太愛說話）
21   不想出門
22   生活圈小
```

表 8-5

TDS.txt 資料檔中 22 題的試題名稱（檔名：TDS.lab）

表8-6	Title The Rating Scale Model analysis for TDS.txt Data;
一個多元計分	Datafile TDS.txt;
RSM 的 ConQuest	Format id 1-5 responses 7-28;
程式指令檔（檔	Codes 0, 1, 2, 3;
名：RSM-TDS.	Labels << TDS.lab;
cqc）	Model item + step;
	Estimate;
	Show ! estimates=latent >> RSM-TDS.shw;
	Itanal >> RSM-TDS.itn;
	Plot icc ! legend=yes;
	Plot mcc ! legend=yes;

後的結果檔等資料，皆收錄在本書所附「程式範例」裡的資料夾「CH8-2」，並已標示清楚各檔案名稱，讀者可以自行開啟、參考閱讀並運用。

　　在使用者圖形介面下，只要點選 Run ⇒ Run All 指令，ConQuest 程式即會執行全部陳述在表 8-6 裡的指令，並輸出指定的 RSM-TDS.shw 試題參數（即 Show 指令）和 RSM-TDS.itn 傳統試題分析結果檔（即 Itanal 指令）等，同時點選功能表中的 Plot ⇒ Wright Map ⇒ Image ⇒ Save All As PNGs，即可繪製出理論與實際的試題特徵曲線圖（ICC）（即 icc 指令）及類別特徵曲線圖（CCC）（即 mcc 指令）。

二、RSM 結果檔摘要及其詮釋

　　ConQuest 程式執行後，即可獲得 RSM-TDS.shw 和 RSM-TDS.itn 兩個輸出檔，讀者只要使用視窗作業系統內建的「記事本」軟體，即可打開這兩個檔，查看其內容。底下圖 8-8 至圖 8-17 所示，即分別為執行過程說明、結果檔摘要表、試題難度參數估計值、試題步驟參數估計值、個人－試題圖、傳統試題分析結果摘要表、第一題（理論與實際）試題特徵曲線圖、第一題（理論與實際）類別特徵曲線圖、全體的個人－試題圖（即萊特圖）等。讀者查看每一個檔的數據說明，不難理解到 ConQuest 程式所輸出的報表內涵。

```
.........................................................
Iteration: 99 ....................................
Deviance = 17980.73434
Variance Estimate:
Dimension_1 2.94780
Mean:
Dimension_1 -0.71580
Maximum changes:
Item location parameter estimates ==>      -0.00010(Parameter 4)
Mean estimate                    ==>      0.00001
Variance estimate                ==>      -0.00009
Change in the deviance           ==>      0.00832
.........................................................
The maximum change in the estimates is less than the convergence criterion
Iterations will terminate
```

圖 8-8

多元計分 RSM 的 ConQuest 執行過程說明

```
===========================================================
The Rating Scale Model analysis for TDS.txt Data        Sat Jun 08 08:43 2019
SUMMARY OF THE ESTIMATION
=====================================Build: Dec 21 2012===
Estimation method was: Gauss-Hermite Quadrature with 15 nodes
Assumed population distribution was: Gaussian
Constraint was: DEFAULT
The Data File: TDS.txt
The format: id 1-5 responses 7-28
No case weights
The regression model: Not applicable
Grouping Variables:
The item model: item + step
Slopes are fixed
Sample size: 413
Final Deviance: 17980.04334
Total number of estimated parameters: 25
The number of iterations: 54
Termination criteria: Max iterations=1000, Parameter Change= 0.00010
                  Deviance Change= 0.00010
Iterations terminated because the convergence criteria were reached
At termination the solution was not the best attained solution
The reported results are for the earlier better solution
Rerunning this analysis using the current estimates as initial values is strongly advised.
Random number generation seed:      1.00000
Number of nodes used when drawing PVs: 2000
Number of nodes used when computing fit: 200
Number of plausible values to draw: 5
Maximum number of iterations without a deviance improvement: 100
Maximum number of Newton steps in M-step: 10
Value for obtaining finite MLEs for zero/perfects:      0.30000
===========================================================
```

圖 8-9

多元計分 RSM 的 ConQuest 結果檔摘要表

圖 8-10

多元計分 RSM 的試題難度參數估計值

```
===================================================================
=>show parameters! table=2;
===================================================================
The Rating Scale Model analysis for TDS.txt Data        Sat Jun 08 12:38 2019
TABLES OF RESPONSE MODEL PARAMETER ESTIMATES
==========================================================Build: Dec 21 2012=====
TERM 1: item
-------------------------------------------------------------------
  VARIABLES                    UNWEIGHTED FIT        WEIGHTED FIT
-------------                ------------------    ------------------
  item       ESTIMATE ERROR^ MNSQ     CI      T    MNSQ     CI      T
-------------------------------------------------------------------
 1 有自殺的念    1.573  0.091  1.24 ( 0.86, 1.14)  3.2  1.34 ( 0.84, 1.16)  3.9
 2 對什麼事都    0.383  0.076  0.71 ( 0.86, 1.14) -4.7  0.78 ( 0.86, 1.14) -3.3
 3 凡事往壞的   -0.281  0.073  0.91 ( 0.86, 1.14) -1.4  0.89 ( 0.87, 1.13) -1.6
 4 有罪惡感     0.718  0.079  1.30 ( 0.86, 1.14)  4.0  1.24 ( 0.86, 1.14)  3.1
 5 感覺自己很    0.340  0.076  0.94 ( 0.86, 1.14) -0.8  0.95 ( 0.86, 1.14) -0.7
 6 無力感      -0.251  0.073  0.68 ( 0.86, 1.14) -5.2  0.67 ( 0.87, 1.13) -5.5
 7 有壓力     -1.060  0.074  1.08 ( 0.86, 1.14)  1.1  0.97 ( 0.87, 1.13) -0.4
 8 發脾氣、生    0.168  0.075  1.24 ( 0.86, 1.14)  3.3  1.26 ( 0.86, 1.14)  3.6
 9 擔心、煩惱   -1.011  0.074  0.73 ( 0.86, 1.14) -4.3  0.72 ( 0.87, 1.13) -4.5
10 害怕、恐懼    0.411  0.076  0.80 ( 0.86, 1.14) -3.0  0.89 ( 0.86, 1.14) -1.6
11 想哭       0.365  0.076  1.13 ( 0.86, 1.14)  1.9  1.21 ( 0.86, 1.14)  2.9
12 心情低落    -0.450  0.073  0.62 ( 0.86, 1.14) -6.3  0.63 ( 0.87, 1.13) -6.3
13 胃口不好     0.577  0.078  1.58 ( 0.86, 1.14)  7.1  1.56 ( 0.86, 1.14)  6.8
14 睡眠狀況不   -0.684  0.073  1.29 ( 0.86, 1.14)  3.9  1.20 ( 0.87, 1.13)  2.9
15 身體疲憊    -0.996  0.074  0.94 ( 0.86, 1.14) -0.8  0.93 ( 0.87, 1.13) -1.0
16 無法專心做   -0.320  0.073  0.91 ( 0.86, 1.14) -1.3  0.89 ( 0.87, 1.13) -1.7
17 身體不舒服   -0.034  0.074  0.97 ( 0.86, 1.14) -0.4  0.99 ( 0.87, 1.13) -0.2
18 記憶力不好   -0.143  0.073  1.26 ( 0.86, 1.14)  3.5  1.16 ( 0.87, 1.13)  2.2
19 不想與他人    0.401  0.076  0.99 ( 0.86, 1.14) -0.1  0.97 ( 0.86, 1.14) -0.5
20 少說話（或    0.326  0.076  0.94 ( 0.86, 1.14) -0.9  0.96 ( 0.86, 1.14) -0.6
21 不想出門     0.020  0.074  0.97 ( 0.86, 1.14) -0.4  1.01 ( 0.87, 1.13)  0.1
22 生活圈小    -0.054* 0.074  1.67 ( 0.86, 1.14)  8.0  1.52 ( 0.87, 1.13)  6.7
-------------------------------------------------------------------
An asterisk next to a parameter estimate indicates that it is constrained
Separation Reliability =  0.986
Chi-square test of parameter equality =   1332.08,  df = 21,  Sig Level = 0.000
^ Empirical standard errors have been used
```

圖 8-11

多元計分 RSM 的試題步驟參數估計值

```
===================================================================
TERM 2: step
-------------------------------------------------------------------
  VARIABLES                    UNWEIGHTED FIT        WEIGHTED FIT
-------------                ------------------    ------------------
  category   ESTIMATE ERROR^ MNSQ     CI      T    MNSQ     CI      T
-------------------------------------------------------------------
    0                        3.97 ( 0.86, 1.14) 25.2  1.37 ( 0.84, 1.16)  4.0
    1      -1.719  0.042     1.73 ( 0.86, 1.14)  8.6  1.81 ( 0.86, 1.14)  9.2
    2       0.238  0.033     1.89 ( 0.86, 1.14) 10.2  2.09 ( 0.84, 1.16) 10.3
    3       1.482*            2.26 ( 0.86, 1.14) 13.5  1.80 ( 0.80, 1.20)  6.4
-------------------------------------------------------------------
An asterisk next to a parameter estimate indicates that it is constrained
===================================================================
```

綜合圖 8-8 至圖 8-17 所示可知，本例使用多元計分 RSM 來分析，整體而言，執行過程在第 99 次遞迴估計時，達到收斂，因此所輸出的每一試題難度參數估計值（見圖 8-10 所示，值域約界於 -1.0 至 1.60 之間，但有少數的第 1、6、12、13、22 題的 Infit MNSQ 值超過 1±0.3 的範圍區間，且其 t 值絕對值亦明顯大於 2 以上，顯示該等試題已達顯著不適配的程度，需要修改或刪除）顯示已局部達到適配程度；但根據圖 8-11 所示，顯示全部的步驟難度參數的 Infit

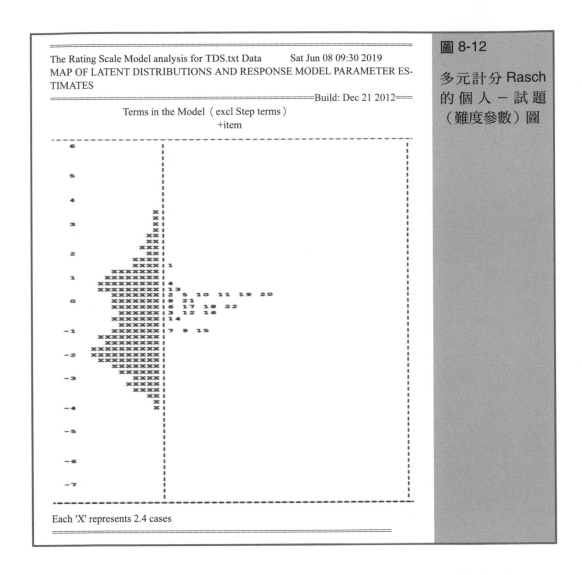

圖 8-12

多元計分 Rasch 的 個 人 － 試 題 （難度參數）圖

MNSQ 值都超過 1.3 以上，且其 t 值絕對值亦全部大於 2 以上，顯示本例使用 RSM 來分析此份資料，整體而言，是不適配的。此外，分離信度為 .986，古 典測驗的 α 內部一致性信度係數為 .97，每一試題的傳統試題分析及個人－試 題圖也都一覽無遺，受試者能力與試題難度參數圖及受試者能力與類別（步 驟）參數圖的分布均在合理的範圍（值域大致上介於±3.0 之間），但有少數兩 極端受試者能力參數分布範圍較試題難度及類別步驟參數分布範圍還廣，表示

圖 8-13

多元計分 RSM 的
個人－試題（步
驟參數）圖

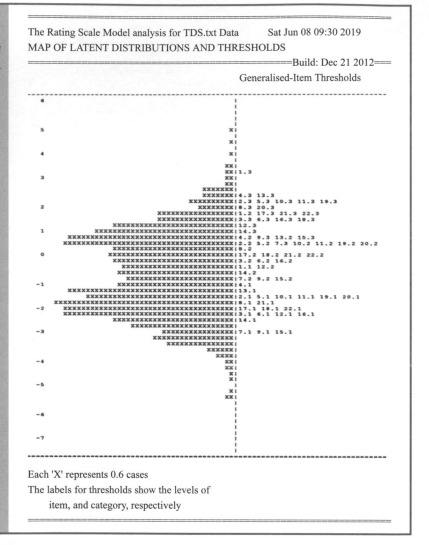

```
===============================================================
The Rating Scale Model analysis for TDS.txt Data      Sat Jun 08 09:30 2019
MAP OF LATENT DISTRIBUTIONS AND THRESHOLDS
=============================================Build: Dec 21 2012===
                                        Generalised-Item Thresholds
---------------------------------------------------------------
  6                             |
                                |
  5                          X  |
                             X  |
  4                          X  |
                            XX  |
  3                         XX  |1.3
                            XX  |
                       XXXXXXX  |
                     XXXXXXXX  |4.3 13.3
  2              XXXXXXXXXXX  |2.3 5.3 10.3 11.3 19.3
                   XXXXXXXX  |8.3 20.3
           XXXXXXXXXXXXXXXX  |1.2 17.3 21.3 22.3
            XXXXXXXXXXXXXXX  |3.3 6.3 16.3 18.3
  1       XXXXXXXXXXXXXXXXXXXX  |12.3
        XXXXXXXXXXXXXXXXXXXXXX  |14.3
    XXXXXXXXXXXXXXXXXXXXXXXXXX  |4.2 9.3 13.2 15.3
  XXXXXXXXXXXXXXXXXXXXXXXXXXX  |2.2 5.2 7.3 10.2 11.2 19.2 20.2
  0       XXXXXXXXXXXXXXXXXXXXX  |17.2 19.2 21.2 22.2
         XXXXXXXXXXXXXXXXXXXX  |3.2 6.2 16.2
          XXXXXXXXXXXXXXXXXX  |1.1 12.2
           XXXXXXXXXXXXXXXXX  |14.2
 -1         XXXXXXXXXXXXXXXX  |7.2 9.2 15.2
          XXXXXXXXXXXXXXXXXX  |4.1
        XXXXXXXXXXXXXXXXXXXX  |13.1
         XXXXXXXXXXXXXXXXXX  |2.1 5.1 10.1 11.1 19.1 20.1
 -2  XXXXXXXXXXXXXXXXXXXXXXX  |8.1 21.1
     XXXXXXXXXXXXXXXXXXXXXXX  |17.1 18.1 22.1
       XXXXXXXXXXXXXXXXXXXX  |3.1 6.1 12.1 16.1
          XXXXXXXXXXXXXXXX  |14.1
           XXXXXXXXXXXXXXX  |7.1 9.1 15.1
 -3         XXXXXXXXXXXXXX  |
            XXXXXXXXXXXXX  |
              XXXXXXXXXX  |
                XXXXX  |
 -4             XXXX  |
                 XX  |
                 XX  |
                  X  |
                  X  |
 -5               X  |
                 XX  |
 -6               |
                  |
 -7               |
                  |
*****************************************************************
Each 'X' represents 0.6 cases
The labels for thresholds show the levels of
     item, and category, respectively
===============================================================
```

這份量表雖然大致可適用於多數正常人的憂鬱情緒評估，但比較無法精確估算出極端低能力（即極度低憂鬱情緒）的受試者，可能需要再增加一些極簡單（即難度及步驟參數極低）的試題。

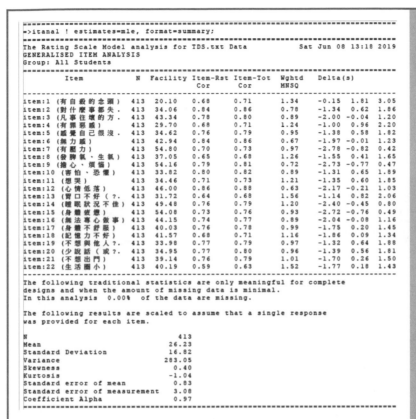

圖 8-14

多元計分 RSM 的
傳統試題分析結
果摘要表

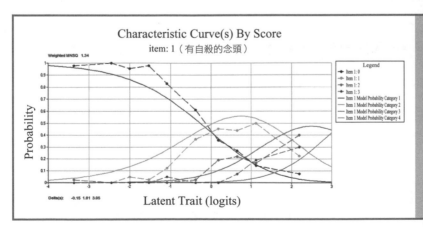

圖 8-15

多元計分 RSM 的
第一題（理論與
實際）試題特徵
曲線圖

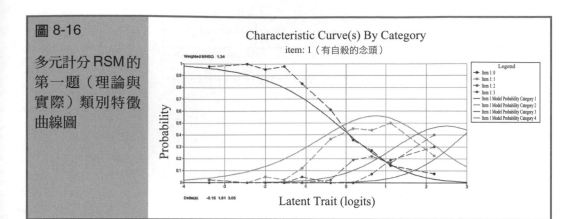

圖 8-16

多元計分 RSM 的
第一題（理論與
實際）類別特徵
曲線圖

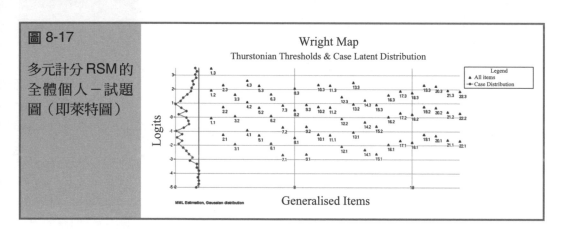

圖 8-17

多元計分 RSM 的
全體個人－試題
圖（即萊特圖）

第三節　PCM 的應用程式

再其次，以第七章第三節介紹的多元計分的部份計分模型（PCM）為例，
說明其程式指令檔、資料檔、變項名稱檔、Rasch 分析結果檔、傳統試題分析
結果檔如下。

一、PCM 的程式指令檔

本節仍然沿用表 8-4 和表 8-5 所示的資料為例，但改用表 8-7 所示的指令
檔（即 PCM），專門陳述同一份資料檔可以嘗試套用不同的 Rasch 模型來分
析，並加以比較不同模型間（即 RSM 和 PCM）的差異和適配度。本節所舉例

```
Title The Partial Credit Model analysis for TDS.txt Data;
Datafile TDS.txt;
Format id 1-5 responses 7-28;
Codes 0, 1, 2, 3;
Labels << TDS.lab;
Model item + item*step;
Estimate;
Show ! estimates=latent >> PCM-TDS.shw;
Itanal >> PCM-TDS.itn;
Plot expected! gins=1;
Plot icc! legend=yes, gins=1;
Plot mcc! legend=yes, gins=1;
```

表 8-7

一個多元計分 PCM 的 ConQuest 程式指令檔（檔名：PCM-TDS. cqc）

的「台灣憂鬱情緒量表」題目、資料檔、指令檔、分析後的結果檔等資料，皆收錄在本書所附「程式範例」裡的資料夾「CH8-3」，並已標示清楚各檔案名稱，讀者可以自行開啟、參考閱讀並運用。

在使用者圖形介面下，只要點選 Run ⇒ Run All 指令，ConQuest 程式即會執行全部陳述在表 8-7 裡的指令，並輸出指定的 PCM-TDS.shw 試題參數（即 Show 指令）和 PCM-TDS.itn 傳統試題分析結果檔（即 Itanal 指令）等，同時點選功能表中的 Plot ⇒ Wright Map ⇒ Image ⇒ Save All As PNGs，即可繪製出理論與實際的試題特徵曲線圖（item characteristic curve, ICC）（即 icc 指令）及類別特徵曲線圖（category characteristic curve, CCC）（即 mcc 指令）。

二、PCM 結果檔摘要及其詮釋

ConQuest 程式執行後，即可獲得 PCM-TDS.shw 和 PCM-TDS.itn 兩個輸出檔，讀者只要使用視窗作業系統內建的「記事本」軟體，即可打開這兩個檔，查看其內容。底下圖 8-18 至圖 8-25 所示，即分別為執行過程說明、結果檔摘要表、試題難度參數估計值、試題步驟參數估計值、個人－試題圖、傳統試題分析結果摘要表、第一題（理論與實際）試題特徵曲線圖、全體的個人－試題圖（即萊特圖）等。讀者查看每一個檔的數據說明，不難理解到 ConQuest 程式所輸出的報表內涵。

圖 8-18 多元計分 PCM 的 ConQuest 執行過 程說明	Iteration: 102 .... Deviance = 17763.97894 Variance Estimate: Dimension_1 3.07059 Mean: Dimension_1 -0.69515 Maximum changes: Item location parameter estimates ==>　　-0.00008（Parameter 1） Mean estimate　　　　　==>　　0.00001 Variance estimate　　　　==>　　-0.00009 Change in the deviance　　==>　　0.00645 .... The maximum change in the estimates is less than the convergence criterion Iterations will terminate

圖 8-19 多元計分 PCM 的 ConQuest 結果檔 摘要表	== The Partial Credit Model analysis for TDS.txt Data　　　Sun Jun 09 09:02 2019 SUMMARY OF THE ESTIMATION ==Build: Dec 21 2012=== Estimation method was: Gauss-Hermite Quadrature with 15 nodes Assumed population distribution was: Gaussian Constraint was: DEFAULT The Data File: TDS.txt The format: id 1-5 responses 7-28 No case weights The regression model: Not applicable Grouping Variables: The item model: item ＋ item*step Slopes are fixed Sample size: 413 Final Deviance:　　17763.41028 Total number of estimated parameters: 67 The number of iterations: 59 Termination criteria: Max iterations=1000, Parameter Change= 0.00010 　　　　　　　　Deviance Change= 0.00010 Iterations terminated because the convergence criteria were reached At termination the solution was not the best attained solution The reported results are for the earlier better solution Rerunning this analysis using the current estimates as initial values is strongly advised. Random number generation seed:　　1.00000 Number of nodes used when drawing PVs: 2000 Number of nodes used when computing fit: 200 Number of plausible values to draw: 5 Maximum number of iterations without a deviance improvement: 100 Maximum number of Newton steps in M-step: 10 Value for obtaining finite MLEs for zero/perfects:　　0.30000 ==

```
=========================================================
=>show parameters! table=2;
=========================================================
The Partial Credit Model analysis for TDS.txt Data      Sun Jun 09 09:04 2019
TABLES OF RESPONSE MODEL PARAMETER ESTIMATES
=======================================================Build: Dec 21 2012===

TERM 1: item
-------------------------------------------------------------------------------
  VARIABLES                    UNWEIGHTED FIT            WEIGHTED FIT
---------------          -----------------------    -----------------------
  item          ESTIMATE ERROR^ MNSQ    CI       T    MNSQ    CI       T
-------------------------------------------------------------------------------
1   有自殺的念      1.357   0.097  1.34 ( 0.86, 1.14)  4.4   1.16 ( 0.83, 1.17)  1.8
2   對什麼事都      0.389   0.079  0.65 ( 0.86, 1.14) -5.7   0.72 ( 0.86, 1.14) -4.3
3   凡事往壞的     -0.257   0.076  0.93 ( 0.86, 1.14) -1.1   0.92 ( 0.87, 1.13) -1.2
4   有罪惡感        0.720   0.086  1.35 ( 0.86, 1.14)  4.6   1.22 ( 0.86, 1.14)  2.9
5   感覺自己很      0.356   0.080  0.97 ( 0.86, 1.14) -0.5   0.95 ( 0.86, 1.14) -0.6
6   無力感         -0.197   0.077  0.69 ( 0.86, 1.14) -4.9   0.69 ( 0.87, 1.13) -5.1
7   有壓力         -1.143   0.085  1.07 ( 0.86, 1.14)  1.0   1.07 ( 0.87, 1.13)  1.0
8   發脾氣、生      0.220   0.081  1.25 ( 0.86, 1.14)  3.3   1.30 ( 0.87, 1.13)  4.0
9   擔心、煩惱     -1.052   0.082  0.79 ( 0.86, 1.14) -3.2   0.82 ( 0.87, 1.13) -2.9
10  害怕、恐懼      0.458   0.082  0.79 ( 0.86, 1.14) -3.3   0.86 ( 0.86, 1.14) -2.0
11  想哭            0.327   0.077  1.11 ( 0.86, 1.14)  1.6   1.16 ( 0.86, 1.14)  2.1
12  心情低落       -0.422   0.075  0.63 ( 0.86, 1.14) -6.0   0.65 ( 0.87, 1.13) -6.0
13  胃口不好（      0.484   0.077  1.79 ( 0.86, 1.14)  9.3   1.43 ( 0.85, 1.15)  5.1
14  睡眠狀況不     -0.651   0.072  1.38 ( 0.86, 1.14)  4.9   1.06 ( 0.86, 1.14)  0.9
15  身體疲憊       -0.968   0.080  0.97 ( 0.86, 1.14) -0.4   1.00 ( 0.87, 1.13) -0.0
16  無法專心做     -0.268   0.080  0.95 ( 0.86, 1.14) -0.6   0.98 ( 0.87, 1.13) -0.3
17  身體不舒服     -0.009   0.076  0.98 ( 0.86, 1.14) -0.3   0.99 ( 0.87, 1.13) -0.2
18  記憶力不如     -0.109   0.078  1.28 ( 0.86, 1.14)  3.8   1.21 ( 0.87, 1.13)  3.0
19  不想與他人      0.375   0.079  0.99 ( 0.86, 1.14) -0.1   0.94 ( 0.86, 1.14) -0.9
20  少說話（或      0.374   0.081  0.94 ( 0.86, 1.14) -0.9   0.93 ( 0.86, 1.14) -0.9
21  不想出門        0.031   0.075  0.99 ( 0.86, 1.14) -0.1   0.99 ( 0.86, 1.14) -0.1
22  生活圈小       -0.016*  0.077  1.69 ( 0.86, 1.14)  8.3   1.56 ( 0.87, 1.13)  7.1
-------------------------------------------------------------------------------
An asterisk next to a parameter estimate indicates that it is constrained
Separation Reliability =  0.983
Chi-square test of parameter equality =    1087.93,  df = 21,  Sig Level = 0.000
^ Empirical standard errors have been used
```

圖 8-20

多元計分 PCM 的試題難度參數估計值

　　綜合圖 8-18 至圖 8-27 所示可知，本例使用多元計分 PCM 來分析，整體而言，執行過程在第 102 次遞迴估計時，達到收斂，因此所輸出的每一試題難度參數估計值（見圖 8-20 所示，值域約界於 -1.143 至 1.357 之間，但有第 6、12、13、22 題的 Infit MNSQ 值超過 1±0.3 範圍外，且其 t 值絕對值亦明顯大於 2 以上，顯示該等試題已達顯著不適配的程度，需要修改或刪除）大致顯示達到適配程度；但從圖 8-21 所示來看，除了第一題的第三個步驟難度參數的 Infit MNSQ 值為 1.34 稍微過大外，但其 t 值絕對值才 1.9，並未超過 2。其餘試題的步驟參數估計值的 Infit MNSQ 均在 1±0.3 範圍內，顯示全部都是適配的。此外，分離信度為 .983，古典測驗的 α 內部一致性信度係數為 .97，每一試題的傳統試題分析及個人－試題圖也都一覽無遺，受試者能力與試題難度參數圖及受試者能力與類別（步驟）參數圖的分布均在合理的範圍（值域大致上介於 ±3.0 之間），但有少數兩極端受試者能力參數分布範圍較試題難度及類別

圖 8-21

多元計分PCM的試題步驟參數估計值

```
=================================================================================
TERM 2: item*step
---------------------------------------------------------------------------------
         VARIABLES          |      UNWEIGHTED FIT       |       WEIGHTED FIT
---------------------------------------------------------------------------------
 item          cat. ESTIM. ERROR  MNSQ     CI       T     MNSQ     CI       T
---------------------------------------------------------------------------------
1  的念念全全般 0                   0.85 ( 0.86, 1.14) -2.2   0.86 ( 0.96, 1.14) -2.1
1  有有有般般般 1 -0.956 0.148      0.72 ( 0.86, 1.14) -4.4   0.92 ( 0.78, 1.12) -1.4
1  自自自般般般 2  0.112 0.202     14.50 ( 0.86, 1.14) 62.0   1.03 ( 0.80, 1.20)  0.4
1  自自自什什什 3  0.844*          41.20 ( 0.86, 1.14)105.8   1.34 ( 0.68, 1.32)  1.9
2  對對什什什什 0                   0.50 ( 0.86, 1.14) -8.9   0.73 ( 0.87, 1.13) -4.2
2  摩摩摩摩摩事 1 -1.440 0.129      0.83 ( 0.86, 1.14) -2.7   0.92 ( 0.91, 1.09) -1.8
2  什事事事事事 2  0.139 0.157      0.54 ( 0.86, 1.14) -8.0   0.91 ( 0.88, 1.12) -1.4
2  對對事事環環 3  1.201*           0.40 ( 0.86, 1.14)-11.3   0.91 ( 0.79, 1.21) -0.9
3  事事性性境境 0                   0.87 ( 0.86, 1.14) -2.0   0.95 ( 0.87, 1.13) -0.1
3  幾幾性性性的 1 -1.897 0.126      0.88 ( 0.86, 1.14) -1.7   0.95 ( 0.93, 1.07) -1.4
3  幾幾惡惡惡的 2  0.419 0.146      1.05 ( 0.86, 1.14)  0.8   0.96 ( 0.89, 1.11) -0.7
3  幾幾惡惡惡的 3  1.478*           0.64 ( 0.86, 1.14) -5.9   0.93 ( 0.83, 1.17) -0.8
4  有有惡惡覺覺 0                   4.73 ( 0.86, 1.14) 29.3   1.24 ( 0.87, 1.13)  3.2
4  有有覺覺覺己 1 -1.599 0.132      1.22 ( 0.86, 1.14)  3.0   1.07 ( 0.92, 1.08)  1.5
4  有有覺己己己 2  0.281 0.166      1.03 ( 0.86, 1.14)  0.5   1.06 ( 0.86, 1.14)  0.9
4  很根根根己己 3  1.319*           0.36 ( 0.86, 1.14)-12.4   0.97 ( 0.74, 1.26) -0.2
5  威威己己己己 0                   0.94 ( 0.86, 1.14) -0.8   1.06 ( 0.87, 1.13)  0.9
5  威威發發發己 1 -1.716 0.127      1.02 ( 0.86, 1.14)  0.3   0.94 ( 0.98, 1.17)  0.7
5  威威發力力威 2  0.366 0.156      0.59 ( 0.86, 1.14) -8.0   0.94 ( 0.88, 1.12) -0.9
5  無無力力威威 3  1.349*           0.53 ( 0.86, 1.14) -8.1   0.97 ( 0.78, 1.22) -0.3
6  無無力威威壓 0                   0.65 ( 0.86, 1.14) -5.7   0.84 ( 0.87, 1.13) -2.1
6  無無威威壓壓 1 -1.869 0.128      0.83 ( 0.86, 1.14) -2.5   0.87 ( 0.93, 1.07) -3.6
6  有有壓壓壓力 2  0.187 0.144      0.56 ( 0.86, 1.14) -6.7   0.84 ( 0.90, 1.10) -3.4
6  有有壓力力力 3  1.682*           0.41 ( 0.86, 1.14)-11.1   0.90 ( 0.82, 1.18) -1.1
7  有有力力力氣 0                  28.54 ( 0.86, 1.14) 88.7   1.05 ( 0.77, 1.23)  0.5
7  有有發發發氣 1 -2.542 0.153      1.00 ( 0.86, 1.14)  0.0   0.98 ( 0.91, 1.09) -0.3
7  發發發氣氣氣 2  0.558 0.141      1.16 ( 0.86, 1.14)  2.2   0.99 ( 0.91, 1.09) -0.3
7  、、生生生氣 3  1.984*           0.93 ( 0.86, 1.14) -1.1   1.00 ( 0.86, 1.14) -0.0
8  心心、生生生 0                   4.63 ( 0.86, 1.14) 28.8   1.29 ( 0.87, 1.13)  4.1
8  惱惱心、、、 1 -1.894 0.127      1.00 ( 0.86, 1.14)  0.1   1.05 ( 0.93, 1.07)  1.2
8  惱惱心心心心 2  0.309 0.150      1.08 ( 0.86, 1.14)  1.2   1.07 ( 0.89, 1.11)  1.2
8  惱惱惱心心心 3  1.585*           0.57 ( 0.86, 1.14) -7.3   1.07 ( 0.78, 1.22)  0.6
9  惱惱惱惱煩煩 0                   1.89 ( 0.86, 1.14) 10.2   0.91 ( 0.79, 1.21) -0.9
9  怕怕恐恐煩煩 1 -2.371 0.147      0.76 ( 0.86, 1.14) -3.7   0.87 ( 0.91, 1.09) -2.5
9  怕怕恐恐恐煩 2  0.413 0.140      0.82 ( 0.86, 1.14) -2.7   0.92 ( 0.91, 1.09) -1.2
9  怕怕恐恐恐恐 3  1.956*           0.54 ( 0.86, 1.14) -8.1   0.89 ( 0.86, 1.14) -1.5
10 青青怕怕恐恐 0                   1.14 ( 0.86, 1.14)  2.0   0.88 ( 0.87, 1.13) -1.9
10 青青怕怕恐恐 1 -1.598 0.131      0.88 ( 0.86, 1.14) -1.7   0.96 ( 0.92, 1.08) -1.0
10 青青怕怕懂懂 2  0.059 0.155      0.57 ( 0.86, 1.14) -7.3   0.93 ( 0.89, 1.11) -1.2
10 思思懂懂懂懂 3  1.538*           0.45 ( 0.86, 1.14)-10.0   0.91 ( 0.76, 1.24) -0.7
11 思思興興懂懂 0                   1.54 ( 0.86, 1.14)  6.7   1.18 ( 0.87, 1.13)  2.7
11 思思興興興興 1 -1.587 0.125      1.00 ( 0.86, 1.14) -0.0   1.00 ( 0.93, 1.07)  0.1
11 思思心心興興 2  0.575 0.163      0.80 ( 0.86, 1.14) -3.0   0.98 ( 0.85, 1.15) -0.3
11 心心心心興興 3  1.013*           7.15 ( 0.86, 1.14) 39.9   1.00 ( 0.80, 1.20)  0.0
12 低低落落落落 0                   0.84 ( 0.86, 1.14) -2.4   0.87 ( 0.86, 1.14) -1.1
12 心心心情情落 1 -1.834 0.129      0.73 ( 0.86, 1.14) -4.3   0.93 ( 0.92, 1.08) -4.0
12 心心情情情情 2  0.296 0.144      0.60 ( 0.86, 1.14) -6.8   0.84 ( 0.90, 1.10) -3.4
12 不不情情情情 3  1.538*           0.38 ( 0.86, 1.14)-11.9   0.80 ( 0.84, 1.16) -2.7
13 胃胃口口好好（0                  11.97 ( 0.86, 1.14) 55.5   1.16 ( 0.86, 1.14)  2.3
13 不不好好好好（1 -1.251 0.127      1.27 ( 0.86, 1.14)  3.6   1.07 ( 0.91, 1.09)  1.4
13 胃胃口口好好（2  0.513 0.173      6.41 ( 0.86, 1.14) 37.0   1.03 ( 0.83, 1.17)  0.4
13 胃胃胃口口好（3  0.728*           3.85 ( 0.86, 1.14) 24.5   1.12 ( 0.87, 1.13)  1.7
14 睡睡眠眠況況況 0                  6.72 ( 0.86, 1.14) 38.2   0.95 ( 0.90, 1.10) -0.9
14 睡睡眠眠狀狀況 1 -1.083 0.133     1.02 ( 0.86, 1.14)  0.4   0.99 ( 0.88, 1.12) -0.2
14 睡睡眠眠狀狀狀 2  0.124 0.156     1.94 ( 0.86, 1.14) 10.8   1.05 ( 0.86, 1.14)  0.7
15 身身睡睡疲疲憊 0                  0.98 ( 0.86, 1.14) -0.2   1.00 ( 0.82, 1.14) -0.0
15 身身疲疲憊憊 1 -2.034 0.144       0.87 ( 0.86, 1.14) -1.9   0.97 ( 0.91, 1.09) -0.8
15 身身疲疲憊憊 2 -0.010 0.139       0.91 ( 0.86, 1.14) -1.2   0.97 ( 0.92, 1.08) -0.7
15 身身疲疲憊憊 3  2.044*            2.07 ( 0.86, 1.14) 11.9   1.00 ( 0.86, 1.14)  0.0
16 無無法法做做 0                    1.23 ( 0.86, 1.14)  3.1   1.06 ( 0.85, 1.15)  0.8
16 無無專專心心做 1 -2.291 0.131     0.94 ( 0.86, 1.14) -0.8   0.97 ( 0.92, 1.07) -0.8
16 無無法法心心做 2  0.346 0.141     0.96 ( 0.86, 1.14) -2.1   0.97 ( 0.90, 1.10) -0.7
16 無無法法心心舒 3  1.945*          0.50 ( 0.86, 1.14) -8.9   0.96 ( 0.81, 1.19) -0.4
17 身身體體舒舒服 0                  0.95 ( 0.86, 1.14) -0.7   1.01 ( 0.87, 1.13)  0.1
17 身身體體舒舒服 1 -1.722 0.126     0.92 ( 0.86, 1.14) -1.2   0.97 ( 0.93, 1.07) -0.9
17 身身體體舒舒服 2  0.287 0.149     1.00 ( 0.86, 1.14)  0.1   1.01 ( 0.89, 1.11) -0.2
17 身身體體好好力 3  1.435*          0.51 ( 0.86, 1.14) -8.6   0.99 ( 0.82, 1.18) -0.1
18 記記憶憶力力好 0                  1.32 ( 0.86, 1.14)  4.2   1.08 ( 0.87, 1.13)  1.2
18 不不力力好好 1 -2.064 0.127       1.01 ( 0.86, 1.14)  0.2   1.02 ( 0.93, 1.07)  0.6
18 記記憶憶與與 2  0.438 0.146       2.91 ( 0.86, 1.14) 18.5   1.06 ( 0.89, 1.11)  1.0
18 記記憶憶他他 3  1.626*            7.97 ( 0.86, 1.14) 43.0   1.11 ( 0.81, 1.19)  1.1
19 不不思思與與他 0                  8.13 ( 0.86, 1.14) 43.7   0.99 ( 0.87, 1.13) -0.1
19 不不思思人人他 1 -1.725 0.125     1.02 ( 0.86, 1.14)  0.3   1.00 ( 0.93, 1.07)  0.0
19 不不思思人人 2  0.613 0.163       0.77 ( 0.86, 1.14) -3.6   0.95 ( 0.85, 1.15) -0.7
19 不不思思人人或 3  1.113*          0.42 ( 0.86, 1.14)-10.7   0.94 ( 0.79, 1.21) -0.5
20 少少說說（（或 0                  0.74 ( 0.86, 1.14) -4.1   0.94 ( 0.87, 1.13) -0.8
20 少少說說（（或 1 -1.539 0.131     0.99 ( 0.86, 1.14) -0.1   1.00 ( 0.92, 1.08) -0.1
20 少少說說話話或 2 -0.012 0.153     0.76 ( 0.86, 1.14) -3.7   0.96 ( 0.89, 1.11) -0.8
20 少少說說話話出 3  1.552*          1.85 ( 0.86, 1.14)  9.7   0.97 ( 0.78, 1.22) -0.2
21 不不想想出出門 0                  1.12 ( 0.86, 1.14)  1.7   1.11 ( 0.87, 1.13)  1.7
21 不不想想出出門 1 -1.608 0.126     1.01 ( 0.86, 1.14)  0.1   0.94 ( 0.92, 1.08) -1.0
21 不不想想出出門 2  0.321 0.152     0.86 ( 0.86, 1.14) -2.0   0.94 ( 0.88, 1.12) -1.0
21 不不想想出出門 3  1.288*           0.67 ( 0.86, 1.14) -5.3   0.93 ( 0.82, 1.18) -0.7
22 生生活活圈圈小 0                  16.23 ( 0.86, 1.14) 66.1   1.29 ( 0.87, 1.13)  4.1
22 生生活活圈圈小 1 -1.819 0.127     1.30 ( 0.86, 1.14)  4.0   1.12 ( 0.93, 1.07)  3.3
22 生生活活圈圈小 2  0.285 0.147     1.93 ( 0.86, 1.14) 10.6   1.08 ( 0.89, 1.11)  1.1
22 生生活活圈圈小 3  1.534*          49.44 ( 0.86, 1.14)114.1   1.28 ( 0.81, 1.19)  2.7
---------------------------------------------------------------------------------
An asterisk next to a parameter estimate indicates that it is constrained
=================================================================================
```

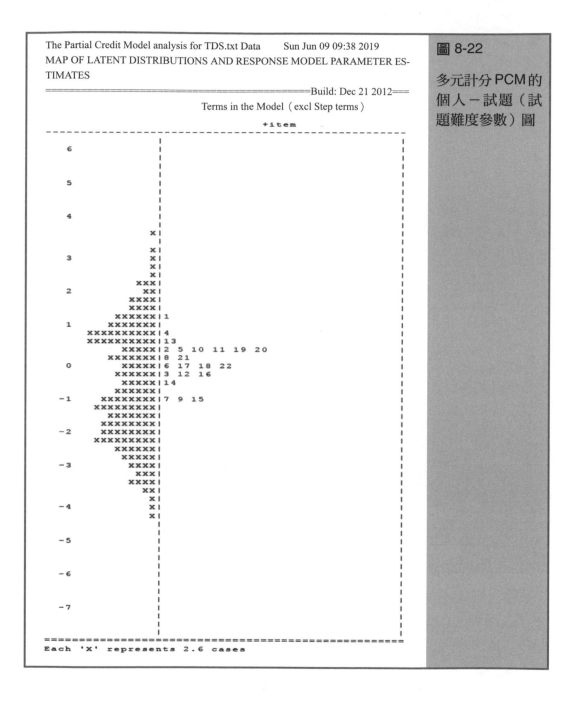

圖 8-22

多元計分 PCM 的
個人－試題（試
題難度參數）圖

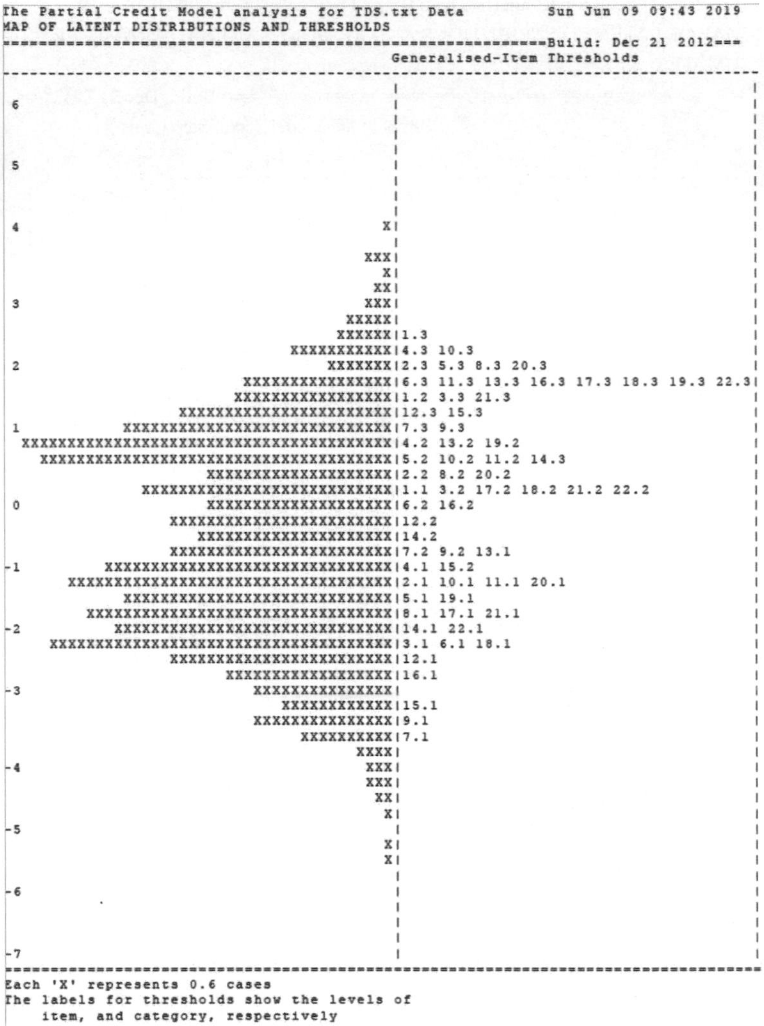

圖 8-23

多元計分PCM的
個人－試題（步
驟參數）圖

```
The Partial Credit Model analysis for TDS.txt Data          Sun Jun 09 09:43 2019
MAP OF LATENT DISTRIBUTIONS AND THRESHOLDS
=========================================================Build: Dec 21 2012===
                                       Generalised-Item Thresholds
---------------------------------------------------------------------------------
    6                              |                                             |
                                   |                                             |
    5                              |                                             |
                                   |                                             |
                                   |                                             |
    4                           X  |                                             |
                              XXX  |                                             |
                                X  |                                             |
                               XX  |                                             |
    3                         XXX  |                                             |
                            XXXXX  |                                             |
                           XXXXX  |1.3                                           |
                        XXXXXXXXX  |4.3 10.3                                      |
    2                    XXXXXXX  |2.3 5.3 8.3 20.3                               |
                  XXXXXXXXXXXXXX  |6.3 11.3 13.3 16.3 17.3 18.3 19.3 22.3|
                 XXXXXXXXXXXXXXX  |1.2 3.3 21.3                                  |
               XXXXXXXXXXXXXXXXX  |12.3 15.3                                     |
    1           XXXXXXXXXXXXXXXX  |7.3 9.3                                       |
         XXXXXXXXXXXXXXXXXXXXXXXX  |4.2 13.2 19.2                                 |
          XXXXXXXXXXXXXXXXXXXXXX  |5.2 10.2 11.2 14.3                            |
              XXXXXXXXXXXXXXXXXX  |2.2 8.2 20.2                                  |
          XXXXXXXXXXXXXXXXXXXXXX  |1.1 3.2 17.2 18.2 21.2 22.2                   |
    0          XXXXXXXXXXXXXXXXX  |6.2 16.2                                      |
            XXXXXXXXXXXXXXXXXXXX  |12.2                                          |
            XXXXXXXXXXXXXXXXXXX  |14.2                                           |
            XXXXXXXXXXXXXXXXXXX  |7.2 9.2 13.1                                   |
   -1        XXXXXXXXXXXXXXXXXX  |4.1 15.2                                       |
        XXXXXXXXXXXXXXXXXXXXXXXX  |2.1 10.1 11.1 20.1                            |
             XXXXXXXXXXXXXXXXXX  |5.1 19.1                                       |
           XXXXXXXXXXXXXXXXXXXX  |8.1 17.1 21.1                                  |
   -2        XXXXXXXXXXXXXXXXXXX  |14.1 22.1                                     |
        XXXXXXXXXXXXXXXXXXXXXXXX  |3.1 6.1 18.1                                  |
              XXXXXXXXXXXXXXXXX  |12.1                                           |
              XXXXXXXXXXXXXXX  |16.1                                             |
   -3         XXXXXXXXXXXXXX  |                                                  |
              XXXXXXXXXXXXXX  |15.1                                             |
            XXXXXXXXXXXXXXXX  |9.1                                               |
             XXXXXXXXXX  |7.1                                                    |
                 XXXX  |                                                         |
   -4             XXX  |                                                         |
                  XXX  |                                                         |
                   XX  |                                                         |
                    X  |                                                         |
   -5                  |                                                         |
                    X  |                                                         |
                    X  |                                                         |
   -6                  |                                                         |
                       |                                                         |
                       |                                                         |
   -7                  |                                                         |
=================================================================================
Each 'X' represents 0.6 cases
The labels for thresholds show the levels of
    item, and category, respectively
```

```
==================================================================
=>itanal ! estimates=mle, format=summary;
------------------------------------------------------------------
The Partial Credit Model analysis for TDS.txt Data   Sun Jun 09 09:53 2019
GENERALISED ITEM ANALYSIS
Group: All Students
==================================================================
       Item            N  Facil. Item-Rst Item-Tot Wghtd    Delta(s)
                                   Cor      Cor    MNSQ
------------------------------------------------------------------
item:1 (有自殺的念頭)    413  20.10   0.68     0.71   1.16    0.40  1.47  2.20
item:2 (對什麼事都失..) 413  34.06   0.84     0.86   0.72   -1.05  0.53  1.69
item:3 (凡事往壞的方..) 413  43.34   0.78     0.80   0.92   -2.15  0.16  1.22
item:4 (有罪惡感)       413  29.70   0.68     0.71   1.22   -0.88  1.00  2.04
item:5 (感覺自己很沒..) 413  34.62   0.76     0.79   0.95   -1.36  0.72  1.71
item:6 (無力感)         413  42.94   0.84     0.86   0.69   -2.07 -0.01  1.49
item:7 (有壓力)         413  54.80   0.70     0.73   1.07   -3.68 -0.59  0.84
item:8 (發脾氣、生氣)   413  37.05   0.65     0.68   1.30   -1.67  0.53  1.80
item:9 (擔心、煩惱)     413  54.16   0.79     0.81   0.82   -3.42 -0.64  0.90
item:10 (害怕、恐懼)    413  33.82   0.80     0.82   0.86   -1.14  0.52  2.00
item:11 (想哭)          413  34.46   0.71     0.73   1.16   -1.26  0.90  1.34
item:12 (心情低落)      413  46.00   0.86     0.88   0.65   -2.26 -0.13  1.12
item:13 (胃口不好 (?.)  413  31.72   0.64     0.68   1.43   -0.77  1.00  1.22
item:14 (睡眠狀況不佳)  413  49.48   0.76     0.79   1.06   -1.73 -0.53  0.31
item:15 (身體疲憊)      413  54.08   0.73     0.76   1.00   -3.00 -0.98  1.08
item:16 (無法專心做事)  413  44.15   0.74     0.77   0.98   -2.56  0.08  1.68
item:17 (身體不舒服)    413  40.03   0.76     0.78   0.99   -1.73  0.28  1.43
item:18 (記憶力不好)    413  41.57   0.68     0.71   1.21   -2.17  0.33  1.52
item:19 (不想與他人?.)  413  33.98   0.77     0.79   0.94   -1.35  0.99  1.49
item:20 (少說話 (或?.)  413  34.95   0.77     0.80   0.93   -1.17  0.36  1.93
item:21 (不想出門)      413  39.14   0.76     0.79   0.99   -1.58  0.35  1.32
item:22 (生活圈小)      413  40.19   0.59     0.63   1.56   -1.83  0.27  1.52
------------------------------------------------------------------
The following traditional statistics are only meaningful for complete
designs and when the amount of missing data is minimal.
In this analysis  0.00% of the data are missing.

The following results are scaled to assume that a single response
was provided for each item.

N                              413
Mean                         26.23
Standard Deviation           16.82
Variance                    283.05
Skewness                      0.40
Kurtosis                     -1.04
Standard error of mean        0.83
Standard error of measurement 3.08
Coefficient Alpha             0.97
==================================================================
```

圖 8-24

多元計分 PCM 的傳統試題分析結果摘要表

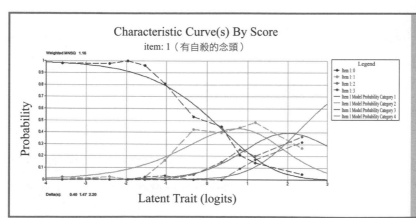

圖 8-25

多元計分 PCM 的第一題（理論與實際）試題特徵曲線圖

圖 8-26

多元計分 PCM 的
第一題（理論與
實際）類別特徵
曲線圖

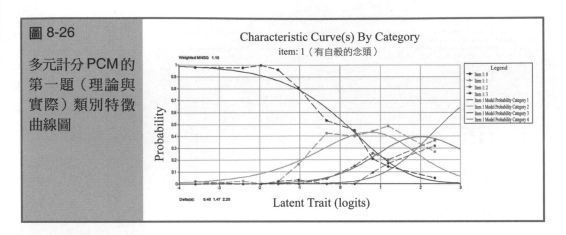

圖 8-27

多元計分 PCM 的
全體個人－試題
圖（即萊特圖）

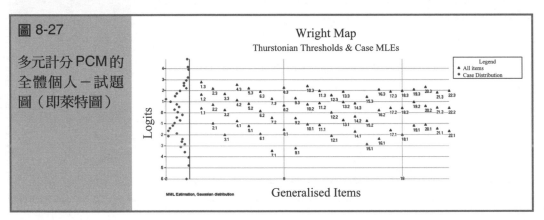

步驟參數分布範圍為廣，表示這份量表雖然大致可適用於多數正常人的憂鬱情
緒評估，但比較無法精確估算出極端低能力（即極度低憂鬱情緒）的受試者，
可能需要再增加一些極簡單（即難度及步驟參數極低）的試題。

　　由本節與前一節 RSM 分析結果相比可知，針對一般使用李克特氏四點或
五點量尺的資料分析結果，當 RSM 顯示無法讓全部試題都適配資料時，改用
PCM 來替代分析，通常都可以大幅改善資料適配度的問題。但是當這種替代
都無法讓模型適配資料時，恐怕資料本身還含有其他潛在的問題存在，此時研
究者可能即需要改試用其他模型了。

第四節　MFM 的應用程式

再其次，以第七章第四節介紹的多面向模型（MFM）為例，說明其程式指令檔、資料檔、變項名稱檔、Rasch 分析結果檔，及傳統試題分析結果檔如下。

一、MFM 的程式指令檔

本節以表 8-8 和表 8-9 所示的陽春型的評審資料為例，但改用表 8-10 所示的指令檔（即 MFM），來加以說明遇到一份評審的評分資料時，該如何使用多面向模型來分析此類型資料。本節所舉例的評審名稱、評分資料檔、指令檔、分析後的結果檔等資料，皆收錄在本書所附「程式範例」裡的資料夾「CH8-4」，並已標示清楚各檔案名稱，讀者可以自行開啟、參考閱讀並運用。

3 20100 2 33333 4 33131 …… …… …… 2 23301 2 23310 2 33301	**表 8-8** 一份四名評審評定五件藝術參展作品的評分資料（檔名：Ch8-4.txt）

===> rater 1 張三 2 李四 3 王五 4 林六 ===> objects 1 國畫 2 西洋畫 3 書法 4 刺繡 5 陶藝作品	**表 8-9** Ch8-4.txt 資料檔中四名評審的姓名及五件作品的品名（檔名：Ch8-4.lab）

註：資料評分等級為 0～3 分不等，分數愈高代表愈優良。

表 8-10	Title The Rater Effect Analysis with MFM Model for Ch8-4.txt Data;
	Datafile Ch8-4.txt;
一個多元計分	Format rater 1 responses 3-7! Objects(5);
MFM 的 ConQuest	Codes 0, 1, 2, 3;
程式指令檔（檔	Labels << Ch8-4.lab;
名：MFM.cqc）	Model rater + objects + step;
	Estimate;
	Show ! estimates=latent >> Ch8-4.shw;
	Itanal >> Ch8-4.itn;
	Plot mcc! legend=yes, gins=1;

在使用者圖形介面下，只要點選 Run ⇒ Run All 指令，ConQuest 程式即會執行全部陳述在表 8-10 裡的指令，並輸出指定的 Ch8-4.shw 試題參數（即 Show 指令）和 Ch8-4.itn 傳統試題分析結果檔（即 Itanal 指令）等，同時點選功能表中的 Plot ⇒ Wright Map ⇒ Image ⇒ Save All As PNGs，即可繪製出理論與實際的試題特徵曲線圖（ICC）（即 icc 指令）及類別特徵曲線圖（CCC）（即 mcc 指令）。

二、MFM 結果檔摘要及其詮釋

ConQuest 程式執行後，即可獲得 Ch8-4.shw 和 Ch8-4.itn 兩個輸出檔，讀者只要使用視窗作業系統內建的「記事本」軟體，即可打開這兩個檔，查看其內容。底下圖 8-28 至圖 8-35 所示，即分別為執行結果的評審難度參數估計值、物件難度參數估計值、步驟難度參數估計值、個人－評審－物件圖、傳統試題分析摘要表、第一件作品（理論與實際）類別特徵曲線圖，及全體的個人－評審－物件－步驟（即萊特圖）等。讀者查看每一個檔的數據說明，不難理解到 ConQuest 程式所輸出的報表內涵。

綜合圖 8-28 至圖 8-35 所示可知，本例使用多元計分 MFM 來分析，整體而言，執行過程在第 45 次遞迴估計時，達到收斂，因此輸出資料分析結果。從圖 8-28 所示可知，每一位評審的評分嚴苛度參數估計值界於 -1.034 到 0.930 之間（見圖 8-28 所示，張三是評分最寬鬆的評審（估計值為 -1.034），林六為

```
=============================================Build: Dec 21 2012===
TERM 1: rater
------------------------------------------------------------------
  VARIABLES                    UNWEIGHTED FIT          WEIGHTED FIT
------------------------------------------------------------------
   rater   ESTIMATE  ERROR^  MNSQ    CI       T   MNSQ    CI       T
 1  張 三  -1.034    0.076   0.98 ( 0.82, 1.18) -0.2  1.00 ( 0.78, 1.22)  0.1
 2  李 四  -0.425    0.066   1.02 ( 0.83, 1.17)  0.3  1.00 ( 0.82, 1.18)  0.0
 3  王 五   0.529    0.066   1.01 ( 0.82, 1.18)  0.1  1.00 ( 0.82, 1.18)  0.1
 4  林 六   0.930*   0.070   1.09 ( 0.82, 1.18)  0.9  1.09 ( 0.82, 1.18)  1.0
------------------------------------------------------------------
An asterisk next to a parameter estimate indicates that it is constrained
Separation Reliability = 0.992
Chi-square test of parameter equality =    292.73,  df = 3,  Sig Level = 0.000
^ Empirical standard errors have been used
```

圖 8-28

多元計分MFM的評審難度參數估計值

```
==================================================================
TERM 2: objects
------------------------------------------------------------------
  VARIABLES                    UNWEIGHTED FIT          WEIGHTED FIT
------------------------------------------------------------------
   objects ESTIMATE  ERROR^  MNSQ    CI       T   MNSQ    CI       T
1 國 畫    -1.044    0.053   1.22 ( 0.91, 1.09)  4.5  0.98 ( 0.87, 1.13) -0.3
2 西洋畫   -0.712    0.046   0.93 ( 0.91, 1.09) -1.6  1.10 ( 0.88, 1.12)  1.7
3 書 法     0.037    0.037   1.03 ( 0.91, 1.09)  0.8  0.96 ( 0.90, 1.10) -0.9
4 刺 繡     0.610    0.039   0.99 ( 0.91, 1.09) -0.1  1.08 ( 0.91, 1.09)  1.7
5 陶藝作品  1.109*   0.045   0.97 ( 0.91, 1.09) -0.8  0.94 ( 0.91, 1.09) -1.3
------------------------------------------------------------------
An asterisk next to a parameter estimate indicates that it is constrained
Separation Reliability = 0.996
Chi-square test of parameter equality =    873.62,  df = 4,  Sig Level = 0.000
^ Empirical standard errors have been used
```

圖 8-29

多元計分MFM的物件難度參數估計值

```
==================================================================
TERM 3: step
------------------------------------------------------------------
  VARIABLES                    UNWEIGHTED FIT          WEIGHTED FIT
------------------------------------------------------------------
  category ESTIMATE  ERROR^  MNSQ    CI       T   MNSQ    CI       T
    0                        0.96 ( 0.91, 1.09) -0.8  1.00 ( 0.89, 1.11) -0.1
    1      -0.062    0.057   1.00 ( 0.91, 1.09)  0.1  1.00 ( 0.89, 1.11) -0.0
    2      -0.056    0.056   1.00 ( 0.91, 1.09)  0.1  1.02 ( 0.91, 1.09)  0.4
    3       0.118*           1.04 ( 0.91, 1.09)  1.0  1.04 ( 0.91, 1.09)  0.9
------------------------------------------------------------------
An asterisk next to a parameter estimate indicates that it is constrained
==================================================================
```

圖 8-30

多元計分MFM的步驟難度參數估計值

評分最嚴苛的評審（估計值為 0.930），這些參數估計值的 Infit MNSQ 值均界於 1 至 1.09 之間，且 t 值絕對值均小於 1，顯示該筆資料的評分結果並沒有存在「評分者效應」的問題，亦即評審的評分還算是公平、公正的。此外，該筆資料的「物件」難度參數估計值界於-1.044 到 1.109 之間，「步驟」難度參數估計值界於 -0.062 到 0.118 之間，除「國畫」的 Outfit MNSQ 值 1.22，t 值絕對值 4.5 偏高外，其餘指標均顯示在合理的估計值範圍內，顯示被評分的「物件」雖有難易不同，但評分的「步驟」難度也都很接近。

圖 8-31

多元計分MFM的
個人－評審－物
件（難度參數）
圖

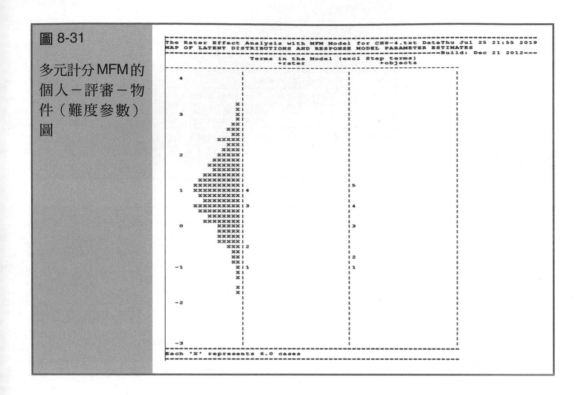

從圖 8-33 所示，可知張三在國畫上的各等級評分及其傳統試題分析結果，
從圖 8-34 及圖 8-35 亦可知，個人－評審－物件－步驟難度參數圖也都一覽無
遺，受試者能力與評審及物件的難度參數圖分布均在合理的範圍內，表示這筆
評分資料結果很正常，雖然適合使用 MFM 來分析，但沒有發現有「評分者效
應」影響因素的存在，顯示評審的評分是公平、公正的。

第五節　MRCMLM 的應用程式

本章前四節所介紹者，皆為單向度 Rasch 測量模型的應用。接著，以第七
章第五節介紹的多向度隨機係數多項式洛基模型（MRCMLM）為例，說明多
向度 Rasch 測量模型的程式指令檔、資料檔、變項名稱檔、Rasch 分析結果
檔、傳統試題分析結果檔如下。

```
================================================================================
The Rater Effect Analysis with MFM Model for CH8-4.txt DataThu Jul 25 21:55 2019
MAP OF LATENT DISTRIBUTIONS AND THRESHOLDS
===========================================================Build: Dec 21 2012===
                                               Generalised-Item Thresholds
--------------------------------------------------------------------------------
                                               |                                |
                                              X|                                |
   4                                           |                                |
                                              X|                                |
                                             XX|                                |
                                              X|                                |
                                              X|                                |
                                             XX|                                |
                                            XXX|                                |
   3                                         XX|                                |
                                          XXXXX|                                |
                                      XXXXXXXXX|4.5.3                           |
                                   XXXXXXXXXXXX|                                |
                                      XXXXXXXXX|                                |
                            XXXXXXXXXXXXXXXXXXX|3.5.3                           |
                                    XXXXXXXXXXX|4.4.3                           |
                                XXXXXXXXXXXXXXX|4.5.2                           |
   2                        XXXXXXXXXXXXXXXXXXX|                                |
                       XXXXXXXXXXXXXXXXXXXXXXXX|3.4.3                           |
                    XXXXXXXXXXXXXXXXXXXXXXXXXXX|4.3.3 3.5.2                     |
                       XXXXXXXXXXXXXXXXXXXXXXXX|4.4.2                           |
                XXXXXXXXXXXXXXXXXXXXXXXXXXXXXXX|2.5.3 4.5.1                     |
            XXXXXXXXXXXXXXXXXXXXXXXXXXXXXXXXXXX|3.3.3                           |
       XXXXXXXXXXXXXXXXXXXXXXXXXXXXXXXXXXXXXXXX|3.4.2                           |
   1    XXXXXXXXXXXXXXXXXXXXXXXXXXXXXXXXXXXXXXX|4.3.2 3.5.1                     |
          XXXXXXXXXXXXXXXXXXXXXXXXXXXXXXXXXXXXX|4.2.3 2.4.3 4.4.1               |
                XXXXXXXXXXXXXXXXXXXXXXXXXXXXXXX|1.5.3 2.5.2                     |
         XXXXXXXXXXXXXXXXXXXXXXXXXXXXXXXXXXXXXX|4.1.3 3.3.2                     |
            XXXXXXXXXXXXXXXXXXXXXXXXXXXXXXXXXXX|3.2.3 3.4.1                     |
                    XXXXXXXXXXXXXXXXXXXXXXXXXXX|2.3.3 4.3.1                     |
               XXXXXXXXXXXXXXXXXXXXXXXXXXXXXXXX|3.1.3 4.2.2 1.4.3 2.4.2         |
   0                      XXXXXXXXXXXXXXXXXXXXX|1.5.2 2.5.1                     |
                          XXXXXXXXXXXXXXXXXXXXX|4.1.2 3.3.1                     |
                           XXXXXXXXXXXXXXXXXXXX|3.2.2                           |
                            XXXXXXXXXXXXXXXXXXX|1.3.3 2.3.2                     |
                                  XXXXXXXXXXXXX|3.1.2 2.2.3 4.2.1 1.4.2 2.4.1   |
                                        XXXXXXX|1.5.1                           |
                                        XXXXXXX|2.1.3 4.1.1                     |
                                        XXXXXXX|3.2.1                           |
  -1                                      XXXXX|1.2.3 1.3.2 2.3.1 1.4.1         |
                                           XXXX|3.1.1 2.2.2                     |
                                            XXX|                                |
                                             XX|1.1.3 2.1.2                     |
                                             XX|                                |
                                             XX|1.2.2 1.3.1                     |
                                              X|2.2.1                           |
  -2                                           |                                |
                                               |1.1.2 2.1.1                     |
                                               |                                |
                                               |1.2.1                           |
                                               |                                |
                                               |                                |
                                               |1.1.1                           |
                                               |                                |
  -3                                           |                                |
================================================================================
Each 'X' represents 1.5 cases
The labels for thresholds show the levels of
    rater, objects, and category, respectively
================================================================================
```

圖 8-32

多元計分 MFM 的個人－物件（步驟參數）圖

一、MRCMLM 的程式指令檔

本節仍以表 8-4 所示的多元計分「台灣憂鬱情緒量表」（TDS）測量資料〔內容為一個 413（受試者）× 22（試題）的李克特氏四點評定量尺的作答資料矩陣，其資料編碼為 0、1、2、3 四種分數，以顯示憂鬱情緒的強度〕為例，

圖 8-33

多元計分MFM的
傳統試題分析結
果摘要表（僅陳
列張三在國畫上
之評分）

```
========================================================================
The Rater Effect Analysis with MFM Model for CH8-4.txt DataThu Jul 25 21:55 2019
GENERALISED ITEM ANALYSIS
Group: All Students
========================================================================
Item 1
------
rater:1（張三）objects:1（國畫）
Cases for this item    244   Item-Rest Cor.  0.38   Item-Total Cor.  0.54
Item Threshold(s):    -2.73 -2.09 -1.42
Item Delta(s):        -2.14 -2.13 -1.96
------------------------------------------------------------------------
Label    Score     Count    % of tot  Pt Bis     t  (p)    PV1Avg:1 PV1 SD:1

0        0.00        1        0.41     -0.22   -3.44(.001) -1.66     0.00
1        1.00        3        1.23     -0.24   -3.77(.000) -0.46     0.78
2        2.00       33       13.52     -0.22   -3.46(.001)  0.26     0.90
3        3.00      207       84.84      0.32    5.22(.000)  1.04     0.83
========================================================================
```

圖 8-34

多元計分MFM的
第一件作品（理
論與實際）類別
特徵曲線圖

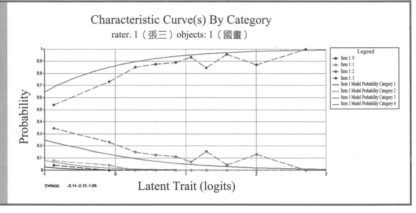

圖 8-35

多元計分MFM的
全體個人－評審
－物件－步驟圖
（即萊特圖）

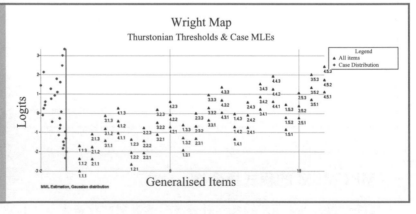

假設它含有四個子因素（請參考第十一章第三節的說明）：「認知」（第 1-6
題）、「情緒」（第 7-12 題）、「身體」（第 13-18 題）、「人際關係」（第
19-22 題）。表 8-11 所示，即為一個用來分析表 8-4 資料，但以多向度隨機係
數多項式洛基模型（MRCMLM）為例的指令檔，說明如何使用多向度的 Rasch
測量模型來分析此類型資料。本節所舉例的「台灣憂鬱情緒量表」題目、資料
檔、指令檔、分析後的結果檔等資料，皆收錄在本書所附「程式範例」裡的資
料夾「CH8-5」，並已標示清楚各檔案名稱，讀者可以自行開啟、參考閱讀並
運用。

　　在使用者圖形介面下，只要點選 Run ⇒ Run All 指令，ConQuest 程式即會
執行全部陳述在表 8-11 裡的指令，並輸出指定的 Ch8-5.shw 試題參數（即 Show
指令）、Ch8-5.itn 傳統試題分析結果檔（即 Itanal 指令）、受試者的 EAP 估
計值（即 Ch8-5.eap 檔）和 MLE 估計值（即 Ch8-5.mle 檔）等，同時點選功能

	表 8-11
Title MRCMLM Between-Item Model analysis for TDS.txt Data; Datafile TDS.txt; Format id 1-3 group 5 responses 7-28; Codes 0, 1, 2, 3; Labels << TDS.lab; Score (0,1,2,3) (0,1,2,3) () () ()!　items (1-6); Score (0,1,2,3) () (0,1,2,3) () ()!　items (7-12); Score (0,1,2,3) () () (0,1,2,3) ()!　items (13-18); Score (0,1,2,3) () () () (0,1,2,3)!　items (19-22); Model item + item*step; Set warnings=no, update=yes; Export parameters >> Ch8-5.prm; Export reg_coefficients >> Ch8-5.reg; Export covariance >> Ch8-5.cov; Estimate ! method=montecarlo, nodes=500, converge=.01; Show ! estimates=latent, tables=1:2:3:4 >> Ch8-5.shw; Itanal >> Ch8-5.itn; Show cases ! estimates=eap >> Ch8-5.eap; Show cases ! estimates=mle >> Ch8-5.mle; Plot mcc! legend=yes, gins=1;	一個多向度多元計分 MRCMLM 的 ConQuest 程式指令檔（檔名：Ch8-5.cqc）

表中的 Plot ⇒ Wright Map ⇒ Image ⇒ Save All As PNGs，即可繪製出理論與實際的類別特徵曲線圖（CCC）（即 mcc 指令）。

二、MRCMLM 結果檔摘要及其詮釋

ConQuest 程式執行後，即可獲得 Ch8-5.shw 和 Ch8-5.itn 兩個輸出檔，讀者只要使用視窗作業系統內建的「記事本」軟體，即可打開這兩個檔，查看其內容。底下圖 8-36 至圖 8-41 所示，即分別為執行過程說明、結果檔摘要表、試題難度參數估計值、步驟難度參數估計值、母群模型迴歸參數估計值、個人－試題－步驟圖、傳統試題分析摘要表、第一題（理論與實際）類別特徵曲線圖等。讀者查看每一個檔的數據說明，不難理解到 ConQuest 程式所輸出的報表內涵。

綜合圖 8-36 至圖 8-39 所示，即為本例使用 MRCMLM 分析所指定輸出的三個表格（即 tables=2,3,4）。整體而言，執行過程在第 51 次遞迴估計時，達到收斂，因此輸出資料分析結果。從圖 8-36 所示可知，每一個因素內各試題的難度參數估計值，每一個因素內的最後一題均被設限（constrained）作為參

圖 8-36

試題間多向度多元計分 MRCMLM 的試題難度參數估計值

```
=======================================================================
MRCMLM Between-Item Model analysis for TDS.txt Data      Wed Aug 21 16:51 2019
TABLES OF RESPONSE MODEL PARAMETER ESTIMATES
=====================================================Build: Dec 21 2012===
TERM 1: item
-----------------------------------------------------------------------
  VARIABLES                        UNWEIGHTED FIT           WEIGHTED FIT
  ---------------              ------------------------  ------------------------
   item       ESTIMATE  ERROR^  MNSQ      CI        T    MNSQ      CI        T
-----------------------------------------------------------------------
 1  有自殺的念    1.026   0.001  1.29 ( 0.86, 1.14)  3.9  1.15 ( 0.83, 1.17)  1.6
 2  對什麼事都   -0.004          0.72 ( 0.86, 1.14) -4.4  0.79 ( 0.86, 1.14) -3.1
 3  凡事往壞的   -0.695          0.93 ( 0.86, 1.14) -1.1  0.92 ( 0.87, 1.13) -1.3
 4  有罪惡感      0.348          1.32 ( 0.86, 1.14)  4.2  1.21 ( 0.85, 1.15)  2.6
 5  感覺自己很   -0.038          1.01 ( 0.86, 1.14)  0.1  0.97 ( 0.86, 1.14) -0.3
 6  無力感       -0.637*         0.73 ( 0.86, 1.14) -4.3  0.73 ( 0.87, 1.13) -4.4
 7  有壓力       -0.969          1.11 ( 0.86, 1.14)  1.6  1.14 ( 0.86, 1.14)  1.9
 8  發脾氣、生    0.544          1.34 ( 0.86, 1.14)  4.4  1.39 ( 0.86, 1.14)  5.0
 9  擔心、煩惱   -0.869   0.001  0.82 ( 0.86, 1.14) -2.7  0.86 ( 0.87, 1.13) -2.1
10  害怕、恐懼    0.805   0.002  0.83 ( 0.86, 1.14) -2.7  0.91 ( 0.86, 1.14) -1.2
11  想哭          0.666          1.21 ( 0.86, 1.14)  2.8  1.21 ( 0.86, 1.14)  2.8
12  心情低落     -0.177*         0.68 ( 0.86, 1.14) -5.2  0.70 ( 0.87, 1.13) -4.9
13  覺口不好（    0.703          1.70 ( 0.86, 1.14)  8.3  1.33 ( 0.86, 1.14)  4.1
14  睡眠狀況不   -0.375   0.003  1.10 ( 0.86, 1.14)  1.4  0.96 ( 0.86, 1.14) -0.5
15  身體疲憊     -0.687   0.001  0.90 ( 0.86, 1.14) -1.5  0.93 ( 0.87, 1.13) -1.1
16  無法專心做   -0.017   0.001  0.90 ( 0.86, 1.14) -1.5  0.92 ( 0.87, 1.13) -1.3
17  身體不舒服    0.235   0.001  0.91 ( 0.86, 1.14) -1.3  0.93 ( 0.87, 1.13) -1.1
18  記憶力不好    0.140*  0.003  1.16 ( 0.86, 1.14)  2.2  1.13 ( 0.87, 1.13)  1.9
19  不想與他人    0.194   0.001  0.79 ( 0.86, 1.14) -3.2  0.81 ( 0.86, 1.14) -2.8
20  少說話（或    0.188   0.001  0.85 ( 0.86, 1.14) -2.2  0.87 ( 0.86, 1.14) -1.9
21  不想出門     -0.166   0.001  0.90 ( 0.86, 1.14) -1.4  0.92 ( 0.86, 1.14) -1.1
22  生活圈小     -0.217*  0.005  1.46 ( 0.86, 1.14)  5.8  1.40 ( 0.87, 1.13)  5.2
-----------------------------------------------------------------------
An asterisk next to a parameter estimate indicates that it is constrained
Separation Reliability = 1.000
Chi-square test of parameter equality = 2147823.30,  df = 18,  Sig Level = 0.000
^ Empirical standard errors have been used
=======================================================================
```

圖 8-37

試題間多向度多元計分 MRCMLM 的步驟難度參數估計值

```
===============================================================================
TERM 2: item*step
-------------------------------------------------------------------------------
      VARIABLES                  UNWEIGHTED FIT            WEIGHTED FIT
-------------------------------------------------------------------------------
item          cate-  ESTI-  ERROR^  MNSQ      CI         T   MNSQ     CI        T
              gory   MATE
-------------------------------------------------------------------------------
1 有自殺的念   0                    0.93 ( 0.86, 1.14) -1.0 0.90 ( 0.85, 1.15) -1.3
1 有自殺的念   1  -1.054            0.75 ( 0.86, 1.14) -4.0 0.94 ( 0.88, 1.12) -1.0
1 有自殺的念   2   0.173   0.005   13.88 ( 0.86, 1.14) 60.5 1.05 ( 0.81, 1.19)  0.6
1 有自殺的念   3   0.882*          48.14 ( 0.86, 1.14)113.7 1.25 ( 0.68, 1.32)  1.5
2 對什麼事都   0                    0.52 ( 0.86, 1.14) -8.5 0.77 ( 0.86, 1.14) -3.5
2 對什麼事都   1  -1.591            0.87 ( 0.86, 1.14) -2.0 0.94 ( 0.91, 1.09) -1.2
2 對什麼事都   2   0.181            0.55 ( 0.86, 1.14) -7.7 0.94 ( 0.88, 1.12) -1.0
2 對什麼事都   3   1.410*           0.45 ( 0.86, 1.14)-10.2 0.93 ( 0.79, 1.21) -0.6
3 凡事往壞的   0                    0.85 ( 0.86, 1.14) -2.2 0.99 ( 0.87, 1.13) -0.1
3 凡事往壞的   1  -2.075   0.004    0.87 ( 0.86, 1.14) -1.9 0.95 ( 0.92, 1.08) -1.4
3 凡事往壞的   2   0.450            1.09 ( 0.86, 1.14)  1.3 0.98 ( 0.89, 1.11) -0.4
3 凡事往壞的   3   1.625*           0.55 ( 0.86, 1.14) -7.9 0.91 ( 0.84, 1.16) -1.1
4 有罪惡感     0                    5.56 ( 0.86, 1.14) 33.3 1.27 ( 0.86, 1.14)  3.4
4 有罪惡感     1  -1.745            1.19 ( 0.86, 1.14)  2.6 1.08 ( 0.91, 1.09)  1.9
4 有罪惡感     2   0.335            1.03 ( 0.86, 1.14)  0.5 1.06 ( 0.87, 1.13)  0.9
4 有罪惡感     3   1.411*           0.31 ( 0.86, 1.14)-13.9 0.89 ( 0.74, 1.26) -0.8

......

20少說話（或  0                    0.71 ( 0.86, 1.14) -4.7 0.90 ( 0.87, 1.13) -1.6
20少說話（或  1  -1.614   0.002    0.97 ( 0.86, 1.14) -0.4 0.98 ( 0.91, 1.09) -0.5
20少說話（或  2  -0.017   0.002    0.68 ( 0.86, 1.14) -5.1 0.93 ( 0.89, 1.11) -1.2
20少說話（或  3   1.632*           0.85 ( 0.86, 1.14) -2.3 0.95 ( 0.79, 1.21) -0.4
21不想出門    0                    0.99 ( 0.86, 1.14) -0.1 1.05 ( 0.87, 1.13)  0.7
21不想出門    1  -1.686   0.004    0.97 ( 0.86, 1.14) -0.5 0.98 ( 0.92, 1.08) -0.6
21不想出門    2   0.314            0.75 ( 0.86, 1.14) -3.9 0.93 ( 0.88, 1.12) -1.1
21不想出門    3   1.372*           0.65 ( 0.86, 1.14) -5.8 0.87 ( 0.83, 1.17) -1.6
22生活圈小    0                    9.08 ( 0.86, 1.14) 46.9 1.19 ( 0.87, 1.13)  2.7
22生活圈小    1  -1.906            1.23 ( 0.86, 1.14)  3.1 1.10 ( 0.92, 1.08)  2.5
22生活圈小    2   0.284            1.56 ( 0.86, 1.14)  6.9 1.06 ( 0.89, 1.11)  1.1
22生活圈小    3   1.622*           6.45 ( 0.86, 1.14) 37.2 1.17 ( 0.82, 1.18)  1.7
-------------------------------------------------------------------------------
An asterisk next to a parameter estimate indicates that it is constrained
===============================================================================
```

圖 8-38

試題間多向度多元計分 MRCMLM 的母群模型迴歸參數估計值

```
===============================================================================
MRCMLM Between-Item Model analysis for TDS.txt Data    Wed Aug 21 16:51 2019
TABLES OF POPULATION MODEL PARAMETER ESTIMATES
==========================================================Build: Dec 21 2012===
REGRESSION COEFFICIENTS
-------------------------------------------------------------------------------
                                       Dimension
-------------------------------------------------------------------------------
Regression Variable  Dimension_1   Dimension_2   Dimension_3   Dimension_4
CONSTANT            -1.148 (0.001) -0.443 (0.004) -0.404 (0.001) -0.920 (0.002)
-------------------------------------------------------------------------------
An asterisk next to a parameter estimate indicates that it is constrained
CONDITIONAL COVARIANCE/CORRELATION MATRIX
-------------------------------------------------------------------------------
                                       Dimension
-------------------------------------------------------------------------------
Dimension       1         2         3         4
-------------------------------------------------------------------------------
Dimension_1               3.862     3.138     3.407
Dimension_2   0.973                 3.245     3.383
Dimension_3   0.969     0.963                 2.876
Dimension_4   0.921     0.880     0.916
-------------------------------------------------------------------------------
Variance      3.816 (0.002) 4.129 (0.000) 2.751 (-1.#IO) 3.583 (0.003)
-------------------------------------------------------------------------------
An asterisk next to a parameter estimate indicates that it is constrained
Values below the diagonal are correlations and values above are covariances
===============================================================================
```

照題（即有標示星號者），以確保每一個因素內的試題難度參數估計值的平均數為 0；因此該作為參照題的難度值都不會估計，而是直接設定等於其餘試題難度參數估計值之和的負值，以確保同一因素內的各個試題難度參數估計值的平均數為 0。從圖 8-36 和圖 8-37 所示來看，除了第 8、13、22 題的 Infit MNSQ 值稍微高於 1.3 外，其 t 值絕對值明顯大於 2 以上外，其餘試題的試題難度和

圖 8-39

試題間多向度多
元計分 MRCMLM
的個人－試題－
步驟參數圖

```
================================================================================
MRCMLM Between-Item Model analysis for TDS.txt Data          Wed Aug 21 16:51 2019
MAP OF LATENT DISTRIBUTIONS AND RESPONSE MODEL PARAMETER ESTIMATES
================================================================Build: Dec 21 2012===
                Dimension                    Terms in the Model (excl Step terms)
--------------------------------------------------------------------------------
      Dimension_Dimension_Dimension_Dimension_4                    +item
--------------------------------------------------------------------------------
  5            |          |          |          |                              |
               |          |          |          |                              |
               |          |          |          |                              |
  4            |        X |          |          |                              |
               |        X |          |          |                              |
  3            |        X |        X |        X |                              |
             X |        X |       XX |        X |                              |
             X |        X |        X |        X |                              |
            XX |     XXXX |      XXX |       XX |                              |
  2         XX |    XXXXX |      XXX |      XXX |                              |
            XX |    XXXXX |    XXXXX |      XXX |                              |
           XXX |    XXXXX |    XXXXX |     XXXX |                              |
  1       XXXXX|  XXXXXXX |  XXXXXXX |     XXXX |1                             |
         XXXXXXX| XXXXXXXXXXXXXXX |    XXXXX |10 13                          |
         XXXXXXX|    XXXXX |   XXXXXX |   XXXXXX |8  11                       |
         XXXXXXX|    XXXXX |    XXXXX |  XXXXXXX |4  17 18 19 20              |
  0       XXXXXX|    XXXXX |     XXXX | XXXXXXXX |2  5 12 16 21               |
          XXXXXX|    XXXXX |   XXXXXX |  XXXXXXX |14 22                       |
           XXXXX|    XXXXX |  XXXXXXX |    XXXXX |3  6 15                     |
 -1       XXXXXX|    XXXXX |XXXXXXXXX |  XXXXXXX |7  9                        |
           XXXXX|    XXXXX |   XXXXXX |   XXXXXX |                            |
           XXXXX|    XXXXX |XXXXXXXXX | XXXXXXXX |                            |
           XXXXX|    XXXXX |XXXXXXXXX |XXXXXXXXX |                            |
 -2       XXXXXX| XXXXXXXXX |   XXXXXX |    XXXXX |                            |
         XXXXXXXX|    XXXXX |   XXXXXX |    XXXXX |                            |
          XXXXXX|    XXXXX |    XXXXX |    XXXXX |                            |
 -3      XXXXXXXX|    XXXXX |      XXX |     XXXX |                            |
           XXXXX|       XX |       XX |      XXX |                            |
            XXXX|       XX |        X |      XXX |                            |
            XXX |       XX |        X |       XX |                            |
 -4         XXX |        X |        X |       XX |                            |
            XX  |        X |          |        X |                            |
            X   |        X |          |        X |                            |
 -5         X   |          |          |          |                            |
                |          |          |          |                            |
             X  |          |          |        X |                            |
             X  |          |          |          |                            |
 -6             |          |          |          |                            |
--------------------------------------------------------------------------------
Each 'X' represents 3.4 cases
================================================================================
```

圖 8-40

試題間多向度多
元計分 MRCMLM
的傳統試題分析
結果摘要表

```
================================================================================
MRCMLM Between-Item Model analysis for TDS.txt Data          Wed Aug 21 16:51 2019
GENERALISED ITEM ANALYSIS
Group: All Students
================================================================================
Item 1
------
item:1 (有自殺的念頭)
Cases for this item    413   Item-Rest Cor.  0.68   Item-Total Cor.  0.71
Item Threshold(s):    -0.26  1.11  2.24   Weighted MNSQ  1.15
Item Delta(s):        -0.03  1.20  1.91
--------------------------------------------------------------------------------
Label  Score  Count  % of tot  Pt Bis    t  (p)   PV1Avg:1  PV1 SD:1  PV1Avg:2
       0.00    256    61.99    -0.71  -20.48(.000)  -2.17     1.49     -1.53
  1    1.00     90    21.79     0.38    8.37(.000)   0.10     0.97      0.89
  2    2.00     42    10.17     0.36    7.87(.000)   0.91     1.24      1.62
  3    3.00     25     6.05     0.33    7.03(.000)   1.39     1.36      1.95
================================================================================
```

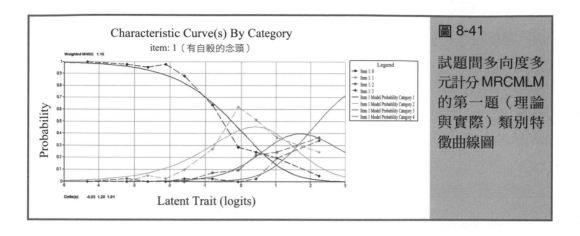

圖 8-41

試題間多向度多元計分 MRCMLM 的第一題（理論與實際）類別特徵曲線圖

步驟難度的 Infit MNSQ 值大致顯示適配資料，顯示本資料改用多向度模型分析後，適配情況更為改善許多。

　　本例為試題間多向度多元計分的MRCMLM，分析重點在於四個子因素的分析。從圖 8-38 可知，這四個因素的平均數分別為-1.148、-0.443、-0.404、-0.920，且兩兩之間的相關係數至少在 0.880 以上，可見彼此之間具有高相關，此即隱含著背後還有可能含有二階因素之可能（可參考第十一章第三節的補充說明）。

　　從圖 8-39 所示，可知這四個因素的試題難度大致介於 ±1 之間的範圍內，而受試者在此四個因素的能力參數值分布範圍反而較廣，顯示較為具有兩極端能力的受試者，比較無法被這群試題適當的評估出來，可能還需要增加兩極端難度的試題才行。至於圖 8-40 和圖 8-41 則與前幾節內容所示無異，為古典測驗分析結果和類別特徵曲線圖而已。

第九章

常模與量尺建立

本書第五章已經詳述如何編製一份量表的步驟，讀者只要遵循其步驟說明，並且確實去進行實作，即可慢慢習獲如何編製一份專門用來測量潛在特質的工具——心理測驗或量表（psychological test or scale）。這類量表不僅可以當作一種自變項的蒐集工具使用——專門用來收集某種特定的自變項資料，甚至也可以當作效標變項的測量工具使用——專門測量用來代表研究者所關心的某種特定效標資料，以作為評估標的物或供作評鑑用途使用。因此整份量表發展與實施的歷程，就像建構效度的研究一樣，是一種持續不斷累積證據、反覆修訂、不斷更新的歷程，其本身即可自成一件研究計畫案去執行。坊間即有不少的學位論文（含博碩士論文）和期刊論文，均是在探討與說明如何發展一份特殊測量工具的來龍去脈。所以本章的目的，即在補充說明欲發展一份量表時，其他應注意事項及後續可擴展的可能性。

第一節　量表發展與實施

　　研發一份測量工具的過程，是一件勞心又勞力的事。因此如非必要，筆者並不建議每一位研究者都要自行研發自己的測量工具，如果研究者能夠找到現成、可用的適當工具，那是最好的選擇，則本書第五章的內容即可以略過。

　　但是研究者（尤其是初入學術研究窄門的研究生們）要上哪裡去尋找這些相關的資訊呢？現代的網際網路（World Wide Web）資訊科技，已經提供研究者一個很強大的搜尋引擎功能（如：Google Scholars——即 Google 學術搜尋），只要研究者能夠想像得出來待搜尋的「關鍵字」或

待研究的「明確變項」（specific variables），都可以在 Google 學術搜尋引擎
上找到絕大部分所需要的資訊，雖然找到的資訊不會是「全部」，但絕對是可
稱作已經涵蓋「大部分」（尤其是以英文出版）的資訊了。至於，研究者要去
哪裡想像可能搜尋的「關鍵字」或「明確變項」呢？底下有兩個主要的資源及
資訊管道，可以提供讀者作為搜尋時的參考依據：

1. 《心理測量年鑑》（*The Mental Measurements Yearbook*）及《測驗出版指
   南》（*Tests in Print*）。這兩本都是屬評鑑性的測量工具彙編專書，始自
   1938 年出版，專門在評論與介紹最新出版有關「心理測量」（mental mea-
   surements）的各種測量工具，其所介紹的測量工具幾乎涵蓋整個心理學各
   子領域所發展出來的各種測量工具。這兩本彙編專書，每一版本均收錄晚
   近新出版的各種測量工具資訊，先做個評論與介紹，再彙編成冊，並且不
   定期出版。《心理測量年鑑》的最新一版為第 18 版，2010 年出版（Spies,
   Carlson, & Geisinger, 2010），而《測驗出版指南》的最新一版為 1999 年出
   版的第五版（Murphy, Spies, & Plake, 2006），裡頭均會登載最新出版的測
   量工具的評鑑資訊。以上兩書均是由美國納布列斯佳大學（University of
   Nebraska）的心理測量布洛斯研究所（Buros Institute of Mental Measure-
   ments）負責出版，讀者可透過 Google 學術搜尋引擎從線上（http://www.
   unl.edu/buros/）搜尋得到。

2. 「病人自陳結果測量資訊系統」（Patient-Reported Outcomes Measurement
   Information System, PROMIS）。這是美國衛福部（National Institute of Hea-
   lth）所支持啟動醫學研究地圖（Roadmap for Medical Research）方案的線
   上資源系統，主要目的是在建置有關健康醫療研究最終狀態之成效評估的
   研究資訊，由衛福部所補助研究的大學及研究機構的一群專家學者所共同
   努力合作建置，期望透過以評審、評鑑、分類、修正、發展試題等方式，
   來評估建置下列這五個領域的健康研究結果的資訊：身體功能（physical
   functioning）、社交功能（social functioning）、情緒困擾（emotional dis-
   tress）、疼痛（pain）、疲勞（fatigue）等。PROMIS 所評估建置這五個領
   域的試題題庫系統，均是採用以試題反應理論（IRT）為基礎的研究方法，

嚴謹、審慎的研發與修正試題、維持題庫的信效度，並不斷新增試題到這個系統中（Ader, 2007; PROMIS, 2010）。

當研究者透過上述管道，並善用強大的網際網路搜尋引擎，輸入想要搜尋的「關鍵字」或「明確變項」的名稱，即可找到所需要的大部分心理測驗或量表資訊（尤其是英文方面的資訊）；此時，若再補充國內國家圖書館（https://www.ncl.edu.tw/）建置的「臺灣博碩士論文知識加值系統」及「臺灣期刊論文索引系統」的輔助搜尋，通常應該都可以找到全部或幾乎接近全部所需要的資訊。反之，到此為止如果研究者仍未找到令人滿意的測量工具的話，那麼本書第五章所述的量表編製步驟，便是研究者需要去參考並實作的策略。

緊接著面臨的問題，即是研究者到底要以什麼形式去蒐集資料或施測？畢竟心理測驗或量表都只是一種蒐集資料的測量工具而已，它們還是必須透過某種媒介或實施方法的輔助，提供給目標的受試者作答或填寫，然後研究者才能據以將這些作答反應結果轉化成數據，再加以統計分析。因此瞭解當前這些可用的媒介或實施方法，便是研究者必須學習的知識之一。

隨著科技的進展，當前最符合成本效益、快速便捷、瞬間獲取大量樣本的資料收集媒介或實施方法，首推「網路問卷或網路調查」（web-based questionnaire or survey）莫屬（Dillman, 2007; Fowler, 2009）。基本上，網路問卷或網路調查僅是把傳統上以「紙本問卷」（paper-based questionnaire）的實施方式轉換成電腦化、數位化、網路化而已，它可以省卻傳統紙筆施測方式的大量成本、時間、人力及物力的消耗，發揮迅速、便捷、瞬間取得大量樣本的研究效益，是網際網路世代興起後，逐漸受到青睞的量化研究方法之一。但是網路問卷仍然會遭遇與傳統紙本問卷調查相同的問題，常遇到的實質問題即是「回收率偏低」的困擾；通常第一次寄出問卷後的回收率，多半僅 20～30%而已，以後各次的催收，回收率更低，逐次降低至接近 0。但是在母群範圍確定，抽樣程序一致下，無論使用網路問卷或紙本問卷的調查，對問卷所調查的實質內容而言——無論是一般事實性問題或態度測量類的問題，都沒有顯著差異的。因此從收集資料的成本效益上考量，筆者是相當建議未來的研究，應該可以多多使用網路問卷來取代紙本問卷的調查方式（余民寧、李仁豪，2006，2008；李

仁豪、余民寧，2010；李仁豪、謝進昌、余民寧，2008；游森期、余民寧，
2006；Yu & Yu, 2007）。

　　除了上述使用問卷調查方式來收集資料外，研究者還可以採用其他有效的
實施方式，均可獲得效度極其良好的研究資料，面訪（face to face interview）
和電話調查（telephone survey）便是其中常見的兩項。面訪方法的缺點，就是
耗費相當多的人力、物力與時間方面的成本，一般研究者若非是獲得大量經費
補助的話，其實是很難獲取大樣本的資料；但是面訪方法的最大優點，就是可
以確保所獲得的第一手樣本資料，都是真實的、少誤差且具有高效度的數據。
在國家層級的大型研究案裡，或需要長期追蹤的縱貫性研究案中，研究者通常
都會使用面訪作為資料收集的方法。

　　其次，是使用電話調查來快速收集資料。電話調查常見於「民意調查」
（opinion survey）的情境，是一種快速收集到大量民眾意見的資料收集方法。
電話調查的缺點，就是無法同時詢問、調查較多題數的研究問題；但是，它的
優點即是可以快速收集到大量民眾對單一問題（如：「針對這次總統大選，你
要投票給哪一位候選人？」）的意見資料。與電話調查功能及做法相似的方
法，還有「簡訊調查」（text survey）、「手機調查」（mobile-phone survey）
及「傳真調查」（fax survey）等，這些資料收集的方法均與電話調查相仿，
一次能夠探尋的研究問題數量無法大量，且回收率依然是偏低（因為拒絕回答
者的數量仍然偏多），但可以瞬間獲取大量樣本資訊。由於國內詐騙集團的常
用手腕，常假手於電話、簡訊或傳真等工具，導致受試者接觸到這些工具的資
料收集情境時，常因為懷疑的態度而降低回答率，致使學術研究使用簡訊調
查、手機調查及傳真調查時受到嚴重的干擾，而致資料收集的成效不彰，這也
是目前國內學術界在研究時常遭遇到的限制所在。不過純粹對量表施測或問卷
調查方式感興趣的讀者，筆者建議還是可以深入閱讀這方面的專書（如：Con-
verse & Presser, 1986; Czaja & Blair, 1996; Dillman, 2007; Fink, 1995; Fowler,
2009; Weisberg, Krosnick, & Bowen, 1996）。

　　最後，遵循上述的實施步驟，量表施測完畢，回收資料，接著便開始資料
清理、統計分析、結論與摘要、撰寫研究報告。過程中，統計分析必須使用適

配的測量模型來進行，若發現有違資料假設或理論假設的情形發生時，則必須審視其可能的原因，並加以檢討改進，或做成下次修正之建議事項。有時候，所獲得的結果僅能獲得暫時性的文獻理論支持而已，尚缺乏推論或效度類化（validity generalizability）的價值，因此研究者會覺得研究成果不夠理想而想繼續追蹤探索，以期能夠改進心理測驗或量表工具的信效度，提升量表工具的實用性與價值性，並增進研究成果的效用。誠如前述，整份量表發展與實施的歷程，就像建構效度的研究一樣，是一種持續不斷累積證據、反覆修訂、不斷更新的歷程。在未達理想的境界之前，永遠都有改善的空間存在！

第二節　常模的建立

在心理測驗或量表施測完畢後，研究者所獲得受試者的作答反應資料，多半都不會使用原始分數（raw scores）的呈現方式，作為後續詮釋該測驗得分的意義，他們通常都會使用「衍生分數」（derived scores）來取代，其原因有二：(1)讓不同的測驗（或量表）分數，能夠用相同的量尺來表示，以便於可以互相比較；(2)讓研究者可以針對測驗（或量表）結果，做出更具豐富意義的解釋。因此在心理計量學領域中，研究者通常都會參考使用「常模」（norm），作為受試者得分間的互相比較、詮釋分數意義，並據以做出決策的依據。

一般來說，常模係指團體測驗（或量表）分數的平均數，用以顯示個別受試者得分（即原始分數）在團體中所處的相對位置，並以某種衍生分數來表示。在心理計量學領域裡，最常見、使用最多、可作為常模用途的衍生分數，至少有百分位數（percentile, P_p）、百分等級（percentile rank, PR）和標準分數（standard score）三種。根據 Lyman（1998）的分類，這三種衍生分數都屬於是「受試者間比較」的範疇，非常適合用於受試者彼此間得分的相互比較和詮釋其不同涵義之用。

在實務的做法上，當研究者收集到具有母群代表性的大量受試者樣本的原始分數後，只要套入 SPSS 等統計套裝程式，點選其「描述統計／頻率／統計

量／百分位數」的運算功能，再輸入 1 到 99 的數據，即可獲得從 PR 值為 1 到 PR 值為 99 的百分等級對照表。表 9-1 所示，即為 15 歲組學生在瑞文氏智力測驗的百分等級常模對照表（余民寧，2012，頁 126）。

從表 9-1 所示可知，研究者可以輕易從表中的對照數據，得知不同分數的意義和比較分數之間的差別。例如，若某男學生的瑞文氏智力測驗原始分數為 25 分，則查表後可得知他的百分等級為 96，表示有 96% 的同儕得分不如他；

表 9-1 15歲組瑞文氏智力測驗的百分位數及百分等級常模對照表	原始分數	百分等級			原始分數	百分等級		
		男	女	全體		男	女	全體
	33	99＋	-	99＋	16	47	53	52
	32	99＋	-	99＋	15	42	48	48
	31	99＋	-	99＋	14	38	42	40
	30	99＋	-	99＋	13	33	35	34
	29	99	99＋	99	12	30	31	30
	28	98	99＋	99	11	27	27	27
	27	98	99＋	99	10	23	23	23
	26	97	99＋	98	9	19	20	20
	25	96	97	96	8	15	17	16
	24	93	95	94	7	12	14	13
	23	89	90	90	6	9	11	10
	22	85	86	86	5	6	8	7
	21	78	84	81	4	3	6	4
	20	71	80	78	3	2	3	2
	19	66	74	72	2	1	1	1
	18	60	67	66	1	1-	1-	1-
	17	53	58	58				

反之，若該生的智力程度想要比 96%的同儕高的話，則他在瑞文氏智力測驗的原始分數至少要在 25 分以上才行。此外，研究者亦可從表中得知，常模至少又可分成男性常模與女性常模，這是因為在大量的常模樣本資料分析時，男女性別的得分分布不同所致。通常，當性別平均數之間的差異達到顯著程度時，就必須分開來不同性別各自估計，以期建立不同性別的常模對照表；若受試者得分間沒有性別差異存在時，則只要合併成為一個整體，單獨建立整體受試者的常模對照表即可。當然，常見的常模還有年齡常模（age norm）及年級常模（grade norm）之分，端視研究者的問題需求而製作。

　　當然，研究者也必須知道使用百分等級及百分位數的優缺點，方不致於誤用此常模表示方法的概念。它們的優點，即是能夠讓沒有學過統計學概念者，也能夠輕易瞭解其數據的意義，同時也能清楚說明各個分數在團體中所處的相對位置。但是當原始分數轉換成百分等級來表示後，百分等級係屬次序變項的概念，單位之間並不相等，所以在使用上會有它的限制，研究者也必須知道這項缺點；例如 P_{99} 和 P_{98} 之差，與 P_{49} 和 P_{48} 之差，雖然彼此間都是差 1，但是其背後原始分數之間的差異涵義卻不相同，所以並不能直接作加減乘除之運算及推理，而且因為它的名稱上冠有「百分」兩字，更容易讓人聯想到學校考試常用的百分制分數概念，因而產生誤解。

　　用來表示常模概念的衍生分數，其實都屬「相對地位量數」（measures of relative position）的統計學概念，其背後都共享一個以「標準分數」概念為基準的「定位」（positioning）概念。在統計學中，統計學家在估計某一種次數分配的統計參數時，往往無法事先知道該參數的真實分配及其原點為何，為了能夠確定估計的參照點，往往會設定該參數估計值的「平均數」（mean）為原點，然後再把每一個估計出來的原始估計值，減掉該平均數〔其差值稱作「離均差」（deviation score）〕，並以該批原始估計值所形成的「變異數」之開根號──即「標準差」（standard deviation）──作為衡量的單位，看看此離均差是標準差的多少倍數，以判斷該估計值離平均數到底有多遠，並標定出它在團體中的相對位置。依據這種方式所估計出來的衍生分數，即稱作「標準分數」。當然離均差也可以除以各種衡量的單位，不一定要使用標準差作為衡

量的單位，只是使用標準差作為衡量單位是多數人的共識和認可的計量做法而已。因此標準分數可說是最普遍使用的一種「相對地位量數」透過它，我們可以將它轉換成各種衍生分數，以供各種不同情境使用。

　　如前面所述，使用百分等級的優點就是讓人容易理解，但是因為它們並非屬等距變項，所以不能進一步作算術的四則運算，此為其缺點；而標準分數因為是以標準差為單位，且屬於等距變項，適合進行加減乘除等四則運算，所以在推論統計學上應用較廣，但缺點即是不容易被沒有統計學概念的人所瞭解。因此在實務應用上，當研究者要解釋測驗（或量表）分數結果給外行人聽時，最好是使用百分等級的說明方式，會比較適宜；而事實上，許多經過標準化程序建置的心理與教育測驗，它們在分數報告單上，除了陳列標準分數外，還會陳列有百分等級，以方便使用者可以參考對照常模來解釋分數的意義。

　　另外一種常模的表示方法，即是使用「常態化標準分數」（normalized standard score）。這是一種經過「常態化」（normalization）方式——將非常態分配的資料轉換成常態分配的過程——來建立的常模。真正的常態化過程，已不再是一種直線轉換的過程，而是一種非直線轉換（non-linear transformation）的過程。在一般修訂心理與教育測驗的過程中，凡使用大樣本修訂而成的標準化測驗，通常都會使用「T分數」來建立常模。T分數的平均數為 50，標準差為 10，它是在常態分配的假設下，經由下列直線轉換公式而得：

$$T = 10z + 50 \qquad\qquad (9\text{-}1)$$

　　其中的 z，即是標準分數。也就是說，如果我們把某份量表得分的各個原始分數，先分別轉換成標準分數，如果我們取±3 的 z 分數範圍，代入公式 9-1，即可得出 T 分數的值域是介於 20 分到 80 分之間。在心理與教育測驗上，其他常見、常使用、較有名的常態化標準分數，還有下列幾種：

1. 比西量表（Binet-Simon Scale, BBS）分數為：

$$BSS = 16z + 100$$

2. 魏氏兒童智力量表（Wechsler Intelligence Scale for Children, WISC）分數

為：

$$WISC = 15z + 100$$

3. 美國陸軍普通分類測驗（Army General Classification Test, AGCT）分數為：

$$AGCT = 20z + 100$$

4. 美國大學入學考試委員會（College Entrance Examination Board）所舉辦的大學入學測驗（American College Testing, ACT）分數為：

$$ACT = 5z + 20$$

5. 美國「教育測驗服務社」（Educational Testing Service）的學術性向測驗（Scholastic Aptitude Test, SAT）分數為：

$$SAT = 100z + 500$$

6. 托福測驗（Test of English as A Foreign Language, TOEFL）和研究所入學考試（Graduate Records Examination, GRE）分數為：

$$TOEFL = 100z + 500$$
$$GRE = 100z + 500$$

7. 國內「國家教育研究院」舉辦的「臺灣學生學習成就評量資料庫」（Taiwan Assessment of Student Achievement, TASA）的測驗分數為：

$$TASA = 50z + 250$$

　　上述這些常態化標準分數，都是透過 z 分數進行直線轉換而成，並且都是常見的常模表示方式之一。因此透過這種常態化標準分數之間的轉換，不同測驗（或量表）分數在其參照團體中的相對位置便可以互相比較，這也是詮釋不同測驗得分涵義的一種做法。

第三節　量尺分數及可能值

　　使用常模作為解釋測驗得分的做法，已是過去「古典測驗理論」時代下的產物與常規。現在由於「試題反應理論」興起後，心理計量學者紛紛改用另一種說法——「量尺分數」（scaled scores），作為取代傳統「常模」的應用方式。

　　所謂的「量尺分數」，係指依據試題反應理論所估算出來的受試者能力（或潛在特質）估計值，再代入適當的計分量尺，所計算獲得的一種衍生分數。其得分的形貌，與上述各種常態化標準分數的使用十分相似，端視研究者決定使用不同的量尺刻度（即決定該量尺「平均數」和「標準差」的數據）而定。以上述 TASA 量尺為例，它即界定在以平均數為 250 分，標準差為 50 分的量尺轉換公式上（當然，研究者也可以自行決定所要採用設定的平均數值和標準差值是多少，以作為自訂量尺分數的計分單位）。因此在 TASA 的測驗上，當某受試者在數學科成就測驗上的原始答對題數（若假設考題為 30 題中答對為 20 題）獲知後，一般使用的 IRT 程式（如：第八章所推薦的 Con-Quest），會自行估算出其相對應的能力值（即 θ 值），代入上述 TASA 的量尺轉換公式，即可得出該受試者的數學科量尺分數。

　　例如，假設估計出的 θ＝1.2，則代入公式後，即可獲得量尺分數為 TASA ＝ 50×（1.2）＋ 250 ＝ 310；310 分即是該受試者在 30 題數學科成就測驗上，答對 20 題，且估計出其 θ＝1.2 時，所轉換成的量尺分數。有了此量尺分數，研究者便可以拿來與其他受試者的量尺分數，一起做比較、進行各種統計分析，並作為做成決策的依據。因此，在一般使用的 IRT 程式裡都有此計算量尺分數的功能，只要研究者界定好所擬採用量尺的「平均數」和「標準差」為多少，IRT 的電腦程式都可以幫研究者計算出每一位受試者的原始答對題數、答對率、θ 能力值，以及轉換成的量尺分數。目前，諸多國內的升學考試成績（如：國中基測、會考、大學入學考試——學測、指考等）、國際的大型成就測驗評比（如：TIMSS、PISA、PIRLS 等）、語言檢定考試（如：托福、多益等）等，都有使用量尺分數來比較受試者間得分差異的趨勢。

　　由於心理測驗與量表的使用，在研究中是屢見不鮮的工具，但是每件研究案的規模，確實會有大小不同之分。如果是大規模類型的調查研究案（large-scale surveys）（如：TIMSS、PISA、PIRLS 等），研究主持人通常都會採用集群與分層隨機抽樣（cluster and stratified random sampling）來抽取受試樣本，並且採用平衡不完全區塊（BIB）（Kolen & Brennan, 2004; Stocking & Lord, 1983; Van der Linden, 2005; Van der Linden, Veldkamp, & Carlson, 2004）的試題等化（item equating）設計方式，來銜接不同題本的施測方式，讓每一位受試者僅作答其中一或兩個題本，再透過銜接等化（linking and equating）的技巧，估算出每一位受試者能力值的「可能值」（plausible values）範圍。由於同時施測的題本可能會有十幾個，但考量施測時間、成本及受試者疲勞因素，並非讓每一位受試者都作答所有題本的試題，每一位受試者僅作答其中一或兩個題本而已。因此，在如此龐大複雜設計的回收矩陣資料中，會產生許多受試者的作答資訊都是「空白的」情形，也就是說，每一位受試者並非全部作答完畢所有的測試題目，沒有作答到的題目部分，都被視為是「遺漏值」。在此情況下，研究者無法真實估計出每一位受試者的能力值，僅能根據其有限的作答資料部分，再透過銜接等化的分析技巧，估算出每一位受試者在所有測試題目都有作答的假設情況下，其能力值的可能值而已，並以此可能值作為每一位受試者能力值的估計值代表。

　　可能值的估算，主要係採用「潛在回歸」（latent regression）估計方法，透過受試者的其他背景變項的估計預測，並使用邊緣最大近似值估計法（MML），估計出每一位受試者能力值的事後機率分布（posterior distribution）的可能性（Mislevy, 1991; Mislevy, Beaton, Kaplan, & Sheehan, 1992; Wu et al., 2007）。因此，會有選取 80%、85%、90%、95%、99%等幾個可能值範圍的估計結果。在 PISA 測驗的技術報告及資料分析手冊（OECD, 2009a, 2009b）中，均有載明抽取出五個可能值的方式，一般研究者只要挑選其中一個可能值來使用即可。

　　在如此大規模類型的調查研究案中，使用可能值會有幾個優點：(1)當提供點估計值時，可順便估算出其母群參數估計值的偏差情形；(2)在次級資料

分析（secondary data analysis）中，允許研究者僅使用一般的統計方法和工具，即可應用來分析此類型資料；(3)當研究者使用複雜的樣本設計時，可方便用來計算估計值的標準誤（Wu, 2005, 2010; Wu et al., 2016）。當然，要估算可能值，必須使用特定的 IRT 程式，本書第八章所介紹的 ConQuest 程式，即有提供如此的計算功能，而且該程式也是目前「國際學生學習成就評比測驗」（如：TIMSS、PISA、PIRLS 等）所賴以計算可能值的唯一工具（Wu et al., 2007）。

　　但是，如果研究者的調查研究案僅是小規模時，此時受試者的作答資料應該都是完整的（complete），「遺漏值」僅是偶發且隨機出現而已，在大樣本的情況下，這種遺漏值是可以忽略的。此時，使用本書第七章與第八章所述的測量模型與程式使用範例，即可用來進行資料分析的作業，得出所欲探索研究問題的結果，根本無須進行「可能值」的抽取工作。雖然，ConQuest 程式亦可協助抽取可能值，但其數值應該也會與該程式使用 MML 估計法所估計出的結果雷同。

　　綜合上述，過去「古典測驗理論」時代，研究者常會參考「常模」作為解釋個別受試者得分的涵義；但在「試題反應理論」興起的當代，研究者已經逐漸轉用「量尺分數」作為比較受試者得分高低強弱的依據。尤其在國際間大型成就測驗的評比調查（如：TIMSS、PISA、PIRLS等）裡，研究者甚至逐漸改用「可能值」作為受試者能力估計值的代表，並且以一般統計學方法及統計套裝軟體程式，即可用來進行後續的統計分析。這些量表實施方法的轉變，除反應出心理計量方法學的進步與演化外，也反應出研究者在使用量表作為測量工具的核心目的──即增進測量結果的信度與效度證據，讓社會科學與行為科學的研究屬性，也能夠逐漸朝向自然科學的特色演進，亦具有客觀測量的特色。

第四節　心理計量特質的威脅與補救策略

　　至此，我們都已經知道使用量表作為測量工具的核心目的，即是在增進測量結果的信度與效度。但是在量表發展的過程中，還有兩種主要因素會威脅到

心理計量特質的獲取：即「反應偏差」和「測驗偏差」。研究者必須知道，並且要事先採取防範措施，才能避免將來的測量結果受到此威脅的干擾與污染。本節在此先討論受試者作答反應所可能產生的偏差現象，它們對量表信效度的威脅，以及我們該如何補救措施；至於測驗偏差的問題，則留待第十章再專章深入討論。

受試者在一場心理測驗或量表的實施過程中，常會因為注意力的集中或不集中、有意識或無意識、態度不合作或充分配合、自我炫耀或自我貶抑的作答態度，而對作答反應結果產生了不預期的影響，干擾與污染資料回收的真實性，甚至扭曲後續資料分析結果的信效度分析及所做出的決策。常見的受試者作答反應偏差，有下列幾種類型（Furr, 2011）。

1. 默許偏差

當測量的題目複雜或模稜兩可、施測情境容易使人分心、受試者看不懂題目時，容易讓受試者產生不加思索題目內涵的意義，就固定傾向回答「同意」或「不同意」某些題目的作答行為，即稱作「默許」（Paulhus, 1991）。雖然，有研究者質疑默許行為的存在或其作答反應偏差的影響，但是根據實徵的研究證據顯示，它確實是存在的，並且會負面影響到心理特質的測量（Knowles & Nathan, 1997）。「默許」的作答行為，常見於一份量表全部或絕大多數題數都是「正向計分」或「反向計分」的工具上；這種作答行為一旦發生時，研究者還真的很難區辨出受試者是真有「默許」的偏差作答行為，還是真的具有高程度特質的有效作答結果。如果研究者同時給予受試者一組量表工具施測，當「默許」的作答行為真的發生時，受試者會同步在不同量表上都作答得高分，而使兩個量表得分之間獲得過高的正相關，遠超出該量表建構所預期的相關，因而導致不正確的測量結果或結論。所以本書在第五章裡強調，適時適量的在量表中設計少數幾題的反向計分題，即可減少受試者「默許」的偏差作答行為發生。

2. 極端作答偏差

　　許多心理測驗或量表的題目，都是根據受試者出現題項內容所敘述行為的頻率、強度或密度等屬性來設計的。此時，無論題目的內容涵義為何，總是會有部分受試者比起其他受試者，更容易傾向填寫或選答「非常同意」或「非常不同意」等極端選項的作答行為。這種作答反應偏差容易發生在這兩種情況中：(1)具有相同心理建構的受試者，在極端選項的作答行為上出現差異；或(2)具有不同心理建構的受試者，卻在極端選項的作答行為上出現沒有差異。這樣的作答行為偏差，不僅容易造成作答「廢卷」的判斷而直接被剔除，更讓研究者無法獲得精確、真實的心理建構資料，嚴重污染到任兩個心理建構之間的相關計算，甚至導致錯誤或不精確的結論。到底這種「極端作答」是一種作答行為偏差？還是一種真實的作答反應？其實研究者很難僅根據他們的作答反應即判斷出來，通常研究者必須進行事後分析受試者的作答反應資料，才能得出受試者作答的適配度指標，並據以做出是否刪除或是否繼續採用該筆資料得分的決定。

3. 社會期許偏差

　　一般來說，當心理測驗或量表題目所敘述的內容，涉及到與受試者個人隱私（例如：「你去年是否有誠實報稅？」）、敏感的意識型態（例如：「你有過參加反政府的示威遊行經驗嗎？」）、特定的人格特質（例如：親和性和外向性高的人）有關聯時，有時候，連所敘述的問題與個人的利害關係或權益福祉發生相衝突時（例如：「如果 0 到 6 歲的孩童由國家來扶養，你是否同意加稅？」）、施測情境足以辨識出個人身分時（例如：「請受試者填寫個人 FB、IG、Line 帳號等」）、研究主題本身即容易引發道德兩難的爭議時（例如：「如果違法行為可以幫助到別人，你願意做嗎？」），都容易引發受試者有一致朝向社會所期許、贊同或認可的方向作答，而不是根據個人真實特質的現況所表現出來的一種作答行為。這種「社會期許」的作答行為，是社會科學研究中最常見的一種反應偏差。這種反應偏差，不僅容易造成所測量到的變項資料

失真，污染到兩個變項間相關係數的計算，進而間接影響到研究結果、結論與推論的真實性與正確性。「社會期許」行為所造成的不良影響作用，頗受學者們的關注與探究，它至少可再被分成兩種類型（Paulhus, 1992）：一種為「類狀態」（state-like）的行為反應，如：「印象管理」（impression management），這是一種由情境引發的企圖性行為（例如：在求職情境中，受試者在人事問卷量表中刻意填寫超乎尋常的表現紀錄）；另一種為「類特質」（trait-like）的行為反應，如：「自欺欺人」（self-deception），這是一種非意圖性展現的行為（例如：一位過度自我感覺良好的受試者，會在各種不同的測量情境中，都穩定展現出他的行為特質——即過度的樂觀、正面看待周遭所有的人事物等）。但無論是何種「社會期許」行為，都不是研究者所樂意見到的結果。因此遵守本書第五章的程序說明去發展一份適當的量表，可以幫助研究者減少或避免掉這種受試者的作答偏差行為發生。

4. 詐病或偽裝作答偏差

　　當研究者採用某些心理測驗或量表來評估心理受損狀態，若受試者發現或覺得評估心理受損結果將有益於他們的福祉時，受試者會傾向假裝有病或誇大成為受害者的「偽裝作答」行為。有許多心理測驗或量表工具，可用來評估受試者認知受損、情緒受創、或心理受挫的嚴重程度，當這些評估涉及到與受試者的權益福祉有關聯時（如：申請保險理賠、訴訟案件、可請假的天數及申請慰問金多寡、職務調動等），受試者不會如前項所述展現出「社會期許」的作答行為，反而會出現「詐病」或「偽裝作答」行為，以誇大受害的嚴重程度，達到其獲取個人利益的背後目的。因此，在許多應用性而非研究性的社會及人格測驗情境中，這種「偽裝作答」行為會干擾資料收集的精確性，甚至影響做成決策的判斷，在臨床診斷及法律訴訟案件中頗受關注（Rogers, 2008）。

5. 不細心或隨機作答偏差

　　當研究者邀請一群受試者填答問卷、接受訪談或調查時，受試者的態度其實是不願意合作，但他又不好意思拒絕時，所顯現出一種不細心看題目，隨便

勾選填寫的作答行為。其實，這種作答行為反應出受試者的不細心或缺乏動機，他們會產生許多不具意義的測量分數，進而污染研究者的數據分析結果。由此可見，招募一群有合作意願、具高動機且能專注細心看題目或接受問題詢問的受試者，是增進資料精確性的必要條件。

6.猜題偏差

在選擇題型的成就測驗或認知測驗中，每一個試題選項都有「對或錯」之別的計分。此時，當受試者遇到一題遠超過個人能力的困難題目而不會作答時，會傾向使用「猜測」方式來作答。顯然，答錯有沒有倒扣分數、個人是否具有衝動冒險的人格特質、性別的不同、在不在意考試分數、有無試務人員監考等因素，也都會影響受試者「猜題」行為的發生與否。因此，「猜題」行為會對考試（或量表測驗）結果造成嚴重影響，尤其是入學考試或證照測驗。但是本書所探討的心理測驗或量表，多半都是使用李克特氏四點量尺方式作答，作答反應沒有「對或錯」的分別，只有「強或弱」或「高或低」的程度差異而已，因此受試者無須使用「猜測」的方式來作答；所以「猜題」的反應偏差，比較不會發生在這種使用李克特氏四點量尺計分工具的測量情境中。

當上述「反應偏差」發生時，研究者所回收的資料容易有所偏差，而致威脅到量表工具的心理計量特質——即信度及效度。因此，研究者可以採行下列幾種做法來降低或避免這些威脅，以做好事前的防範措施。

1.控制施測情境

研究者可以留意施測的情境安排，即可有效達到降低或避免作答反應偏差的行為發生。例如，確保「完全匿名」方式的作答，通常可以減少「社會期許」行為的發生；此外，像避免於節慶前後的時段施測、盡量使用短題本測量工具、避免施測的作答時間過長、題目均能清楚表達題意、有效作答的資料才納入計分與給予獎勵的明確施測指導語說明、強迫作答的設計（如：網路施測）等措施，均可提高受試者作答時的專注力與動機，減少疲勞、分心、挫折與遺漏作答，並能有效減少或降低各種作答反應偏差行為的發生。

2. 改變量表題目內容的設計與計分方式

即使研究者無法完全防止或避免作答反應偏差的發生，但是他們還是可以調整量表題目內容的設計方式或計分方式，來降低作答反應偏差的影響效果。例如，運用平衡設計的量表（即兼顧正向與負向計分的題目），可以降低「默許」偏差行為的發生；設計一份簡短、明確、題意敘述中立的量表題目，可以減少與避免受試者疲勞、分心、挫折、「社會期許」作答行為的發生；或者進行猜題校正計分（如：答錯有倒扣分數）、改成二元計分的強迫作答（如：真／假、是／否）等方式，均可達到減少或避免「猜題」或「極端作答」的偏差行為發生。

3. 調整量尺工具的使用並進行統計控制

研究者可以使用「效度量尺」（validity scale）來調整所獲得量表資料的內容，無論後續是要刪除該筆資料或者使用統計方法控制來排除干擾，都是一項可行的選擇（Baer & Miller, 2002）。例如：在一些大型的心理衡鑑與人格測量工具（如：MMPI、MCMI、NEO-PI、CPI 等）裡，「效度量尺」都是內建用來偵測受試者有無產生特殊作答反應偏差行為的一種工具。當研究者發現受試者在該效度量尺上有異常得分，顯示他們有作答偏差行為發生時，此時他有下列幾種決策可選：(1)保留該筆資料，並承認該筆資料將會對其研究結果有所影響；(2)刪除該筆資料，不納入統計分析；(3)保留該筆資料，但使用進階的統計方法（如：偏相關、多元迴歸）來控制該筆偏差資料所可能產生的影響（如：導入效度量尺分數當作控制變項）。通常，選擇第二項和第三項的做法，會優於第一項做法。

4. 使用特殊量尺工具

上述「效度量尺」是一種內建工具，屬於大型測量工具（即測量題數相當多的工具）專屬，並不適合一般研究情境使用。因此，研究者可採行單獨設計的一種專用特殊測量工具（如：說謊量表），來協助偵測與診斷偏差反應行為

是否發生。例如：「馬氏社會期許量表」（Marlowe-Crowne Social Desirability Scale）（Crowne & Marlowe, 1960）、「期許作答反應短題本量表」（Brief Inventory of Desirable Responding, BIDR）（Paulhus, 1991）等，都是被普遍使用來偵測「社會期許」行為的工具，當然也有專門用來偵測「默許」和「極端作答」偏差反應的工具（Couch & Keniston, 1960; Greenleaf, 1992）。使用這些特殊量尺工具，可以協助研究者偵測及瞭解哪些受試者的作答反應是偏差的，當研究者發現他們在上述這些量尺得分偏高時，即可針對這些受試者的作答反應資料，加以排除或進行統計控制處理。

　　雖然研究者盡力避免「反應偏差」對心理計量特質的威脅，有時仍難免會遇到測量工具本身的信度與效度還是偏低的情況（尤其是搜尋到想使用的現成測量工具時）。此時，筆者建議研究者可採行下列的補救措施來加以改善或避免受損（余民寧，2011）。

1. 信度偏低時

　　當測量工具的信度偏低時，研究者可以執行下列的做法，便可以降低研究資料受到偏誤的影響：

1. 刪除信度偏低的不良試題。當研究者在進行「試題分析」工作時，若發現信度分析的報表中「alpha if item deleted」數值高於正在分析的該量表 α 值時，即表示該試題的信度值不佳，把它刪除掉可以提高該量表的信度值至它所顯示的數值。因此當研究者發現某題的信度係數值偏低時，二話不說，即把它刪除是最簡便的做法。

2. 增加與既有試題雷同的複本試題。另一種做法，即是根據折半信度係數的校正公式可知，若研究者可以再多編寫增加一些與既有題目雷同的複本試題時，則當量表的試題數愈多，該量表的信度係數值便會愈高。但是，要求研究者新編許多複本題目，未必可以輕易做到，因此此方法未必比前一項可行。

3. 預估擬獲得理想的信度係數值為何，作為需要編製多少新試題的依據。或許，把理想的信度係數目標明確的列舉出來，再代入公式估算出欲達此理

想信度值目標時，需要再新編多少試題才足夠，以此作為新編製複本題目
數量的依據，並減少盲目新編試題的浪費。

4. 進行相關係數萎縮的校正。如果該信度偏低的測量工具非使用不可時，那
麼最後一項建議措施，即是必須針對該工具的後續應用結果進行相關係數
萎縮的校正。研究者只要將該工具的測量結果與效標之間所求得的相關，
除以該工具與該效標的信度係數值開根號，即可還原兩者（即測量工具和
效標）間應有的相關係數值大小。基本上，只要測量工具（及效標）的信
度不是完美（即小於 1），使用該工具所獲得的任何相關係數都需要進行
校正，才不會低估真正的相關係數值。當測量工具和效標本身的信度都很
高時（如：都大於 0.8 以上），經過校正所獲得的相關係數值，並不會比
校正前的相關係數值高多少；但是，當所使用的測量工具和效標本身的信
度都偏低時（如：都小於 0.5 以下），則經過校正所獲得的相關係數值，
會比校正前的相關係數值增高許多，有時候甚至高達一倍以上，致校正前
後相關係數間的差值達到顯著差異程度，而獲得相反的結論。由此可見，
遇到測量工具具有高信度時，有無進行校正，所獲得的相關係數前後變化
不大，因此是否需要校正的問題影響不大；但是當遇到測量工具具有低信
度時，此時則非進行校正不可，沒進行校正顯然是會嚴重低估所計算出來
的相關係數值。

2. 效度偏低時

　　當測量工具的效度偏低時，對研究產生的不良影響會比較麻煩。此時，為
了避免獲得一個不正確的研究結果（或結論），研究者必須這麼做：

1. 放棄使用該工具，改換使用其他較適當的工具。當效度偏低時，顯示該測
量工具並非是用來測量某個潛在變項或潛在特質的適當工具，此時若仍勉
強使用它的話，不僅獲得不正確的測量結果，連帶後續的應用推論也都會
不正確。因此碰到效度偏低時，比較無法採用類似信度偏低時的處理方式，
最好還是放棄使用該測量工具，改換使用其他較適當的工具，才是上策。

2. 進行相關係數萎縮的校正。其次，與上述的補救措施做法一樣，就是必須

進行相關係數萎縮的校正，才能獲得一個較為真實的相關係數值結果，方
不致做出一個錯誤的結論（或推論）。

第十章

差異試題功能分析

在前一章裡提到，還有一種「測驗偏差」也會威脅到測量工具的心理計量特質。這種偏差可以再分成兩類來說明：(1)內容建構偏差（construct bias）：即題目本身的設計出現問題，針對不同族群受試者產生不同的測量結果，即為內容建構產生偏差的測量結果；(2)預測偏差（predictive bias）：即測量分數與效標分數之間的相關，因不同族群受試者而不同時，即為測量工具本身所產生的預測偏差現象（Furr, 2011）。這些「測驗偏差」其實也涉及到「測驗公平性」（test fairness）的問題，它一直都是心理計量學界所關注的焦點之一。

換句話說，同一份測驗或量表，如果針對不同的受試者族群（如：不同性別、種族、語言、文化等）進行施測，結果產生系統性的差異，假設都一律傾向呈現對其中某一族群（假設為男性、白人、母語為英文、亞利安文化）有利或偏頗的話，那麼該次測驗或量表的測量結果便被說是有偏差的（biased），施測結果是不公平的。如果後來根據施測結果做成某種決定或政策的話，那麼這種測驗或量表的測量不公平現象將影響深遠，其中某些族群受試者將成為永遠的受害者、不利者。

這種測驗或量表的測量結果，對某些族群受試者有利，而對另一些族群受試者不利的現象和問題，便被稱作「測驗偏差」（test bias）。在古典測驗理論時代，「測驗偏差」問題便已有學者提出討論和研究（Berk, 1982; Jensen, 1980; Osterlind, 1983），但到了試題反應理論時代，這個問題改稱作「試題偏差」（item bias），並且已對此問題提出更完整、周延和嚴謹的理論基礎和考驗架構，是測驗或量表編製過程中被建議必須例行性實施的檢核項目之一（Osterlind & Everson, 2009; Zieky, 2006）。

第一節　何謂 DIF

　　傳統上，測驗或量表的發展者會去針對所關心的少數族群（minority）在測驗或量表試題上表現好壞的資料，拿去與多數族群（majority）的表現資料，進行其間差異的統計分析和比較，以作為判斷試題是否有偏差的實徵證據（empirical evidence）。但是，表現間出現有差異存在的實徵證據，只是下結論說試題有偏差的必要條件而已，但絕非是充分條件。因為，光憑這項作答結果間有差異存在的事實，即說是這些試題有偏差，有時候也會過於武斷和偏見，說不定，這些不同受試者族群間的能力或潛在特質原本即有差異存在，因此，不同受試者族群間的表現差異，未必都一定來自試題偏差所造成的結果。

　　由於過去的古典測驗理論學者都使用測驗或試題「偏差」（bias）這個字眼，其涵義過於帶有負面情緒和認知上的偏見。現在，為了能夠區別測驗作答結果的實徵證據與結論間的不同，且能避開此一強烈字眼所帶給人們負面的印象和認知，持試題反應理論的學者們紛紛改用措辭較為中性涵義的用詞——「差異試題功能」（differential item functioning, DIF），以明確說明是試題發揮了不同的測量功用所致，而不一定就是試題本身有錯誤所造成的偏差結果。

　　那麼，DIF 該如何定義才比較適當呢？我們也許需要花些時間澄清一下概念。過去，學者們或是一般民眾對於測驗是否具有公平性的看法，常認為：「在某個試題上，如果多數族群和少數族群的平均表現有所不同的話，則該試題便顯示出具有 DIF 的現象。」但是這種看法是有失準頭的，亦即它並未考慮其他變項影響的可能性；比如說，也許是這兩個受試者族群的能力原本就有所不同，因此才導致他們在某個試題（或某份測驗）上的表現不同（Lord, 1980）。如果是因為能力不同而造成的表現差異，這僅能稱作「衝擊」或「影響」（impact），未必即是真正的 DIF 現象（Camilli, 2006; Camilli & Shepard, 1994; Dorans & Holland, 1993; Millsap & Everson, 1993）。因此若要嚴謹的定義和進行 DIF 檢定的話，研究者必須加上「兩組受試者能力相等的必要條件」的假設才行（Clauser & Mazor, 1998）。如果試題真的具有 DIF 現象，即表示同一試題針對兩個受試者團體或族群展現出不同的功能（functioning），它是

一種系統性差異的問題，專指針對群體表現的現象而言，而不是指個人在某一試題上的特殊表現結果（Osterlind, 2006）。造成 DIF 現象的原因，可能是來自不同性別、族群、地區性教學差異、生活經驗不同，甚至是資源分配不公等因素所造成的，但其中的真正影響原因為何，才是學者們所關注、積極想要去探究的問題真相所在。

所以，目前比較被心理計量學者所接受的 DIF 定義為：「具有能力相同但族群屬性不同的一群受試者，如果在某個試題上的答對機率有所不同的話，則該試題便顯現出具有 DIF 的現象」（Camilli, 2006; Camilli & Shepard, 1994; Dorans & Holland, 1993; Holland & Thayer, 1988; Holland & Wainer, 1993; Penfield & Camilli, 2007）。因此在試題反應理論中試題特徵函數的概念架構下，DIF 便可以做出如下的操作型定義：「某個試題特徵函數如果針對不同的受試者族群而言，都不相同的話，則該試題便顯現出 DIF 現象；反之，如果跨越不同受試者族群的試題特徵函數都相同的話，則該試題便不具有 DIF 現象」（Ackerman, 1992, 1994; Camilli & Shepard, 1994），或者，甚至說是「DIF 現象，是因為試題測量到不同目標的緣故所造成的一種現象」（Walker & Beretvas, 2001）。

一般來說，當一份測驗或量表中的某一（些）試題具有 DIF 現象時，由於它會對不同族群受試者的測量結果產生不同的影響及不同的詮釋，此時研究者或量表發展者應該要進一步審慎評估，方能做出刪除、修正、補強措施或維持原案的最後決定措施，以確保測驗或測量的公平性與公正性（Perrone, 2006）。因此針對試題進行 DIF 的分析，也可以算是一種效度評估（validity assessment）的方法（Osterlind & Everson, 2009）。

第二節　DIF 的檢定方法

在傳統的古典測驗理論上，在評鑑試題的鑑別度時，研究者可以先計算出每一位受試者的答題總分，再依總分高低將受試者重新排序後，各取總分最高及最低各三分之一或四分之一的受試者當作是「高、低分組」，再進行比較高

低分組於每個題目上的作答得分之間的 t 值或 x^2 值〔稱作「關鍵比值」（critical ratio value）〕是否達到顯著差異程度（即 $|t| > 2$ 或 $x^2 > 3.84$）？如果未達到顯著，則將此試題刪除；若已達顯著，則該試題予以保留。但是這種鑑別度的檢定方式，真的可以看出試題偏差嗎？答案是「否定的」，亦即鑑別度 $\neq$ DIF。

在現代的試題反應理論上，研究者在進行 DIF 檢定程序之前，通常都會先將受試者團體分成參照團體〔即參照組（reference group）〕與焦點團體〔即焦點組（focal group）〕，以進行能力的控制，務必使兩組受試者的能力或潛在特質維持在相同水準或沒有顯著差異的程度。其中，被當作焦點組者，通常都是研究者所感興趣的受試團體（多半都是指「少數族群」），而被當作參照組者，則通常都是研究者想拿來作為參考對照用途的受試團體（在大多數情況下，多半都是指「多數族群」）。

所以根據上述可知，簡單的說，DIF 的判斷即是在檢驗不同受試者族群在試題特徵函數上是否有差異存在。如此一來，我們可以下列的條件機率函數來表達此命題：

$$f(Y|\theta, G = R) = f(Y|\theta, G = F) \qquad (10\text{-}1)$$

其中，$f(Y|\theta)$ 即為試題特徵曲線，G 為組別代碼，R 表示參照組，F 表示焦點組。也就是說，公式 10-1 的涵義，即是說試題沒有 DIF 存在的現象，所以兩組間的條件機率函數（即試題特徵曲線）是相等的。

目前，可用來檢定或診斷試題是否具有 DIF 現象的方法，可以分成兩大類：一為 IRT 取向的診斷方法，另一為非 IRT 的診斷方法。前者方法有：比較試題參數的 Lord 卡方考驗法（Lord's x^2 test）、兩條 ICC 所夾的區域面積法（the ICC area measure）、近似值比檢定法（the likelihood ratio test）等；而後者方法則有：M-H 卡方考驗法（Mantel-Haenszel x^2 test）、標準化法、對數型迴歸分析法（logistic regression）、同步試題偏差檢定法（simultaneous item bias test, SIB 或 SIBTEST）等。本節將摘要其重點內容如下，至於更詳細的說明，讀者可以進一步參閱拙著（余民寧，2009）或其他專書及專書篇章（Camilli, 2006; Camilli & Shepard, 1994; Holland & Wainer, 1993; Osterlind & Everson, 2009; Penfield & Camilli, 2007; Zumbo, 2007）。

一、IRT 取向的 DIF 診斷方法

本節在此，僅簡要說明三種可用來檢定 DIF 的 IRT 方法（Camilli & Shepard, 1994; Clauser & Mazor, 1998; Lord, 1980; Penfield & Camilli, 2007）。

(一) 比較試題特徵曲線的參數

第一種做法，即是在適用同一種試題反應模型下，比較兩個不同受試者族群在其試題特徵曲線上所估計出來的參數，彼此之間是否有所顯著差異。Lord（1980）提出以下的具體做法，可同步檢定不同試題反應模型下的各個參數，其步驟如下：

1. 選取一個適當的試題反應模型（如：1PL、2PL 或 3PL 模型）。
2. 分別估計不同族群受試者的能力參數及試題參數。
3. 經由銜接（linking）的過程，將參數值建立在共同量尺上。
4. 以矩陣表示試題參數所組成的向量，例如：$\mathbf{X} = [a_i, b_i, c_i]$，並計算其訊息矩陣或變異數—共變數矩陣。
5. 計算虛無假設的卡方分配統計檢定值如下：

$$\chi^2 = (\mathbf{X}_1 - \mathbf{X}_2)' \Sigma^{-1} (\mathbf{X}_1 - \mathbf{X}_2) \qquad (10\text{-}2)$$

其中，Σ 表示參數估計值之差值的變異數—共變數矩陣，而此 χ^2 統計值是一個具有 p 個自由度的卡方分配，p 即為前述所選用之試題反應模型的參數個數，1PL 即是 1，2PL 即是 2，3PL 即是 3。

6. 選定臨界點（如：$\alpha = .05$），並查閱卡方分配表的顯著性臨界值。如果計算出來的卡方值大於查表的臨界值，則必須要拒絕虛無假設，便說某個試題確實在不同受試者族群上具有 DIF 的存在。

(二) 比較介於試題特徵曲線間的面積

　　第二種做法，比較常用，也比較容易瞭解其檢定的涵義。Raju（1988）及 Raju、van der Linden 與 Fleer（1995）等人，提出以下的具體分析策略，其步驟可說明如下：

1. 選取一個適當的試題反應模型。

2. 分別估計不同族群受試者的能力參數及試題參數。

3. 經由銜接的過程，將不同族群受試者之能力參數及試題參數加以等化（equating），以建立在共同量尺上。

4. 將能力量尺（θ-scale）自-3.0 到＋3.0 之間，劃分成 k 個等分。

5. 以每個等分的中點為中心，畫出該等分的長條圖（histogram）。

6. 計算出每個等分的中點處所能獲得的試題特徵曲線（機率）值。

7. 計算出兩組不同族群受試者在每個等分中點處之機率值間的差值，並取其差值的絕對值。

8. 再將該絕對值差值乘上每個等分的寬度（即長條圖之寬度），最後將這些乘積值加總起來。這個加總之後的面積，即稱作「標記範圍」（signed area, SA），如圖 10-1 所示。如以數學公式來表示，本步驟可以表示成：

$$SA_i = \sum_{j=1}^{k} |P_{i1}(\theta_j) - P_{i2}(\theta_j)| \Delta\theta_j \qquad (10\text{-}3)$$

　　其中，$\Delta\theta_j$ 表示每個等分的寬度，並且是愈小愈好（如：0.01），$P_{i1}(\theta_j)$ 和 $P_{i2}(\theta_j)$ 分別代表兩個不同族群受試者在某個能力段落之間的試題特徵曲線（機率）值。

　　過去，Raju（1988）曾推導出一個專供 1PL、2PL 或 3PL 模型下，任兩條 ICC 線之間所夾面積的計算公式。當使用 3PL 模型時，該標記範圍的計算公式可以表示如下：

$$SA_i = (1-c) \left| \frac{2(a_2 - a_1)}{Da_1 a_2} \ln[1 + e^{Da_1 a_2(b_2 - b_1)/(a_2 - a_1)}] - (b_2 - b_1) \right| \qquad (10\text{-}4)$$

若是使用 2PL 模型時，則上述公式中會少掉 c 參數；若是使用 1PL（或 Rasch）模型時，則上述公式會簡化成只剩兩個族群的 b 參數之差的絕對值（即 $SA_i = |b_2 - b_1|$）而已。接著，將上述計算出來的面積除以其標準誤，即可轉換成接近常態分配的統計分配數（如：z 分數），再以標準化常態分配的檢定程序進行檢定，即可得知該試題是否具有 DIF 的存在（Raju, 1990）。

9. 判斷 SA_i 值的大小。如果 SA_i 值很大，則表示該試題對不同族群受試者而言，具有 DIF 的現象；若 SA_i 值不大，則表示該試題不具有 DIF 的現象。

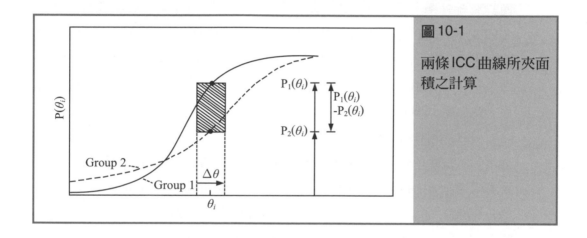

圖 10-1

兩條 ICC 曲線所夾面積之計算

(三) 比較反應模型與資料間的適合度

第三種做法，則是比較兩個族群的模型與資料間的適配度差異。Lord（1980）及 Penfield 與 Camilli（2007）提出下列的具體做法，其步驟可說明如下：

1. 將不同族群受試者的資料合併起來，並進行試題參數與能力參數的估計。

2. 根據估計出的參數值，再將每位受試者在每個試題上的答對機率值（即 $\hat{P}_{ij}(\theta), i = 1, ..., n; j = 1, ..., N$）算出。

3. 計算不同的受試者族群在每個試題上的平均 $\hat{P}_{ij}(\theta)$ 值和答對率。

4. 比較各受試者族群在每個試題上的平均 $\hat{P}_{ij}(\theta)$ 值和答對率是否有顯著差異存在，以判定該試題是否具有 DIF 的現象。

二、非 IRT 的診斷方法

本節在此，僅簡要說明三種常用的非 IRT 檢定方法（Holland & Thayer, 1988; Mantel & Haenszel, 1959; Shealy & Stout, 1993）。

(一) M-H 卡方考驗法（簡稱 M-H 法）

最常用的即是 M-H 法（Mantel-Haenszel procedure）（Mantel & Haenszel, 1959），它原本即是一種傳統的卡方值檢定方法，後來被 Holland 與 Thayer （1988）應用到 DIF 的研究中，才形成一套完整的 DIF 試題檢定方法。它不僅具有統計學上強而有力的考驗指標，若能同時搭配美國教育測驗服務社 （ETS）所建議一套解釋 DIF 嚴重程度的分類系統的話，則因為較不受樣本因素的影響，可以得到一個較客觀、可信的 DIF 指標，其檢定 DIF 的效力，大致上是令人滿意的，因此 M-H 法會是一種兼具量與質的 DIF 檢定方法（余民寧、謝進昌，2006）。

M-H 法和其他 DIF 檢定方法一樣，在進行檢定前都必須選定配對的標準，通常都以測驗總分（total test scores）作為焦點組與對照組的配對變項。M-H 法非常類似傳統的卡方分配檢定法，需要使用到列聯表（contingency tables）的分類設計，包含共同勝算比（common odds ratio）及 M-H 卡方統計值（χ^2_{MH}）的計算。其方法乃直接根據（$k + 1$）個分數組別（k 代表測驗或量表的試題數，$k = 1, ..., k$），以形成 $k + 1$ 個如表 10-1 所示的 2×2 列聯表（即針對每一種得分情形，各繪製一份列聯表，共計可繪製出 $k + 1$ 份列聯表），再一一檢定每個試題的作答反應情形。在表 10-1 中，T_k 代表得分為 k 的總人數，n_{Rk} 與 n_{Fk} 分別代表參照組與焦點組的人數，m_{1k} 代表答對某試題的人數，m_{0k} 代表答錯某試題的人數，A_k 代表得分為 k 且答對某試題的參照組人數，B_k 代表得分為 k 且答錯某試題的參照組人數，C_k 代表得分為 k 且答對某試題的焦點組人數，D_k 代表得分為 k 且答錯某試題的焦點組人數。

M-H 法所提出的虛無假設（null hypothesis），即是用來考驗這 $k + 1$ 個分數層的參照組和焦點組的共同勝算率（α_{MH}）是否等於 1.0。其虛無假設與對

		試題反應			**表10-1**
		答對（1）	答錯（0）	總和	總分為 k 的2×2列聯表
組別	參照組（R）	A_k	B_k	n_{Rk}	
	焦點組（F）	C_k	D_k	n_{Fk}	
	總和	m_{1k}	m_{0k}	T_k	

立假設的陳列方式如下：

$$H_0 : \alpha_{MH} = 1 \quad \text{vs.} \quad H_1 : \alpha_{MH} \neq 1$$

而 α_{MH} 的估計值如下：

$$\alpha_{MH} = \frac{\sum\limits_{k} A_k D_k / T_k}{\sum\limits_{k} B_k C_k / T_k} \tag{10-5}$$

Mantel 與 Haenszel（1959）曾提出一個卡方統計數來考驗 α_{MH} 是否等於 1.0 的研究假設：

$$\chi^2_{MH} = \frac{\left[\left| \sum\limits_{k} A_k - \sum\limits_{k} E(A_k) \right| - 0.5 \right]^2}{\sum\limits_{k} Var(A_k)} \tag{10-6}$$

其中，$E(A_k) = \dfrac{n_{RK} m_{1k}}{T_k}$，$Var(A_k) = \dfrac{n_{RK} n_{FK} m_{1k} m_{0k}}{T_k^2 (T_k - 1)}$（公式 10-6 中，-0.5 是為促使間斷的 χ^2_{MH} 分配趨近連續卡方分配所作的校正項）。當虛無假設為真時，χ^2_{MH} 統計數係呈現出自由度為 1 的卡方分配，其查表的臨界值為 3.84；也就是說，當計算出來的 χ^2_{MH} 統計數大於 3.84 時，便要拒絕虛無假設，即表示該試題具有 DIF 的現象。

美國教育測驗服務社（ETS）針對 DIF 程度的描述，訂定出一套分類系統

理論架構，以作為比較參照組與焦點組在各分數層次上答對百分比的差異嚴重情況，並有效解釋 DIF 分析結果的嚴重程度。該套分類系統的理論架構，即先把 α_{MH} 值轉換成另一形式的 DIF 量數，稱為 $MH_{D\text{-}DIF}$（Δ_{MH}）（Holland & Thayer, 1988），其轉換公式如下：

$$\Delta_{MH} = -2.35\ln(\alpha_{MH}) \tag{10-7}$$

公式 10-7 的估計標準誤計算公式如下：

$$SE(\Delta_{MH}) = 2.35\sqrt{Var(ln(\alpha_{MH}))} \tag{10-8}$$

其中，$Var(\ln(\alpha_{MH})) = \dfrac{\sum\limits_{k}\dfrac{U_k V_k}{T_k^2}}{2\left(\sum\limits_{k}\dfrac{A_k D_k}{T_k}\right)^2}$，$U_k = (A_k D_k) + \alpha_{MH}(B_k C_k)$，$V_k = (A_k + D_k) + \alpha_{MH}(B_k + C_k)$。

$MH_{D\text{-}DIF}$ 是以 ETS 的難度量尺（即 Δ，delta）指標來解釋能力相等的參照組與焦點組在某試題上難度參數的差異值，負的 Δ_{MH} 值表示該試題對於參照組而言較簡單，即表示有利於參照組；而正的 Δ_{MH} 值，則表示該試題對於參照組而言較困難，即表示有利於焦點組。有鑑於統計顯著性考驗的結果易受到樣本大小的影響，當樣本人數很大時，即使是微小的差異，也容易達到統計上的顯著差異，但該差異值不見得具有實質上的意義。因此 ETS 的 DIF 嚴重程度分類系統，乃同時根據顯著性考驗結果與 Δ_{MH} 值兩者，來針對試題進行 DIF 分類（Zwick & Erickan, 1989）。其分類結果有下列四種情況：

1. 當 $\Delta_{MH} = 0$，即表示虛無假設成立，也就是兩個受試者群體在某試題的表現間沒有顯著差異存在，亦即該試題並無 DIF 現象存在。

2. 如果某試題之 Δ_{MH} 值未顯著異於 0 或 Δ_{MH} 的絕對值小於 1.0，則將該試題歸類為 A 類 DIF，代表著該試題的 DIF 現象為輕微程度，但可以忽略。

3. 如果某試題之 Δ_{MH} 的絕對值大於 1.5，且統計上的考驗呈現顯著大於 1.0，則將該試題歸類為 C 類 DIF，代表著該試題的 DIF 現象已達很嚴重的程度。

4. 指標介於其間的試題，即 Δ_{MH} 值顯著異於 0，且絕對值至少大於等於 1，

但小於等於 1.5；或絕對值至少為 1，但沒有顯著異於 1 者，則將該類試題歸類為 B 類 DIF，代表著該類試題的 DIF 現象為中等程度（Dorans & Holland, 1993; Dorans & Kulick, 1986）。

(二) 同步試題偏差檢定法

另外一種常用的檢定 DIF 方法，即為「同步試題偏差檢定法」（SIB 或 SIBTEST）（Shealy & Stout, 1993）。該方法可以同時檢定一個或多個試題是否具有 DIF 現象的存在，其做法即是將整份測驗試題分成兩部分，其中一部分假設為無 DIF 的試題〔稱作「有效分測驗」（valid subtest）或「配對分測驗」（matching subtest）〕，以作為參照組與焦點組的配對變項（matching variable）之用；另一部分則作為等待被檢定是否有 DIF 的單一或多個試題〔稱作「可疑的分測驗」（suspect subtest）或「待研究的分測驗」（studied subtest）〕。然後，進一步比較兩組群受試者樣本於可疑的分測驗上，經迴歸校正（regression correction）後的分數，若此校正後的分數間達顯著差異時，即表示該等試題具有 DIF 的現象存在。

SIBTEST 的檢定方法，需要先計算一個用來判別單向性（unidirectional）DIF 大小的指標：β_{uni}，並以下列假設考驗程序來進行 DIF 的檢定：

$$\hat{\beta}_{uni} = \sum_{k=0}^{n} \hat{p}_k(\bar{Y}_{RK}^* - \bar{Y}_{FK}^*)$$
$$H_0 : \beta_{uni} = 0 \quad \text{vs.} \quad H_1 : |\beta_{uni}| > 0 \tag{10-9}$$

$$t_{uni} = \frac{\hat{\beta}_{uni}}{\hat{\sigma}(\hat{\beta}_{uni})}$$
$$\hat{\sigma}(\hat{\beta}_{uni}) = \left\{ \sum_{k=0}^{n} \hat{p}_k^2 \left[\frac{1}{N_{Rk}}\hat{\sigma}^2(Y|k,R) + \frac{1}{N_{Fk}}\hat{\sigma}^2(Y|k,F) \right] \right\}^{1/2} \tag{10-10}$$

其中，$\hat{p}_k = (N_{Rk} + N_{Fk}) / \sum_{k=0}^{n}(N_{Rk} + N_{Fk})$。$\bar{Y}_{Rk}$ 與 $\bar{Y}_{Fk}$ 分別是參照組與焦點組在配對分測驗上總分為 $X = k$（$k = 0, 1, 2, ..., n$）時，全體受試者所得到的 Y 值平均數，而 $\bar{Y}_{Rk}^*$ 與 $\bar{Y}_{Fk}^*$ 則分別代表去除 DIF 影響後的校正 Y 值平均數；N_{Rk}

與 N_{Fk} 則是配對分測驗上總分相同時,參照組與焦點組的受試者人數;$\hat{\sigma}^2(Y|k,R)$ 與 $\hat{\sigma}^2(Y|k,F)$ 則是配對分測驗上總分為 k 時,參照組與焦點組受試者在可疑的分測驗上得 k 分的樣本變異數。當 DIF 不存在時,SIBTEST 法的 β_{uni} 統計值會接近標準化常態分配,亦即是呈現 N(0, 1)的分配;若 $\beta_{uni} > Z_\alpha$(α 為一般的顯著水準)時,則必須拒絕沒有 DIF 的虛無假設,表示某試題具有 DIF 的現象。換句話說,當試題出現 DIF 現象時,也同時表示它隱含著有「次級向度」(secondary dimension)的可能性存在;因此,SIBTEST 也可以用來檢定試題是否有違反單向度的假設(Shealy & Stout, 1993)。

後來 Li 與 Stout(1996)又提出另一個修正 SIBTEST 法的檢定程序,可以有效檢定出具有交叉性(crossing)DIF 的試題,且不限定於一個能力參數上。交叉性 DIF 的檢定程序如下:

$$\hat{\beta}_{cro} = \sum_{k=0}^{k=1} \hat{p}_k(\overline{Y}_{Rk}^* - \overline{Y}_{Fk}^*) + \sum_{k=k+1}^{n} \hat{p}_k(\overline{Y}_{Rk}^* - \overline{Y}_{Fk}^*)$$

$$H_0 : \beta_{cro} = 0 \quad \text{vs.} \quad H_1 : |\beta_{cro}| > 0 \qquad (10\text{-}11)$$

$$t_{cro} = \frac{\hat{\beta}_{cro}}{\hat{\sigma}(\hat{\beta}_{cro})}$$

$$\hat{\sigma}^2(\hat{\beta}_{cro}) = \left(\sum_{k=0}^{kc-1} + \sum_{k=kc+1}^{n} \right) \hat{p}_k^2 \left(\frac{1}{N_{Rk}} \hat{\sigma}^2(Y|k,R) + \frac{1}{N_{Fk}} \hat{\sigma}^2(Y|k,F) \right) \qquad (10\text{-}12)$$

其中,$\hat{p}_k = (N_{Rk} + N_{Fk}) / \sum_{k=0}^{n} (N_{Rk} + N_{Fk})$,且 $\hat{\sigma}^2(Y|k,R)$ 與 $\hat{\sigma}^2(Y|k,F)$ 是配對分測驗上總分為 k 分時,參照組與焦點組受試者在可疑的分測驗上得 k 分的樣本變異數。當虛無假設為真時(即假設 DIF 不存在時),SIBTEST 法的交叉性 DIF β_{cro} 統計值也會呈現近似標準化常態分配,亦即 N(0, 1)分配;若 $\beta_{cro} > Z_\alpha$(α 為一般的顯著水準)時,則必須拒絕沒有 DIF 的虛無假設,即表示某試題具有 DIF 的現象。

在實務應用上,無論是計算單向性 DIF 指標 β_{uni},或是計算交叉性 DIF 指標 β_{cro},都需要仰賴 Stout(1995)所設計 SIBTEST 程式的使用,該程式除提供單題及題組 DIF 檢定的功能外,同時亦可檢定資料結構是否違反單向度的

假設。本章將在第四節舉例說明 SIBTEST 程式的應用範例。

(三) 對數型迴歸分析法

第三種可以進行的 DIF 檢定法，即是將受試者的族群類別進行虛擬編碼（dummy coding），通常都是將參照組編碼為 1，焦點組編碼為 0，然後再套用對數型迴歸分析方法如下：

$$Y = \beta_0 + \beta_1 X_1 + \beta_2 X_2 + \beta_3 X_1 X_2 \qquad (10\text{-}13)$$

其中，β_0 為截距項（intercept），表示當 X_1 和 X_2 為 0 時，某個反應類型的機率；X_1 為用來進行能力配對的變項，通常都是測驗總分；X_2 為受試者的族群屬性（group membership），通常都是虛擬編碼的二元計分變項（1 或 0）；$X_1 X_2$ 則為測驗總分與族群屬性的交互作用項。當第一個變項的 β_1 估計值達顯著差異時，即表示該試題具有「一致性 DIF」（uniform DIF），而當交互作用項的 β_3 估計值達顯著差異時，即表示該試題具有「非一致性 DIF」（non-uniform DIF）。

當公式 10-13 等號左邊的效標變項，以取自然對數勝算比（natural log of the odds ratio）來表示時，該公式可另表示如下：

$$P(u = 1 \mid \theta) = \frac{e^{(\beta_0 + \beta_1 \theta)}}{[1 + e^{(\beta_0 + \beta_1 \theta)}]} \qquad (10\text{-}14)$$

公式 10-14 等號的左邊，代表的是在能力值為 θ 的前提下，答對某試題的條件機率。而 DIF 的問題，則可以分成參照組與焦點組的各別方程式來表示如下：

$$P(u_{ij} = 1 \mid \theta) = \frac{e^{(\beta_{0j} + \beta_{1j} + \theta_{ij})}}{[1 + e^{(\beta_{0j} + \beta_{1j} + \theta_{ij})}]} \qquad (10\text{-}15)$$

在此，受試者 i 在特定組別 j（分成參照組與焦點組）的答對機率是依賴能力值 θ 而定。當能力配對好的這兩群受試者（也就是說，這兩組受試者的能力都維持一致時），在某一試題上顯現不同的答對機率時，即表示該試題是具

有 DIF 的特徵；也就是說，當這兩組受試者的對數型迴歸曲線都相同時，該試題是不具有 DIF 的，此時在公式 10-15 中，即意味著 $\beta_{01}=\beta_{02}$，且 $\beta_{11}=\beta_{12}$；而當結果不是如此時，即 $\beta_{01}\neq\beta_{02}$ 且 $\beta_{11}\neq\beta_{12}$ 時，則顯示有一致性 DIF 試題存在；而當能力與組別的交互作用項達顯著時，或者當 $\beta_{01}=\beta_{02}$ 且 $\beta_{11}\neq\beta_{12}$ 時，即表示具有非一致性 DIF 試題存在。

在實務應用上，一般都是採行逐步且階層式輸入預測變項到此迴歸方程式裡的，先是配對變項（即測驗總分），再來是族群類別變項，最後則是交互作用變項。經過迴歸分析後，報表會呈現出自由度為 2 的卡方值，即可用來檢定配對變項與交互作用項是否達顯著差異程度的結果。同樣的自由度為 2 的卡方值，也可適用於二元計分資料及次序計分資料的分析上，這是由於族群類別變項對配對變項間的比較（作為檢定一致性 DIF 之用），與交互作用項對配對變項間的比較（作為檢定非一致性 DIF 之用），兩者是平行的緣故。有關此分析，學者 Zumbo（1999）有提供一份公開的 SPSS 程式碼，以供有興趣的讀者參考使用。

第三節　DIF 的類型及補救措施

一般來說，試題出現 DIF 的時候，它的試題特徵曲線會出現兩種類型之一：一為「一致性 DIF」，另一為「非一致性 DIF」（Hambleton et al., 1991; Mellenbergh, 1982; Narayanan & Swaminathan, 1996）。

在一致性 DIF 試題上，兩個族群的試題特徵曲線（ICC）大致上會呈現平行分布狀，兩條線不會出現交叉，其間的主要差別僅在於 b 參數值的不同而已，亦即是這兩條 ICC 線所座落的位置參數不同而已。這種類型的 DIF，即顯示出在所有的能力範圍內，這兩個族群間的答對（或成功）機率之差值，是呈現一種穩定、一致變化的趨勢，都是某一族群（如：多數族群或參照組）高於另一族群（如：少數族群或焦點組）。一般來說，使用 Rasch（或 1PL）模型分析結果的試題，若試題有出現 DIF 現象的話，不同族群的 ICC 線都會呈現這種「一致性 DIF」的平行分布狀。這種典型的圖例，如圖 10-2 所示。

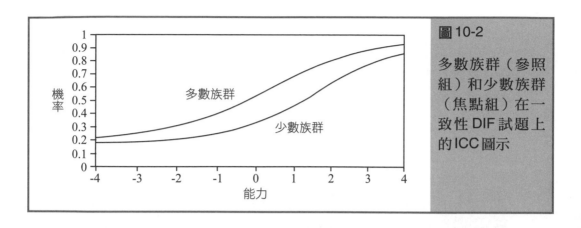

圖 10-2

多數族群（參照組）和少數族群（焦點組）在一致性 DIF 試題上的 ICC 圖示

　　而在非一致性 DIF 試題上，兩個族群的試題特徵曲線（ICC）通常都會出現交叉，顯示出在低能力量尺部分，少數族群的表現比多數族群的表現來得好；而在高能力量尺部分，則是多數族群表現得比少數族群還好。這種類型的 DIF，兩個族群在答對（或成功）機率上的差值，不是呈現一種穩定、一致的變化趨勢，而是呈現不同族群能力值與試題特徵之間產生交互作用的現象。通常出現這種非一致性 DIF 的試題，大多數都是使用 2PL 或 3PL 模型分析資料的結果，不同族群的 ICC 線都會呈現交叉狀，顯示出該試題並非一致性的有利於多數族群或少數族群，而是看 ICC 線的交叉點在何處，交叉點之前的答對（或成功）機率是有利於少數族群，而在交叉點之後的答對（或成功）機率則是有利於多數族群，不可以一概而論。這種典型的圖例，如圖 10-3 所示。

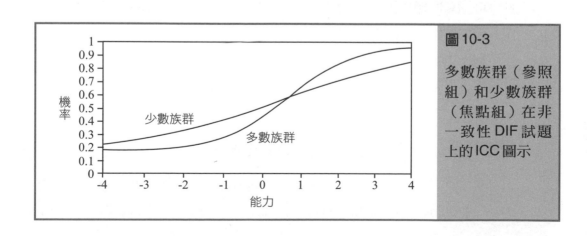

圖 10-3

多數族群（參照組）和少數族群（焦點組）在非一致性 DIF 試題上的 ICC 圖示

　　當量表發展者遇到所發展的測量工具出現有一致性 DIF 試題時，除非把該DIF試題刪除不計分外，否則便需要因應這種DIF的方向是一致性的緣故，而採取針對不利的族群予以「一致性的加分」處理方式，即可彌平這兩個族群間答對機率的不公平問題。而致於要加多少分才夠呢？其實只要針對不利的族群，一致性的加上這兩條 ICC 線的 b 參數值間的差值（即 $b_{多數族群} - b_{少數族群}$）即可。

　　而當量表發展者遇到所發展的測量工具有出現非一致性 DIF 試題時，除非把該 DIF 試題刪除不計分外，否則處理方法需要較為複雜些：亦即在交叉點之後者，表示對多數族群較為有利，因此需要針對少數族群給予加分（或者是針對多數族群給予扣分）處理；而在交叉點之前者，表示對少數族群較為有利，因此需要針對多數族群給予加分（或者是針對少數族群給予扣分）處理。如此一來，兩者的答對機率才算是調整到合一的公平狀態。而致於要加多少分才夠呢？其實做法如同一致性 DIF 試題的處理方式一樣，只要針對不利的族群，分別加上這兩條 ICC 線的 b 參數值間的差值（即 $b_{多數族群} - b_{少數族群}$ 或 $b_{少數族群} - b_{多數族群}$）即可。所以，針對不同能力量尺的族群受試者而言，就會分別收到不等分數的補救（即加分），以示公平處理。

　　由於將 DIF 試題直接刪除的做法，會喪失許多寶貴的試題訊息量，分別對有利及不利的受試者族群，造成不同程度的影響。此做法將有失公允。一般來說，學者多半不會直接採行此做法。除此之外，有學者建議（Wu, 2010）將此 DIF 試題分開當成兩個變項，再分別計算不同族群在該兩個變項的得分表現。例如，如果試題 1 是一題具有 DIF 的試題，則該試題對第一組受試者而言可稱作 1a試題，對第二組受試者而言則稱作 1b試題，當後續進行試題參數的校準分析時，此 1a 試題和 1b 試題即當作兩個獨立的新試題來使用。

第四節　DIF 分析的應用程式範例

　　接下來，本節分成兩個部分舉例介紹傳統非 IRT 和 IRT 用來檢測 DIF 的方法，並以Sib-Test程式和ConQuest程式的使用為範例，扼要說明其執行DIF

分析的結果。

　　本節仍以第八章舉例過的「台灣憂鬱情緒量表」的應用為例，資料乃取自筆者過去執行的科技部研究案（余民寧、鐘珮純、陳玉樺、呂孟庭、王韋仁，2013；余民寧、鐘珮純、陳玉樺、洪兆祥、呂孟庭，2014），分別說明這兩種程式使用的範例如下。

一、Sib-Test **程式的應用**

　　Stout 教授所設計的 SIBTEST 程式「Dimensionality-based DIF/DBF Package: SIB-TEST, Poly-SIB TEST, Crossing SIB-TEST」，內含三種主要功能，分別是 SIB-TEST, Poly-SIB TEST, Crossing SIB-TEST 的使用（Shealy & Stout, 1993; Stout, 1995）。其中，SIB-TEST 和 Crossing SIB-TEST 可容納每組 7,000 名受試者及 150 題試題，而 Poly-SIB TEST 則可容納每組 7,000 名受試者及 80 題試題。其共通的執行步驟為：

1. Getting Started：啟動程式。在安裝好的資料夾裡，以左鍵點選 DIF.exe 檔案兩下，即可啟動本程式。

2. Load Data Files：輸入各組受試者作答資料。例如：先建立一個參照組（Reference Group）資料檔：即「女性組」TDS_Female.txt；再建立一個焦點組（Focal Group）資料檔：即「男性組」TDS_Male.txt。這兩個資料檔內容的格式（即計分方式、每一題的選項數等）必須一樣，且必須使用 AS-CII 編碼的文件檔（即 txt 檔）。每輸入一個檔案後，即點選確認所輸入資料檔內容的格式，如：人數、題數、有無 ID、資料編碼格式〔如：二元計分或多元計分；如為多元計分格式，選項類別數為 $m + 1$，其中的 m 為目前輸入資料的選項數（資料從 1 編碼起）。如果資料編碼是從 0 編碼起的話，則選項類別數即為 m。在本例中，使用者只要將所有題目的選項類別數均修改為 4，並按確認即可〕等，再按「確定格式」（Verify Format）鍵即可執行。

3. SIBTEST：選擇其中一種執行指令，選定後按執行指令即可。本節中的範例係屬李克特氏四點評定量尺的作答資料，因此需選擇其中的 Poly-SIB

TEST 執行指令（參見表 10-3 的指令說明）。

　　等待數秒鐘後，螢幕上即會呈現執行後的結果，接著即是開始進行報表的解讀工作。

　　表 10-2 所示，即是將原來的「台灣憂鬱情緒量表」資料檔，切割儲存成兩個獨立檔（分別取檔名為女性組的 TDS-Female.txt 和男性組的 TDS-Male.txt），其內容都是一份 22（試題）李克特氏四點評定量尺的作答資料矩陣，資料編碼均為 0、1、2、3 四種分數，以顯示憂鬱情緒的強度。其中，女性組為 676 名受試者，男性組為 561 名受試者。表 10-3 所示，即為該程式的執行指令設定介面；而表 10-4 所示，即為分析 DIF 後的結果檔。本節所舉例的「台灣憂鬱情緒量表」題目、資料檔（.sav 和 .txt）、指令檔、分析後的結果檔等資料，皆收錄在本書所附「程式範例」裡的資料夾「CH10-1」，並已標示清楚各檔案名稱，讀者可以自行開啟、參考閱讀並運用。

　　從表 10-4 所示可知，SIBTEST 的 DIF 分析結果顯示，本「台灣憂鬱情緒量表」（TDS.txt）資料檔中，「參照組—女性」的平均分數 17.38，標準差 9.33，「焦點組—男性」的平均分數 17.92，標準差 12.38，兩者間的標準分數差值為 -0.05，其實是不顯著。但經 SIBTEST 的配對校正後，仍發現有八題題

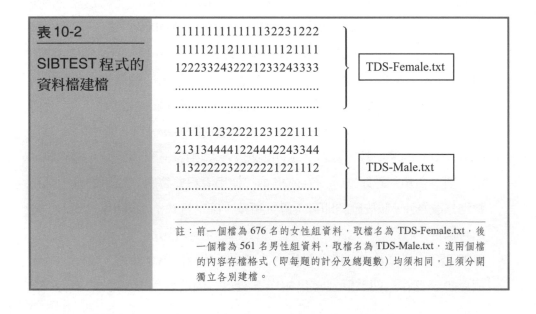

| 表 10-2 SIBTEST 程式的資料檔建檔 | 1111111111111132231222
1111121121111111121111
1222332432221233243333
....
.... ｝TDS-Female.txt |
| | 1111112322221231221111
2131344441224442243344
1132222232222221221112
....
.... ｝TDS-Male.txt |

註：前一個檔為 676 名的女性組資料，取檔名為 TDS-Female.txt，後一個檔為 561 名男性組資料，取檔名為 TDS-Male.txt，這兩個檔的內容存檔格式（即每題的計分及總題數）均須相同，且須分開獨立各別建檔。

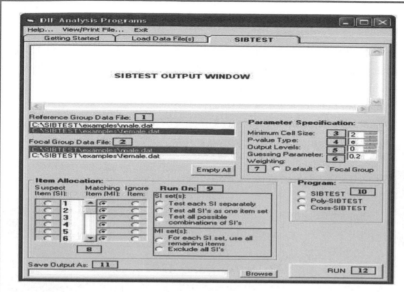

表 10-3

SIBTEST 程式的執行指令設定介面

指令設定說明：
1. 選擇參照組的資料檔，本例點選「女性組」的 TDS-Female.txt。
2. 選擇焦點組的資料檔，本例點選「男性組」的 TDS-Male.txt。
3. 選擇最小細格大小，數值可從 2 到 20 不等。本例點選設定為「2」，亦為程式的「預設值」。
4. 選擇以參照組（r）、焦點組（f）或兩組皆可（e）為對象的顯著考驗 p 值。本例點選設定為「e」，亦為程式的「預設值」。
5. 選擇 SIBTEST 執行後，所輸出報表的詳細程度：精簡版（0）、標準版（1），或詳細版（2）。本例點選設定為「0」，亦為程式的「預設值」。
6. 選擇所有試題的共同猜測參數數值，這只是供粗估該參數之用。在多元計分及 1PL、2PL 模型下，通常都是設定為 0（即 $c = 0$）。本例點選修改設定為「0」，其預設值為 0.2。
7. 選擇 SIBTEST 的估計權重，可點選「預設值」（參照組和焦點組一起）或「焦點組」的人數大小作為估計的權重。本例點選設定為「預設值」。
8. 確認每一試題要扮演「懷疑題」（Suspect Items）、「配對題」（Matching Items），或「忽略題」（Ignore Items）角色。本例為逐一點選將預設的「配對題」修改成「懷疑題」。
9. 選擇每一試題要扮演的角色該如何被考驗。本例為點選「Test each SI separately」，它會自動帶入「For each SI set, use all remaining items」選項。
10. 選擇要執行哪一種 DIF 的分析功能。本例為點選「Poly-SIB TEST」。
11. 設定一個輸出報表的檔名。本例先點選「Browse」，在空白欄中輸入檔名為 TDS_DIF.out，再按「OK」鍵，即會在「Save Output As」欄中出現所輸入的結果檔路徑及檔名。
12. 執行鍵（RUN）。按下後，SIBTEST 程式即開始執行，並將執行結果呈現在螢幕裡，並且儲存在輸出檔名中。使用者可從螢幕中觀察結果，或按照一般程序列印出報表來閱讀也可以。
13. 如果想重新執行新的 DIF 分析，可按「清空鍵」（Empty All），重新輸入新的資料檔，並重複上述設定程序，設定所要執行的指令即可。

表 10-4

SIBTEST 程式執行 DIF 分析的結果檔──精簡版（即 TDS_DIF.out）

name of input parameter file = sib.in
number of items on test = 22
name of file for Ref. grp. scores = G:\DIF Package\CH10-1\TDS-Female.txt
name of file for Focal grp. scores = G:\DIF Package\CH10-1\TDS-Male.txt
minimum no. of examinees per matching score cell = 2
number of runs for this data set = 22
number of examinees in Reference Group = 676
number of examinees in Focal Group = 561

Examinee Test Score Summary Statistics

Reference Group:　　　　　Mean = 17.38
　　　　　　　　　Standard deviation = 9.33
Focal Group:　　　　　　Mean = 17.92
　　　　　　　　　Standard deviation = 12.38
Standardized Score Difference = -0.05

Item Statistics
# = item number
m = mean score on item
r = point biserial（item score-test score correlation）

#:	1	2	3	4	5	6	7	8	9	10
m:	0.187	0.512	0.672	0.589	0.473	0.923	1.265	1.095	1.120	0.767
r:	0.566	0.655	0.713	0.607	0.630	0.727	0.634	0.646	0.734	0.686
#:	11	12	13	14	15	16	17	18	19	20
m:	0.581	0.883	0.612	0.888	1.170	0.843	0.895	1.063	0.605	0.757
r:	0.668	0.681	0.605	0.647	0.710	0.584	0.686	0.588	0.675	0.626
#:	21	22								
m:	0.726	0.999								
r:	0.647	0.613								

p-value notation:
R　denotes p-value for test of DIF/DBF against Ref. group
F　denotes p-value for test of DIF/DBF against Foc. group
E denotes p-value for test of DIF/DBF against either the
　　　　　　　　　　　　　　　Ref. or Foc. group.

| | | | | | | | | F
L | |
Run no.	Suspect Subtest Item Numbers	Beta estimate	standard error	p-value	p-elim R	F	MS SSD	A G

NOTES:

MS/SSD = Matching Subtest Standardized Score Difference.
Standardized difference in mean observed scores
between Reference group and Focal group on the
matching subtest.

p-elim = proportion of Reference（R）and Focal（F）groups
eliminated（not used）in SIBTEST calculations.

Positive Beta estimate indicates DIF/DBF favoring Ref. grp.
Negative Beta estimate indicates DIF/DBF favoring Foc. grp.

FLAG = error flag indicator. FLAG=0 indicates a normal
successful completion of a SIBTEST run. All other values
of FLAG come with short error messages.

SIBTEST-pooled weighting

Run no.	Item Numbers	Beta estimate	standard error	p-value	R	F	MS SSD	G
1	1	-0.016	0.030	0.592 E	.06	.03	-0.05	0
2	2	-0.035	0.036	0.327 E	.06	.04	-0.05	0
3	3	-0.032	0.030	0.289 E	.06	.04	-0.04	0
4	4	-0.059	0.036	0.107 E	.07	.05	-0.05	0
5	5	-0.005	0.034	0.883 E	.06	.06	-0.05	0
6	6	0.025	0.033	0.460 E	.06	.04	-0.05	0
7	7	0.009	0.039	0.819 E	.07	.06	-0.05	0
8	8	0.003	0.035	0.929 E	.07	.05	-0.05	0
9	9	0.094	0.029	0.001 E	.06	.06	-0.06	0
10	10	0.089	0.033	0.006 E	.07	.05	-0.06	0
11	11	0.238	0.028	0.000 E	.07	.04	-0.07	0
12	12	-0.071	0.033	0.033 E	.06	.04	-0.04	0
13	13	0.007	0.035	0.831 E	.06	.05	-0.05	0
14	14	-0.015	0.039	0.703 E	.06	.04	-0.05	0
15	15	-0.009	0.032	0.781 E	.05	.04	-0.05	0
16	16	-0.079	0.038	0.037 E	.07	.06	-0.04	0
17	17	0.040	0.028	0.154 E	.07	.05	-0.05	0
18	18	-0.011	0.037	0.768 E	.07	.05	-0.05	0
19	19	-0.090	0.030	0.002 E	.07	.06	-0.04	0
20	20	-0.167	0.037	0.000 E	.07	.06	-0.04	0
21	21	-0.108	0.032	0.001 E	.07	.06	-0.04	0
22	22	-0.036	0.043	0.402 E	.06	.06	-0.05	0

Program execution is completed.
Your output is stored on the file: G:\DIF Package\CH10-1\TDS_DIF.out

表 10-4

SIBTEST 程式執行 DIF 分析的結果檔——精簡版（即 TDS_DIF.out）（續）

目達到性別的顯著差異程度（即 p-value 值＜ .05 者），即具有 DIF 的現象。其中，正的 β 值表示 DIF/DBF 分析結果對「參照組」有利，而負的 β 值表示 DIF/DBF 分析結果對「焦點組」有利；由本範例來看，顯然是第 12、16、19、20、21 題是有利於（或偏高於）「焦點組―男性」的，而第 9、10、11 題是有利於（或偏高於）「參照組―女性」，其餘試題則均無 DIF 的現象。本範例中的 FLAG=0，顯示本程式的分析是正常完成，沒有其他錯誤發生。

二、ConQuest 程式的應用

　　本節在此使用與前一範例相同的資料檔，僅呈現 ConQuest 程式應用 RSM 去執行 DIF 分析的指令檔而已，其檔名 DIF_TDS.cqc，如表 10-5 所示。本節所舉例的「台灣憂鬱情緒量表」題目、資料檔、指令檔、分析後的結果檔等資料，皆收錄在本書所附「程式範例」裡的資料夾「CH10-2」，並已標示清楚各檔案名稱，讀者可以自行開啟、參考閱讀並運用。

　　在使用者圖形介面下，只要點選 Run ⇒ Run All 指令，ConQuest 程式即會執行全部陳述在表 10-5 裡的指令，並輸出指定的 DIF-TDS.shw 試題參數（即 Show 指令）和 DIF-TDS.itn 傳統試題分析結果檔（即 Itanal 指令）等，同時點選功能表中 Image ⇒ Save All As PNGs，即可繪製出第 1、4、9、10、11、12、16、19、20、21 題的期望得分曲線圖（expected score curves）等。

　　ConQuest 程式執行後，即可獲得 DIF-TDS.shw 和 DIF-TDS.itn 兩個輸出檔，讀者只要使用視窗作業系統內建的「記事本」軟體，即可打開這兩個檔，查看其內容。底下圖 10-4 至圖 10-5 所示，僅摘要陳述 DIF 分析的試題難度參數估計值、個人－試題圖、期望得分曲線圖、全體的個人－試題圖（即萊特圖）等。讀者可以查看資料夾「CH10-2」中的每一個檔，不難理解到 ConQuest 程式所輸出的報表內涵。

　　從本例報表的圖 10-4 所示「TERM 4：item*gender」裡，其卡方值 156.63，自由度 21，$p < .001$ 達顯著，顯示試題難度與性別間確實有交互作用的存在，亦即具有 DIF 的現象存在。性別編碼 0 者為女性，編碼 1 者為男性，從其難度參數估計值來看，第 11 題的女性難度值為 .580，估計標準誤為

```
Title The DIF analysis by RSM Model for TDS-Gender.txt Data;
Datafile TDS-Gender.txt;
Format gender 1 responses 3-24;
Codes 0, 1, 2, 3;
Labels << TDS.lab;
Model item + step - gender + item*gender;
Estimate;
Show ! estimates=latent >> DIF-TDS.shw;
Itanal >> DIF-TDS.itn;
Plot expected ! gins=1:2, overlay=yes, legend=yes;
Plot expected ! gins=7:8, overlay=yes, legend=yes;
Plot expected ! gins=17:18, overlay=yes, legend=yes;
Plot expected ! gins=19:20, overlay=yes, legend=yes;
Plot expected ! gins=21:22, overlay=yes, legend=yes;
Plot expected ! gins=23:24, overlay=yes, legend=yes;
Plot expected ! gins=31:32, overlay=yes, legend=yes;
Plot expected ! gins=37:38, overlay=yes, legend=yes;
Plot expected ! gins=39:40, overlay=yes, legend=yes;
Plot expected ! gins=41:42, overlay=yes, legend=yes;
```

表 10-5

一個 ConQuest 程式應用 RSM 執行 DIF 分析的指令檔（檔名：DIF_TDS.cqc）

0.062，男性難度值為-0.580，估計標準誤為 0.062，兩者的難度估計值相差 1.16 個 logit 單位，相對於其估計標準誤，顯然大十幾倍，因此一定達顯著差異，顯示第 11 題具有性別的 DIF 現象存在。相對於第 1 題，女性難度值為-0.028，估計標準誤為 0.088，男性難度值為 0.028，估計標準誤為 0.088，兩者的難度估計值相差 0.056 個 logit 單位，相對於其估計標準誤，顯然連一倍都未達到，因此一定不具有顯著差異，亦即第 1 題不具有性別的 DIF 現象存在。把性別在第 1 題及第 11 題上的期望得分畫出來，分別如圖 10-6 和圖 10-7 所示，很容易清楚得知兩條期望得分曲線間所夾的差距面積，前者很小，未達顯著，後者很大，已達顯著。在資料夾「CH10-2」裡，僅條列幾題（第 1、4、9、10、11、12、16、19、20、21 題）兩條期望得分曲線間所夾的差距面積較大者供參考而已。其餘沒有呈現者，讀者可以試著補充分析看看。

綜合本章所述，DIF 分析對測量工具（無論是測驗或量表）的發展而言，都是一件很值得關注的測驗（或測量）公平性問題。筆者認為這個 DIF 分析

議題，已經與研究方法論相結合，尤其是近代蓬勃發展的結構方程式模型方法學，甚至未來可以結合應用到哪些研究議題、學術領域、研究方法學上，都是值得學者們再深入探究之處。

圖 10-4

多元計分 RSM 的
DIF 分析試題難
度參數估計值

```
The DIF analysis by RSM Model for TDS-Gender.txt Data        Wed Jul 10 20:40 2019
TABLES OF RESPONSE MODEL PARAMETER ESTIMATES
                                                             ===Build: Dec 21 2012===
TERM 1: item
    VARIABLES                 ---------- UNWEIGHTED FIT ----------   --------- WEIGHTED FIT ----------
    item      ESTIMATE ERROR^  MNSQ      CI           T    MNSQ      CI           T
 1  有自殺的念   3.479   0.091   0.93 ( 0.92, 1.08) -1.8   1.12 ( 0.88, 1.12)  1.9
 2  對什麼事都   1.279   0.064   1.00 ( 0.92, 1.08)  0.1   1.04 ( 0.93, 1.07)  0.9
 3  凡事往壞的   0.467   0.060   1.02 ( 0.92, 1.08)  0.4   1.05 ( 0.92, 1.08)  1.1
 4  有罪惡感     0.987   0.062   1.07 ( 0.92, 1.08)  1.7   1.15 ( 0.92, 1.08)  3.6
 5  感覺自己很   1.515   0.065   1.02 ( 0.92, 1.08)  0.4   1.08 ( 0.93, 1.07)  2.2
 6  無力感      -0.596   0.057   0.83 ( 0.92, 1.08) -4.4   0.85 ( 0.91, 1.09) -3.3
 7  有壓力      -1.875   0.055   0.84 ( 0.92, 1.08) -4.2   0.84 ( 0.91, 1.09) -3.7
 8  發脾氣、生  -1.269   0.056   0.76 ( 0.92, 1.08) -6.6   0.78 ( 0.91, 1.09) -5.1
 9  擔心、煩惱  -1.377   0.055   0.68 ( 0.92, 1.08) -8.9   0.71 ( 0.91, 1.09) -6.9
10  害怕、恐懼   0.124   0.059   0.87 ( 0.92, 1.08) -3.4   0.93 ( 0.91, 1.09) -1.7
11  想哭        0.957   0.063   1.04 ( 0.92, 1.08)  1.1   1.10 ( 0.92, 1.08)  2.5
12  心情低落    -0.396   0.058   0.58 ( 0.92, 1.08)-12.4   0.64 ( 0.91, 1.09) -9.0
13  胃口不好(    0.776   0.061   1.10 ( 0.92, 1.08)  2.5   1.19 ( 0.92, 1.08)  4.4
14  睡眠狀況不  -0.519   0.057   1.43 ( 0.92, 1.08)  9.4   1.48 ( 0.91, 1.09)  9.0
15  身體疲憊    -1.605   0.055   0.95 ( 0.92, 1.08) -1.2   0.97 ( 0.91, 1.09) -0.7
16  無法專心做  -0.225   0.058   0.76 ( 0.92, 1.08) -6.5   0.81 ( 0.91, 1.09) -4.4
17  身體力不舒  -0.538   0.057   0.85 ( 0.92, 1.08) -4.0   0.88 ( 0.91, 1.09) -2.6
18  記憶力不好  -1.166   0.056   1.09 ( 0.92, 1.08)  2.1   1.08 ( 0.91, 1.09)  1.7
19  不想與他人   0.730   0.061   1.03 ( 0.92, 1.08)  0.8   1.09 ( 0.92, 1.08)  2.1
20  少說話(或    0.049   0.059   1.11 ( 0.92, 1.08)  2.8   1.17 ( 0.91, 1.09)  3.7
21  不想出門     0.162   0.059   1.17 ( 0.92, 1.08)  4.0   1.22 ( 0.91, 1.09)  4.7
22  生活圈小    -0.960*  0.056   1.82 ( 0.92, 1.08) 16.5   1.78 ( 0.91, 1.09) 13.5
An asterisk next to a parameter estimate indicates that it is constrained
Separation Reliability =  0.998
Chi-square test of parameter equality =     7188.04,  df = 21,  Sig Level = 0.000
^ Empirical standard errors have been used
TERM 2: step
    VARIABLES                 ---------- UNWEIGHTED FIT ----------   --------- WEIGHTED FIT ----------
    category  ESTIMATE ERROR^  MNSQ      CI           T    MNSQ      CI           T
     0                         2.12 ( 0.92, 1.08) 21.2   1.59 ( 0.92, 1.08) 11.7
     1        -3.332   0.036   2.29 ( 0.92, 1.08) 23.7   2.32 ( 0.92, 1.08) 24.1
     2         1.063   0.029   2.13 ( 0.92, 1.08) 21.3   2.33 ( 0.89, 1.11) 17.7
     3         2.269*           14.36 ( 0.92, 1.08)106.7   2.76 ( 0.80, 1.20) 12.0
An asterisk next to a parameter estimate indicates that it is constrained
TERM 3: (-)gender
    VARIABLES                 ---------- UNWEIGHTED FIT ----------   --------- WEIGHTED FIT ----------
    gender    ESTIMATE ERROR^  MNSQ      CI           T    MNSQ      CI           T
 1   0        -0.001   0.077   1.02 ( 0.88, 1.12)  0.3   0.99 ( 0.88, 1.12) -0.1
 2   1         0.001*  0.077   1.03 ( 0.89, 1.11)  0.6   1.02 ( 0.89, 1.11)  0.3
An asterisk next to a parameter estimate indicates that it is constrained
Separation Reliability Not Applicable
Chi-square test of parameter equality =        0.00,  df = 1
^ Empirical standard errors have been used
TERM 4: item*gender
```

```
----------------------------------------------------------------------
   VARIABLES                       UNWEIGHTED FIT        WEIGHTED FIT
--------------------            -----------------------  --------------------
   item    gender ESTIMATE ERROR^ MNSQ    CI        T MNSQ    CI        T
----------------------------------------------------------------------
 1 有自殺的念  0  -0.028 0.088 1.03 ( 0.88, 1.12)  0.5 1.07 ( 0.83, 1.17)  0.8
 2 對什麼事都  0  -0.040 0.063 1.03 ( 0.88, 1.12)  0.5 1.07 ( 0.89, 1.11)  1.2
 3 凡事往壞的  0  -0.085 0.060 1.06 ( 0.88, 1.12)  1.0 1.09 ( 0.88, 1.12)  1.4
 4 有罪惡感   0  -0.143 0.062 1.12 ( 0.88, 1.12)  2.0 1.20 ( 0.88, 1.12)  3.3
 5 感覺自己很  0  -0.054 0.064 1.07 ( 0.88, 1.12)  1.1 1.16 ( 0.89, 1.11)  2.8
 6 無力感    0   0.047 0.057 0.87 ( 0.88, 1.12) -2.2 0.88 ( 0.86, 1.14) -1.7
 7 有壓力    0   0.017 0.051 0.88 ( 0.88, 1.12) -2.0 0.87 ( 0.87, 1.13) -2.0
 8 發脾氣、生  0   0.057 0.054 0.69 ( 0.88, 1.12) -5.8 0.70 ( 0.86, 1.14) -4.8
 9 擔心、煩惱  0   0.160 0.054 0.73 ( 0.88, 1.12) -4.9 0.72 ( 0.86, 1.14) -4.5
10 害怕、恐懼  0   0.119 0.059 0.84 ( 0.88, 1.12) -2.8 0.90 ( 0.87, 1.13) -1.5
11 想哭     0   0.580 0.062 1.13 ( 0.88, 1.12)  2.2 1.18 ( 0.89, 1.11)  3.1
12 心情低落   0  -0.062 0.058 0.59 ( 0.88, 1.12) -8.1 0.64 ( 0.86, 1.14) -5.9
13 胃口不好（ 0   0.018 0.061 1.08 ( 0.88, 1.12)  1.3 1.20 ( 0.88, 1.12)  3.2
14 睡眠狀況不  0   0.017 0.057 1.47 ( 0.88, 1.12)  6.9 1.51 ( 0.86, 1.14)  6.4
15 身體疲憊   0   0.026 0.053 0.98 ( 0.88, 1.12) -0.4 1.00 ( 0.87, 1.13)  0.0
16 無法專心做  0  -0.110 0.058 0.74 ( 0.88, 1.12) -4.7 0.77 ( 0.86, 1.14) -3.6
17 身體不舒服  0   0.122 0.057 0.83 ( 0.88, 1.12) -3.0 0.87 ( 0.86, 1.14) -1.9
18 記憶力不好  0   0.045 0.055 1.04 ( 0.88, 1.12)  0.7 1.03 ( 0.86, 1.14)  0.4
19 不想與他人  0  -0.159 0.061 1.02 ( 0.88, 1.12)  0.3 1.06 ( 0.88, 1.12)  1.0
20 少說話（或 0  -0.252 0.059 1.20 ( 0.88, 1.12)  3.2 1.25 ( 0.87, 1.13)  3.5
21 不想出門   0  -0.201 0.059 1.20 ( 0.88, 1.12)  3.2 1.28 ( 0.87, 1.13)  3.8
22 生活圈小   0  -0.075* 0.056 1.93 ( 0.88, 1.12) 12.3 1.87 ( 0.86, 1.14) 10.0
 1 有自殺的念  1   0.028* 0.088 0.85 ( 0.89, 1.11) -3.0 1.17 ( 0.84, 1.16)  1.9
 2 對什麼事都  1   0.040* 0.063 0.98 ( 0.89, 1.11) -0.3 1.01 ( 0.90, 1.10)  0.2
 3 凡事往壞的  1   0.085* 0.060 0.98 ( 0.89, 1.11) -0.4 1.01 ( 0.89, 1.11)  0.2
 4 有罪惡感   1   0.143* 0.062 1.03 ( 0.89, 1.11)  0.5 1.10 ( 0.90, 1.10)  1.8
 5 感覺自己很  1   0.054* 0.064 0.97 ( 0.89, 1.11) -0.5 1.02 ( 0.90, 1.10)  0.4
 6 無力感    1  -0.047* 0.057 0.80 ( 0.89, 1.11) -4.0 0.83 ( 0.87, 1.13) -2.8
 7 有壓力    1  -0.017* 0.051 0.80 ( 0.89, 1.11) -3.9 0.82 ( 0.88, 1.12) -3.2
 8 發脾氣、生  1  -0.057* 0.054 0.81 ( 0.89, 1.11) -3.7 0.85 ( 0.88, 1.12) -2.6
 9 擔心、煩惱  1  -0.160* 0.054 0.64 ( 0.89, 1.11) -7.5 0.71 ( 0.88, 1.12) -5.3
10 害怕、恐懼  1  -0.119* 0.059 0.89 ( 0.89, 1.11) -2.1 0.95 ( 0.88, 1.12) -0.9
11 想哭     1  -0.580* 0.062 0.97 ( 0.89, 1.11) -0.5 1.05 ( 0.89, 1.11)  0.9
12 心情低落   1   0.062* 0.058 0.57 ( 0.89, 1.11) -9.5 0.63 ( 0.88, 1.12) -6.8
13 胃口不好（ 1  -0.018* 0.061 1.12 ( 0.89, 1.11)  2.1 1.17 ( 0.89, 1.11)  3.1
14 睡眠狀況不  1  -0.017* 0.057 1.40 ( 0.89, 1.11)  6.5 1.45 ( 0.88, 1.12)  6.3
15 身體疲憊   1  -0.026* 0.053 0.94 ( 0.89, 1.11) -1.2 0.94 ( 0.88, 1.12) -1.0
16 無法專心做  1   0.110* 0.058 0.77 ( 0.89, 1.11) -4.5 0.84 ( 0.88, 1.12) -2.7
17 身體不舒服  1  -0.122* 0.057 0.86 ( 0.89, 1.11) -2.7 0.89 ( 0.87, 1.13) -1.7
18 記憶力不好  1  -0.045* 0.055 1.13 ( 0.89, 1.11)  2.3 1.12 ( 0.88, 1.12)  1.9
19 不想與他人  1   0.159* 0.061 1.04 ( 0.89, 1.11)  0.8 1.10 ( 0.90, 1.10)  1.0
20 少說話（或 1   0.252* 0.059 1.04 ( 0.89, 1.11)  0.8 1.11 ( 0.89, 1.11)  1.8
21 不想出門   1   0.201* 0.059 1.14 ( 0.89, 1.11)  2.5 1.17 ( 0.89, 1.11)  2.8
22 生活圈小   1   0.075* 0.056 1.73 ( 0.89, 1.11) 11.0 1.71 ( 0.87, 1.13)  9.2
----------------------------------------------------------------------
An asterisk next to a parameter estimate indicates that it is constrained
Separation Reliability =  0.875
Chi-square test of parameter equality =    156.63,  df = 21,  Sig Level = 0.000
^ Empirical standard errors have been used
======================================================================
```

圖 10-4

多元計分 RSM 的 DIF 分析試題難度參數估計值（續）

圖 10-5

多元計分 RSM 的
DIF 分析個人－
試 題（難 度 參
數）圖

```
===============================================================================
The DIF analysis by RSM Model for TDS-Gender.txt Data    Wed Jul 10 20:40 2019
MAP OF LATENT DISTRIBUTIONS AND RESPONSE MODEL PARAMETER ESTIMATES
=======================================================Build: Dec 21 2012===
                        Terms in the Model (excl Step terms)

                 +item              -gender              +item*gender
-------------------------------------------------------------------------------
                   |                   |                   |                   |
    4              |                   |                   |                   |
                   |                   |                   |                   |
                   |1                  |                   |                   |
    3              |                   |                   |                   |
                   |                   |                   |                   |
                   |                   |                   |                   |
    2          X   |                   |                   |                   |
               X   |                   |                   |                   |
               X   |5                  |                   |                   |
               X   |2                  |                   |                   |
    1          X   |4  11              |                   |                   |
               X   |13 19              |                   |                   |
              XX   |                   |                   |11.1 20.2          |
              XX   |3                  |                   |10.1 13.1 14.1     |
             XXX   |10 20 21           |                   |6.1 7.1 8.1 9.1    |
    0        XXX   |16                 | 1  2              |1.1 2.1 3.1 4.1    |
             XXX   |12                 |                   |5.1 12.1 16.1      |
           XXXXX   |6  14 17           |                   |20.1 11.2          |
           XXXXX   |                   |                   |                   |
   -1     XXXXXXX  |18 22              |                   |                   |
          XXXXXXX  |8  9               |                   |                   |
        XXXXXXXXXX |15                 |                   |                   |
        XXXXXXXXXX |7                  |                   |                   |
   -2    XXXXXXXXXX|                   |                   |                   |
          XXXXXXXX |                   |                   |                   |
           XXXXXXX |                   |                   |                   |
           XXXXXXX |                   |                   |                   |
   -3      XXXXXXX |                   |                   |                   |
            XXXXXX |                   |                   |                   |
            XXXXXX |                   |                   |                   |
            XXXXXX |                   |                   |                   |
   -4        XXXX  |                   |                   |                   |
             XXXX  |                   |                   |                   |
              XXX  |                   |                   |                   |
              XXX  |                   |                   |                   |
               XX  |                   |                   |                   |
   -5          XX  |                   |                   |                   |
               XX  |                   |                   |                   |
                X  |                   |                   |                   |
                X  |                   |                   |                   |
   -6           X  |                   |                   |                   |
                X  |                   |                   |                   |
                X  |                   |                   |                   |
   -7              |                   |                   |                   |
                X  |                   |                   |                   |
                   |                   |                   |                   |
   -8              |                   |                   |                   |
                   |                   |                   |                   |
                   |                   |                   |                   |
                   |                   |                   |                   |
   -9              |                   |                   |                   |
                   |                   |                   |                   |
                   |                   |                   |                   |
===============================================================================
Each 'X' represents 0.4 cases
Some parameters could not be fitted on the display
===============================================================================
```

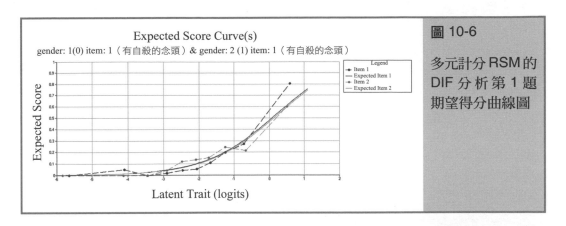

圖 10-6

多元計分 RSM 的 DIF 分析第 1 題期望得分曲線圖

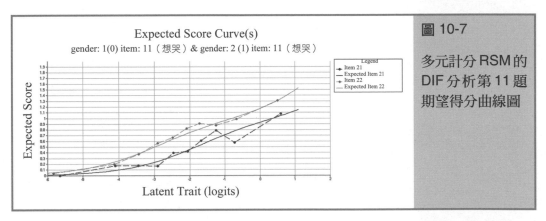

圖 10-7

多元計分 RSM 的 DIF 分析第 11 題期望得分曲線圖

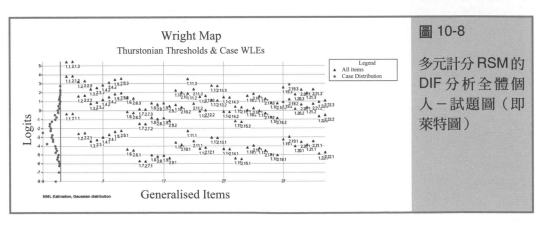

圖 10-8

多元計分 RSM 的 DIF 分析全體個人－試題圖（即萊特圖）

第十一章

量表發展的練習範例舉隅

本章的目的，即是將本書第三章至第九章所介紹過的各種分析技術，舉一份實際資料當作實作演練的例子，以提供讀者有個可以實際操作的參考範例。底下各節所舉出的例子，其資料乃取自筆者過去已完成的科技部研究案的公開資訊。過去十幾年來，筆者從事正向心理學的幸福感議題系列研究，已發表多篇學術論文，其中在執行「顛峰型教師」一案最有心得，研究成果也最為豐碩。因此，本章的舉例乃擷取自科技部已公開的資料檔（余民寧，2016；余民寧等人，2013；余民寧等人，2014），這些均已經完成結案手續並繳交給科技部的資訊，現在拿出來作為教學示範資料，不僅可以發揮本研究案的後續價值，更可以擴增科技部每年補助國內大專校院進行學術研究政策的綜效。這些已釋出的公開研究資料，讀者只要向「中央研究院人文社會科學研究中心調查研究專題中心」提出申請，即可取得全部的原始數據。本章僅擷取其中一小部分原始數據為例，並將各節舉例說明的執行成果檔及資料檔存放在本書「程式範例」裡，分別標示為「CH11-1」、「CH11-2」、「CH11-3」、「CH11-4」、「CH11- 5」，以對應不同節次的編號。

第一節　試題分析練習範例舉隅

茲以「CH11-1」資料夾內的數據為例。資料夾裡面有一個問卷檔（即QUES1.pdf）和一個相對應的 SPSS 資料檔（即 WELLBEING1.sav），問卷由十題背景題目及四份李克特氏四點量尺的量表所組成。茲以第四個問卷——「台灣憂鬱情緒量表」為例，該量表的使用曾在本書第八章及第十章裡介紹過，本節即以此量表作為說明量表編製與發展的「試題分

析」過程的分析範例。其餘三個量表的「試題分析」工作，則留給讀者作為參考本範例說明並加以自我演練之用，本節不在此重複。

首先，啟動 SPSS 程式，並叫出「CH11-1」資料夾內的 WELLBEING1.sav 資料檔。接著，點選功能表「分析（A）」，選擇「尺度（A）／信度分析（R）」，最後將問卷編碼為 d01 到 d22 的題目，全部點選並送至右欄的「項目（I）」裡，並在「尺度標記」欄裡輸入「全部量表」，如圖 11-1 所示。

其次，點選右側「統計量（S）」，並將「統計量（S）」內所有表框（含：敘述統計量對象、各分量表內項目之間、摘要）中及其他方格選項均點選打勾，ANOVA 摘要表框中僅點選「F 檢定（F）」選項，如圖 11-2 所示。

第三，然後再按「繼續」鍵，回到圖 11-1 的畫面，再按「確定」鍵，即可獲得「輸出 1」的報表。將報表存檔後（取檔名為 CH11-1.spv），即可打開檔案查閱其內容。底下所摘要陳述的表格，為整個量表編製與發展過程中，

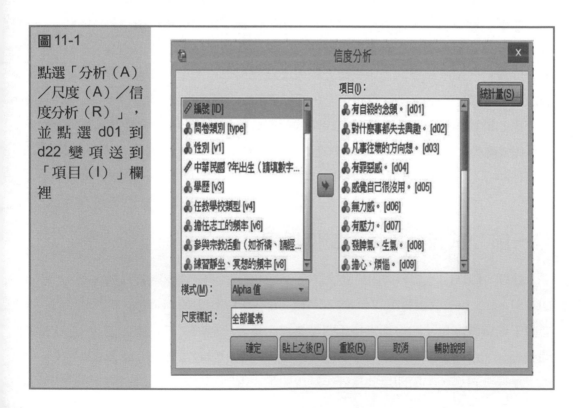

圖 11-1

點選「分析（A）／尺度（A）／信度分析（R）」，並點選 d01 到 d22 變項送到「項目（I）」欄裡

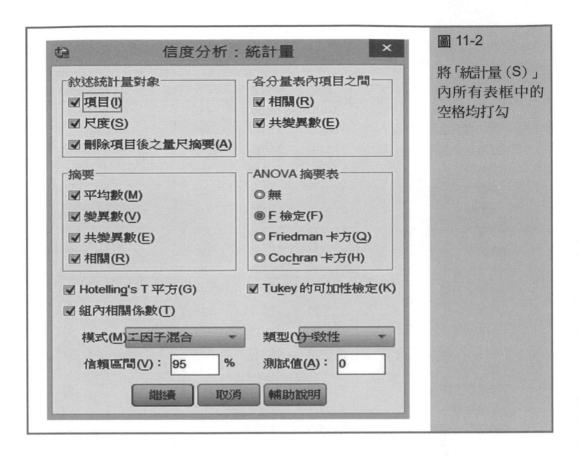

圖 11-2

將「統計量（S）」內所有表框中的空格均打勾

「試題分析」步驟所呈現的幾個待解讀的重要資訊。報表中的其餘表格數據，則請讀者自行參閱理解即可。茲說明如下。

可靠性統計量

Cronbach's Alpha 值	以標準化項目為準的 Cronbach's Alpha 值	項目的個數
.935	.936	22

　　在報表中的這個「可靠性統計量」表格數據，顯示此 22 題「台灣憂鬱情緒量表」的整體量表之 Cronbach's Alpha 信度係數為.935。信度係數值大於.70，即表示本量表已達「可接受」或「勉強可以接受」的信度值範圍（Nunnally, 1978），表示本量表至少是一份可信賴的測量工具。

項目整體統計量

	項目刪除時的尺度平均數	項目刪除時的尺度變異數	修正的項目總相關	複相關平方	項目刪除時的 Cronbach's Alpha 值
有自殺的念頭。	38.0108	78.702	.441	.	.935
對什麼事都失去興趣。	37.6769	75.864	.569	.	.933
凡事往壞的方向想。	37.5104	74.768	.623	.	.932
有罪惡感。	37.6189	75.770	.548	.	.933
感覺自己很沒用。	37.7225	75.066	.622	.	.932
無力感。	37.2651	73.432	.713	.	.930
有壓力。	36.9188	73.206	.674	.	.931
發脾氣、生氣。	37.0911	75.650	.595	.	.933
擔心、煩惱。	37.0588	73.697	.699	.	.931
害怕、恐懼。	37.4300	74.134	.676	.	.931
想哭。	37.5973	75.843	.539	.	.933
心情低落。	37.3090	74.322	.724	.	.931
胃口不好（或暴飲暴食）。	37.5675	74.990	.584	.	.933
睡眠狀況不佳。	37.2800	74.061	.569	.	.933
身體疲憊。	36.9975	73.094	.667	.	.931
無法專心做事。	37.3513	74.900	.654	.	.932
身體不舒服。	37.2759	75.601	.603	.	.932
記憶力不好。	37.1176	74.689	.585	.	.933
不想與他人往來。	37.5609	74.703	.624	.	.932
少說話（或不太愛說話）。	37.4167	74.689	.593	.	.933
不想出門。	37.4383	74.585	.594	.	.933
生活圈小。	37.1773	73.426	.548	.	.934

　　在這個「項目整體統計量」表格中，其中最右欄的「項目刪除時的Cronbach's Alpha 值」數據表示，若顯示有某一試題的數值大於整體的信度係數值 .935 時，即表示「將該題刪除的話，可以提高整體量表的信度係數至該數值」。從本欄中的數據來看，沒有一題的「項目刪除時的 Cronbach's Alpha 值」大於.935，表示每一試題都很重要，每一試題都不能刪除，每一試題都能

貢獻整體量表的內部一致性信度係數，每一試題均能測量到相同的一個潛在特質——即「憂鬱情緒」。故，本工具是一份信度係數值頗高的測量工具，也就是說，使用本「台灣憂鬱情緒量表」，可以精確測得一般受試者「憂鬱情緒」特質的高低。

第二節　探索性因素分析練習範例舉隅

仍以「CH11-1」資料夾內的數據為例。資料夾裡面有一個問卷檔（即QUES1.pdf）和一個相對應的 SPSS 資料檔（即 WELLBEING1.sav），問卷由10 題背景題目及四份李克特氏四點量尺的量表所組成。本節範例的執行結果檔及資料檔，將儲存在「CH11-2」資料夾裡。接著，筆者即以此為例，說明如何應用 SPSS 程式來進行「探索性因素分析」（EFA）。

首先，啟動 SPSS 程式，並叫出「CH11-2」資料夾內的 WELLBEING1.sav資料檔。接著，點選功能表「分析（A）」，並選擇「維度縮減（D）／因子（F）」，最後將問卷編碼為 d01 到 d22 的題目，全部點選並送至右欄的「變數（V）」裡，如圖 11-3 所示。

其次，點選右側「描述性統計量（D）」功能表，並將「描述性統計量（D）」內所有表框（含：統計、相關矩陣）中方格選項均點選打勾，如圖11-4 所示。再按「繼續」鍵，回到圖 11-3 的畫面。

第三，再點選右側「萃取（E）」功能表，並將「顯示」表框中的方格選項均點選打勾，其餘「分析」和「萃取」表框中的圓圈選項均不勾選，表示僅使用其預設值功能即可，如圖 11-5 所示。再按「繼續」鍵，回到圖 11-3 的畫面。

第四，再點選右側「轉軸法（T）」功能表，並點選「方法」表框中的「最大變異法（V）」，其餘「顯示」表框中的方格選項均勾選，如圖 11-6 所示。再按「繼續」鍵，回到圖 11-3 的畫面。

第五，再點選右側「分數（S）」功能表，並將兩個方格選項均點選，其中「方法」表框中圓圈選項不點選，使用其預設值即可，如圖 11-7 所示。再

圖 11-3

點選「分析（A）／維度縮減（D）／因子（F）」，並點選 d01 到 d22 變項到「變數（V）」欄裡

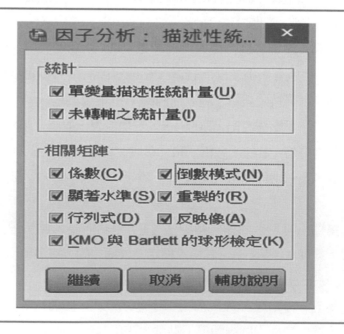

圖 11-4

將「描述性統計量（D）」內所有表框（含：統計、相關矩陣）中方格選項均點選打勾

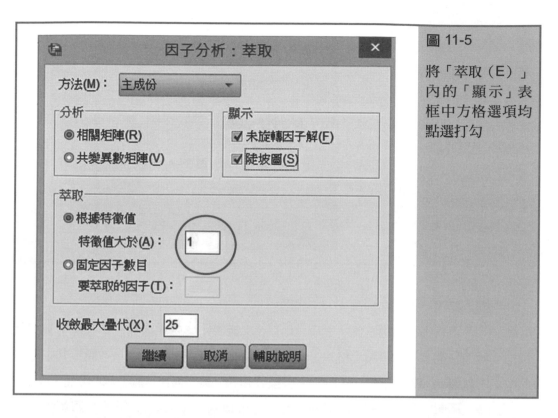

圖 11-5

將「萃取（E）」內的「顯示」表框中方格選項均點選打勾

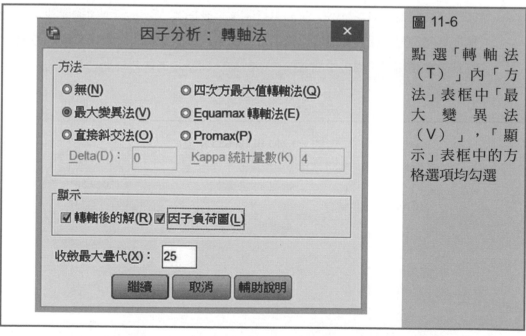

圖 11-6

點選「轉軸法（T）」內「方法」表框中「最大變異法（V）」，「顯示」表框中的方格選項均勾選

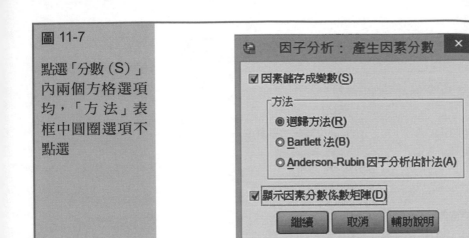

圖 11-7

點選「分數（S）」內兩個方格選項均，「方法」表框中圓圈選項不點選

按「繼續」鍵，回到圖 11-3 的畫面。

第六，再點選右側「選項（O）」功能表，其中「遺漏值」表框中圓圈選項不點選，「係數顯示格式」表框中的兩個方格選項均點選，並設定其中方格內數值為 .40，如圖 11-8 所示。再按「繼續」鍵，回到圖 11-3 的畫面。

第七，最後，按下「確定」鍵，即可獲得「輸出 2」的報表。將報表存檔後（取檔名為 CH11-2.spv），即可打開檔案查閱其內容。底下所摘要陳述的表格，為整個量表編製與發展過程中，「探索性因素分析」步驟所呈現的幾個待解讀的重要資訊。報表中的其餘表格數據，則請讀者自行參閱理解即可。茲說明如下。

KMO 與 Bartlett 檢定

Kaiser-Meyer-Olkin 取樣適切性量數		.956
	近似卡方分配	13017.501
Bartlett 的球形檢定	df	231
	顯著性	.000

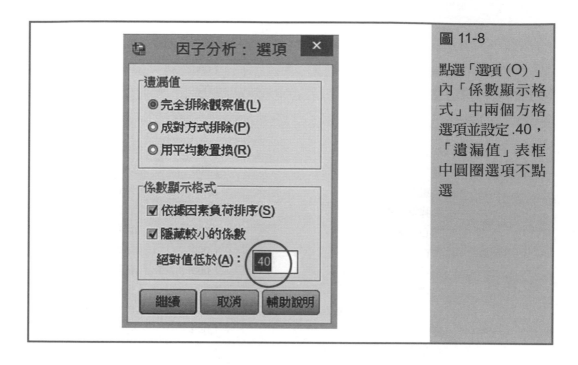

圖 11-8

點選「選項(O)」內「係數顯示格式」中兩個方格選項並設定.40，「遺漏值」表框中圓圈選項不點選

　　在報表中的這個「KMO 與 Bartlett 檢定」表格數據裡，KMO 取樣適切性量數為 .956，近似卡方分配值 13017.501，達 $p<.0001$ 的顯著程度，顯示本量表適合抽取出適當的因素。

共同性

	初始	萃取
有自殺的念頭。	1.000	.394
對什麼事都失去興趣。	1.000	.474
凡事往壞的方向想。	1.000	.548
有罪惡感。	1.000	.533
感覺自己很沒用。	1.000	.591
無力感。	1.000	.590
有壓力。	1.000	.598
發脾氣、生氣。	1.000	.523
擔心、煩惱。	1.000	.615
害怕、恐懼。	1.000	.566
想哭。	1.000	.464
心情低落。	1.000	.596
胃口不好（或暴飲暴食）。	1.000	.405
睡眠狀況不佳。	1.000	.527
身體疲憊。	1.000	.689
無法專心做事。	1.000	.539
身體不舒服。	1.000	.565
記憶力不好。	1.000	.525
不想與他人往來。	1.000	.681
少說話（或不太愛說話）。	1.000	.658
不想出門。	1.000	.683
生活圈小。	1.000	.533

萃取法：主成分分析。

從這個「共同性」表格數據裡，可知每個變項可被抽取出的變異數大小占比，多數是大於 .50 以上，除了第 1 題（.394）、2 題（.474）、11 題（.464）、13 題（.405）等稍微低於 .50 外，其餘試題的共同性均表示可被抽取出來的因素共同解釋到其變異數的量高達 50%以上。這通常也顯示出，大多數的試題均與抽取因素之間具有理想的高相關係數（即因素負荷量較高）。

解說總變異量

元件	初始特徵值			平方和負荷量萃取			轉軸平方和負荷量		
	總數	變異數的 %	累積%	總數	變異數的 %	累積%	總數	變異數的 %	累積%
1	9.481	43.094	43.094	9.481	43.094	43.094	4.816	21.891	21.891
2	1.441	6.550	49.644	1.441	6.550	49.644	4.326	19.662	41.553
3	1.375	6.249	55.893	1.375	6.249	55.893	3.155	14.339	55.893
4	.918	4.172	60.064						
5	.837	3.803	63.868						
6	.716	3.255	67.122						
7	.707	3.212	70.335						
8	.585	2.660	72.995						
9	.571	2.597	75.591						
10	.536	2.435	78.026						
11	.518	2.356	80.382						
12	.496	2.254	82.637						
13	.467	2.124	84.760						
14	.459	2.087	86.848						
15	.453	2.058	88.906						
16	.420	1.911	90.816						
17	.391	1.778	92.594						
18	.388	1.765	94.359						
19	.338	1.538	95.897						
20	.330	1.500	97.397						
21	.290	1.318	98.715						
22	.283	1.285	100.000						

萃取法：主成分分析。

　　從這個「解說總變異量」表格數據裡，可知 SPSS 程式根據預設的特徵值為 1 作為基礎，所抽取出的建議因素個數為三個，第一個因素即可解釋到整體變異數量的 43.094%，三個因素共可累積解釋到全體總變異數量的 55.893%。從傳統上的探索性因素分析做法來看，目前 SPSS 程式建議抽取的三個因素，係根據特徵值為 1 作為抽取因素的基礎，這項內建的預設值做法，往往無法適

合各種抽取因素的研究情境。從上述這個「解說總變異量」表格數據來看，其第一個特徵值為 9.481，即已占據全體總變異數（即總題數 22）的 43.094%，第二和第三個特徵值馬上降低到 1.441 和 1.375，其各占據全體總變異數的比重已低於 10%以下，僅 6.550%和 6.249%而已，顯見其重要性以非常明顯方式快速依序遞降。從這份報表數據來看，這些特徵值抽取量的排序結構，非常符合 Lord（1980）所提出「單向度」因素結構的定義條件，亦即第一個特徵值除以第二個特徵值的比值大於 3 或 4 以上，之後相鄰兩個特徵值的比值約為 1 點多；如以本例來看，第一個特徵值除以第二個特徵值的比值為 6.579，第二個特徵值除以第三個特徵值的比值為 1.048，第三個特徵值除以第四個特徵值的比值為 1.498，第四個特徵值除以第五個特徵值的比值為 1.097，依此類推下去，其相鄰的比值均約為 1 點多。顯見，本例的因素抽取結構，非常符合 Lord（1980）的「單向度」因素定義，似乎宜以決定抽取一個因素為佳，而不是完全根據 SPSS 程式的粗淺預設功能的建議，決定抽取出三個因素。

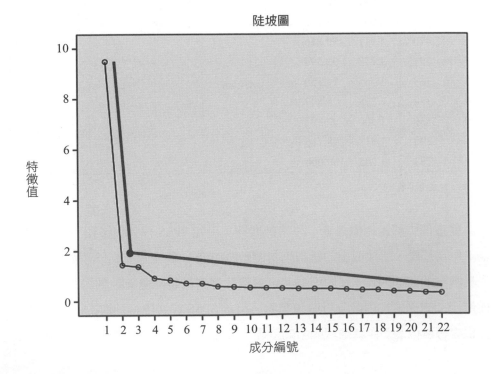

因此，根據「陡坡圖」所顯示的特徵值相對其抽取因素個數的分布曲線來看，自第一個因素以後，本資料即呈現「陡降」的趨勢。所以，如果將抽取因素的特徵值設定為 2 的話，再重跑一次「探索性因素分析」的結果，SPSS 程式報表結果一定會呈現僅抽取出「一個因素」的建議決定。

轉軸後的成分矩陣 [a]

	元件		
	1	2	3
身體疲憊。	.787		
身體不舒服。	.698		
睡眠狀況不佳。	.685		
有壓力。	.657		
記憶力不好。	.619		
擔心、煩惱。	.603	.486	
發脾氣、生氣。	.583	.428	
無法專心做事。	.581		
心情低落。	.532	.496	
胃口不好（或暴飲暴食）。	.453		
感覺自己很沒用。		.697	
有罪惡感。		.693	
凡事往壞的方向想。		.650	
想哭。		.613	
有自殺的念頭。		.593	
害怕、恐懼。	.447	.578	
無力感。	.507	.531	
對什麼事都失去興趣。		.530	.410
不想出門。			.767
少說話（或不太愛說話）。			.745
不想與他人往來。			.744
生活圈小。			.655

萃取方法：主成分分析。
旋轉方法：含 Kaiser 常態化的 Varimax 法。[a]
a. 轉軸收斂於 8 個疊代。

再從上述「轉軸後的成分矩陣」表格數據來看,這是依據 SPSS 程式預設特徵值為 1 時所抽取的三個因素,再加以進行「直交」轉軸後的結果。轉軸的目的,通常是為了能夠促進對因素負荷量聚落的方便解釋。但從表格中的數據顯示來看,有六個變項(如:「擔心、煩惱」、「發脾氣、生氣」、「心情低落」、「害怕、恐懼」、「無力感」、「對什麼事都失去興趣」等)均橫跨兩個因素的測量結果,也就是說,這幾個變項倒底該歸屬於測量哪一個因素,是比較無法判定和解釋清楚的,亦即它們的因素轉軸結果較為模稜兩可,顯示出每一個試題均測量到兩個以上的因素,顯然不是一個好的測量題目。最後,因為使用「直交」轉軸的緣故,所以轉軸後的因素與因素之間的相關即成為零相關,這在「成分分數共變數矩陣」表格裡即呈現出如此的結果。

成分分數共變數矩陣

元件	1	2	3
1	1.000	.000	.000
2	.000	1.000	.000
3	.000	.000	1.000

萃取方法:主成分分析。
旋轉方法:含 Kaiser 常態化的 Varimax 法。
成分分數。

經過上述的評論,如果我們改採 Lord(1980)所建議的「單向度」因素抽取判定標準,將抽取特徵值設定為 2 而不採用預設的 1,再執行一次分析,即可獲得報表 CH11-2-1 的結果。讀者可以打開報表,從中閱讀到其「成分矩陣」(因為只抽取一個因素,所以無法進行轉軸)的數值已大幅提高改善,除第一題「有自殺的念頭」的數值 .483 稍微偏低外,其餘試題的數值(即因素負荷量)均大約 ≥ .6 或 .7 以上,顯示抽取一個因素的決定,其因素負荷量均能獲得較高的數值結果,表示因素與測量變項之間共享一個較高的相關係數,這反應出這樣決定的結果會優於三個因素的決定結果,且分析結果也較能進行有意義、明確且清楚的詮釋,有利於本工具未來的應用。

　　至於第一題「有自殺的念頭」的因素負荷量為 .483 稍微偏低，其實其解讀即會涉及到背後有關「憂鬱」的學術理論。讀者必須閱讀有關此研究議題的相關文獻，才能建立起對此議題的學理基礎知識。一般來說，正常人遭受工作失敗、挫折、悲傷事件的打擊，而出現心情低落、擔心、煩惱、睡眠狀況不佳、感覺有壓力、身體疲憊、害怕、恐懼等身心症狀，都是常見的一種負面情緒症狀的表徵，只要該症狀不要持續太久（如超過三個月或半年），都屬於在正常人的一般情緒反應範圍內。但是如果該等症狀持續過久的話，即可被判斷歸類為「憂鬱情緒」；當然，從輕微的憂鬱情緒到嚴重的憂鬱情緒都有可能出現，端視這些症狀困擾多久且影響層面有多嚴重而定。而筆者根據先前開發測量工具時的研究（余民寧、黃馨瑩等人，2011；余民寧等人，2008）及其後續的應用研究（余民寧、陳柏霖，2010，2012；余民寧、陳柏霖、許嘉家，2010；余民寧、陳柏霖、許嘉家、鍾珮純、趙珮晴，2012a，2012b；余民寧、許嘉家、陳柏霖，2010；余民寧、鍾珮純、陳柏霖、許嘉家、趙珮晴，2011；陳柏霖、余民寧，2015；陳柏霖、洪兆祥、余民寧，2014；鍾珮純、余民寧、許嘉家、陳柏霖、趙珮晴，2013；Hung, Lin, & Yu, 2016; Yu, Hung, & Lin, 2017）發現，一旦受試者的「憂鬱情緒」得分偏高（即總分高於 37 分以上），且此偏高分的結果持續三個月到半年以上，並在這題「有自殺的念頭」題目上表達「經常如此」以上的作答反應頻率時，此時如果再經身心科精神醫師的問診，十之八九幾乎可確診已經罹患「憂鬱症」了。換句話說，該題是判斷從「憂鬱情緒」症狀過渡到「憂鬱症」的一題診斷題，比較適合用於判斷受試者是否罹患「憂鬱症」，而不是僅有「憂鬱情緒」而已。然而，受試者是否罹患「憂鬱症」，應該以醫生的診斷為標準，不能僅靠本測量工具的測量結果即做出判定。故，本題與本量表所預測得到的潛在變項——「憂鬱情緒」之間的相關，自然會稍微偏低，而「成分矩陣」內的因素負荷量數值也就稍低。有關這一題的進一步詮釋，留待本章第四節 RSM 分析的補充說明，讀者會進一步更瞭解其涵義。

成分矩陣 ª

	元件
	1
心情低落。	.764
無力感。	.754
擔心、煩惱。	.741
害怕、恐懼。	.722
有壓力。	.717
身體疲憊。	.706
無法專心做事。	.694
感覺自己很沒用。	.667
凡事往壞的方向想。	.667
不想與他人往來。	.659
身體不舒服。	.643
發脾氣、生氣。	.642
少說話（或不太愛說話）。	.631
胃口不好（或暴飲暴食）。	.629
不想出門。	.629
記憶力不好。	.625
睡眠狀況不佳。	.613
對什麼事都失去興趣。	.613
有罪惡感。	.597
想哭。	.591
生活圈小。	.588
有自殺的念頭。	.483

萃取方法：主成分分析。

a. 萃取了 1 個成分。

第三節　驗證性因素分析練習範例舉隅

　　前一節說明使用探索性因素分析技術，作為探索一份開發中的測量工具或量表的因素結構做法。從前一節的陳述裡，讀者大概會知道，僅憑 SPSS 程式的預設功能幫我們抽取因素的做法，往往無法獲得一個與理論建構相近的結

果。甚至，幾經測試、修正、驗證的反覆過程，也都未必能夠確保獲得一個令人滿意的穩定結果。幸好，隨著計量方法學的新方法誕生——結構方程式模型，該方法學中的「驗證性因素分析」已普遍被應用作為開發一份測量工具的基礎方法。因此，本節緊接著即介紹討論「驗證性因素分析」的應用。

　　應用「驗證性因素分析」技術於量表或測量工具的開發，首重針對所擬開發工具的背景理論建構（theoretical construct）的瞭解。茲以前一節的「台灣憂鬱情緒量表」的發展為例（余民寧、黃馨瑩等人，2011；余民寧等人，2008）。首先，研究者必須先瞭解該工具的可能理論建構或因素結構為何，也就是說，理論上，所欲發展的測量工具的背後，是隱含著單一因素或多個因素？這個問題必須先知道。然後，將這個問題放在心上，可以協助研究者在應用 CFA 分析技術時，得以明確知道因素方程式該如何設定。由於 SEM 方法學發展至今已經非常成熟，可應用的電腦程式也種類繁多，並且已經發展成為一門獨立的方法學學科，國內各大學研究所裡大多有開授此課程。因此，本節在此不擬詳細說明 SEM 方法學及其應用程式的操作，對此感興趣的讀者可以參閱拙著（余民寧，2006，2013），在家自主學習。所以，接續以「台灣憂鬱情緒量表」的發展為例，說明如何應用 CFA 技術於本量表工具的發展上。

　　首先，評閱大量的研究文獻，得知組成「憂鬱情緒」背後因素的可能結構為何。在本工具的發展過程中，筆者指派研究助理到醫院身心科跟診，從醫生問診中的措辭，萃取出重要的症狀描述語句 36 個，經過專業理性判斷篩選後，僅保留被問診出現頻率較高的 22 個語句。同時，在評閱文獻過程裡，筆者也發現憂鬱症狀可以分成四個層面來描述：「認知」、「情緒」、「身體」、「人際關係」。因此，將此 22 個語句逐一分派至其可能被歸屬的層面，分別為「認知」6 題、「情緒」6 題、「身體」6 題、「人際關係」4 題。題目內容詳見本書「程式範例」中的「CH11-3」資料夾裡的「台灣憂鬱情緒量表（22題版本）」檔案。

　　其次，由於本測量工具的發展目的，係擬未來能夠應用到廣泛的一般正常人身上。因此在初擬好題目後，醫院身心科醫生拿給來門診的病患施測，這些病患有的是初診、有的是治療中的回診、有的則是康復後的複診，有效樣本數

為 213 名。同時，筆者亦隨機抽樣拿給就讀大學的大學部學生、在職班學生及研究生施測，有效樣本數為 200 名。接著，筆者將此份資料根據文獻評閱結果的理論建構，進行一次 CFA 分析，獲得如上述已經發表的文獻（余民寧等人，2011；余民寧等人，2008）結果。

第三，本節在此擬舉例的對象，係應用該工具於「顛峰型教師」研究案裡，並已獲得局部的原始數據，如「CH11-3」資料夾裡的問卷（如：QUES1.pdf）和 SPSS 程式資料檔（如：WELLBEING1.sav）。本節的應用範例，即以該問卷中的第四份問卷——「台灣憂鬱情緒量表」為例，作為示範 CFA 分析的實例。

接著，筆者從 WELLBEING1.sav 中，將 22 題變項的原始資料（即 d01 到 d22）擷取出來另存新檔為 TDS_Raw.sav，然後將它重新編碼為：凡勾選「從不如此」者編碼為 0、「偶爾如此」者編碼為 1、「經常如此」者編碼為 2、「總是如此」者編碼為 3，並另存成一個 ASCII 格式的文件檔，取檔名為 TDS_Raw.txt，並在 TDS_Raw.txt 檔的第一列補充加上一行 FORTRAN 程式固定格式的註解：（22F1.0），表示本檔案資料的格式有 22 個變項，每一個變項均採相同的 1 個整數，沒有小數點的固定欄位格式編碼。緊接著，為它啟動及建立一個可執行 CFA 分析的 LISREL 程式指令檔，取檔名為 TDS_CFA.spl，其指令內容如表 11-1 所示。接續，在 LISREL 程式螢幕介面中，按下 RUN LISREL 的圖示執行鍵，並在 Estimates 空欄裡選擇 standardized solution（完全標準解）的報表，即可獲得如圖 11-9 所示的 CFA 標準解路徑係數圖。

從「CH11-3」資料夾裡的 TDS_CFA.OUT 報表和圖 11-9 所示裡可知，NFI = 0.93、NNFI = 0.93、CFI = 0.94、IFI = 0.94、RFI = 0.92，雖然 $\chi^2 = 2450.63$、$df = 205$、$p = .00000$、RMSEA = 0.094，但整體看來，本 CFA 模型是適配這筆 TDS_Raw.txt 資料檔的。又從圖 11-9 的 CFA 標準解路徑係數圖可知，本模型所示的因素結構也是適配憂鬱情緒理論建構的，亦即，本「台灣憂鬱情緒量表」是一個含有二階因素結構的「單向度」因素量表。其第一階因素有四個，即分別符合前述的四個因素結構：即「認知」、「情緒」、「身體」、「人際關係」四個子因素；每個子因素內，又分別具有 6 題、6 題、6

Title: Chapter 11-3 Confirmatory Factor Analysis for TDS_Raw.txt Data
Lables: X1 - X22 as variables named in the file TDS.lab with data code as
follows
       code 0 as 從不如此
       code 1 as 偶爾如此
       code 2 as 經常如此
       code 3 as 總是如此
Observed Variables : X1 - X22
Raw Data from File TDS_Raw.txt
Sample Size = 1237
Latent Variables: CO EM PH IN Depress
Paths:
       CO -> X1 X2 X3 X4 X5 X6
       EM -> X7 X8 X9 X10 X11 X12
       PH -> X13 X14 X15 X16 X17 X18
       IN -> X19 X20 X21 X22
       Depress -> CO EM PH IN
Print Residuals
LISREL Output SS SC RS EF MI
Path Diagram
End of Problem
	表 11-1
	
	一個執行CFA分析的 LISREL 程式檔（即 TDS_CFA.spl）

題、4 題不等的測量題目。這四個一階的子因素，再經過一次二階的因素分析
後，可以合併收斂抽取出一個高階的「二階因素」，取名為「憂鬱情緒」（de-
pressive emotion），此即本量表工具的名稱由來。

　　換句話說，若以整體角度來看，本工具係一個具有單因素結構的測量工
具，十分符合「憂鬱情緒」的理論建構；因此，可將受試者在此 22 題題目上
的作答得分加總，即可作為測量「憂鬱情緒」的總分。該總分即可作為「憂鬱
情緒」潛在特質的「明顯測量變項」指標，並可進一步作為後續各種統計分析
方法的預測變項或效標變項使用。若以分量表結構角度來看，本工具亦可視為
一個具有四因素結構的工具，並以四個子因素總分作為後續四個預測變項或效
標變項使用。不過這四個子因素總分之間是彼此具有高相關存在的事實，無論
後續被當作預測變項或效標變項使用時，均應留意且認知到這四個變項間存在

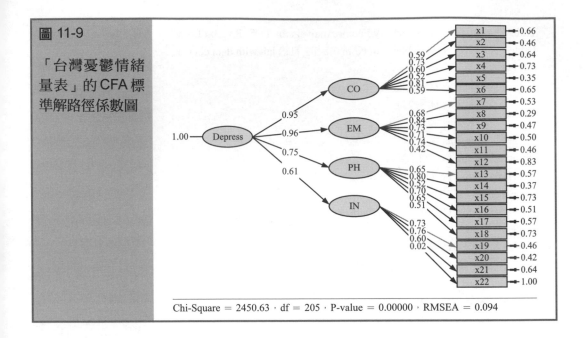

圖 11-9

「台灣憂鬱情緒量表」的CFA標準解路徑係數圖

Chi-Square = 2450.63，df = 205，P-value = 0.00000，RMSEA = 0.094

高關係的事實，並採用進階的統計方法（如：多變量統計學），方不致提高觸犯第一類型錯誤（type-I error）的機率，而致做出錯誤的結論。

　　既然透過驗證性因素分析得知本量表具有四個子因素構造，接著我們也可以重跑一次本章第一節所示範的「試題分析」工作，進一步分別將這四個子因素的信度係數計算出來。

　　打開 TDS_Raw.sav 資料檔，然後按照圖 11-1 和圖 11-2 的說明程序，分別輸入這四個子因素的測量題目，重跑一次信度分析，即可獲得下列四個結果，並存放在 CH11-3.spv 的結果檔裡。

1. 認知因素

可靠性統計量

Cronbach's Alpha 值	以標準化項目為準的 Cronbach's Alpha 值	項目的個數
.807	.806	6

項目整體統計量

	項目刪除時的尺度平均數	項目刪除時的尺度變異數	修正的項目總相關	複相關平方	項目刪除時的 Cronbach's Alpha 值
有自殺的念頭。	6.61	4.563	.358	.206	.816
對什麼事都失去興趣。	6.46	3.870	.531	.428	.784
凡事往壞的方向想。	6.36	3.394	.710	.528	.742
有罪惡感。	6.41	3.558	.581	.407	.773
感覺自己很沒用。	6.42	3.409	.650	.536	.756
無力感。	6.23	3.148	.606	.453	.773

2. 情緒因素

可靠性統計量

Cronbach's Alpha 值	以標準化項目為準的 Cronbach's Alpha 值	項目的個數
.841	.853	6

項目整體統計量

	項目刪除時的尺度平均數	項目刪除時的尺度變異數	修正的項目總相關	複相關平方	項目刪除時的 Cronbach's Alpha 值
有壓力。	6.05	3.295	.622	.421	.824
發脾氣、生氣。	6.27	3.674	.615	.389	.816
擔心、煩惱。	6.18	3.333	.716	.548	.795
害怕、恐懼。	6.39	3.887	.679	.497	.807
想哭。	6.45	4.304	.540	.387	.833
心情低落。	6.40	4.027	.651	.466	.814

3. 身體因素

可靠性統計量

Cronbach's Alpha 值	以標準化項目為準的 Cronbach's Alpha 值	項目的個數
.813	.817	6

項目整體統計量

	項目刪除時的尺度平均數	項目刪除時的尺度變異數	修正的項目總相關	複相關平方	項目刪除時的 Cronbach's Alpha 值
胃口不好（或暴飲暴食）。	6.48	4.145	.447	.220	.808
睡眠狀況不佳。	6.27	3.265	.628	.418	.772
身體疲憊。	6.14	2.971	.682	.486	.760
無法專心做事。	6.46	3.958	.561	.339	.790
身體不舒服。	6.43	3.744	.612	.397	.778
記憶力不好。	6.29	3.502	.580	.361	.782

4. 人際關係因素

可靠性統計量

Cronbach's Alpha 值	以標準化項目為準的 Cronbach's Alpha 值	項目的個數
.735	.753	4

項目整體統計量

	項目刪除時的尺度平均數	項目刪除時的尺度變異數	修正的項目總相關	複相關平方	項目刪除時的 Cronbach's Alpha 值
不想與他人往來。	3.89	1.648	.526	.318	.689
少說話（或不太愛說話）。	3.82	1.508	.513	.308	.684
不想出門。	3.82	1.404	.604	.375	.634
生活圈小。	3.55	1.119	.540	.330	.697

　　從上述幾個報表所示可知，「認知因素」的信度係數為 .807，若刪除第一題的話，則可提高信度至 .816；「情緒因素」的信度係數為 .841，沒有任何一題值得被刪除；「身體因素」的信度係數為 .813，沒有任何一題值得被刪除；「人際關係因素」的信度係數為 .735，沒有任何一題值得被刪除。可見整體量表共 22 題的信度係數為 .935（參見第一節 CH11-1.spv 報表所示），若刪除第

一題時，信度亦可維持在 .935。因此第一題是否應該被刪除？確實是值得再深入考慮的問題。

　　然而，本書在第一章裡說過，使用「總分」等原始分數的概念作為一種測量代表，並不是一項精確的測量做法。如果研究者想獲得一項更為精確、客觀的測量，那就非得採用試題反應裡理論（IRT 理）中的 Rasch 測量模型，來作為資料分析的基礎方法不可。這就是下一節接著要說明的資料分析重點所在。

第四節　李克特氏量尺的 RSM 與 PCM 分析練習範例舉隅

　　最後，本書的重點之一，即是討論應用 Rasch 測量模型之一的 RSM 到李克特氏量尺工具的資料分析。本節仍然沿用前一節的資料檔作說明，探討 RSM 在李克特氏四點量尺工具所回收資料的應用情形。

　　打開「CH11-4」資料夾裡面的 CH11-4.txt 資料檔，乃由前一節範例的 TDS_Raw.sav 中新增一個「性別」變項後儲存成一個新檔 CH11-4.sav，再轉存成一個固定 ASCII 文件檔格式而來。另一個 ConQuest 程式 CH11-4.cqc，則是用來執行 RSM 分析的指令檔，其內容如表 11-2 所示。

Title The Rating Scale Model analysis for CH11-4.txt Data; Datafile CH11-4.txt; Format gender 1 responses 2-23; Codes 0, 1, 2, 3; Labels << TDS.lab; Model item + step; Estimate; Show ! estimates=latent >> CH11-4.shw; Itanal >> CH11-4.itn; Plot expected ! legend=yes; Plot mcc ! legend=yes;	表 11-2 一個使用 RSM 來分析李克特氏量尺工具資料的 ConQuest 程式（即 CH11-4.cqc）

在使用者圖形介面下，只要點選 Run ⇒ Run All 指令，ConQuest 程式即會執行全部陳述在表 11-2 裡的指令，並輸出指定的 CH11-4.shw 試題參數（即 Show 指令）和 CH11-4.itn 傳統試題分析結果檔（即 Itanal 指令）等，同時點選功能表中的 Plot ⇒ Wright Map ⇒ Image ⇒ Save All As PNGs，即可繪製出期望得分曲線圖（即 expected 指令）及類別特徵曲線圖（CCC）（即 mcc 指令）。

ConQuest 程式執行後，即可獲得 CH11-4.shw 和 CH11-4.itn 兩個輸出檔，讀者只要使用視窗作業系統內建的「記事本」軟體，即可打開這兩個檔，查看其內容。底下圖 11-10 至圖 11-16 所示，即分別呈現幾個重要的結果摘要說明，如：TDS 量表的 RSM 之傳統試題參數估計值、試題難度參數及步驟參數估計值、個人－試題難度參數對照圖、個人－試題步驟參數對照圖、類別特徵曲線圖、期望得分分布曲線圖、及全體的個人－試題難度及步驟參數對照圖（即萊特圖）等。讀者查看每一個檔的數據說明，不難理解到 ConQuest 程式所輸出的報表內涵。

圖 11-10

TDS 量表的 RSM 之傳統試題參數估計值

```
================================================================================
The Rating Scale Model analysis for CH11-4.txt Data         Mon Jul 15 11:31 2019
GENERALISED ITEM ANALYSIS
Group: All Students
================================================================================
Item 1
------
item:1 (有自殺的念頭)
Cases for this item       1232   Item-Rest Cor.   0.44   Item-Total Cor.   0.47
Item Threshold(s):        0.13  4.30  5.92   Weighted MNSQ    1.11
Item Delta(s):            0.15  4.51  5.70
------------------------------------------------------------------------------
 Label    Score      Count   % of tot  Pt Bis      t  (p)    PV1Avg:1 PV1 SD:1
------------------------------------------------------------------------------
   0       0.00      1057     85.80    -0.43   -16.53(.000) -2.66      1.63
   1       1.00       164     13.31     0.39    14.64(.000) -0.67      1.23
   2       2.00        11      0.89     0.19     6.82(.000)  0.38      1.67
==============================================================================
.....
.....
Item 22
-------
item:22 (生活圈小)
Cases for this item       1235   Item-Rest Cor.   0.54   Item-Total Cor.   0.61
Item Threshold(s):       -4.26 -0.09  1.52   Weighted MNSQ    1.76
Item Delta(s):           -4.25  0.11  1.30
------------------------------------------------------------------------------
 Label    Score      Count   % of tot  Pt Bis      t  (p)    PV1Avg:1 PV1 SD:1
------------------------------------------------------------------------------
   0       0.00       363     29.39    -0.45   -17.91(.000) -3.76      1.70
   1       1.00       590     47.77     0.07     2.60(.010) -2.14      1.18
   2       2.00       218     17.65     0.26     9.55(.000) -1.29      1.40
   3       3.00        64      5.18     0.32    11.70(.000) -0.24      1.61
==============================================================================
------------------------------------------------------------------------------
The following traditional statistics are only meaningful for complete
designs and when the amount of missing data is minimal.
In this analysis  0.18%  of the data are missing.

The following results are scaled to assume that a single response
was provided for each item.

N                                   1236
Mean                               17.16
Standard Deviation                  9.00
Variance                           81.03
Skewness                            0.59
Kurtosis                            1.14
Standard error of mean              0.26
Standard error of measurement       2.33
Coefficient Alpha                   0.93
==============================================================================
```

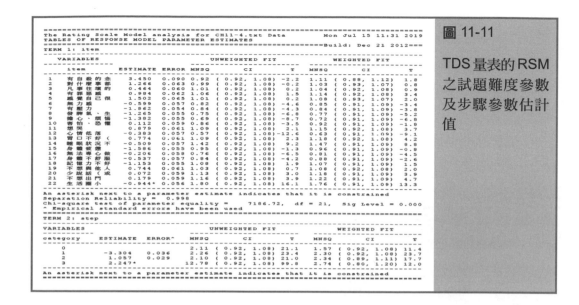

圖 11-11

TDS 量表的 RSM 之試題難度參數及步驟參數估計值

接著，我們可以詳細解讀 CH11-4.itn 和 CH11-4.shw 兩個報表的輸出結果。從 CH11-4.itn 報表的傳統試題參數估計值分析可知，「台灣憂鬱情緒量表」使用李克特氏四點量尺的計分方式，凡勾選「從不如此」者編碼為 0、「偶爾如此」者編碼為 1、「經常如此」者編碼為 2、「總是如此」者編碼為 3。除了第一題的作答反應只有三項（即編碼為 0、1、2）外，其餘題目的作答選項均有四項，均符合四點量表的李克特氏量尺規範。整份量表的信度係數為 .93，顯示本工具應用到一般正常人身上的測量時，其心理計量特質相當良好。

而從 CH11-4.shw 的 RSM 參數估計值來看，在「TABLES OF RESPONSE MODEL PARAMETER ESTIMATES」表格的 TERM 1: item 數據來看，第 1 題「有自殺的念頭」難度估計值最高，為 3.450；第 7 題「有壓力」難度估計值最低，為 -1.862；除第 9、12、14、22 四題外，每一試題的 MNSQ 指標（無論是 infit 或 outfit）大致上都介於 0.7 至 1.3 之間，表示試題難度參數的估計適配情形良好。但從在 TERM 2: step 數據來看，三個步驟參數的估計值分別為 -3.304、1.057、2.247，其 MNSQ 指標均大於 1.3 以上，表示這個步驟參數的估計是不適配的。由這份報表看來，此份「台灣憂鬱情緒量表」資料使用 RSM 來估計，可能並不十分適配，宜改用 PCM 來估計，以讓每一試題的步驟參數

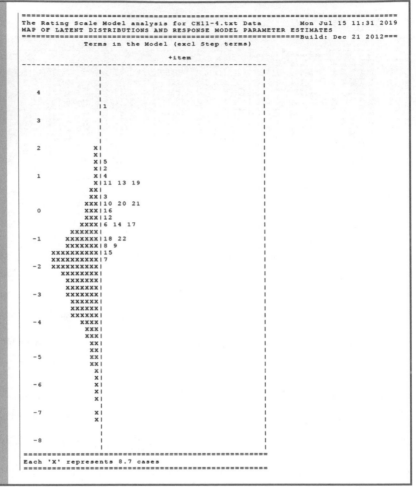

圖 11-12

TDS 量表的 RSM 之個人–試題難度參數對照圖

都能自由開放估計。換句話說，RSM 限制每一試題的步驟參數均需共享一套相同的估計值，在此亦即為 -3.304、1.057、2.247，此會導致參數估計的均等性考驗的卡方值 7186.72，是達到顯著的，表示模型與資料之間並不適配。如果改用 PCM 估計，它允許每一試題的步驟參數都能自行估計，即可改善模型與資料的適配度。請參見下面改用 PCM 分析範例的說明。

　　再從「MAP OF LATENT DISTRIBUTIONS AND RESPONSE MODEL PARAMETER ESTIMATES」的圖來看，這份工具的試題難度值大約落在 -1.862 到 3.450 之間，但受試者的能力參數估計值卻大約落在 -7.4 到 2.0 之間。

圖 11-13

TDS 量表的 RSM 之個人－試題步驟參數對照圖

```
==================================================================
The Rating Scale Model analysis for CH11-4.txt Data     Mon Jul 15 11:31 2019
MAP OF LATENT DISTRIBUTIONS AND THRESHOLDS
==============================================Build: Dec 21 2012===
                                Generalised-Item Thresholds
------------------------------------------------------------------
                              |1.3
                              |1.2
                              |
    4                         |5.3
                              |2.3
                              |4.3 11.3
                              |13.3 19.3
    3                         |3.3
                              |21.3
                             X|10.3 20.3
                              |5.2 16.3
    2                       XX|2.2 12.3 14.3 17.3
                           XXX|4.2 6.3 11.2
                            XX|13.2 19.2 22.3
                            XX|3.2 8.3 18.3
    1                      XXX|9.3 10.2 21.2
                          XXXX|15.3 20.2
                       XXXXXXX|7.3 16.2
                       XXXXXXX|6.2 12.2 14.2 17.2
                      XXXXXXXX|1.1
    0               XXXXXXXXXX|22.2
                   XXXXXXXXXXX|8.2 18.2
                  XXXXXXXXXXXX|9.2
               XXXXXXXXXXXXXXX|15.2
   -1         XXXXXXXXXXXXXXXXX|7.2
             XXXXXXXXXXXXXXXXXX|
        XXXXXXXXXXXXXXXXXXXXXXX|
      XXXXXXXXXXXXXXXXXXXXXXXXX|5.1
   -2 XXXXXXXXXXXXXXXXXXXXXXXXXX|2.1
        XXXXXXXXXXXXXXXXXXXXXXX|4.1
           XXXXXXXXXXXXXXXXXXXX|11.1 13.1 19.1
           XXXXXXXXXXXXXXXXXXXX|
   -3      XXXXXXXXXXXXXXXXXXXX|3.1
             XXXXXXXXXXXXXXXXXX|10.1 20.1 21.1
             XXXXXXXXXXXXXXXXXX|16.1
              XXXXXXXXXXXXXXXXX|12.1
   -4          XXXXXXXXXXXXXXXX|6.1 14.1 17.1
               XXXXXXXXXXXXXXX|
                XXXXXXXXXXXXXX|18.1 22.1
                 XXXXXXXXXXXX|8.1 9.1
                  XXXXXXXXXXX|15.1
   -5                XXXXXXXX|7.1
                      XXXXXXX|
                       XXXXX|
                        XXXX|
   -6                    XXXX|
                          XXX|
                           XX|
                             |
   -7                     XXX|
                          XXX|
                             |
   -8                       X|
                           XX|
                             |
                            X|
==================================================================
Each 'X' represents 2.2 cases
The labels for thresholds show the levels of
    item, and category, respectively
```

顯然，受試者的能力分布是從偏低能力（即非常不具有憂鬱情緒特質）到中能力（即微具中等憂鬱情緒特質）之間而已，大多數受試者的能力值均集中在 -0.5 到 -4.0 之間，具兩極端能力者數量（即高於 2.0 和低於 -5.0 者）十分偏少。若再從「MAP OF LATENT DISTRIBUTIONS AND THRESHOLDS」的圖來看，更有許多個步驟參數估計值是大於 2.0 以上，表示這些步驟並無法精確估計到這一批受試者；此外，對於受試者能力值小於 -5.0 以下者，卻沒有任何一個步驟參數可以用來估計出受試者的能力參數。整體的受試者能力與試題難度和步驟參數的分布情形，亦可從圖 11-16 中看出。所以整體來看，本範例的

圖 11-14

TDS 量表的第 1 題 RSM 之類別特徵曲線圖

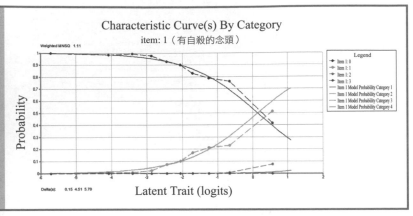

圖 11-15

TDS 量表的第 1 題 RSM 之期望得分分布曲線圖

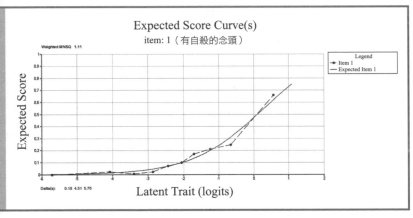

圖 11-16

TDS 量表的 RSM 之全體個人－試題難度及步驟參數對照圖（即萊特圖）

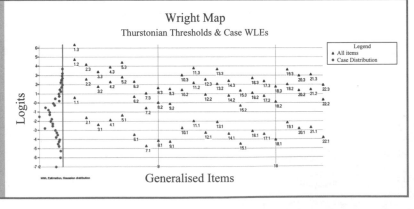

受試者是從國內 20 萬名中小學教師中隨機抽取的樣本，這一群人畢竟還是屬於心理較健康的工作族群，亦即他們被測量到的憂鬱情緒特質大致上是偏低的，屬於一群較低憂鬱情緒者；而本測量工具是一份從觀察醫生問診過程中所萃取整理出來的測量題目，比較適合用於評估較可能具有憂鬱情緒的一般正常受試者或廣大的上班族群。因此就以第 1 題為例，從 CH11-4.itn 報表、圖 11-14、圖 11-15 的輔助參考說明，亦可看出大多數受試者都會勾選「從不如此」（占 85.80%），而最高也只表達到「經常如此」（0.89%）而已，沒有人表達「總是如此」。所以，他們勾選並獲得「有自殺的念頭」的機率和得分，均大致偏低。

有鑑於上述說明，將表 11-3 所示改用 PCM 來重新跑過一次 CH11-4.txt 的資料。再重新點選 Run ⇒ Run All 指令，ConQuest 程式即會執行全部陳述在表 11-3 裡的指令，並輸出指定的 CH11-5.shw 試題參數（即 Show 指令）和 CH11-5.itn 傳統試題分析結果檔（即 Itanal 指令）等，這些結果檔將存放在「程式範例」的「CH11-5」資料夾裡。茲陳述與比較 CH11-4.shw 和 CH11-5.shw 參數估計值的差異如下，並參見圖 11-17 至圖 11-20 所示。

```
Title The Partial Credit Model analysis for CH11-5.txt Data;
Datafile CH11-5.txt;
Format gender 1 responses 2-23;
Codes 0, 1, 2, 3;
Labels << TDS.lab;
Model item + item*step;
Export parameters >> CH11-5.prm;
Export reg_coefficients >> CH11-5.reg;
Export covariance >> CH11-5.cov;
Estimate;
Show ! estimates=latent >> CH11-5.shw;
Itanal >> CH11-5.itn;
```

表 11-3

一個使用 PCM 來分析李克特氏量表工具資料的 ConQuest 程式（即 CH11-5.cqc）

圖 11-17

TDS 量表的 PCM 之試題難度參數估計值

```
=================================================================
The Partial Credit Model analysis for CH11-4.txt Data    Tue Jul 16 17:16 2019
TABLES OF RESPONSE MODEL PARAMETER ESTIMATES
=====================================================Build: Dec 21 2012===
TERM 1: item
-----------------------------------------------------------------
     VARIABLES                    UNWEIGHTED FIT            WEIGHTED FIT
-----------------------------------------------------------------
   item      ESTIMATE  ERROR^  MNSQ      CI        T   MNSQ      CI        T
-----------------------------------------------------------------
 1 有自殺的念     1.739   0.149  0.99 ( 0.92, 1.08) -0.1  1.04 ( 0.87, 1.13)  0.7
 2 對什麼事都     1.127   0.140  0.98 ( 0.92, 1.08) -0.5  1.00 ( 0.92, 1.08) -0.1
 3 凡事往壞的     0.530   0.110  0.98 ( 0.92, 1.08) -0.5  0.99 ( 0.91, 1.09) -0.2
 4 有罪惡感      0.820   0.117  1.02 ( 0.92, 1.08)  0.5  1.09 ( 0.92, 1.08)  2.1
 5 感覺自己很     0.984   0.114  0.93 ( 0.92, 1.08) -1.9  0.92 ( 0.91, 1.09) -1.7
 6 無力感      -0.420   0.077  0.87 ( 0.92, 1.08) -3.4  0.88 ( 0.90, 1.10) -2.5
 7 有壓力、     -1.670   0.066  0.95 ( 0.92, 1.08) -1.2  0.95 ( 0.91, 1.09) -1.2
 8 發脾氣、生    -1.053   0.080  1.00 ( 0.92, 1.08)  0.1  1.00 ( 0.89, 1.11)  0.1
 9 擔心、煩惱    -1.171   0.071  0.83 ( 0.92, 1.08) -4.6  0.86 ( 0.90, 1.10) -2.8
10 害怕、恐懼     0.176   0.093  0.87 ( 0.92, 1.08) -3.3  0.91 ( 0.91, 1.09) -1.9
11 想哭        0.747   0.114  1.06 ( 0.92, 1.08)  1.6  1.12 ( 0.92, 1.08)  2.7
12 心情低落     -0.075   0.096  0.71 ( 0.92, 1.08) -8.2  0.79 ( 0.90, 1.10) -4.2
13 胃口不好（     0.590   0.104  0.99 ( 0.92, 1.08) -0.2  1.07 ( 0.91, 1.09)  1.5
14 睡眠狀況不    -0.470   0.069  1.21 ( 0.92, 1.08)  4.9  1.25 ( 0.91, 1.09)  5.1
15 身體疲憊     -1.359   0.064  0.99 ( 0.92, 1.08) -0.2  1.00 ( 0.91, 1.09)  0.0
16 無法專心做     0.279   0.122  0.87 ( 0.92, 1.08) -3.3  0.94 ( 0.91, 1.09) -1.3
17 身體不舒服    -0.151   0.098  1.03 ( 0.92, 1.08)  0.8  1.06 ( 0.90, 1.10)  1.2
18 記憶力不好    -0.833   0.074  1.14 ( 0.92, 1.08)  3.4  1.15 ( 0.91, 1.09)  3.0
19 不想與他人     0.698   0.116  0.95 ( 0.92, 1.08) -1.2  0.99 ( 0.92, 1.08) -0.2
20 少說話（或     0.153   0.092  1.05 ( 0.92, 1.08)  1.4  1.10 ( 0.91, 1.09)  2.3
21 不想出門      0.163   0.089  1.07 ( 0.92, 1.08)  1.7  1.11 ( 0.91, 1.09)  2.3
22 生活圈小    -0.805*   0.061  1.42 ( 0.92, 1.08)  9.3  1.36 ( 0.92, 1.08)  7.6
-----------------------------------------------------------------
An asterisk next to a parameter estimate indicates that it is constrained
Separation Reliability =  0.987
Chi-square test of parameter equality =     2207.39,  df = 21,  Sig Level = 0.000
^ Empirical standard errors have been used
=================================================================
```

圖 11-18

TDS 量表的 PCM 之試題步驟參數估計值

```
=================================================================
TERM 2: item*step
-----------------------------------------------------------------
     VARIABLES                      UNWEIGHTED FIT            WEIGHTED FIT
-----------------------------------------------------------------
   item     cate-  ESTIM-  ERROR^  MNSQ      CI        T    MNSQ      CI        T
            gory    ATE
-----------------------------------------------------------------
 1 有自殺的念   0                   0.87 ( 0.92, 1.08) -3.5  1.04 ( 0.88, 1.12)  0.8
 1 有自殺的念   1  -1.209  0.167    0.80 ( 0.92, 1.08) -5.2  1.03 ( 0.89, 1.11)  0.5
 1 有自殺的念   2   1.209*          55.48 ( 0.92, 1.08)209.5  0.97 ( 0.52, 1.48) -0.0
 2 對什麼事都   0                   1.12 ( 0.92, 1.08)  2.8  1.01 ( 0.94, 1.06)  0.3
 2 對什麼事都   1  -2.873  0.155    0.97 ( 0.92, 1.08) -0.8  0.98 ( 0.95, 1.05) -0.6
 2 對什麼事都   2   1.365  0.230    1.55 ( 0.92, 1.08) 11.7  0.93 ( 0.69, 1.31) -0.4
 2 對什麼事都   3   1.507*          64.12 ( 0.92, 1.08)223.7  0.87 ( 0.33, 1.67) -0.3
 3 凡事往壞的   0                   1.08 ( 0.92, 1.08)  1.9  1.02 ( 0.93, 1.07)  0.7
 3 凡事往壞的   1  -3.053  0.126    0.99 ( 0.92, 1.08) -0.3  1.00 ( 0.95, 1.05) -0.0
 3 凡事往壞的   2   1.043  0.165    0.68 ( 0.92, 1.08) -9.0  0.97 ( 0.81, 1.19) -0.3
 3 凡事往壞的   3   2.010*          0.19 ( 0.92, 1.08)-31.7  0.94 ( 0.50, 1.50) -0.2
 4 有罪惡感    0                   1.35 ( 0.92, 1.08)  7.8  1.08 ( 0.94, 1.06)  2.6
 4 有罪惡感    1  -2.825  0.132    1.01 ( 0.92, 1.08)  0.4  1.05 ( 0.95, 1.05)  1.9
 4 有罪惡感    2   1.387  0.199    0.60 ( 0.92, 1.08)-11.7  0.98 ( 0.73, 1.27) -0.1
 4 有罪惡感    3   1.439*          0.18 ( 0.92, 1.08)-32.3  1.07 ( 0.48, 1.52)  0.4
 5 感覺自己很   0                   0.95 ( 0.92, 1.08) -1.3  0.96 ( 0.94, 1.06) -1.3
 5 感覺自己很   1  -2.357  0.130    0.97 ( 0.92, 1.08) -0.8  0.97 ( 0.95, 1.05) -1.1
 5 感覺自己很   2   1.191  0.204    0.36 ( 0.92, 1.08)-21.7  0.96 ( 0.72, 1.28) -0.2
 5 感覺自己很   3   1.166*          0.10 ( 0.92, 1.08)-40.2  0.92 ( 0.50, 1.50) -0.3
 6 無力感     0                   0.81 ( 0.92, 1.08) -5.1  1.00 ( 0.91, 1.09) -0.1
 6 無力感     1  -3.343  0.097    0.93 ( 0.92, 1.08) -1.7  0.96 ( 0.93, 1.07) -1.2
...
20 少說話（或   0                   1.32 ( 0.92, 1.08)  7.3  1.01 ( 0.93, 1.07)  0.2
20 少說話（或   1  -3.044  0.109    0.95 ( 0.92, 1.08) -1.3  0.99 ( 0.95, 1.05) -0.3
20 少說話（或   2   1.003  0.140    2.59 ( 0.92, 1.08) 27.8  1.01 ( 0.84, 1.16)  0.2
20 少說話（或   3   2.041*          711.40 ( 0.92, 1.08)591.0  1.26 ( 0.61, 1.39)  1.3
21 不想出門    0                   1.31 ( 0.92, 1.08)  7.1  1.04 ( 0.93, 1.07)  1.0
21 不想出門    1  -2.911  0.105    1.01 ( 0.92, 1.08)  0.2  1.01 ( 0.95, 1.05)  0.5
21 不想出門    2   1.082  0.141    2.32 ( 0.92, 1.08) 24.2  1.04 ( 0.83, 1.17)  0.4
21 不想出門    3   1.829*          2.62 ( 0.92, 1.08) 28.3  1.28 ( 0.63, 1.37)  1.4
22 生活圈小    0                   2.99 ( 0.92, 1.08) 32.9  1.17 ( 0.91, 1.09)  3.8
22 生活圈小    1  -2.453  0.081    1.08 ( 0.92, 1.08)  1.9  1.05 ( 0.96, 1.04)  2.4
22 生活圈小    2   0.511  0.094    7.98 ( 0.92, 1.08) 74.4  1.10 ( 0.92, 1.08)  2.3
22 生活圈小    3   1.942*          63.81 ( 0.92, 1.08)223.4  1.20 ( 0.80, 1.20)  1.9
-----------------------------------------------------------------
An asterisk next to a parameter estimate indicates that it is constrained
=================================================================
```

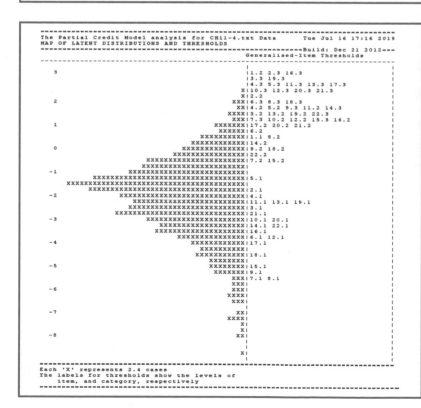

```
=====================================================================
The Partial Credit Model analysis for CH11-4.txt Data      Tue Jul 16 17:16 2019
MAP OF LATENT DISTRIBUTIONS AND RESPONSE MODEL PARAMETER ESTIMATES
=====================================================-----Build: Dec 21 2012===
               Terms in the Model (excl Step terms)
                          +item
       -------------------------------------------------
    2          X|             |
               X|1            |
               X|2            |
    1         XX|4  5         |
              XX|11  13  19   |
              XX|3            |
             XXX|10  16  20  21|
    0       XXXX|12  17       |
            XXXX|6            |
          XXXXXX|14           |
          XXXXX|18  22        |
   -1      XXXXX|8            |
        XXXXXXXX|9  15        |
      XXXXXXXXXX|             |
       XXXXXXXXX|7            |
   -2    XXXXXXX|             |
         XXXXXX|             |
         XXXXXX|             |
   -3    XXXXXX|             |
         XXXXXX|             |
          XXXXX|             |
   -4      XXXX|             |
            XX|             |
           XXX|             |
            XX|             |
   -5        XX|             |
            XX|             |
             X|             |
             X|             |
   -6         X|             |
             X|             |
             X|             |
   -7          |             |
             X|             |
   -8         X|             |
       -------------------------------------------------
Each 'X' represents 9.4 cases
=====================================================================
```

圖 11-19

TDS 量表的 PCM 之個人－試題難度參數對照圖

```
=====================================================================
The Partial Credit Model analysis for CH11-4.txt Data      Tue Jul 16 17:16 2019
MAP OF LATENT DISTRIBUTIONS AND THRESHOLDS
=====================================================-----Build: Dec 21 2012===
                                        Generalised-Item Thresholds
       -------------------------------------------------
    3                         |1.2  2.3  16.3   |
                              |3.3  19.3        |
                              |4.3  5.3  11.3  13.3  17.3|
                             X|10.3  12.3  20.3  21.3|
                             X|2.2              |
    2                      XXX|6.3  8.3  18.3   |
                          XXX|4.2  5.2  9.3  11.2  14.3|
                         XXXX|3.2  13.2  19.2  22.3|
                          XXX|7.3  10.2  12.2  15.3  16.2|
    1                  XXXXXXX|17.2  20.2  21.2 |
                       XXXXXX|6.2              |
                   XXXXXXXXXX|1.1  8.2         |
    0              XXXXXXXXXXX|14.2             |
                  XXXXXXXXXXX|9.2  18.2        |
                 XXXXXXXXXXXX|22.2             |
               XXXXXXXXXXXXXX|7.2  15.2        |
   -1        XXXXXXXXXXXXXXXXX|                |
            XXXXXXXXXXXXXXXXXX|5.1             |
        XXXXXXXXXXXXXXXXXXXXX|2.1             |
   -2     XXXXXXXXXXXXXXXXXXX|4.1             |
          XXXXXXXXXXXXXXXXXX|11.1  13.1  19.1 |
           XXXXXXXXXXXXXXXXX|3.1             |
   -3    XXXXXXXXXXXXXXXXXXXX|21.1            |
          XXXXXXXXXXXXXXXXXX|10.1  20.1       |
           XXXXXXXXXXXXXXXX|14.1  22.1       |
            XXXXXXXXXXXXXXX|16.1            |
   -4       XXXXXXXXXXXXX|6.1  12.1       |
            XXXXXXXXXXXX|17.1            |
             XXXXXXXXXXX|               |
            XXXXXXXXXXX|18.1            |
   -5        XXXXXXXXX|15.1            |
            XXXXXXX|9.1             |
            XXXXXXX|7.1  8.1        |
   -6         XXX|                |
             XXX|                |
            XXXX|                |
             XXX|                |
   -7          XX|                |
             XXXX|                |
              X|                |
             XX|                |
   -8          |                |
              |                |
              X|                |
       -------------------------------------------------
Each 'X' represents 2.4 cases
The labels for thresholds show the levels of
    item, and category, respectively
=====================================================================
```

圖 11-20

TDS 量表的 PCM 之個人－試題步驟難度參數對照圖

　　由圖 11-17 至圖 11-20 所示，與圖 11-11 至圖 11-13 所示相較起來，在圖 11-17 中顯示僅剩第 22 題的 Outfit 和 Infit MNSQ 指標大於 1.3 以外，其餘題目均顯示適配；且圖 11-18 顯示，除少數試題的 Outfit MNSQ 指標落在 0.7～1.3 的區間外，所有 Infit MNSQ 指標均落在 0.7～1.3 的區間內，顯示本範例改用 PCM 來取代 RSM 後，對試題難度和步驟參數的估計均顯示其適配度已經大幅改善。

　　本例說明的目的，旨在比較與呈現同一筆資料在套用 RSM 與 PCM 分析後，資料與模型間的適配情形而已。緊接著的分析，研究者即需要輸出試題參數及受試者參數，以作為後續使用其他統計方法時的輸入值，甚至進一步分析本量表題目有無 DIF 存在的現象，以及陳列出受試者族群間的表現差異。這就是下一節要說明的範例。

第五節　潛在迴歸分析練習範例舉隅

　　我們曾在第七章及第八章介紹過 MFM 的理論與應用，在此模型下，影響受試者 n 在試題 i 答對機率的因素，即稱作「面向」。這些面向因素，可能包含：性別、年級、族群、測驗版本、評審的嚴苛度等屬於「計質」的因素（qualitative factors），也可能包含：受試者特質（attributes）、行為表現、學業成就等屬於「計量」的因素（quantitative factors）。當計質的面向因素出現時，我們可以使用 MFM 來處理資料分析的問題即可；但是當計量的面向因素出現時，由於這些影響因素是潛在、看不見的，必須被當作「潛在迴歸變項」（latent regression variables）來看待，並且改用所謂的「潛在迴歸分析」方法，才能精確預測我們所關注的效標變項結果（Adams et al., 1997; Mislevy et al., 1992; Wu et al., 2016）。

　　上述影響受試者 n 在試題 i 答對機率的因素裡，通常計質的因素會影響到試題的難度參數（例如：嚴格評審的評分結果，會增加試題的難度，因而會降低受試者的得分機率），而計量的因素會影響到受試者的能力參數（例如：社經地位會影響受試者的能力估計，因而都常會提高受試者的得分機率）。因此

在資料分析時，若遇到會影響受試者能力參數估計的因素同時存在時，改用潛在迴歸分析，可同時將這些因素的影響效果納入考量，一起估計出對受試者能力參數的影響效果，因而可增進或提高對受試者能力參數的估計精確度。此時，若只是使用傳統的直線迴歸分析來進行，它對受試者能力參數的估計效果，可能就不如使用潛在迴歸分析那般來得精確。我們觀察下列的舉例，即可得知此現象結果的差異。

　　請打開「CH11-6」資料夾裡面的CH11-6.txt資料檔，乃由WELLBEING1.sav檔中的背景變項資料「性別」（gender）（編碼：男性＝1，女性＝0）、「擔任志工的頻率」（V6）、「參與宗教活動（如祈禱、誦經、慶典或參拜儀式等）的頻率」（V7）、「練習靜坐、冥想的頻率」（V8）、「使用社群網路平臺（Facebook、Line、Twitter、WeChat、Skype等）的頻率」（V9）等四個變項（均為李克特氏四點量表計分，計分點數愈高，表示頻率愈高），以及「台灣憂鬱情緒量表」（TDS，變項編碼 d01～d22）等資料，轉檔後所儲存成一個 ASCII 文件檔格式而來；而在 QUES1.pdf 檔裡，有這些背景變項題目的內容說明。另一個 ConQuest 程式 CH11-6.cqc，則是用來執行潛在迴歸分析的指令檔，其內容如表 11-4 所示。

　　在使用者圖形介面下，只要點選 Run ⇒ Run All 指令，ConQuest 程式即會執行全部陳述在表 11-4 裡的指令，並將整體母群模型（population model）的參數估計值報表，輸出在 CH11-6.shw 檔裡。其中，CH11-5.prm、CH11-5.reg、CH11-5.cov 等三個檔，乃為由前例 CH11-5.cqc 程式所輸出的試題參數、迴歸係數、殘差變異數的估計值報表檔，並且輸入作為本例估計的起始值，以加速並縮短程式運算的時間。

　　ConQuest 程式執行後，即可獲得 CH11-6.shw 輸出檔，讀者只要使用視窗作業系統內建的「記事本」軟體，即可打開這兩個檔，查看其內容。讀者查看每一個檔的數據說明，不難理解到 ConQuest 程式所輸出的報表內涵。因此，底下說明僅呈現此 CH11-6.shw 輸出檔的潛在迴歸參數的估計結果。

表 11-4	Title The Latent Regression Analysis for CH11-6.txt Data;
	Datafile CH11-6.txt;
一個使用潛在迴	Format ID 1-8 gender 10 V6 11 V7 12 V8 13 V9 14 responses 16-37;
歸分析的 Con-	Codes 0, 1, 2, 3, 4, 9;
Quest 程式（即	Recode (9)(.);
CH11-6.cqc）	Set respmiss=Dot;
	Labels << TDS.lab;
	Regression gender V6 V7 V8 V9;
	Model item + item*step;
	Import init_parameters << CH11-5.prm;
	Import init_reg_coefficients << CH11-5.reg;
	Import init_covariance << CH11-5.cov;
	Estimate! fit=no;
	Set p_nodes=1000;
	Show ! estimates=latent >> CH11-6.shw;
	Itanal >> CH11-6.itn;
	Show cases! estimates=mle >> CH11-6.mle;
	Show cases! estimates=eap >> CH11-6.eap;

　　由圖 11-21 所示可知，將性別、V6、V7、V8、V9 等五個變項拿來對受試者的能力估計值進行迴歸分析的結果，ConQuest 程式輸出此潛在迴歸方程式如下：

$$\theta_{latent} = -1.834 + (0.033)gender + (-0.077)V6 + (0.018)V7 + (-0.038)V8 + (-0.019)V9$$

　　且殘差變異數為 2.769。可惜的是，ConQuest 程式沒有進一步提供這五個預測變項的迴歸係數的顯著性考驗，但我們可以根據傳統上進行 t 檢定的做法，自行筆算一下：亦即，將迴歸係數除以其估計標準誤，即可獲得 t 值，再看看它的絕對值是否有大於 2 以上；若有，即表示顯著，若無，則表示不顯著。我們可從這五個迴歸係數與其估計標準誤相除的比值來看，顯然除了截距項有達顯著外，其餘五個預測變項均未達顯著。這意味著，就以本例而言，這五個預測變項對受試者的能力估計值而言，並沒有預測作用和影響力。

```
===============================================================================
The Latent Regression Analysis for CH11-6.txt Data        Sat Sep 15 15:39 2018
TABLES OF POPULATION MODEL PARAMETER ESTIMATES
===============================================================Build: Dec 21 2012===
REGRESSION COEFFICIENTS
Regression Variable

CONSTANT                        -1.834 ( 0.184)
gender                           0.033 ( 0.100)
v6                              -0.077 ( 0.055)
v7                               0.018 ( 0.064)
v8                              -0.038 ( 0.055)
v9                              -0.019 ( 0.050)
-------------------------------------------------------------------------------
An asterisk next to a parameter estimate indicates that it is constrained
===============================================================================
CONDITIONAL COVARIANCE/CORRELATION MATRIX
Dimension

Dimension_1
-------------------------------------------------------------------------------
Variance                         2.769 ( 0.131)
-------------------------------------------------------------------------------
An asterisk next to a parameter estimate indicates that it is constrained
===============================================================================
RELIABILITY COEFFICIENTS
-----------------------
Dimension: (Dimension_1)
-----------------------
 MLE Person separation RELIABILITY:  Unavailable
 WLE Person separation RELIABILITY:  Unavailable
 EAP/PV RELIABILITY:                 0.904
-----------------------
```

圖 11-21

潛在迴歸分析的母群模型參數估計值

　　我們也可以根據 CH11-6.cqc 程式中，所輸出的兩個外部檔案：即受試者的能力 MLE 估計值（CH11-6.mle）和 EAP 估計值（CH11-6.eap），存回「CH11-6」資料夾中的 CH11-6.sav 檔中當作效標變項，並連同性別、V6、V7、V8、V9 等五個預測變項，再利用 SPSS 程式，各跑一次傳統的一般最小平方法（ordinary least square, OLS）迴歸分析，將結果列舉並進行比較如下：

$$\hat{\theta}_{mle} = -1.663 + (-0.116)V6 + (-0.049)V7 + (0.057)V8 + (-0.086)V9 \quad R^2 = .005$$
$$\sigma^2_{res} = 3.56$$
$$\hat{\theta}_{eap} = -1.696 + (-0.121)V6 + (-0.062)V7 + (0.072)V8 + (-0.041)V9 \quad R^2 = .005$$
$$\sigma^2_{res} = 2.67$$
$$\hat{\theta}_{總分} = 40.511 + (-0.437)V6 + (-0.536)V7 + (0.418)V8 + (-0.059)V9 \quad R^2 = .004$$
$$\sigma^2_{res} = 80.91$$

　　上述這三條迴歸線，大致上而言，除了截距項有達顯著外，其他預測變項都未達顯著，且性別變項因遺漏值關係被程式刪除而沒有進入預測方程式裡。其中，輸出 EAP 估計值當作效標變項，再進行一般性的迴歸分析結果，會比

較接近潛在迴歸分析的結果，但使用 MLE 估計值和原始總分的估計值當作效標變項，則否。不過上述這些做法都必須分成兩個階段，不像迴歸分析一樣，一次就從量表題目得分中直接計算受試者的潛在能力估計值及其迴歸預測關係。

　　上述舉例，剛好是遇到輸入的預測變項都沒有預測作用，因而對受試者的潛在能力估計值沒有多大影響。若是所輸入的預測變項是有顯著影響作用者，則分成兩段式的傳統迴歸分析結果的精確性與正確性，會遠低於一次分析的潛在迴歸分析做法，這是因為前者對效標變項的預測包含較大的測量誤差在內，而後者則是直接以能力估計值當作效標變項，其殘差變異已被排除在外，所以迴歸預測時包含較小的測量誤差在內。所以，爾後當研究者擬使用某個量表作為受試者的能力測量工具，且也同時考量其他預測變項對此量表得分的迴歸分析時，根據本例所示，建議還是以執行一次潛在迴歸分析為宜，而不是分成兩個階段的傳統一般性迴歸分析做法。

第十二章

應用 Rasch 測量模型
發展量表的文獻實例

最後，來到本書的結尾了。讀者若要熟悉Rasch測量模型在測量工具或量表的應用與發展情形，唯有透過多看、多聽、多練習各式各樣的實例及實作，方能精熟。

本章的目的，即是舉例說明國內目前應用Rasch測量模型所建立之測量工具或量表的發展情形。這些例子散布在各個學術領域，讀者只要上網到國家圖書館，尋找「期刊文獻資訊網」——臺灣期刊論文索引系統，在「查詢值」欄裡輸入「Rasch」關鍵詞，即可找到數以百計的相關文獻資訊。底下所評閱的文獻，只是在呈現並說明各種Rasch測量模型在各個學術領域的應用情形，並非在重述該文獻。對本章所引述文獻感興趣的讀者，可從網路上檢索到該文，並下載詳細閱讀，即可瞭解各種Rasch測量模型在國內當前的應用與發展現況。

第一節　Rasch 模型的應用實例

首先應用Rasch測量模型來探討學術研究問題的學術領域，當然非教育領域的成就測驗或認知測驗莫屬。屬於這一類的研究資料，有一個共同特色：那就是針對該測驗中的所有測量題目（無論是何種題型）的作答結果，只有「對或錯」、「成功或失敗」、「是或否」、「同意或不同意」等二元計分之別；亦即，作答資料只分成兩種編碼：「0與1」。後來，隨著Rasch測量模型從歐洲的丹麥介紹到美國，再由美國擴展到全世界各國、各學術領域。目前，舉凡研究者所收集回來的資料或研究目

標係屬於「二元計分」的情境時，即可嘗試引用 Rasch 測量模型分析看看手邊的資料，以期能夠獲得客觀測量的研究結果。因此，無論是一般選擇題型的成就測驗、臨床醫學的病患類型分類、企業行銷及信譽評等研究、屬於標準參照測驗的證照考試、及格與不及格的通過判準等二分類資料，都是使用二元計分Rasch 測量模型的好時機與好對象。至今，使用二元計分的 Rasch 測量模型，多半是應用到測驗（tests）工具上，而非量表（scales）工具上的例子居多。底下所評閱及介紹的文獻，即是屬於前者這一種類型的例子。

　　國內，應用 Rasch 測量模型來分析二元計分資料的最有名例子，非 2001年度起首度實施的「國中基本學力測驗」莫屬。這個簡稱「國中基測」的考試方式，是國內首度採用 Rasch 測量模型來計分的一種創新考試制度。該考試共考五科，每一考科均是採用選擇題型的成就測驗，答對編碼為 1，答錯編碼為0，經 1PL 模型（即二元計分的 Rasch 測量模型）分析後，估計出每一試題的難度參數，並以所謂 60 分制的「量尺分數」作為報告考試成績的依據。雖然選擇題型的成就測驗不容易適配 1PL 模型，因為它漠視選擇題型成就測驗的試題鑑別度參數和猜測度參數存在的事實；但是，筆者認為只要認真命題、審慎審題、再根據雙向細目表挑選符合優良品質的題目入庫，還是能夠建置出一個理想的考試題庫。筆者對「國中基測」發展歷程的評論，是抱持給予肯定與支持的態度。

　　然而，對於作答沒有「對、錯」標準答案之分的李克特氏評定量尺作答資料而言，可舉例說明的例子則顯得十分稀少。因為大多數的李克特氏評定量尺的計分都是多元計分，鮮少使用二元計分，但讀者只要仔細去找，還是可以找到少數幾個例子。底下所述，即是其中一例。

　　茲以吳若蕙、李佳隆（2010）所發展的「全民英檢」學習者自我評估量表為例，說明如下。該研究以「全民英檢」的能力指標為本，經實證程序發展適合「全民英檢」初至中高級的聽力、閱讀自我評估量表。該研究經專家判斷程序製定聽力 22 題、閱讀 21 題的能作敘述（can-do statement）題目，以編製成一份自我評估量表，並以考生在該量表上題目回答「是或否」的方式進行二元編碼計分，並於 2009 年間邀請共 8,006 位「全民英檢」考生回答該量表。接

著，以二元計分的 Rasch 模式與次序羅吉式迴歸分析方法（ordinal logistic regression）探討學習者自我評估的結果與「全民英檢」成績間的關係，並計算出三個級數的切分點與正確預測級數的機率模型。分析結果顯示：該模型能正確預估學習者能力的機率分別為聽力（68%）、閱讀（65%），明顯高出隨機機率（33%），顯示該量表具有相當的預測效度。該量表可提供全民英檢指引與教學參考，教師亦可使用該量表中的能作敘述題目，訂定更明確的教學目標與設計課堂活動。

第二節　RSM 的應用實例

　　Rasch 測量模型的應用範圍，從二元計分資料到多元計分資料的演變過程是一大創舉。尤其是在行為科學與社會科學的研究中，很多研究者均使用可以四或五點計分的李克特氏量尺，作為收集研究資料的工具。因此，如何將原本適用於二元計分資料的 Rasch 測量模型，修改成能夠適用於如此多元計分的資料，便是一大創見工程。而 Wright 與 Masters（1982）即認為 RSM 的提出，便是特別符合此類研究情境資料的需求，研究樣本無論大小，只要能夠做到資料模型適配（data-model fit），即可表示資料表現符合模型的預期，而可用以推論母群，可謂該測量有效，代表該測量具有良好的建構效度。因此，使用 Rasch 測量模型來分析多元計分資料的重點，在於獲取一個「資料模型適配」的證據，即可說該測量是有效、具有理想建構效度的。而可以應用到多元計分資料的 Rasch 測量模型有很多種，各有其適用的環境與條件。本節在此先介紹 RSM 的應用情形，後續各節再介紹其他可適用於多元計分資料分析的測量模型。

　　茲以「Rosenberg 自尊量表」的編製與發展為例。在巫博瀚、賴英娟、施慶麟（2013）的研究裡，該量表旨在測量個人的自尊狀態，是一份廣受歡迎與使用的自陳式測量工具。該研究使用 1,155 名臺灣國中生為樣本，採用 ConQuest 2.0 套裝軟體進行 RSM 分析，研究結果顯示「Rosenberg 自尊量表」適配該筆資料，能夠精確區分出中等程度自尊的受試者，但對於自尊特質量尺兩

極端的受試者，其測量精確度較低。最後，作者針對 RSM 在量表發展的後續應用上，亦一併提出具體的研究建議。

其他相當的例子，計有莊嘉坤（1995）發展一份評量國小學童的科學態度量表；謝立文、李德仁（2013）編製一份運動賽會服務品質量表；謝龍卿、黃德祥（2015）編製一份青少年臉書成癮量表；李隆盛、李懿芳、潘瑛如（2015）編製一份「國中生能源素養量表」，以及陳柏熹、王文中（1999）發展一份生活品質量表等，均是以 RSM 應用到量表編製與發展的例子。

由於 RSM 假設所有題目的步驟參數係跨試題都保持一致的，因此其影響效果也是對所有受試者都保持固定的。不過，當受試者在填寫這種李克特氏量尺或問卷時，他們在每一試題上所做出的主觀判斷，卻未必是保持人人一致的，致使該模型所假設的固定效果，實不易在現實的測量情境中發生，導致「資料模型適配」不易存在，而需要改用其他模型來替代。對此議題，Wang 與 Wilson（2005）提出一些改良模型的構想，其中之一即是發展出隨機效果評等量尺模式（random-effects rating scale model, RE-RSM），將步驟參數改為隨機效果，因此比較能反應出 RSM 中主觀判斷的隨機特性；另一者，則是提出一個限制性的隨機效果部分得分模式（constrained random-effects partial credit model, CRE-PCM），並舉例展示如何利用這些模型來診斷試題品質，探討隨機效果的大小與可能成因，並提供試題編製與修訂時的參考（施慶麟、王文中，2006）。除此之外，本章第三節至第五節的舉例說明，也都是用來補強 RSM 在適配資料上的估計限制。

第三節　PCM 的應用實例

應用 Rasch 的部份計分模型（PCM）來建立測驗工具的例子非常多。因為在教育領域中，學者用來評估學生的認知能力或學習成就的做法，已有逐漸採用多元評量的趨勢，像寫作評量（writing assessment）、口語評量（oral assessment）、實作評量（performance assessment）、檔案評量（portfolio assessment）、素養題或題組題評量（literacy or testlet assessment）等，都是傾向採

用部份計分方式來評定學生能力的高低，而不再只是憑藉著採用「全對或全錯」的二元分類判定而已；亦即，學校教師承認學生的能力在「完全答對」到「完全答錯」的作答反應之間，仍存有「部分知識」之事實，因此需給以「部分得分」方屬合理的計分方式（余民寧，1992b，Yu, 1991a, 1991b, 1993）。

　　然而，將 PCM 應用到量表工具的發展上，則尚須歸功於電腦程式的發展與對此模型的理解，如此才能大幅發揮此模型的應用價值。筆者曾在第七章、第八章及第十一章的舉例提過，PCM 可以放寬 RSM 對步驟參數的估計限制，因此在 RSM 模型無法適配資料時，改採 PCM 來替代，往往可以改善模型與資料之間的適配度。底下所評閱及介紹的例子，即是使用 PCM 來發展測量工具的典型例子。

　　茲以「科學想像力圖形測驗之發展」（王佳琪、鄭英耀、何曉琪，2016）的說明為例。該研究係在科學想像力歷程模式的基礎下，企圖發展適用於國小五、六年級的科學想像力圖形測驗。它在預試時挑選 558 位學生，而在正式施測時挑選 698 位國小五、六年級學生當作樣本。該測驗使用 A、B、C、D 四項作業，每項作業均包含科學想像力歷程中的「漫想力、聯想力、奇想力」等三個向度，用以測量學生之科學想像力。經過 PCM 分析資料後，三向度的量表都具有良好的模型與資料之間的適配度，並且所有作業在男、女性別上並無明顯的差異試題功能（DIF）現象出現，且漫想力、聯想力、奇想力三個因素之信度分別是 .88、.88 及 .87，顯示具有良好的心理計量特質。最後，研究者針對本「科學想像力圖形測驗」的未來發展與應用情形，提出具體的研究建議。

　　此外，另一篇「科學創造性問題解決測驗之發展」（王佳琪、何曉琪、鄭英耀，2014），亦屬相似的案例。該研究係根據創意問題解決模式（creative problem solving, CPS），重新修訂一份適用於國小五、六年級學童的「科學創造性問題解決測驗」，旨在瞭解學童於日常生活情境中，能以科學知識為基礎，運用觀察、分析與高層次思考，進而解決問題的能力。同樣的，該研究在預試時挑選 487 位學生，而在正式施測時挑選 717 位國小五、六年級學生為樣本。本測驗以情境題組的方式，分別從「觀察問題、界定問題、分析問題與解

決問題」等四個歷程編擬問題，每個歷程各編寫 8 個項目，分三個部分（看圖
說故事、整理筆記、腦筋急轉彎），共設計 32 題試題。復經 PCM 分析，修
訂後之量表具有良好的模型與資料之間的適配度，並且所有題目亦無出現男、
女性別上的明顯差異試題功能現象，且「觀察問題、界定問題、分析問題與解
決問題」四個因素的信度分別是 .70、.75、.78 與 .76，顯示具有良好的心理計
量特質。最後，研究者亦針對本「科學創造性問題解決測驗」的未來發展與應
用情形，提出具體的研究建議。

　　另一則短題本測量工具——「姿勢控制量表」（Balance Assessment in Sit-
ting and Standing Positions, BASS）的發展（吳佳樺等人，2016），亦是應用
PCM 的例子，茲扼要評述如下。該量表只有四題題目，適用於評量神經損傷
個案平衡功能之工具，以 193 位中風個案職能治療病歷資料為例分析，並以
Rasch 的 PCM 檢驗這些個案在四題題目得分之資料適配度（0.6 < infit MNSQ
與 outfit MNSQ < 1.4），同時並檢定性別與中風患側有無 DIF 現象的存在。
研究結果顯示：這些個案平均平衡功能稍差，但本量表的模型與資料適配度良
好（即 infit MNSQ 介於 0.96～1.15, outfit MNSQ 介於 0.79～0.97，均小於 0.6
< MNSQ < 1.4 的判定區間），具有高分離信度（separation reliability）0.89，
且在性別與中風患側（無論是左側或右側上）均無顯示有 DIF 的現象。本研
究再次確認姿勢控制量表四個題目，為一份具有單向度—可加總計分以表示中
風個案之平衡能力的測量工具，其評估之個案能力與過去的研究相似（即具有
高的效標關聯效度），亦表示此量表可以準確用來評量中風個案的平衡能力。
此外，姿勢控制量表之估計參數可適用於不同性別與患側之個案。最後，研究
者針對本量表在未來臨床人員的應用上，提出具體的建議。

第四節　MFM 的應用實例

　　與上述 PCM 的應用情況相雷同，應用 Rasch 多面向模型（MFM）來評估
或建立量表工具的例子，在國內算是偏多的。筆者曾在第七章及第八章提過，
MFM 適用於探索研究資料是否遭受第三者因素（即試題難度及受試者能力除

外的其他因素）影響的測量情形──此即「評分者效應」的問題。因此，舉凡仰賴評審的評分資料、作答資料是否遭受族群屬性（如：性別、種族、語言、文化等）影響的差異試題功能（DIF）分析、建構反應等實作評量的資料等，皆是應用 MFM 的良好時機與對象。底下的介紹說明，即是其中的幾例。

　　首先，以仰賴評審的評分資料為例，屬於這一類型的資料包括寫作評量、口試評分、運動技能比賽、才藝表演競賽、藝術作品評比等評分情境。在謝名娟（2017）的研究裡即發現，當比賽的人數眾多而必須分組接受評審評分時，每一組評審的嚴苛度即可能會對成績造成影響。因此在本研究中，即是將評分項目、評分委員的嚴苛度放進多面向 Rasch 模型（即 MFM）中進行估計，進而以較客觀的方式來評估儲訓校長的口語表達能力。本研究結果發現，即使有受過訓練的評分者，在評分過程中，還是會有嚴苛度不同的情形發生，而儲訓校長在演說上，對於內容、架構、語詞使用、時間掌控等部分較感困難，而對於發音標準、演說中有合適的語調、具有良好的儀表態度等向度，則感到較為容易。因此，若忽視納入可能影響的層面而直接使用「原始分數總分」或是以「求平均」方式作為受試者的成績計算時，可能真的會造成分數上的誤差與排名的不公。其他例子，諸如：張新立、吳舜丞（2008）應用在學術研討會的論文評分；姚漢禱、姚偉哲（2008）應用在雙不定向飛靶優秀選手的射擊技術；謝名娟（2013）用於評估標準設定成員之間在設定標準分數的變異性；陸雲鳳（2016a）應用於分析桌球女單優秀個案比賽的技術分析；謝如山、謝名娟（2013）則應用在評估數感及生活應用能力中的實作評量分析等，這些例子都是 MFM 的合理有效應用。

　　其次，便是結合 MFM 與 DIF 分析的應用案例。例如，在陸雲鳳（2016b）的研究裡，即是利用差異評分者函數（differential rater functioning, DRF）來估計評分者的評分差異，以偵測評分者間的偏差程度。它僅使用小樣本資料，共計使用受試者 18 名選手，採用 5 位專家評定 13 項標槍投擲技術。研究資料使用 Winsteps 程式分析，經 MFM 估計評分者和項目的參數，以及使用 DRF 探查評分者在項目間的差異。結果顯示：(1)受試者和項目信度良好，但都有模型與資料適配度不良者；(2)評分者在項目 5 的評分嚴謹度有顯著差異；(3)A

評分者在項目 5 和項目 8 的評分較為寬鬆；(4)配對比較評分者在項目間的差異函數考驗，皆顯示為 A 評分者與其他四位評分者的評分嚴謹度有顯著差異。因此，做出結論道：評分者差異函數可以偵測主觀評分之評分者偏差。方法性質雷同的論文，尚有林本源（2010）；周嵩益、劉兆達（2012）；陳永銘、姚漢禧、陸雲鳳（2015）；姚漢禧（2012，2014）；姚漢禧、王榮照（2010）；劉昆夏、鄭英耀、王文中（2010）等，都是分別應用 MFM 與 DIF 分析技術去探查競技運動評分者系統性偏誤之問題，結論都發現 DIF 分析技術——無論是差異個人功能（differential person functioning, DPF）和 DRF，均可以偵測評分者對個人和試題的評分差異，進而說明競技運動使用傳統的主觀評分之評分者效應問題的嚴重性。

　　第三，教育領域中實施的實作評量，亦是應用 MFM 的好例子。茲以林小慧、林世華、吳心楷（2018）的研究為例。由於建構反應試題較選擇題試題更適合用於評估學生的高階認知能力，因此該研究目的旨在發展一份評量科學能力的建構反應評量工具，同時建立評分規準，並分析信度與效度。該研究所編擬的一份評量工具，包含「科學知識的記憶與瞭解」、「科學程序的應用與分析」、「科學邏輯的論證與表達」、「問題解決的評估與創造」四個分評量，共計有 32 題試題。研究結果顯示，評分者內之 α 信度係數與評分者間之 ω 和諧係數值均大於 .90，表示評分者內與評分者間的一致性均十分良好。同時，使用 MFM 分析評審的評分嚴苛度，也發現該測量模型之卡方考驗未達顯著水準，表示評分者間的嚴苛度並未有差異存在。此外，infit 與 outfit MNSQ 均介於 1±0.5 之間，顯示無論是寬鬆或嚴格的評分者，均能有效區分出高、低能力的學生。復經 RSM 與 PCM 適配度比較的差異考驗，顯示 RSM 較適合本例資料，且經 CFA 驗證分析顯示，本評量工具是一份能夠支持「科學能力的建構反應評量」理論概念，且能精確測量科學能力的優良工具。

第五節　MRCMLM 的應用實例

　　多向度 Rasch 測量模型（如：MRCMLM）的應用，由於該模型複雜且缺

乏可用的電腦軟體程式之故，在教育實務及心理測驗上的應用，也是直到晚近才有的事。基本上而言，它可以適用在教育成就測驗上（如：我國的基測、會考、學測或指考等），因為像升學考試這類的成就測驗，多半都是屬於且具有多向度的因素結構；另外，就是適用在心理計量學領域中（如：許多心理測驗都是多向度的構造，尤其是人格特質方面），許多被發展出來的心理學量表，也是常見具有多向度構造的試題組合。另一方面，如本書所舉例的電腦程式 ConQuest，也是在 1998 年第二版後才新增多向度模型的功能，且在 2012 年第三版的修改版後，功能才愈加穩定，目前的版本是 2015 年出版的第四版。因此國內應用此模型的學術論文，也都在 2010 年以後才開始有少數一些陸續出版。筆者認為隨著電腦功能愈強，方法學的推廣與理解愈普及後，多向度Rasch 測量模型（如：MRCMLM）的應用，應該會愈來愈普及與流行。

　　茲以成就測驗方面的應用為例。吳俊賢（2015）的論文探討應用多向度 Rasch 測量模型，來檢定國中基測的自然科成就測驗單一向度的假設。國中基測的自然科成就測驗考科，係由生物科、物理科、化學科、地球科學等四個學科領域所構成，很容易形成一個多向度測驗結構或局部依賴性，而違反單向度試題反應模型的假設。他結合廣義次向度模型（generalized subdimension model）、題組模型（testlet response model）、Rasch 測量模型，並使用 WinBUGS 軟體程式來檢定 2009 年國中基測自然科 58 題試題的單一向度。雖然結果是支持該科成就測驗係屬單向度結構的假設沒錯，但由作者使用這三種模型去估計試題參數來看，這三種模型所估計出的能力參數之間卻具有高相關，顯見學科內的次向度有可能十分類似多向度的結構，致使各向度間的能力估計值也都彼此具有高相關；因此若改用多向度 MRCMLM 去嘗試看看，亦可能獲致本資料適配多向度結構的不同結果。

　　若以在心理計量學領域中的應用而言，大多數都是應用在心理學量表工具的開發與應用居多。例如，在紀世清（2013）的論文中，他首先應用到「運動教練評鑑量表」（內含七個因素）的編製建構上，過去運動場上使用的各種競賽評定量表都是被視為單因素，並且分別開來分析使用，但作者試圖將其整合並引進多向度的 MRCMLM 裡，係結合評定量尺模型（RSM）、多面向模型

（MFM）、多向度試題反應模型（MIRM），並使用 ConQuest 軟體程式作為分析工具，以建立最佳的運動訓練反應量表。他以 598 名選手的受評資料為基準，同時以多向度 MRCMLM 作為建構程式指令的依據，並使用 ConQuest 軟體進行分析，分析結果發現：(1)在模型方面：此編製建構的運動教練評鑑量表適合使用多向度 MRCMLM 分析，模型與資料之間達適配程度；(2)在向度方面：該量表中有兩個向度（即比賽與醫學）是兩個迥然不同的領域，應有所區別，但彼此間具有高相關；(3)在試題方面：除少數 5 題外，其餘試題均達適配程度，且整體工具的信度係數高達 0.95，各階段誤差小，表示估計結果精準，足證明本研究的多重計分設定合理。因此，本研究最後結論：運動教練評鑑量表依據多向度 MRCMLM 編製是最合適的。

另外一篇文獻係發展短題本工具的論文（吳佳純、王佳琪、鄭英耀，2017），也是使用類似的方法。該群作者等人擬發展一份「短式 BASIC 量表」精神病傾向分量表之工具，期以最有效、經濟又可達相同效益的方法，對新兵進行心理健康的評估，做到「及早發現，及早預防」，以提高心輔人員的實務評估效率，增進助人工作的效能。他們對海軍新訓中心 1,749 名受訓人員，進行該量表 36 題題目的施測，並以多向度 MRCMLM 為基底，結合 PCM，應用到李克特氏四點評定量尺的多元計分上，並使用 ConQuest 軟體程式作為分析工具。最後，獲得該量表可以分成四個向度（即思覺失調傾向、躁症傾向、憂鬱症傾向、自殺意念等），刪除不適配的試題後，可獲得該「短式 BASIC 量表」為 20 題的量表，且各向度的信度係數至少在 0.63 以上，各分量表的建構效度十分良好，且所有試題均沒有 DIF 現象存在，在在顯示本量表的修訂已達目的，不僅可取代原始長題本工具的使用，增進受試者的填答意願，且能兼顧評估效益，因此可善用它作為心理健康的評估工具之用。

此外，其他文獻如王佳琪、鄭英耀、劉昆夏、何曉琪（2011）和張麗麗、羅素貞（2011）等，也都是應用多向度 MRCMLM 為基礎，並結合 PCM，應用到李克特氏四點評定量尺的多元計分上，並且也是以 ConQuest 軟體程式作為分析工具，以用來編製與發展多向度的量表工具。因此綜合上述文獻評閱可知，當研究者擬發展一份多向度量表的測量工具時，都可以嘗試看看使用多向

度 MRCMLM 為基礎，再去結合 RSM、PCM 或 MFM 等模型特色，並應用在李克特氏四點評定量尺等多元計分的工具上。當模型與資料之間顯示適配時，筆者相信所估計出來的各種難度參數指標，一定會比分開來多次估計單向度 Rasch 測量模型的各項指標來得精確，估計標準誤也較小，工具的信度係數也會較高。

參考文獻

中文部分

王文中（1996）。幾個有關 Rasch 測量模式的爭議。**教育與心理研究，19**，1-26。

王文中（1997a）。評分客觀性與能力估計客觀性：傳統做法與試題反應理論做法之比較。**測驗年刊，44**，29-52。

王文中（1997b）。測驗的建構：因素分析還是 Rasch 分析？**調查研究，3**，129-166。

王文中（2004）。Rasch 測量模式與其在教育與心理之應用。**教育與心理研究，27**（4），637-694。

王文科、王智弘（2014）。**教育研究法**（第 16 版）。臺北市：五南。

王佳琪、何曉琪、鄭英耀（2014）。「科學創造性問題解決測驗」之發展。**測驗學刊，61**（3），337-360。

王佳琪、鄭英耀、何曉琪（2016）。科學想像力圖形測驗之發展。**教育科學研究期刊，61**（4），177-204。

王佳琪、鄭英耀、劉昆夏、何曉琪（2011）。以 Rash 分析檢驗「多向度幽默感量表」之信效度。**測驗學刊，58**（4），691-713。

余民寧（1992a）。垃圾進、垃圾出──談計量方法的正用與誤用。**教育研究，31**，22-29。

余民寧（1992b）。二分法計分與部分法計分之比較。**測驗年刊，39**，221-231。

余民寧（1997）。**有意義的學習：概念構圖之研究**。臺北市：商鼎。

余民寧（2006）。**潛在變項模式：SIMPLIS 的應用**。臺北市：高等教育。

余民寧（2009）。**試題反應理論（IRT）及其應用**。臺北市：心理。

余民寧（2011）。**教育測驗與評量──成就測驗與教學評量**（第三版）。

臺北市：心理。

余民寧（2012）。**心理與教育統計學（增訂三版）**。臺北市：三民。

余民寧（2013）。**縱貫性資料分析——LGM 的應用**。臺北市：心理。

余民寧（2016）。**「顛峰型」教師之研究**（E10251）【原始數據】。取自中
　　央研究院人文社會科學研究中心調查研究專題中心學術調查研究資料庫。
　　doi:10.6141/TW-SRDA-E10251-1。

余民寧、李仁豪（2006）。調查方式與問卷長短對回收率與調查內容影響之研
　　究。**當代教育研究季刊**，14（3），127-168。

余民寧、李仁豪（2008）。調查方式與議題熟悉度對問卷回收率與內容的影
　　響。**教育學刊**，30，101-140。

余民寧、陳柏霖（2010）。健康促進與憂鬱之關係。**高雄師大學報**，29，
　　73-99。

余民寧、陳柏霖（2012）。從幽谷邁向顛峰之路——教師心理健康的分類與應
　　用。**教育研究月刊**，223，67-80。

余民寧、陳柏霖、許嘉家（2010）。教師憂鬱傾向的影響因素之研究。**輔導與
　　諮商學報**，32（2），73-97。

余民寧、陳柏霖、許嘉家、鍾珮純、趙珮晴（2012a）。自覺健康狀態、健康
　　責任、情緒幸福感及憂鬱關係之調查。**屏東教育大學學報**，38，
　　199-226。

余民寧、陳柏霖、許嘉家、鍾珮純、趙珮晴（2012b）。教師心理健康狀態類
　　型之初探。**學校衛生**，60，31-60。

余民寧、許嘉家、陳柏霖（2010）。中小學教師工作時數與憂鬱的關係：主觀
　　幸福感的觀點。**教育心理學報**，42（2），229-252。

余民寧、黃馨瑩、劉育如（2011）。臺灣憂鬱症量表心理計量特質分析報告。
　　測驗學刊，58（3），479-500。

余民寧、劉育如、李仁豪（2008）。臺灣憂鬱症量表的實用決斷分數編製報
　　告。**教育研究與發展期刊**，4（4），231-257。

余民寧、謝進昌（2006）。國中基本學力測驗之 DIF 的實徵分析：以 91 年度

兩次測驗為例。**教育學刊**，**26**，241-276。

余民寧、鐘珮純、陳玉樺、呂孟庭、王韋仁（2013）。**「顛峰型」教師之研究（1/2）**。國科會委託之專題研究案（編號：NSC 102-2410-H-004-191-SS2）。

余民寧、鐘珮純、陳玉樺、洪兆祥、呂孟庭（2014）。**「顛峰型」教師之研究（2/2）**。科技部委託之專題研究案（編號：NSC 102-2410-H-004-191-SS2）。

余民寧、鍾珮純、陳柏霖、許嘉家、趙珮晴（2011）。教師健康行為、評價性支持與憂鬱傾向之關係：以主觀幸福感為中介變項。**健康促進與衛生教育學報**，**35**，1-26。

李仁豪、余民寧（2010）。網路與紙本調查方式、網路問卷長短、網路問卷議題熟悉度高低的 DIF 分析及潛在平均數差異。**教育與心理研究**，**33**（2），111-139。

李仁豪、謝進昌、余民寧（2008）。以試題反應理論分析 CES-D 量表不同調查方式的差異效果。**教育心理學報**，**39**（測驗與評量專刊），21-42。

李隆盛、李懿芳、潘瑛如（2015）。「國中生能源素養量表」之編製及信效度分析。**科學教育學刊**，**23**（4），375-395。

吳佳純、王佳琪、鄭英耀（2017）。「短式 BASIC 量表」精神病傾向分量表的發展與信效度檢驗。**測驗學刊**，**64**（3），183-205。

吳佳樺、黃千瑀、李士捷、陳佳琳、尤菀薈、謝清麟（2016）。姿勢控制量表應用於中風病人：羅序分析。**職能治療學會雜誌**，**34**（2），250-264。

吳若蕙、李佳隆（2010）。「全民英檢」學習者自我評估量表發展。**英語教學**，**34**（1），103-146。

吳俊賢（2015）。應用多向度試題反應模式檢驗自然科成就測驗向度之研究。**教育研究論壇**，**6**（2），257-272。

巫博瀚、賴英娟、施慶麟（2013）。「Rosenberg 自尊量表」之試題衡鑑：評等量尺模型的應用。**測驗學刊**，**60**（2），263-289。

林小慧、林世華、吳心楷（2018）。科學能力的建構反應評量之發展與信效度

分析：以自然科光學為例。**教育科學研究期刊**，63（1），173-205。

林本源（2010）。2006年全民運動會舞獅運動裁判判決分析。**體育學報**，43
　　（3），147-158。

周嵩益、劉兆達（2012）。立定跳遠發展階段觀察檢核表之多層面Rasch評分
　　量尺模式分析。**體育學報**，45（4），339-346。

邱皓政（2011）。**量化研究法（三）：測驗原理與量表發展技術**。臺北市：雙
　　葉書廊。

凃金堂（2012）。**量表編製與SPSS**。臺北市：五南。

紀世清（2013）。多向度多層面羅西模式編製運動訓練反應量表。**大專體育學
　　刊**，15（4），421-428。

施慶麟、王文中（2006）。評等量尺之 Rasch 分析。**教育與心理研究**，29
　　（2），399-421。

姚漢禱（2012）。競技成績表現診斷評量之個案研究。**大專高爾夫學刊**，9，
　　38-49。

姚漢禱（2014）。競技運動評分者系統性偏誤之探查。**運動教練科學**，34，
　　11-21。

姚漢禱、王榮照（2010）。利用Rasch測量改善桌球比賽三段技術分析。**測驗
　　統計年刊**，18（下），23-34。

姚漢禱、姚偉哲（2008）。應用多層面Rasch模式分析雙不定向飛靶優秀選手
　　的射擊技術。**測驗學刊**，55（1），89-104。

陸雲鳳（2016a）。利用 Rasch 測量分析桌球女單優秀個案比賽技術分析。**臺
　　灣體育學術研究**，61，139-150。

陸雲鳳（2016b）。利用評分者差異函數偵測主觀評分之議題。**運動教練科
　　學**，43，17-24。

陳永銘、姚漢禱、陸雲鳳（2015）。羽球單打比賽技術多元診斷分析。**中原體
　　育學報**，6，87-96。

陳柏熹、王文中（1999）。生活品質量表的發展。**測驗年刊**，46（1），
　　57-74。

陳柏霖、余民寧（2015）。從幽谷邁向巔峰：臺灣民眾心理健康的分布。**成人及終身教育學刊**，24，1-31。

陳柏霖、洪兆祥、余民寧（2014）。大學生心理資本與憂鬱之關係：以情緒幸福感為中介變項。**教育研究與發展期刊**，10（4），23-46。

郭生玉（1990）。**心理與教育測驗（五版）**。臺北市：精華。

郭生玉（2012）。**心理與教育研究法：量化、質性與混合研究方法**。臺北市：精華。

莊嘉坤（1995）。國小學生科學態度潛在類別的分析研究。**屏東師院學報**，8，111-136。

張新立、吳舜丞（2008）。多層面 Rasch 模式於學術研討會論文評分之應用。**測驗學刊**，55（1），105-128。

張麗麗、羅素貞（2011）。Rasch 多向度模式檢核「國小數學問題解決態度量表」（MPSAS）之心理計量特性。**教育與心理研究**，34（3），153-185。

游森期、余民寧（2006）。網路問卷與傳統問卷之比較：多樣本均等性方法學之應用。**測驗學刊**，53（1），103-128。

劉昆夏、鄭英耀、王文中（2010）。創意產品共識評量之信、效度析論。**測驗學刊**，57（1），59-84。

簡茂發（1978）。信度與效度。載於楊國樞（主編），**社會及行為科學研究法**（上冊）（323-351頁）。臺北市：東華。

謝立文、李德仁（2013）。羅許分析在編製運動賽會服務品質量表之應用。**大專體育學刊**，15（2），169-181。

謝名娟（2013）。以多層面 Rasch 分析的角度來評估標準設定之變異性。**教育心理學報**，44（4），793-811。

謝名娟（2017）。誰是好的演講者？以多層面 Rasch 來分析校長三分鐘即席演講的能力。**教育心理學報**，48（4），551-566。

謝如山、謝名娟（2013）。多層面 Rasch 模式在數學實作評量的應用。**教育心理學報**，45（1），1-18。

謝龍卿、黃德祥（2015）。青少年臉書成癮量表編製與臉書使用現況之研究。**臺中教育大學學報：數理科技類，29**（2），25-52。

魏勇剛、龍長權、宋武（譯）（2010）。**量表編製：理論與應用**（原作者：R. F. Devellis）。臺北市：五南。（原著出版年：2003 年）

鍾珮純、余民寧、許嘉家、陳柏霖、趙珮晴（2013）。從幽谷邁向巔峰：教師的心理健康狀態類型與促進因子之探索。**教育心理學報，44**（3），629-646。

英文部分

Ackerman, T. A. (1992). A didactic explanation of item bias, item impact, and item validity from a multidimensional perspective. *Journal of Educational Measurement, 29*, 67-91.

Ackerman, T. A. (1994). Using multidimensional item response theory to understand what items and tests are measuring. *Applied Measurement in Education, 7*, 255-278.

Adams, R. J., & Khoo, S. T. (1993). *Quest: The interactive test analysis system* [Computer software]. Camberwell, Victoria: Australian Council for Educational Research.

Adams, R. J., & Wilson, M. R. (1996). Formulating the Rasch model as a mixed co-efficients multinomial logit. In G. Englhard & M. R. Wilson (Eds.), *Objective measurement: Theory into practice* (Vol. 3, pp. 143-166). Norwood, NJ: Ablex.

Adams, R. J., Wilson, M. R., & Wang, W. C. (1997). The multidimensional random coefficients multinomial logit model. *Applied Psychological Measurement, 21*, 1-23.

Adams, R. J., Wilson, M. R., & Wu, M. L. (1997). Multilevel item response models: An approach to errors in variables regression. *Journal of Educational and Behavioural Statistics, 22*(1), 46-75.

Adams, R. J., Wu, M. L., & Wilson, M. R. (1998). *ACER ConQuest: Generalized item response modeling software* [Computer software]. Camberwell, Victoria: Australian Council for Educational Research.

Adams, R. J., Wu, M. L., & Wilson, M. (2015). *ACER ConQuest 4: Generalized item response modeling software* [Computer software]. Camberwell, Victoria: Australian Council for Educational Research.

Ader, D. N. (2007). Developing the Patient-Reported Outcomes Measurement Information System (PROMIS). *Medical Care, 45* (5, Suppl. 1), S1-S2.

Alagumalai, S., Curtis, D. D., & Hungi, N. (Eds.)(2005). *Applied Rasch measurement: A book of exemplars*. New York: Springer-Verlag.

Allen, W. J., & Yen, W. M. (2001). *Introduction to measurement theory* (2nd ed.). Monterey, CA: Brooks/Cole.

American Education Research Association (AERA), American Psychological Association (APA), & National Council on Measurement in Education (NCME) (1999). *Standards for educational and psychological testing*. Washington, DC: American Education Research Association.

Anastasi, A. (1988). *Psychological testing* (6th ed.). New York: Macmillan.

Andersen, E. B. (1985). Estimating latent correlations between repeated testings. *Psychometrika, 50*, 3-16.

Andersen, E. B. (2004). Latent regression analysis based on the rating scale model. *Psychology Science, 46*, 209-226.

Andersen, E. B., & Madsen, M. (1977). Estimating the parameters of the latent population distribution. *Psychometrika, 42*, 357-374.

Andrich, D. (1978a). Application of a psychometric rating model to order categories which are scored with successive integers. *Applied Psychological Measurement, 2*(4), 581-594.

Andrich, D. (1978b). A rating formulation for ordered response categories. *Psychometrika, 43*(4), 561-573.

Andrich, D. (1978c). Scaling attitude items constructed and scored in the Likert tradition. *Educational and Psychological Measurement, 38*(3), 665-680.

Andrich, D. (1978d). A binomial latent trait model for the study of Likert-style attitude questionnaires. *British Journal of Mathematical and Statistical Psychology, 31*, 84-98.

Andrich, D. (1979). A model for contingency tables having an ordered response classification. *Biometrics, 35*, 403-415.

Andrich, D. (1982). An extension of the Rasch model for ratings providing both location and dispersion parameters. *Psychometrika, 47*, 105-113.

Andrich, D. (1988a). A general form of Rasch's extended logistic model for partial credit scoring. *Applied Measurement in Education, 1*, 363-378.

Andrich, D. (1988b). *Rasch models for measurement*. Newbury Park, CA: Sage.

Andrich, D., & Marais, I. (2019). *A course in Rasch measurement theory: Measuring in the educational, social and health sciences*. New York: Springer.

Andrich, D., Sheridan, B., & Luo, G. (2010). *RUMM 2030: Rasch unidimensional measurement model* [Computer software]. Perth, Australia: RUMM Laboratory.

Baer, R. A., & Miller, J. (2002). Understanding of psychopathology on the MMPI-2: A meta-analytic review. *Psychological Assessment, 14*, 16-26.

Bentler, P. M. (1995). *EQS structural equations program manual*. Encino, CA: Multivariate Software.

Bentler, P. M., & Chou, C. P. (1987). Practical issues in structural modeling. *Sociological Methods and Research, 16*, 78-117.

Berk, R. A. (Ed.)(1982). *Handbook of methods for detecting test bias*. Baltimore, MD: Johns Hopkins University Press.

Bollen, K. A. (1989). *Structural equations with latent variables*. New York: Wiley.

Bond, T. G., & Fox, C. M. (2007). *Applying the Rasch model: Fundamental measurement in the human science* (2nd ed.). Mahwah, NJ: Lawrence Erlbaum Associates.

Brennan, R. L. (2001). *Generalizability theory*. New York: Springer-Verlag.

Brown, W. (1910). Some experimental results in the correlation of mental abilities. *British Journal of Psychology, 3*, 296-322.

Camilli, G. (1992). A conceptual analysis of differential item functioning in terms of a multidimensional item response model. *Applied Psychological Measurement, 16*, 129-147.

Camilli, G. (2006). Test fairness. In R. L. Brennan (Ed.), *Educational measurement* (4th ed., pp. 220-256). Westport, CT: American Council on Education.

Camilli, G., & Shepard, L. A. (1994). *Methods for identifying biased test items*. Thousand Oaks, CA: Sage.

Campbell, D. T., & Fiske, D. W. (1959). Convergent and discriminant validation by the multitrait-multimethod matrix. *Psychological Bulletin, 56*, 81-105.

Carmines, E. G., & McIver, J. P. (1981). Analyzing models with unobserved variables: Analysis of covariance structures. In G. W. Bohrnstedt & B. F. Borgatta (Eds.), *Social measurement: Current issues* (pp. 65-115). Beverly Hills, CA: Sage.

Carmines, E. G., & Zeller, R. A. (1979). *Reliability and validity assessment*. Beverly Hills, CA: Sage.

Cattell, R. B. (1966). The scree test for the number of factors. *Multivariate Behavioral Research, 1*, 245-276.

Clauser, B. E., & Mazor, K. M. (1998). Using statistical procedures to identify differential item functioning test items. *Educational Measurement: Issues and Practice, 17*, 31-44.

Colton, D., & Covert, R. W. (2007). *Designing and constructing instruments for social research and evaluation*. San Francisco, CA: Jossey-Bass.

Comrey, A. L. (1992). *A first course in factor analysis*. Hillsdale, NJ: Lawrence Erlbaum Associates.

Converse, J. M., & Presser, S. (1986). *Survey questions: Handcrafting the standardized questionnaire*. Beverly Hills, CA: Sage.

Couch, A., & Keniston, K. (1960). Yea-sayers and nay-sayers: Agreeing response set as a personality variable. *Journal of Abnormal and Social Psychology, 20*, 151-174.

Crocker, L., & Algina, J. (2006). *Introduction to classical and modern test theory* (2nd ed.). New York: Wadsworth.

Cronbach, L. J. (1951). Coefficient alpha and the internal structure of tests. *Psychometrika, 16*, 297-334.

Cronbach, L. J. (1990). *Essentials of psychological testing* (5th ed.). New York: Harper & Row.

Cronbach, L. J., Gleser, G. C., Nanda, H., & Rajaratnam, N. (1972). *Dependability of behavioral measurements: Theory of generalizability for scores and profiles*. New York: Wiley.

Cronbach, L. J., & Meehl, P. E. (1955). Construct validity in psychological tests. *Psychological Bulletin, 52*, 281-302.

Crowne, D. P., & Marlowe, D. (1960). A new scale of social desirability independent of psychopathology. *Journal of Consulting Psychology, 24*, 349-354.

Cureton, E. E. (1983). *Factor analysis: An applied approach*. Hillsdale, NJ: Lawrence Erlbaum.

Czaja, R., & Blair, J. (1996). *Designing surveys: A guide to decisions and procedures*. Thousand Oaks, CA: Sage.

De Boeck, P., & Wilson, M. R. (2004)(Eds.). *Explanatory item response models: A generalized linear and nonlinear approach*. New York: Springer-Verlag.

DeVellis, R. F. (2017). *Scale development: Theory and applications* (4th ed.). Thousand Oaks, CA: Sage.

Diamantopoulos, A., & Siguaw, J. A. (2000). *Introducing LISREL: A guide for the uninitiated*. Thousand Oaks, CA: Sage.

Dillman, D. A. (2007). *Mail and internet surveys: The tailored design* (2nd ed.). Hoboken, NJ: Wiley.

Dorans, N. J., & Holland, P. W. (1993). DIF detection and description: Mantel-Haenszel and standardization. In P. W. Holland & H. Wainer (Eds.), *Differential item functioning* (pp. 35-66). Hillsdale, NJ: Lawrence Erlbaum Associates.

Dorans, N. J., & Kulick, E. (1986). Demonstrating the utility of the standardization approach to assessing unexpected differential item performance on the Scholastic Aptitude Test. *Journal of Educational Measurement, 23*, 355-368.

Dunn, T. J., Baguley, T., & Brunsden, V. (2014). From alpha to omega: A practical solution to the pervasive problem of internal consistency estimation. *British Journal of Psychology, 105*, 399-412.

Du Toit, M. (Ed.)(2003). *IRT from SSI: BILOG-MG, MULTILOG, PARSCALE, TESTFACT*. Chicago, IL: Scientific Software International, Inc.

Embretson, S. E. (1991). A multidimensional latent trait model for measuring learning and change. *Psychometrika, 56*, 495-515.

Embretson, S. E. (1998). A cognitive-design system approach to generating valid tests: Applications to abstract reasoning. *Psychological Methods, 3*, 380-396.

Engelhard, G., & Wilson, M. (1996). *Objective measurement: Theory into practice* (Vol. 3.) Norwood, NJ: Ablex.

Fink, A. (1995). *The survey kit*. Thousand Oaks, CA: Sage.

Fischer, G. H. (1973). The linear logistic model as an instrument in educational research. *Acta Psychologica, 37*, 359-374.

Fischer, G. H., & Parzer, P. (1991). An extension of the rating scale model with an application to the measurement of treatment effects. *Psychometrika, 56*, 637-651.

Fischer, G. H., & Pononcy, I. (1994). An extension of the partial credit model with an application to the measurement of change. *Psychometrika, 59*, 177-192.

Fischer, G. H., & Seliger, E. (1997). Multidimensional linear logistic models for change. In. W. J. van der Linden & R. K. Hambleton (Eds.), *Handbook of modern item response theory* (pp. 323-346). New York: Springer-Verlag.

Folk, V. G., & Green, B. F. (1989). Adaptive estimation when the multidimensionality assumption of IRT is violated. *Applied Psychological Measurement, 13,* 373-389.

Ford, J. K., MacCallum, R. C., & Tait, M. (1986). The application of exploratory factor analysis in applied psychology: A critical review and analysis. *Personnel Psychology, 39,* 291-314.

Fowler, F. J. Jr. (2009). *Survey research methods* (4th ed.). Thousand Oaks, CA: Sage.

Furr, R. M. (2011). *Scale construction and psychometrics for social and personality psychology.* Thousand Oaks, CA: Sage.

Gadermann, A. M., Guhn, M., & Zumbo, B. D. (2012). Estimating ordinal reliability for Likert-type and ordinal item response data: A conceptual, empirical, and practical guide. *Practical Assessment, Research and Evaluation, 17,* 1-13.

Glas, C. A. W. (1992). A Rasch model with a multivariate distribution of ability. In M. R. Wilson (Ed.), *Objective measurement: Theory into practice* (Vol. 1, pp. 236-258). Norwood, NJ: Ablex.

Glas, C. A. W., & Verhelst, N. D. (1989). Extensions of the partial credit model. *Psychometrika, 54*(4), 635-659.

Gorsuch, R. L. (1983). *Factor analysis.* Hillsdale, NJ: Lawrence Erlbaum Associates.

Green, P. E. (1976). *Mathematical tools for applied multivariate analysis.* New York: Academic Press.

Greenleaf, E. A. (1992). Measuring extreme response style. *Public Opinion Quarterly, 56,* 328-351.

Gronlund, N. E. (1993). *How to make achievement tests and assessments* (5th ed.). Boston: Allyn & Bacon.

Gulliksen, H. (1987). *Theory of mental test.* Hillsdale, NJ: Lawrence Erlbaum Associates. (Originally published in 1950 by New York: John Wiley & Sons)

Hair, J. F., Black, W. C., Babin, B. J., & Anderson, R. E. (2019). *Multivariate data analysis* (8th ed.). United Kingdom: Cengage.

Haladyna, T. M. (2004). *Developing and validating multiple-choice test items* (3rd ed.). Mahwah, NJ: Lawrence Erlbaum Associates.

Hambleton, R. K. (Ed.)(1983). *Applications of item response theory*. Vancouver, BC: Educational Research Institute of British Columbia.

Hambleton, R. K. (1989). Principles and applications of item response theory. In R. L. Linn (Ed.), *Educational measurement* (3rd ed.). New York: Macmillan.

Hambleton, R. K., & Swaminathan, H. (1985). *Item response theory: Principles and applications*. Boston, MA: Kluwer-Nijhoff.

Hambleton, R. K., Swaminathan, H., & Rogers, H. J. (1991). *Fundamentals of item response theory*. Newburry Park, CA: Sage.

Hambleton, R. K., & Zaal, J. N. (Eds.)(1991). *Advances in educational and psychological testing*. Boston: Kluwer Academic Publisher.

Harman, H. H. (1976). *Modern factor analysis*. Chicago: University of Chicago Press.

Hathaway, S. R., & McKinley, J. C. (1967). *Minnesota Multiphasic Personality Inventory: Manual for administration and scoring*. New York: Psychological Corporation.

Hayton, J. C., Allen, D. G., & Scarpello, V. (2004). Factor retention decisions in exploratory factor analysis: A tutorial on parallel test. *Organizational Research Methods, 7*(2), 191-205.

Holland, P. W., & Thayer, D. T. (1988). Differential item performance and the Mantel-Haenszel procedure. In H. Wainer & H. I. Braun (Eds.), *Test validity* (pp. 129-145). Hillsdale, NJ: Lawrence Erlbaum Associates.

Holland, P. W., & Wainer, H. (Eds.)(1993). *Differential item functioning*. Hillsdale, NJ: Lawrence Erlbaum Associates.

Homburg, C. (1991). Cross-validation and information criteria in causal modeling.

Journal of Marketing Research, 28, 137-144.

Hopkins, K. D., Stanley, J. C., & Hopkins, B. R. (1998). *Educational and psychological measurement and evaluation* (8th ed.). Englewood Cliffs, NJ: Prentice Hall.

Hung, C. H., Lin, C. W., & Yu, M. N. (2016). Reduction of the depression caused by work stress for teachers: Subjective well-being as a mediator. *International Journal of Research Studies in Psychology, 5*(3), 25-35.

Ingebo, G. S. (1997). *Probability in the measurement of achievement.* Chicago: MESA Press.

Jensen, A. R. (1980). *Bias in mental testing.* New York: Free Press.

Jolliffe, I. T. (1986). *Principal component analysis.* New York: Springer-Verlag.

Kaiser, H. F. (1960). The application of electronic computers to factor analysis. *Educational and Psychological Measurement, 20*, 141-151.

Kaplan, R. M., & Saccuzzo, D. P. (1993). *Psychological testing: Principles, applications, and issues* (3rd ed.). Pacific Grove, CA: Brooks/Cole.

Kelderman, H. (1996). Multidimensional Rasch models for partial-credit scoring. *Applied Psychological Measurement, 20*, 155-168.

Kelderman, H., & Rijkes, C. P. M. (1994). Loglinear multidimensional IRT models for polytomously scored items. *Psychometrika, 59*, 149-176.

Kiefer, T., Robitzsch, A., & Wu, M. L. (2013). *TAM（Test Analysis Modules）-- An R package* [Computer software]. Retrieved from http://cran.r-project.org/web/packages/TAM/index.html

Kirk, R. E. (1995). *Experimental design: Procedures for the behavioral sciences*(3rd ed.). San Francisco: CA: Brooks/Cole.

Knowles, E. S., & Nathan, K. (1997). Acquiescent responding in self-reports: Social concern or cognitive style. *Journal of Research in Personality, 31*, 293-301.

Kolen, M. J., & Brennan, R. L. (2004). *Test equating, scaling, and linking: Methods and practices* (2nd ed.). New York: Springer-Verlag.

Kuder, G. F., & Richardson, M. W. (1937). The theory of the estimation of reliability.

Psychometrika, 2, 151-160.

Li, H. H., & Stout, W. (1996). A new procedure for detection of crossing DIF. *Psychometrika, 61*, 647-677.

Linacre, J. M. (1989a). *Many-facet Rasch measurement*. Chicago: MESA Press.

Linacre, J. M. (1989b). *Facets computer program for many-facet Rasch measurement*. Chicago: MESA Press.

Linacre, J. M. (1996). *BIGSTEPS: Rasch model computer program*, Version 2.67 [Computer software]. Chicago: MESA Press.

Linacre, J. M. (2003). *A user's guide to FACETS: Rasch-model computer programs*. Chicago: John Linacre.

Linacre, J. M. (2005). *WINSTEPS Rasch measurement computer program*. Chicago: Winsteps.com.

Linacre, J. M., & Wright, B. D. (1994a). Chi-square fit statistics. *Rasch Measurement Transactions, 8*(2), 360.

Linacre, J. M., & Wright, B. D. (1994b). Reasonable mean-square fit values. *Rasch Measurement Transactions, 8*(3), 370.

Linacre, J. M., & Wright, B. D. (1994c). *A user's guide to BIGSTEPS*. Chicago: MESA Press.

Linacre, J. M., & Wright, B. D. (2000). *WINSTEPS: Multiple-choice, rating scale, and partial credit Rasch analysis* [Computer software]. Chicago: MESA Press.

Lipsey, M. W. (1990). *Design sensitivity: Statistical power for experimental research*. Newbury Park, CA: Sage.

Loehlin, J. C. (2004). *Latent variable models: An introduction to factor, path, and structural analysis* (4th ed.). Mahwah, NJ: Lawrence Erlbaum Associates.

Long, J. S. (1983). *Confirmatory factor analysis*. Beverly Hills, CA: Sage.

Lord, F. M. (1980). *Applications of item response theory to practical testing problems*. Hillsdale, NJ: Lawrence Erlbaum Associates.

Luecht, R. M., & Miller, R. (1992). Unidimensional calibrations and interpretations of composite traits for multidimensional tests. *Applied Psychological Measurement, 16*, 279-293.

Lyman, H. B. (1998). *Test scores and what they mean* (6th ed.). Needham Heights, MA, US: Allyn & Bacon.

MacCallum, R. C., Roznowski, M., Mar, C. M., & Reith, J. V. (1994). Alternative strategies for cross-validation of covariance structure models. *Multivariate Behavioral Research, 29*, 1-32.

MacCallum, R. C., Roznowski, M., & Necowitz, L. B. (1992). Model modifications in covariance structure analysis: The problem of capitalization on chance. *Psychological Bulletin, 111*, 490-504.

Mantel, N., & Haenszel, W. M. (1959). Statistical aspects of the analysis of data from respective studies of disease. *Journal of the National Cancer Institute, 22*, 719-748.

Marsh, H. W., Balla, J. R., & McDonald, R. P. (1988). Goodness-of-fit indexes in confirmatory factor analysis: The effect of sample size. *Psychological Bulletin, 103*, 391-411.

Masters, G. N. (1982). A Rach model for partial credit scoring. *Psychometrika, 47*(2), 149-174.

Masters, G. N., & Wright, B. D. (1984). The essential process in a family of measurement models. *Psychometrika, 49*(4), 529-544.

McCullagh, P., & Nelder, J. A. (1989). *Generalized linear models* (2nd ed.). London: Chapman & Hall.

McCulloch, C. E., & Searle, S. R. (2001). *Generalized, linear, and mixed models*. New York: Wiley.

McDonald, R. P. (1985). *Factor analysis and related methods*. Hillsdale, NJ: Lawrence Erlbaum Associates.

McNamara, T. F. (1996). *Measuring second language performance*. New York: Longman.

Mellenbergh, G. J. (1982). Contingency table models for assessing item bias. *Journal of Educational Statistics, 7*, 105-118.

Messick, S. (1995). Validity of psychological assessment: Validation of inferences from persons' responses and performances as scientific inquiry into score meaning. *American Psychologist, 50*, 741-749.

Michell, J. (1997). Quantitative science and the definition of measurement in psychology. *British Journal of Psychology, 88*(3), 355-383.

Michell, J. (1999). *Measurement in psychology: Critical history of a methodological concept*. New York: Cambridge University Press.

Millsap, R. E., & Everson, H. T. (1993). Methodological review: Statistical approaches for assessing measurement bias. *Applied Psychological Measurement, 17* (4), 297-334.

Mislevy, R. J., & Bock, R. D. (1990). *BILOG 3: Item analysis and test scoring with binary logistic model* [Computer software]. Chicago: International Educational Services.

Mislevy, R. J. (1991). Randomization-based inference about latent variables from complex samples. *Psychometrika, 56*, 177-196.

Mislevy, R. J., Beaton, A. E., Kaplan, B., & Sheehan, K. M. (1992). Estimating population characteristics from sparse matrix samples of item responses. *Journal of Educational Measurement, 29*, 133-161.

Mitchell, S. K. (1979). Interobserver agreement, reliability, and generalizability of data collected in observational studies. *Psychological Bulletin, 86*, 376-390.

Muchinsky, P. M. (1996). The correction for attenuation. *Educational and Psychological Measurement, 56*(1), 63-75.

Mulaik, S. A. (1972). *The foundations of factor analysis*. New York: McGraw-Hill.

Mulaik, S. A., James, L. R., Van Alstine, J., Bennett, N., Lind, S., & Stillwell, C. D. (1989). An evaluation of goodness-of-fit indices for structural equation models. *Psychological Bulletin, 105*, 430-445.

Muraki, E. (1992). A generalized partial credit model: Application of an EM algorithm. *Applied Psychological Measurement, 16*, 159-176.

Muraki, E. (1997). A generalized partial credit model. In W. J. van der Linden & R. K. Hambleton (Eds.), *Handbook of modern item response theory* (pp. 153-164). New York: Springer.

Muraki, E., & Bock, R. D. (1997). *PARSCALE 3: IRT based test scoring and item analysis for graded items and rating scales*. Chicago: Scientific Software International, Inc.

Murphy, L. L., Spies, R. A., & Plake, B. S. (2006). *Tests in print*. Lincoln, NE: University of Nebraska Press.

Myers, J. L. (1979). *Fundamentals of experimental design* (3rd ed.). Boston: Allyn & Bacon.

Narayanan, P., & Swaminathan, H. (1996). Identification of items that show nonuniform DIF. *Applied Psychological Measurement, 20*, 257-274.

Nelder, J. A., & Wedderburn, R. W. M. (1972). Generalized linear models. *Journal of the Royal Statistical Society A, 135*, 370-384.

Novak, J. D., & Gowin, D. B. (1984). *Learning how to learn*. Cambridge, London: Cambridge University Press.

Novick, M., & Lewis, G. (1967). Coefficient alpha and the reliability of composite measurements. *Psychometrika, 32*, 1-13.

Nunnally, J. C. (1978). *Psychometric theory* (2nd ed.). New York: McGraw-Hill.

OECD (2009a). PISA 2009 technical report. PISA, OECD.

OECD (2009b). PISA data analysis manual. PISA, OECD.

Osborn, A. F. (1948). *Your creative power*. New York: Scribner.

Osborn, A. F. (1957). *Applied imagination*. New York: Scribner.

Oshima, T. C., & Miller, M. D. (1992). Multidimensioanlity and item bias in item response theory. *Applied Psychological Measurement, 16*, 237-248.

Osterlind, S. J. (1983). *Test item bias*. Beverly Hills, CA: Sage.

Osterlind, S. J. (1998). *Constructing test items: Multiple-choice, constructed-re-sponse, performance, and other formats* (2nd ed.). Norwell, MA: Kluwer Academic.

Osterlind, S. J. (2006). *Modern measurement: Theory, principles, and applications of mental appraisal.* Upper Saddle River, NJ: Prentice Hall.

Osterlind, S. J., & Everson, H. T. (2009). *Differential item functioning* (2nd ed.). Thousand Oaks, CA: Sage.

Ostini, R., & Nering, M. L. (2006). *Polytomous item response theory models.* Thousand Oaks, CA: Sage.

Padilla, M. A., Divers, J., & Newton, M. (2013). Coefficient alpha bootstrap confidence interval under normality. *Applied Psychological Measurement, 36,* 331-348.

Paulhus, D. L. (1991). Measurement and control of response bias. In J. P. Robinson, P. R. Shaver, & L. S. Wrightsman (Eds.), *Measures of personality and social psychological attitudes* (pp. 17-59). San Diego, CA: Academic Press.

Paulhus, D. L. (1992). Socially desirable responding: The evolution of a construct. In H. Braun, D. N. Jackson, & D. E. Wiley (Eds.), *The role of constructs in psychological and educational measurement* (pp. 67-88). Hillsdale, NJ: Erlbaum.

Penfield, R. D., & Camilli, G. (2007). Differential item functioning and item bias. In C. R. Rao & S. Sinharay (Eds.), *Handbook of statistics* (Vol. 26, pp. 125-167). New York: Elsevier.

Perrone, M. (2006). Differential item functioning and item bias: Critical considerations in test fairness. *Applied Linguistics, 6,* 1-3.

Peters, G. (2014). The alpha and the omega of scale reliability and validity: Why and how to abandon Cronbach's alpha and the route towards more comprehensive assessment of scale quality. *The European Health Psychologist, 16,* 56-69.

PROMIS. (2010). *Patient-Reported Outcomes Measurement Information System: Dynamic tools to measure health outcomes from the patient perspective.* Retrieved from http://www.nihpromis.org/default.aspx.

Rabe-Hesketh, S., Pickles, A., & Skrondal, S. (2004). *Multilevel and structural equation modeling for continuous, categorical, and event data.* College Station, TX: Stata Press.

Raju, N. S. (1988). The area between two item characteristic curves. *Psychometrika, 53,* 495-502.

Raju, N. S. (1990). Determining the significance of estimated signed and unsigned areas between two item response functions. *Applied Psychological Measurement, 14,* 197-207.

Rasch, G. (1980). *Probability models for some intelligence and attainment tests* (Expanded ed.). Chicago: The University of Chicago Press. (Original edition was published in 1960 by The Danish Institute for Educational Research, Copenhagen)

Reckase, M. D. (1985). The difficulty of test items that measure more than one ability. *Applied Psychological Measurement, 9,* 401-412.

Reckase, M. D. (2009). *Multidimensional item response theory.* New York: Springer Verlag.

Reckase, M. D., & McKinley, R. L. (1991). The discriminating power of items that measure more than one dimension. *Applied Psychological Measurement, 15,* 361-373.

Rijmen, F., Tuerlinckx, F., De Boeck, P., & Kuppens, P. (2003). A nonlinear mixed model framework for item response theory. *Psychological Methods, 8,* 185-205.

Rogers, R. (2008). *Clinical assessment of malingering and deception* (3rd ed.). New York: Guilford Press.

Rost, J., & Carstensen, C. H. (2002). Multidimensional Rasch measurement via item component models and faceted designs. *Applied Psychological Measurement, 26,* 42-56.

Ruju, N. S., van der Linden, W. J., & Fleer, P. F. (1995). IRT-based internal measures of differential functioning of items and tests. *Applied Psychological Measurement, 19*(4), 153-168.

Samejima, F. (1969). Estimation of latent ability using a response pattern of graded scores. *Psychormetrika, Monograph Supplement, 17.*

SAS Institute. (1999). *The NLMIXED procedure* [Computer software]. Cary, NC: Author.

Shavelson, R. J., & Webb, N. M. (1991). *Generalizability theory: A primer*. Newbury Park: CA: Sage.

Shealy, R., & Stout, W. (1993). A model-based standardization approach that separates true bias/DIF from group ability differences and detects test bias/DTF as well as bias/DIF. *Psychometrika, 58*, 159-194.

Skrondal, A., & Rabe-Hesketh, S. (2004). *Generalized latent variable modeling: Multilevel, longitudinal and structural equation models*. Boca Raton, FL: Chapman & Hall/CRC.

Smith, R. M. (1991). The distributional properties of Rasch item fit statistics. *Educational and Psychological Measurement, 51*, 541-565.

Smith, R. M. (1992). *Applications of Rasch measurement*. Chicago: MESA Press.

Smith, R. M. (2000). Fit analysis in latent trait measurement models. *Journal of Applied Measurement, 1*(2), 199-218.

Smith, R. M., & Miao, C. Y. (1994). Assessing unidimensionality for Rasch measurement. In M. Wilson (Ed.), *Objective measurement: Theory into practice* (Vol. 2, pp. 316-327). Norwood, NJ: Ablex.

Smith, R. M., Schumacker, R. E., & Bush, M. J. (1995). Using item mean squares to evaluate fit to the Rasch model. *Journal of Outcome Measurement, 2*(1), 66-78.

Spearman, C. (1910). Correlation calculated from faulty data. *British Journal of Psychology, 3*, 271-295.

Spies, R. A., Carlson, J. F., & Geisinger, K. F. (2010). *The eighteenth mental measurements yearbook*. Lincoln, NE: University of Nebraska Press.

Stevens, S. S. (1946). On the theory of scales of measurement. *Science, 103*, 677-680.

Stocking, M. L., & Lord, F. M. (1983). Developing a common metric in item response theory. *Applied Psychological Measurement, 7*(2), 201-211.

Stout, W. (1995). *SIBTEST: Differential items/bundle functioning*. St. Paul, MN: Assessment Systems Corporation.

Strahan, R., & Gerbasi, K. (1972). Short, homogenous version of the Marlowe-Crowne Social Desirability Scale. *Journal of Clinical Psychology, 28*, 191-193.

Thissen, D. M. (1991). *MULTILOG user's guide: Multiple category item analysis and test scoring using item response theory*. Chicago: Scientific Software International, Inc.

Thorndike, R. M., Cunningham, G. K., Thorndike, R. L., & Hagen, E. P. (1991). *Measurement and evaluation in psychology and education* (5th ed.). New York: Macmillan.

Timmermann, M. E., & Lorenzo-Seva, U. (2011). Dimensioanlity assessment of ordered polytomous items with parallel analysis. *Psychological Methods, 16*, 209-220.

Trochim, W. M. K. (1985). Pattern matching, validity, and conceptualization in program evaluation. *Evaluation Review, 9*, 575-604.

Trochim, W. M. K. (1989). An introduction to concept mapping for planning and evaluation. *Evaluation and Program Planning, 12*, 1-16.

Trochim, W. M., & Linton, R. (1986). Conceptualization for evaluation and planning. *Evaluation and Program Planning, 9*, 289-308.

Van der Linden, W. J. (2005). *Linear models for optimal test design*. New York: Springer.

Van der Linden, W. J., Veldkamp, B. P., & Carlson, J. E. (2004). Optimizing balanced incomplete block designs for educational assessments. *Applied Psychological Measurement, 28*(5), 317-331.

Walker, C. M., & Beretvas, N. S. (2001). An empirical investigation demonstrating the multidimensional DIF paradigm: A cognitive explanation for DIF. *Journal of Educational Measurement, 38*(2), 147-163.

Wang, W. C., & Wilson, M. (2005). Exploring local item dependence using a random-effects facet model. *Applied Psychological Measurement, 29*, 296-318.

Wang, W. C., Wilson, M. R., & Adams, R. J. (1997). Rasch models for multidimensionality between items and within items. In M. Wilson, G. Engelhard, & K. Draney(Eds.), *Objective measurement: Theory into practice* (Vol. 4, pp. 139-155). Norwood, NJ: Ablex.

Wang, W. C., Wilson, M. R., & Adams, R. J. (2000). Interpreting the parameters of a multidimensional Rasch model. In M. Wilson & G. Engelhard (Eds.), *Objective measurement: Theory into practice.* (Vol. 5, pp. 219-242). Norwood, NJ: Ablex.

Weisberg, H., Krosnick, J. A., & Bowen, B. D. (1996). *An introduction to survey research, polling, and data analysis*. Thousand Oaks, CA: Sage.

Wilson, M. R. (1992a). *Objective measurement: Theory into practice* (Vol. 1). Norwood, NJ: Ablex.

Wilson, M. R. (1992b). The partial order model: An extension of the partial credit model. *Applied Psychological Measurement, 16*, 309-325.

Wilson, M. R. (1994). *Objective measurement: Theory into practice* (Vol. 2). Norwood, NJ: Ablex.

Wilson, M. R. (2005). *Constructing measures: An item response modeling approach.* Mahwah, NJ: Lawrence Erlbaum Associates.

Wilson, M. R., & Adams, R. J. (1993). Marginal maximum likelihood estimation for the ordered partition model. *Journal of Educational Statistics, 18*, 69-90.

Wilson, M. R., & Adams, R. J. (1995). Rasch models for item bundles. *Psychometrika, 60*, 181-198.

Wilson, M. R., Engelhard, G. (Eds.)(2000). *Objective measurement: Theory into practice* (Vol. 5). Stamford, CT: Ablex.

Wilson, M. R., Engelhard, G., & Draney, K. (Eds.)(1997). *Objective measurement: Theory into practice* (Vol. 4). Norwood, NJ: Ablex.

Wilson, M. R., & Wang, W. C. (1995). Complex composites: Issues that arise in combining different models of assessment. *Applied Psychological Measurement, 19*, 51-71.

Wright, B. D. (1977). Solving measurement problems with Rasch model. *Journal of Educational Measurement, 14*, 97-116.

Wright, B. D. (1996). Comparing Rasch measurement and factor analysis. *Structural Equation Modeling: A Multidisciplinary Journal, 3*(1), 3-24.

Wright, B. D., & Douglas, G. A. (1977a). Best procedures for sample-free item analysis. *Applied Psychological Measurement, 1*, 281-294.

Wright, B. D., & Douglas, G. A. (1977b). Conditional versus unconditional procedures for sample-free item analysis. *Educational and Psychological Measurement, 37*, 573-586.

Wright, B. D., & Linacre, J. M. (1989). Observations are always ordinal; Measurement, however, must be interval. *Archives of Physical Measurement and Rehabilitation, 70*(2), 857-860.

Wright, B. D., & Masters, G. N. (1982). *Rating scale analysis*. Chicago: MESA Press.

Wright, B. D., & Panchapakesan, N. (1969). A procedure for sample-free item analysis. *Educational and Psychological Measurement, 29*, 23-48.

Wright, B. D., & Stone, M. H. (1979). *Best test design*. Chicago: MESA Press.

Wu, M. L. (2005). The role of plausible values in large-scale surveys. *Studies in Educational Evaluation, 31*, 114-128.

Wu, M. L. (2010). Measurement, sampling, and equating errors in large-scale assessments. *Educational Measurement Issues in Practice, 29*(4), 15-27.

Wu, M. L., Adams, R. J., Wilson, M. R., & Haldane, S. A. (2007). *ACER ConQuest Version 2: Generalized item response modeling software*. Camberwell, Australia: Australian Council for Educational Research.

Wu, M. L., Tam, H. P., & Jen, T. H. (2016). *Educational measurement for applied researchers*. Singapore: Springer Nature Singapore.

Yi, Y., & Nassen, K. (1992). Multiple comparison and cross-validation in evaluating structural equation models. In V. L. Crittenden (Ed.), *Developments in marketing science XV* (pp. 407-411). Miami, FL: Academy of Marketing Science.

Yu, M. N. (1991a). *A two-parameter partial credit model*. Unpublished doctoral dissertation of University of Illinois at Urbana-Champaign.

Yu, M. N. (1991b). The assessment of partial knowledge. *Journal of National Chengchi University, 63*, 401-428.

Yu, M. N. (1993). A two-parameter partial credit model for the ordinal data. *Journal of National Chengchi University, 66*, 217-252.

Yu, M. N., Hung, C. H., & Lin, C. W. (2017). The relationships among perceived work stress, subjective well-being, and depression: Proactive coping as a mediator. *International Journal of Research Studies in Psychology, 6*(1), 15-25.

Yu, S. C., & Yu, M. N. (2007). Comparison of internct-based and paper-based questionnaires in Taiwan by using a multi-sample invariance approach. *CyberPsychology & Behavior, 10*(4), 501-507.

Zieky, M. (2006). Fairness review in assessment. In S. M. Downing & T. M. Haladyna (Eds.), *Handbook of test development* (pp. 359-376). Mahwah, NJ: Lawrence Erlbaum Associate.

Zimowski, M. F., Muraki, E., Mislevy, R. J., & Bock, R. D. (1996). *BILOG-MG: Multiple-group IRT analysis and test maintenance for binary items*. Chicago: Scientific Software International, Inc.

Zumbo, B. D. (1999). *A handbook on the theory and methods of differential item functioning: Logistic regression modeling as a unitary framework for binary and Likert-type item scores*. Ottawa, Ontario, Canada: Directorate of Human Resources Research and Evaluation, National Defense Headquarters.

Zumbo, B. D. (2007). Three generations of differential item functioning (DIF) analyses: Considering where it has been, where it is now, and where it is going. *Language Assessments Quarterly, 4*, 223-233.

Zwick, R., & Erickan, K. (1989). Analysis of differential item functioning in the NAEP history assessment. *Journal of Educational Measurement, 26,* 55-66.

Zwinderman, A. H. (1991). A generalized Rasch model for manifest predictors. *Psychometrika, 56,* 589-600.

國家圖書館出版品預行編目（CIP）資料

量表編製與發展：Rasch 測量模型的應用／余民寧著.
--初版. --新北市：心理, 2020.03
面；　公分.--（社會科學研究系列；81237）

ISBN 978-986-191-901-0（平裝）

1.測驗量表　2.心理評量

521.3　　　　　　　　　　　　　　　　109001161

社會科學研究系列 81237

量表編製與發展：Rasch 測量模型的應用

作　　者：余民寧
執行編輯：高碧嶸
總 編 輯：林敬堯
發 行 人：洪有義
出 版 者：心理出版社股份有限公司
地　　址：231 新北市新店區光明街 288 號 7 樓
電　　話：(02)29150566
傳　　真：(02)29152928
郵撥帳號：19293172　心理出版社股份有限公司
網　　址：http://www.psy.com.tw
電子信箱：psychoco@ms15.hinet.net
駐美代表：Lisa Wu（lisawu99@optonline.net）
排 版 者：辰皓國際出版製作有限公司
印 刷 者：辰皓國際出版製作有限公司
初版一刷：2020 年 3 月
Ｉ Ｓ Ｂ Ｎ：978-986-191-901-0
定　　價：新台幣 450 元